© Wojtek Buss/Age fotostock

Venise

Murano, Burano et Torcello

Cofondateurs : Philippe GLOAGUEN et Michel DUVAL

Directeur de collection et auteur
Philippe GLOAGUEN

Secrétaire général
Gavin's CLEMENTE-RUIZ

Rédacteurs en chef
Amanda KERAVEL (France)
Benoît LUCCHINI (Étranger)

Directrice administrative
Bénédicte GLOAGUEN

Conseiller à la rédaction
Pierre JOSSE

Responsable voyages
Carole BORDES

Direction éditoriale
Élise ERNEST

Rédaction
Isabelle AL SUBAIHI
Emmanuelle BAUQUIS
Mathilde de BOISGROLLIER
Thierry BROUARD
Marie BURIN des ROZIERS
Diane CAPRON
Véronique de CHARDON
Laura CHARLIER
Florence CHARMETANT
Fiona DEBRABANDER
Anne-Caroline DUMAS
Éléonore FRIESS
Géraldine LEMAUF-BEAUVOIS
Olivier PAGE
Alain PALLIER
Anne POINSOT
André PONCELET

2021/22

hachette

TABLE DES MATIÈRES

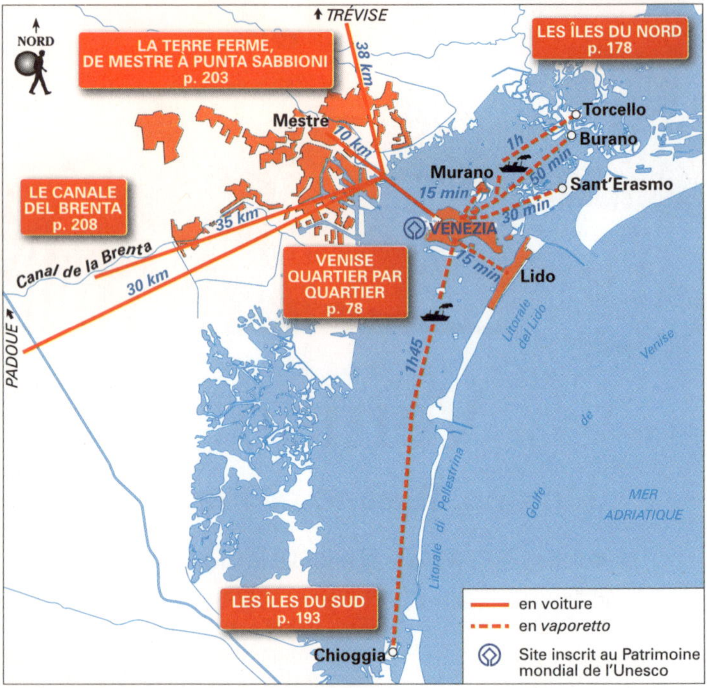

PRÉAMBULE

COMMENT Y ALLER ?

VENISE UTILE

CASTELLO ... 157

LES ÎLES DU BASSIN DE SAINT-MARC ... 173

LES ÎLES DU NORD ... 178

LES ÎLES DU SUD ... 193

LA TERRE FERME, DE MESTRE À PUNTA SABBIONI ... 203

LE CANALE DEL BRENTA (CANAL DU BRENTA) ... 208

HOMMES, CULTURE, ENVIRONNEMENT ... 213

IMPORTANT : DERNIÈRE MINUTE

Entre deux parutions du Routard, des événements fortuits (conditions sanitaires, catastrophes naturelles, mais aussi formalités, taux de change, conditions d'accès aux sites, fermetures inopinées, etc.) peuvent modifier vos projets de voyage. Pour éviter les déconvenues, nous vous recommandons de consulter la rubrique « Guide » par pays de notre site • *routard.com* • et plus particulièrement les dernières ***Actus voyageurs.***

Recommandation à ceux qui souhaient profiter des réductions et avantages proposés dans le *Routard* par les hôteliers et les restaurateurs.

À l'hôtel, pensez à les demander au moment de la réservation ou, si vous n'avez pas réservé, **à l'arrivée.** Ils ne sont valables que pour les réservations en direct et ne sont pas cumulables avec d'autres offres promotionnelles (notamment sur Internet). Au restaurant, parlez-en **au moment** de la commande et surtout **avant** que l'addition ne soit établie. Poser votre *Routard* sur la table ne suffit pas : le personnel de salle n'est pas toujours au courant et une fois le ticket de caisse imprimé, il est souvent difficile de modifier le total. En cas de doute, montrez la notice relative à l'établissement dans le *Routard* de l'année et, bien sûr, ne manquez pas de nous faire part de toute difficulté rencontrée.

UNE PANDÉMIE INOUÏE !

Depuis toujours, ***Le Routard*** **apporte son soutien aux hôteliers et restaurateurs** qui accueillent nos lecteurs avec sourire et professionnalisme. Inlassablement, nos enquêteurs sont à l'affût de ces établissements, pour le plus grand bonheur de nos lecteurs. Malgré toute notre vigilance, certains d'entre eux auront fermé quand ce livre sortira. Cette terrible **pandémie de Coronavirus** a, on le sait, des conséquences importantes pour tous les professionnels du tourisme. Des adresses familiales et accueillantes que nous continuerons à soutenir et mettre en valeur. **Nous sommes de tout coeur avec eux !**

OSONS LE PAS DE CÔTÉ

Le surtourisme ? Tous concernés. Et pourtant, à l'écart des grands flux touristiques, il existe plein de pépites méconnues, souvent oubliées des circuits trop encombrés. Ici un site ignoré ; là un quartier secret ; plus loin un village caché au charme discret, avec un troquet d'une autre époque. Il existe une infinité de lieux peinards que l'on a envie de mettre en avant avec ce pictogramme. Un vagabondage enfin calme favorisé aussi par les visites aux heures creuses. Vive le slow trip !

#osonslepasdecote

LA RÉDACTION DU ROUTARD

(sans oublier nos 50 enquêteurs, aussi sur le terrain)

© R. Delalande et E. Dessons

Jean-Sébastien, Olivier, Mathilde, Thierry Alain, Gavin's, Éléonore, Anne-Caroline, André, Laura, Florence, Véronique, Isabelle, Géraldine, Fiona, Amanda, Benoît, Emmanuelle, Bénédicte, Philippe, Carole, Diane, Anne, Marie.

La saga du *Routard* : en 1971, deux étudiants, Philippe et Michel, avaient une furieuse envie de découvrir le monde. De retour du Népal germe l'idée d'un guide différent qui regrouperait tuyaux malins et itinéraires sympas, destiné aux jeunes fauchés en quête de liberté. 1973. Après 19 refus d'éditeurs et la faillite de leur première maison d'édition, l'aventure commence vraiment avec Hachette. Aujourd'hui, le *Routard,* c'est plus d'une cinquantaine d'enquêteurs impliqués et sincères. Ils parcourent le monde toute l'année dans l'anonymat et s'acharnent à restituer leurs coups de cœur avec passion.

Merci à tous les Routards qui sont solidaires de nos convictions : liberté et indépendance d'esprit ; découverte et partage ; sincérité, tolérance et respect des autres.

NOS SPÉCIALISTES VENISE

Géraldine Lemauf-Beauvois : ch'ti et fière de sa région natale vers laquelle elle revient toujours, elle est dotée d'une curiosité qui l'a poussée à voyager aux quatre coins du monde. Géraldine est passionnée d'histoire et d'art, auxquels elle a consacré ses études. Son œil aiguisé, son appétit pour les belles et bonnes choses font d'elle une routarde qui aime partager ses découvertes culinaires et culturelles.

Fabrice Doumergue : tous ses chemins mènent… au bout du monde. Passionné d'histoire(s), d'architecture, d'art et de gastronomie, il ouvre à qui veut ses coins secrets, côté nature et côté culture. Et chaque bout du monde en appelant un autre, il a parcouru en 30 ans 70 contrées sur les 5 continents. Son pays préféré ? Heu… tous !

Pierre Mitrano : fils de Marseille, petit fils des congés payés, Pierre plante sa première tente à 6 mois… et endosse son premier sac à l'âge de la carte Interrail. Puis, de pirogue en cargo, de cheval en van ou en montgolfière, il rejoint l'équipe du *Routard,* conscient de passer de l'autre côté du miroir pour faire partager à d'autres les pays des merveilles.

UN GRAND MERCI À NOS AMI(E)S SUR PLACE ET EN FRANCE

Pour cette nouvelle édition, nous remercions particulièrement :

- **Giovanni Bastianelli,** directeur de l'ENIT à Paris ;
- **Anne Lefèvre,** chargée des relations avec la presse à l'ENIT ;
- **Federica Galbesi** et **Antonella Botta** du service marketing à l'ENIT ;
- **Christine Adam,** guide conférencière à Venise ;
- **Marta Moretti,** de Venezia Unica ;
- **Daniele Bernardi,** de Fondazione Venezia ;
- **Alice Tonasso,** pour son efficacité et sa bonne humeur.

Pictogrammes du Routard

Établissements

- Hôtel, auberge, chambre d'hôtes
- Camping
- Restaurant
- Pizzeria
- Terrasse
- Boulangerie, sandwicherie
- Pâtisserie
- Glacier
- Café, salon de thé
- Café, bar
- Bar musical
- Club, boîte de nuit
- Salle de spectacle
- Boutique, magasin, marché

Infos pratiques

- Office de tourisme
- Poste
- Accès Internet
- Hôpital, urgences
- Adapté aux personnes handicapées

Sites

- Présente un intérêt touristique
- Point de vue
- Plage
- Spot de surf
- Site de plongée
- Recommandé pour les enfants
- Inscrit au Patrimoine mondial de l'Unesco

Transports

- Aéroport
- Gare ferroviaire
- Gare routière, arrêt de bus
- Station de métro
- Station de tramway
- Parking
- Taxi
- Taxi collectif
- Bateau
- Bateau fluvial
- Piste cyclable, parcours à vélo
- Le Pas de Côté

☎ **112 :** c'est le numéro d'urgence commun à la France et à tous les pays de l'UE, à composer en cas d'accident, agression ou détresse. Il permet de se faire localiser et aider en français, tout en améliorant les délais d'intervention des services de secours.

Le *Routard* est imprimé sur un papier issu de forêts gérées.

I.S.B.N. 978-2-01-787123-1

NORD
CANNAREGIO
Chiesa della Madonna dell'Orto
Sacca della Misericordia
Ghetto
Rio Terrà S. Leonardo
Palazzo Vendramin Calergi
Str. Nuova
Museo di Storia Naturale
Stazione Santa Lucia
Canal Grande
Rio Marin
Ca' Pesaro
Ca'd'Oro
SANTA CROCE
Palazzo Mocenigo
Mercati di Rialto
SAN POLO
Chiesa Santa Maria dei Frari
PIAZZALE ROMA
Rio Nuovo
CAMPO SAN POLO
Ponte di Rialto
Scuola Grande di San Rocco
S. Pantalón
Campanile
CAMPO MANIN
Scala Contarini del Bovolo
Procuratie
Ca' Rezzonico
Palazzo Grassi
Santo Stefano
SAN MARCO
PIAZZA SAN MARCO
C. SANTA MARGHERITA
Rio di S. Barnaba
CAMPO SANTO STEFANO
Teatro La Fenice
Museo Correr
Chiesa San Nicolò dei Mendicoli
DORSODURO
Chiesa San Sebastiano
Gallerie dell'Accademia
Ponte dell'Accademia
Punta della Dogana
Collezione Peggy Guggenheim
Santa Maria della Salute
Canale della Giudecca
Casa dei Tre Oci
GUIDECCA
R. d. Ponte Lungo

Cimetero
Isola di San Michele
Chiesa dei Gesuiti
Santa Maria dei Miracoli
Basilica Santi Giovanni e Paolo
San Francesco della Vigna
Palazzo Grimani
CAMPO SAN LORENZO
CASTELLO
Fondazione Querini Stampalia
Arsenale
Darsena Grande
Scuola Dalmata di Santi Giorgio e Trifone
Basilica San Marco
PONTE DEI SOSPIRI
Palazzo Danieli
Palazzo Ducale
Riva degli Schiavoni
Canale di San Pietro
Isola di San Pietro
Museo Storico Navale
Via Garibaldi
Viale Garibaldi
Riva dei 7 Martiri
Rio di San Giuseppe
Canale di San Marco
San Giorgio Maggiore
SAN GIORGIO MAGGIORE
Canale della Grazia
Viale Trieste
Giardini Pubblici
0
200
400 m

Illumination sur le pont des Soupirs

« Venise, c'est comme manger une boîte entière de chocolats à la liqueur d'un seul coup. »
Truman Capote

Venise a cette faculté unique de provoquer l'émerveillement la 1re fois mais aussi à chaque fois que l'on y retourne. Aucune photo ne rendra jamais l'ambiance de ses **ruelles tortueuses,** de ses *corti,* de ses **canaux,** de ses **ponts** et de ses églises. La Sérénissime est une ville née de la mer et tournée vers la mer, qui de tout temps a su batailler pour préserver son indépendance. De ce **glorieux passé,** elle a gardé palais et vieilles demeures qui, aujourd'hui, sont autant de musées qui témoignent de sa superbe d'antan. Venise, c'est le **ravissement à tous les coins de rue,** un étrange mélange entre le déjà-vu et l'étonnement de la découverte, la carte postale et le demi-mot, un grand plongeon dans le Moyen Âge et, jusqu'à sa table, un vrai carnaval pour les papilles !

Alors, prenez le temps de la découvrir, quittez la foule. **Perdez-vous !** Sacrifiez votre sens de l'orientation sur l'autel de la débrouille, vous croiserez peut-être ainsi Corto Maltese, le commissaire Brunetti ou un Casanova dépité d'avoir égaré sa donzelle à la sortie d'un musée… N'hésitez pas à venir en hiver, par temps de brume, par temps de neige ou quand la *bora* cingle… Jamais la ville ne vous aura paru aussi **mystérieuse et secrète.** Et bien sûr, retournez-y lors de ces fêtes populaires et rieuses qui scellent, depuis la nuit des temps, l'amour que la Sérénissime entretient avec la mer. Et puis, Venise, c'est aussi une multitude de petites îles qui constellent et évoquent par leur histoire des traditions bien à elle : **Murano** et ses artisans verriers, **Burano** et ses pêcheurs, **San Michele** et son cimetière, **le Lido** et sa plage… Vous n'aurez jamais assez d'une vie pour les découvrir !

Maître verrier de Murano fabriquant un cheval traditionnel

NOS COUPS DE CŒUR

1 Se laisser envelopper par l'atmosphère mystérieuse de la basilique Saint-Marc, le joyau de la ville.

Et découvrir la plus grande surface de mosaïques au monde avec 8 500 m2. Narthex, nef, transept, chœur, tous les plafonds voûtés sont couverts de scènes de l'Ancien ou du Nouveau Testament. Les ors reflétés par la lumière illuminent les personnages et les dotent d'une vie intérieure. Époustouflant. *p. 92*

***Bon à savoir :** laissez impérativement votre sac à la consigne située dans une rue toute proche.*

2 **Pénétrer dans le palazzo Ducale, chef-d'œuvre du gothique vénitien, avant d'emprunter le mythique pont des Soupirs.**

Le palais n'était pas que la résidence du doge, les ¾ étaient occupés par les organes politiques et judiciaires de l'État. Les murs et les plafonds de ses salles d'apparat sont couverts de toiles géantes des plus grands maîtres de la peinture vénitienne de l'époque : Tiepolo, Tintoret, Véronèse, Palma le Jeune… Quant au pont des Soupirs, il reliait les locaux des juges d'instruction aux « prisons nouvelles ». Ce n'est qu'au XIXe s que le nom « des Soupirs » lui fut attribué, en référence à ceux poussés par les prisonniers contemplant une dernière fois la liberté. *p. 97, 100*

Bon à savoir : *si vous rêvez de découvrir les passages secrets du palais, ne manquez pas la visite guidée spéciale. Résa sur • palazzoducale.visitmuve.it •*

3 Savourer la cuisine vénitienne, inspirée de la mer.
Goûtez les *bigoli in salsa,* ces gros spaghettis avec une sauce de sardines ou d'oignons, ou encore les *spaghetti al nero di seppia* dont la couleur noire peut inquiéter, mais dont la douce saveur enchante le palais. Goûter le *fritto misto* (friture de calamars, crevettes et anchois) que les Vénitiens dégustent le plus souvent dans la rue, dans un cornet en papier.
Bon à savoir : les sarde in saor, *sardines macérées avec oignons, pignons et raisins secs, se dégustent à l'*aperitivo *ou en* antipasti.

4 Flâner parmi les étals du marché du Rialto exposant moult fruits, légumes et poissons fraîchement pêchés…
Historiquement, ce quartier fut la plaque tournante du commerce à Venise. C'était aussi le centre financier et économique de la ville. Aujourd'hui, le lieu est toujours très vivant. À deux battements d'ailes de mouette (nombreuses ici !) se dresse la *Pescheria,* l'un des marchés aux poissons les plus typiques d'Italie. *p. 137*
Bon à savoir : c'est surtout tôt le matin, quand les commerçants installent leurs stands, que l'atmosphère a quelque chose de magique. C'est aussi l'heure que choisissent de nombreux Vénitiens pour faire leur marché.

© Holger Leue/Look/Photononstop

5 **Se laisser mener en bateau sur le Grand Canal à bord d'un *vaporetto*, émerveillé par les façades extraordinaires des palais vénitiens.**

Avec près de 4 km de long et 50 m de large, le Grand Canal est un émerveillement. C'est certainement « le boulevard » le plus spectaculaire du monde ! De jour, on est happé par la profusion de façades plus sublimes les unes que les autres et par l'animation des bateaux en tout genre. De nuit, quand on est (presque) seul à bord, on s'imprègne vraiment de l'atmosphère envoûtante de Venise. Quelques fenêtres de palais sont encore éclairées, et les ombres qui s'en détachent alimentent le mystère. *p. 78*

Bon à savoir : *la promenade avec le* vaporetto *n° 1 dure près de 1h. La ligne n° 2 est un peu plus rapide.*

6 Découvrir la riche collection d'art contemporain de François Pinault au palazzo Grassi et à la Punta della Dogana.

Cette collection privée, l'une des plus importantes au monde, est présentée par roulement au palazzo Grassi, tandis que la Punta della Dogana accueille des œuvres de grande dimension, des sculptures et des installations (très) novatrices et parfois déroutantes. *p. 106, 115*

Bon à savoir : *la Punta della Dogana offre une vue imprenable à la fois sur le Grand Canal, la place Saint-Marc, San Giorgio Maggiore et la Giudecca. Sublimissime au coucher de soleil !*

Raysse Martial, *Raysse Beach* © Adagp, Paris, 2019 © Frumm John/hemis.fr

7 Vibrer lors d'une visite guidée du théâtre La Fenice, mieux encore, d'un concert classique.

Ce lieu de plaisirs était considéré comme l'une des plus belles et prestigieuses salles de spectacle du monde. Détruit par un incendie en 1835, il fut reconstruit dans un style rococo (une véritable bonbonnière !) pour brûler de nouveau en 1996 et renaître de ses cendres, à l'identique, en 2003. La visite retrace les grandes étapes de son histoire et donne accès à l'intimité de cette salle fastueuse. *p. 104*

Bon à savoir : *un concert à La Fenice est un incontournable, l'acoustique est unique. Réservez à l'avance (c'est plus cher, mais plus sûr). En dernière minute, places à prix cassé.* • *teatrolafenice.it* •

© Matteo Chinellato/Awakening/Alamy/Hemis

© Travelscape Images/Alamy/Hemis

8 **Profiter du plus admirable des panoramas depuis le sommet du campanile de l'île de San Giorgio Maggiore.**

Par sa situation privilégiée en face du palais des Doges, l'île a connu une importance stratégique pour le contrôle des navires qui entraient et sortaient de la ville. Son campanile offre une vue magnifique à 360° sur l'ancien monastère, la Giudecca, le palais des Doges, les montagnes à l'horizon… Encore plus vrai qu'un tableau du Canaletto ! *p. 176*

Bon à savoir : *ce campanile est moins couru que celui de la place Saint-Marc mais la vue y est tout aussi belle.*

9 Plonger dans l'univers de la muse des surréalistes, Peggy Guggenheim, dans le musée qui porte son nom.

Peggy Guggenheim a racheté ce palais du XVIIIe s, inachevé. Il ne comporte qu'un rez-de-chaussée. Elle y a installé sa collection des plus grands peintres du XXe s dont De Chirico, Magritte, Max Ernst (un de ses époux), Picasso, Braque, Fernand Léger ou Jackson Pollock. *p. 116*

Bon à savoir : *flânez dans le jardin, puis allez jusqu'au quai donnant sur le Grand Canal, pour la vue, évidemment, et pour la provocante statue équestre de Marino Marini.*

© 2019 Calder Foundation New York/ADAGP, Paris
© Mark Edward Smith/AGF Foto/Photononstop

10 S'offrir une tranche de peinture religieuse de Carpaccio à la galerie de l'Accademia.

C'est incontestablement l'une des plus belles pinacothèques de Venise. Elle rassemble des chefs-d'œuvre couvrant une période allant du XIVe au XVIIIe s : *Vierge à l'Enfant* de Bellini, *La Tempête* de Giorgione, *Portrait d'un jeune homme* de Lotto, des Tintoret, des Tiepolo, des Véronèse et puis, l'un des points d'orgue de la visite, ces immenses toiles de Carpaccio racontant la légende de sainte Ursule. *p. 118*

Bon à savoir : *après la visite, balade sur le pont de l'Accademia, il offre un point de vue imprenable sur le Grand Canal. • gallerieaccademia.it •*

© Johanna Huber/Sime/Photononstop

(11) **Découvrir la magnificence de la Ca' Rezzonico, un palais à l'intérieur d'une richesse impressionnante.**
La visite de ce palais, débuté en 1677 et terminé en 1712, donne une idée de ce que pouvait être alors le luxe de la Sérénissime : escalier monumental, salle de bal absolument magnifique avec fresques en trompe l'œil, chambre en alcôve et boudoir délicieux, salle aux laques turquoise et mobilier de style chinois… *p. 123*
Bon à savoir : *au 2e étage, d'intéressantes fresques de Giandomenico Tiepolo (le fils du grand peintre vénitien).*

© Empty Box/Alamy/Hemis

12 **Entrer dans l'intimité de la chiesa Santa Maria dei Frari.**
Sur le *campo* du même nom, admirer certains des plus beaux chefs-d'œuvre de Venise : des tableaux remarquables, et les tombeaux éblouissants de grands noms vénitiens, Titien, Canova, Pesaro. *p. 133*
Bon à savoir : *l'église est accessible avec le* Chorus Pass.

13 **Siroter un *spritz* (apéro inventé en Vénétie), dans un *bacaro* (bar à vins), avec les locaux emportés par des conversations animées.**
Le *spritz* est une véritable institution à Venise : à base de vin blanc, plutôt amer avec du Campari, doux avec de l'Aperol et de l'eau pétillante, accompagné d'une olive et d'une rondelle d'orange. Le meilleur se confectionne avec du *prosecco.* À boire au coude à coude dans des salles souvent exiguës et bondées ou en terrasse pour prolonger le plaisir du moment. *p. 214*
Bon à savoir : *accompagnez votre* spritz *de* cicchetti, *de délicieuses tartines aux saveurs aussi variées que les nombreux* bacari *vénitiens.*

14 Faire la visite de la Ca' d'Oro, un des plus beaux palais que compte Venise. Si l'entrée est discrète, regardez la façade côté Grand Canal : ornée d'une véritable dentelle de style gothique. Le nom de *Ca' d'Oro* vient de ce que la façade était à l'origine en partie décorée d'or et de marbre. À l'intérieur, après une somptueuse cour intérieure au bel escalier gothique et à l'incroyable pavement, une superbe galerie d'art avec pour fer de lance le *Saint Sébastien* de Mantegna. Sans oublier une vue imprenable sur le Grand Canal depuis la dentelle gothique des fenêtres des loggias… *p. 153*

***Bon à savoir :* • *cadoro.org* •**

15 **Sillonner la ville sur les pas de Corto Maltese après avoir relu la B.D. d'Hugo Pratt *Fable de Venise,* et s'aventurer du côté du Ghetto.**
Avec un peu de chance, vous découvrirez la vraie cour secrète dite « de l'arcane », celle qui ouvre les portes du rêve et qui a fait fantasmer tant de lecteurs. Une cour qu'on atteint en franchissant 7 portes que Hugo Pratt découvrit en imagination dans son enfance, lorsqu'il venait boire un chocolat chez Mme Bora Levi… En vérité, le bruit court que ce passage correspondrait à un parcours secret permettant de relier les synagogues entre elles. *p. 150*

***Bon à savoir :** il existe une version commentée de la B.D. qui permet de mieux se situer dans le temps et l'espace.*

© Sonnet Sylvain/hemis.fr

16 **À Burano, composer un patchwork photographique des maisons colorées.**

Cette île adorable est pacifiquement assaillie par les touristes pendant la journée, même si son éloignement la rend plus paisible et plus attachante que Murano. Il faut dire qu'elle déborde de charme avec ses petites maisons colorées, dont les façades composent un magnifique arc-en-ciel. La tradition populaire veut que les pêcheurs, rentrant par temps de brume, pouvaient alors repérer plus facilement leurs maisons. *p. 184*

Bon à savoir : *si on visite Murano et Burano (voire Torcello) la même journée, le* pass *journalier de transport est vite amorti.*

17 Faire un saut au Lido pour renouer avec l'architecture Liberty du XIXe s au fil d'une promenade à vélo.

Cette langue de sable offre, depuis l'avènement du tourisme balnéaire au début du XXe s, un panorama de l'architecture Liberty. Stars internationales et jet-set italienne y viennent se dorer la pilule. En septembre, le Lido est pris d'assaut lors de la *Mostra,* le festival de cinéma de Venise. Aux beaux jours, c'est l'occasion d'une balade jusqu'à Malamocco, le village où Hugo Pratt avait élu domicile. Il y plane un sentiment de bout du monde. Sur le chemin du retour, ne ratez pas le Casino, le palais du Festival ou le *Grand Hôtel des Bains*, où fut tourné *Mort à Venise*. *p. 193*

© SIME/Guido Baviera/Sime/Photononstop

18 **Prendre le temps de visiter quelques villas du canal du Brenta, miroir fastueux de l'opulence passée de Venise, côté terre ferme.**

Le canal du Brenta, entre Mestre et Padoue, est jalonné d'une cinquantaine de villas construites du XVIe au XVIIIe s pour de richissimes Vénitiens. Pour clore un séjour à Venise, cela peut être une parenthèse dans le temps, le long d'un canal aux villas édifiées par Palladio et ses successeurs : la villa Pisani, la Malcontenta, la villa Widmann Rezzonico Foscari… *p. 210*

Bon à savoir : *une croisière à la journée ou à la demi-journée, avec passage des écluses et visite guidée de villas, offre en plus le plaisir d'une balade au fil de l'eau…*

© Peter Fischer/Sime/Photononstop

Le palais des Doges pendant l'acqua alta

ITINÉRAIRES CONSEILLÉS

Un jour

Direction piazza San Marco pour visiter la **basilica di San Marco (1)** et le **palazzo Ducale (2).** Prendre ensuite la calle larga XXII Marzo jusqu'au campo Santa Maria Zobenigo, d'où l'on emprunte le ***traghetto* à l'arrêt Giglio pour passer sur l'autre rive** (compter 2 € le trajet). Les plus pressés pousseront jusqu'au **ponte dell'Accademia (3),** qui arrive au niveau du musée éponyme. Après une petite pause *tramezzini* (délicieux petits sandwichs vénitiens), vous avez le choix : visiter la **galleria dell'Accademia (4)** avec moult tableaux de Véronèse, Bellini, Tiepolo, Tintoret… (minimum 2h de visite) ou cap dans le quartier de Dorsoduro, en admirant **l'intérieur de la scuola Grande di San Rocco (5),** *vaporetto* n° 1 (arrêt San Tomà) ou à pied en passant par le *campo Santa Margherita,* sans oublier la superbe **chiesa Santa Maria dei Frari (6),** juste à côté. Puis traverser le **campo San Polo (7)** pour rejoindre l'incontournable **ponte di Rialto (8).** C'est l'occasion de boire un *spritz,* dans **un des *bacari* qui ont fait la réputation du quartier (9),** avant d'aller dîner dans une de ces adresses typiques.

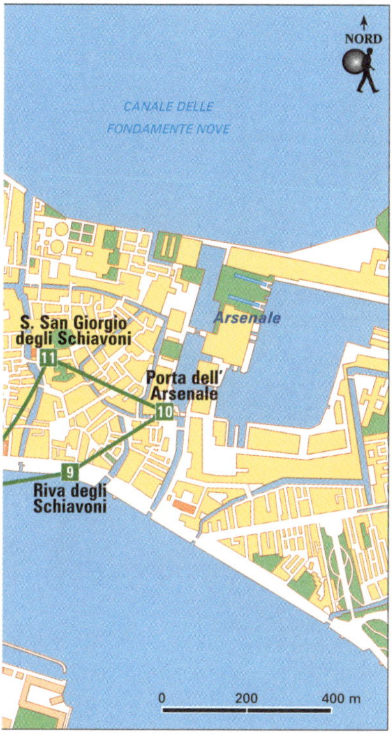

Trois jours

1e jour

Commencer la matinée par la visite de la **basilica di San Marco (1),** symbole incontournable de la ville. Monter tout en haut du **campanile (2)** pour découvrir les toits et dômes de la Sérénissime. Puis musarder dans le quartier de San Marco en jetant un œil au **teatro La Fenice (3)** avant de gagner l'autre rive (par le pont de l'Accademia) pour visiter la célèbre **galleria dell'Accademia (4).** L'après-midi, découvrez les charmes de Dorsoduro. **Une glace le long des Zattere (5),** avec vue imprenable sur la lagune, s'immerger dans l'univers de la **collezione Peggy Guggenheim (6),** et il est déjà l'heure de l'apéro sur le très animé **campo Santa Margherita (7).** Pour dîner, optez pour une table dans le quartier de San Polo.

2e jour

Visite du **museo Correr** et du **palazzo Ducale (8).** Puis promenade dans le quartier du Castello sur la **riva degli Schiavoni (9)** en remontant jusqu'à la **porta dell'Arsenale** (**10 ;** allez dire bonjour aux lions de notre part !) et visite de la petite **scuola San Giorgio degli Schiavoni (11)** pour contempler les toiles de Carpaccio.

Si vous êtes plutôt art moderne et contemporain, rendez-vous en fin d'après-midi à la **Punta della Dogana (12)** dans le Dorsoduro et au **palazzo Grassi (13)** à moins que vous ne préfériez filer d'un coup de *vaporetto* vers l'univers XVIIIe s de la **Ca' Rezzonico (14).**

3e jour

Attention, cette journée ne conviendra qu'aux lève-tôt !

D'abord, prendre un bateau jusqu'à **Murano (15).** Si le cœur vous en dit (et surtout si vous avez le temps), faites l'aller-retour vers **Burano (16)** pour voir ses maisons colorées. De retour à Venise même, partir du quartier de la gare et faire un tour dans le Cannaregio. Puis pousser jusqu'à la **Ca' d'Oro (17).** Après le déjeuner, prendre le *traghetto* devant la Ca' d'Oro pour rejoindre le quartier de San Polo, visiter la **chiesa Santa Maria dei Frari (18)** et la **scuola Grande di San Rocco (19).** Le soir, rien de mieux que de s'offrir un dîner dans le quartier du Rialto, qui regorge de bonnes petites adresses.

Une semaine

Idéal pour découvrir la ville sans trop se presser.

Les 2 1er jours

Nous vous conseillons d'explorer le **quartier de San Marco** et de commencer par la place symbolique de Venise en visitant les musées qui la bordent : **le palazzo Ducale, le museo Correr et bien sûr la basilica di San Marco (1).** Vous avez tout loisir de vous balader dans le quartier en poussant les portes du **teatro La Fenice (2)** ou celles des églises, nombreuses dans le quartier. Pour les amateurs d'art contemporain, le **palazzo Grassi (3)** vous ouvre grand les bras ainsi que sa petite sœur, la Punta della Dogana, tous deux propriétés de la collection de François Pinault.

Les 3e et 4e jours

C'est l'occasion de flâner dans le quartier de San Polo en salivant devant les étals colorés du **marché de Rialto (4),** de visiter la collection privée d'un des plus beaux palais de la ville, **Ca' Pesaro (5),** ou encore de pousser jusqu'à la **chiesa Santa Maria dei Frari (6)** et la **scuola Grande di San Rocco (7)** en passant par le campo San Polo. Le quartier du Dorsoduro est aussi très riche. C'est un quartier vivant où on peut boire un *spritz* sur le **campo San Barnaba (8).** Outre la **Ca' Rezzonico (9)** qu'il faut absolument visiter, il faudra trouver quelques heures dans votre emploi du temps pour les visites de la **galleria dell'Accademia (10)** et de la **collezione Peggy Guggenheim (11).**

Les 5e et 6e jours

Nous vous conseillons une petite balade sur la **Giudecca (12)** pour profiter de sa quiétude et de son authenticité (peu de choses à faire) avant de prendre le *vaporetto* pour la minuscule île de San Giorgio Maggiore où vous ne manquerez pas de monter en haut du **campanile de San Giorgio (13)** pour avoir une belle vue d'ensemble sur Venise. Vous pouvez ensuite reprendre un *vaporetto* pour le quartier du Castello, peu visité où Venise respire encore un parfum d'antan. Le **giardini Pubblici (14)** et surtout l'**Arsenal (15),** l'ancien chantier naval de Venise, méritent un détour. L'entrée y est admirable avec sa *porta dell'Arsenale* encadrée par deux magnifiques lions. Avant de gagner le Cannaregio, entrez dans la très imposante **chiesa Santi Giovanni e Paolo (16)** qui est la plus grande église de la ville avec notamment quelques toiles de Véronèse. Le Cannaregio est un quartier authentique avec une véritable âme. C'est aussi un lieu hautement symbolique puisque le **Ghetto (17),** datant du XVIe s, l'un des plus anciens d'Europe, existe toujours.

Les 7e et 8e jours

On peut pousser jusqu'au **Lido (18),** pour les amateurs de style Liberty et de plage, ou s'aventurer dans les îles du Nord en direction de **Murano (19),** célèbre pour son activité de verrerie, et **Burano (20)** avec ses petites maisons colorées et sa spécialité : la dentelle.

SI VOUS ÊTES…

Amoureux : la Ca' Rezzonico, le *Caffè Florian,* la balade le long des Zattere, la chiesa della Madonna dell'Orto, la place Saint-Marc le soir, le Lido à vélo et l'incontournable tour en gondole.

Amateur d'art moderne et contemporain : la Ca' Pesaro, la collection Peggy Guggenheim, le palazzo Grassi, la Punta della Dogana, le Teatrino et la Biennale (art en alternance avec l'architecture tous les ans) et le palais Zaguri.

En famille : la place et la basilique Saint-Marc, la balade en *vaporetto* (lignes nos 1 ou 2) sur le Grand Canal, le pont du Rialto, la visite d'un atelier de masques, le musée d'Histoire navale et celui d'Histoire naturelle, le Carnaval (si vous y êtes à cette période), le marché aux poissons (marché du Rialto), la petite île de Burano aux maisons colorées.

Plutôt adepte de calme et de tranquillité : le Ghetto, le quartier de l'Arsenal, le campanile de San Giorgio Maggiore, le palazzo Grimani, l'île de la Giudecca, celles de Torcello ou de San Francesco del Deserto.

Inconditionnel de la peinture du Titien, du Tintoret et de Véronèse : la chiesa Santa Maria dei Frari, la galleria dell'Accademia, la scuola Grande di San Rocco, le palais des Doges.

Passionné de bateaux : l'atelier de réparation des gondoles sur les rives du rio San Trovaso, la fête du Redentore (en juillet), le quartier de l'Arsenal et le musée d'Histoire navale et le canal du Brenta.

Plutôt mélomane : le théâtre La Fenice, le palazzetto Bru Zane, la chiesa San Vidal avec près de 300 concerts par an.

Vénitien en costume de Carnaval

Interview #experienceroutard

Par la rédaction du *Routard*

En quoi cette destination est-elle unique ?

Parce que Venise est la plus belle cité lacustre, tout simplement ! Ses canaux, le clapotis de l'eau sur le Grand Canal, ses ruelles labyrinthiques, ses majestueux palais, ... et sa topographie en forme de poisson ! La Sérénissime, c'est une plongée dans un monde enchanté, où le temps est suspendu. Un vrai dépaysement qu'il faut avoir vécu au moins une fois dans sa vie !

Un moment à partager ?

L'*aperitivo*, c'est sacré à Venise ! C'est le moment (entre 18h et 21h) où l'on prend les habitudes d'un Vénitien, en sirotant une *ombreta* (petit verre de vin) ou un *spritz* et en goûtant de savoureux *cicchetti* dans un *bacaro* (bar à vins typique) Un vrai moment de convivialité à partager avec les locaux.

Une activité à faire absolument ?

Impossible d'être à Venise sans faire un tour de *vaporetto* (bateau public flottant) qui vous emmène d'une rive à l'autre tout en en ayant plein les yeux avec ces magnifiques palais qui bordent le Grand Canal. Expérience incontournable pour petits et grands. Que d'eau avec ses 170 canaux, ses 430 ponts... et quel plaisir de marcher librement sans aucune voiture... un vrai bonheur.

Un souvenir de voyage inoubliable ?

Se retrouver au crépuscule sur la place Saint-Marc, vidée de ses touristes : une sensation de toute puissance. Arpenter les *calli* (ruelles) la nuit est unique, reposant, sécurisant alors qu'on semble seul au monde. Bizarre non ? On se perd souvent mais on arrive toujours à retrouver son chemin. Magique Sérénissime...

La spécialité locale à goûter absolument ?

On ne résiste pas au *fritto misto,* une délicieuse friture de calamars, crevettes et anchois, qu'on achète dans des petits stands. Bien gras mais tellement bon ! Et pour les amateurs de poisson, petite préférence au *baccalà* (morue), fraichement pêché que l'on retrouve sur les étals du marché du Rialto. Y aller tôt : ambiance unique garantie. Un vrai plaisir pour les yeux et les papilles.

Un souvenir à rapporter chez soi ?

Le vrai masque de carnaval est une denrée rare, mais quand il est fait par un artisan vénitien, c'est un véritable petit bijou, réalisé le plus souvent sur commande. Et pour les gourmands, on craque pour les délicieux Buranei (ou *bussolai*), des petits biscuits secs qu'on trempe dans un verre de Fragolino (vin à base de fraise), dont la fabrication artisanale est originaire de Burano. Une bonne excuse pour aller les acheter sur place, au nord de la cité, avec ses petites maisons colorées, qui ont fait la réputation de l'île.

LES QUESTIONS QU'ON SE POSE AVANT LE DÉPART

• Infos détaillées dans le chapitre « Venise utile ».

➢ Quels sont les documents nécessaires pour aller à Venise ?

Pour les ressortissants de l'Union européenne et de la Suisse, la carte nationale d'identité ou le passeport en cours de validité suffit pour entrer sur le territoire italien.
Pour les ressortissants canadiens, un passeport valide est nécessaire.
Les mineurs voyageant seuls (sans leurs parents) doivent être munis de leur propre pièce d'identité (carte d'identité ou passeport) ainsi que d'une autorisation de sortie du territoire signée par l'un des parents. Renseignements auprès des services de votre commune et sur • *service-public.fr* •

➢ Quelle est la meilleure saison pour y aller ?

Toute l'année... mais hors saison, c'est mieux ! On évite ainsi le monde et les Vénitiens sont plus disponibles. Sachez par ailleurs que pendant les périodes de Carnaval, de la Mostra et de la Biennale, les prix des hébergements atteignent des sommets ! Désormais, les intersaisons sont également pleine saison à Venise ... il y a un peu moins de monde en juillet-août (mais vous ne couperez pas aux grosses chaleurs) qu'en mai ou en septembre...

➢ Quel budget prévoir ?

Venise est une des villes les plus chères d'Italie. Les petits budgets choisiront l'hiver, et si possible en semaine, pour se loger (de novembre à mars, mais hors Carnaval). Cependant, en profitant des promotions sur Internet, on trouve un hébergement à un prix raisonnable, surtout en basse saison.

➢ Doit-on envisager un gros budget pour les visites culturelles ?

Oui, en cumulant les tarifs d'entrée à chaque site et musée on peut vite faire grimper la note. Avant votre arrivée, une vraie étude s'impose : plusieurs offres de *pass* selon les envies de visites et le temps disponible. Les jeunes de moins de 18 ans bénéficient de la gratuité dans les musées nationaux.

➢ Quel est le meilleur moyen pour se déplacer ?

À pied ! Venise se découvre sans hâte au gré de ses ruelles labyrinthiques, le nez au vent et les yeux grands ouverts. Sinon, évidemment, les incontournables et pittoresques *vaporetti* sont nombreux et pratiques, mais le billet est cher (à moins de grouper les visites éloignées sur un jour ou deux et de prendre un *pass* 24h ou 48h).

➢ Y a-t-il un décalage horaire ?

Non, été comme hiver, la France et l'Italie affichent la même heure, car les passages heure d'été/heure d'hiver se font aux mêmes dates.

➢ Quel est le meilleur moyen pour y aller ?

L'avion est évidemment la solution la plus rapide. Les compagnies aériennes, dont les *low-cost,* pratiquent des prix très compétitifs, à condition de s'y prendre à l'avance.

➢ Quel est le temps de vol ?

Compter 1h30 pour un Paris-Venise.

➢ Côté santé, quelles précautions prendre ?

Pas de précautions particulières. Et puis c'est l'Europe, donc pensez à emporter votre carte européenne d'assurance maladie (CEAM).

➢ Peut-on y aller avec des enfants ?

Oui, mais seulement s'ils sont en âge de marcher, car en poussette, c'est franchement galère ! Venise est d'une richesse incroyable pour les enfants. Une ville magique avec ses ponts, ses gondoles, ses *vaporetti,* sa cuisine... et les plages du Lido pour ceux qui restent suffisamment longtemps !

➢ Comment payer sur place ?

La monnaie est l'euro, ce qui est bien pratique pour les Français et les Belges. Pour nos amis canadiens et suisses, le taux de change est d'environ 1 € = 1,52 $Ca = 1,05 Fs. Sur place, nombreux distributeurs de billets, change aisé, et l'on peut régler à peu près partout avec une carte de paiement, hormis dans certaines petites pensions ou dans les bars.

➢ Quelle langue parle-t-on ?

L'italien bien sûr ! Quelques notions sont donc toujours utiles et facilitent les échanges. Les jeunes communiquent de plus en plus en anglais.

➢ Peut-on passer de folles nuits à Venise ?

Nuits peut-être pas, mais de belles soirées tardives oui, à condition de s'aventurer dans des *campi* fréquentés par les étudiants, comme celui de Santa Margherita dans le quartier du Dorsoduro, ou encore dans les abords du marché du Rialto qui restent animés relativement tard.

➢ Faut-il emporter des bottes ?

En hiver principalement, il y a toujours un risque d'*acqua alta.* Mais pas de panique : celle-ci ne touche qu'une petite partie de la ville, ne dure que le temps d'une marée (quelques heures), et des passerelles sont installées pour faciliter la circulation des piétons et des bottes à prix modiques sont en vente sur place.

COMMENT Y ALLER ?

EN AVION

▲ **AIR FRANCE**

Rens et résas au ☎ 36-54 (tlj 6h30-22h ; coût d'un appel local), sur • airfrance.fr •, dans les agences Air France et dans ttes les agences de voyages.

➢ De l'aéroport Roissy-Charles-de-Gaulle : 5-6 vols/j. pour Venise-Marco Polo.

Air France propose à tous des tarifs attractifs toute l'année. Pour consulter les meilleures offres du moment sur Internet, allez directement sur la page « nos meilleurs tarifs » sur *• airfrance.fr •* *Flying Blue,* le programme de fidélité gratuit d'Air France-KLM, permet de gagner des Miles en voyageant sur les vols Air France, KLM, Transavia et les compagnies membres de *Skyteam,* mais aussi auprès des nombreux partenaires non aériens *Flying Blue...* Les Miles peuvent ensuite être échangés contre des billets d'avion ou des services (surclassement, bagage supplémentaire, accès salon...) ainsi qu'auprès des partenaires. Pour en savoir plus, rendez-vous sur *• flyingblue.com •*

▲ **ALITALIA**

Infos et résas sur • alitalia.fr • et dans les agences de voyages.

➢ De l'aéroport Roissy-Charles-de-Gaulle : 5 vols/j. pour Venise-Marco Polo (en partage de code avec Air France).

▲ **BRUSSELS AIRLINES**

Rens au • brusselsairlines.com •

➢ Vols directs quotidiens Bruxelles-Venise.

Les compagnies *low-cost*

▲ **EASY JET**

• easyjet.com •

➢ De l'aéroport Roissy-Charles-de-Gaulle, 1-3 A/R par j. et de Paris-Orly, 1-2 A/R par j.

➢ De Lyon et de Nice, plusieurs vols/sem.

▲ **RYANAIR**

• ryanair.com •

De Paris-Beauvais ou de Bruxelles-Charleroi, 1 A/R par j. à destination de Venise-Trévise (aéroport situé à 30 km de Venise).

LES ORGANISMES DE VOYAGES

En France

▲ **COMPTOIR DES VOYAGES**

• comptoir.fr • Lun-sam 9h30-18h30.

– Paris : 2-18, rue Saint-Victor, 75005. ☎ 01-53-10-30-15. Ⓜ Maubert-Mutualité.

– Bordeaux : 26, cours du Chapeau-Rouge, 33800. ☎ 05-35-54-31-40.

– Lille : 76, rue Nationale, 59160. ☎ 03-28-04-68-20. Ⓜ Rihour.

– Lyon : 10, quai Tilsitt, 69002. ☎ 04-72-44-13-40. Ⓜ Bellecour.

– Marseille : 12, rue Breteuil, 13001. ☎ 04-84-25-21-80. Ⓜ Estrangin.

– Nice : 62, rue Giofreddo, 06000. ☎ 04-97-03-64-80.

– Toulouse : 43, rue Peyrolières, 31000. ☎ 05-62-30-15-00. Ⓜ Esquirol.

En plus de 30 ans, Comptoir des Voyages s'est imposé comme la référence incontournable du voyage sur mesure en immersion, avec plus de 90 destinations sur les 5 continents. Ses conseillers-spécialistes construisent des voyages uniques en s'adaptant à votre budget, vos goûts et vos envies. Pour favoriser les rencontres et l'immersion dans la vie locale, ils privilégient des hébergements typiques et des expériences authentiques. Sur place, des *greeters* francophones partagent avec vous conseils et bonnes adresses le temps d'un café. Sur votre smartphone, l'application mobile Luciole vous informe sur le déroulé de votre voyage et vous guide grâce à un GPS hors connexion. Comptoir des Voyages est membre d'Agir pour un tourisme responsable depuis 2009, labellisation ATR renouvelée par Ecocert environnement en 2019.

▲ ITALIE AUTHENTIQUE

• *italie-authentique.com* •

Contactez Italie Authentique, une agence locale de confiance, pour organiser votre voyage sur mesure en Italie. Ses conseillers, fins connaisseurs du terrain et de la réalité du pays, vous accompagnent dans la préparation de votre voyage, en couple, en famille ou en groupe d'amis. Vous avez ainsi accès à un service personnalisé en bénéficiant d'un prix accessible. Étant membre de bynativ, la communauté des agences de voyages locales, Italie Authentique vous propose un maximum de garanties et de services : règlement de votre voyage en ligne, et ce, de façon sécurisée, possibilité de souscrire à une assurance de voyage et de bénéficier de garanties solides en cas d'imprévu. De quoi voyager de façon authentique et en toute tranquillité !

▲ LA ROUTE DES VOYAGES

• *laroutedesvoyages.com* •

– Paris : 10, rue Choron, 75009. ☎ 01-55-31-98-80. Ⓜ Notre-Dame-de-Lorette.

– Angers : 6, rue Corneille, 49000. ☎ 02-41-43-26-65.

– Annecy : 4 bis, av. d'Aléry, 74000. ☎ 04-50-45-60-20.

– Bordeaux : 19, rue des Frères-Bonie, 33000. ☎ 05-56-90-11-20.

– Lorient : 42, av. de la Perrière, 56100. 📱 06-15-48-82-69. Sur rdv lun-mer.

– Lyon : 59, rue Franklin, 69002. ☎ 04-78-42-53-58.

– Toulouse : 9, rue Saint-Antoine-du-T, 31000. ☎ 05-62-27-00-68.

Agences ouv lun-jeu 9h-19h, ven 9h-18h. Rdv conseillé.

25 ans d'expérience de voyage sur mesure sur les 5 continents ! 15 pays en Europe complètent à présent leur offre. Cette équipe de voyageurs passionnée a développé un vrai savoir-faire du voyage personnalisé : écoute, conseils, voyages de repérage réguliers et des correspondants sur place soigneusement sélectionnés avec qui ils travaillent en direct. Son engagement à promouvoir un tourisme responsable se traduit par des possibilités de séjours solidaires à insérer dans les itinéraires de découverte individuelle. Elle a aussi créé un programme de compensation solidaire qui permet de financer des projets de développement locaux.

▲ VOYAGEURS DU MONDE EN ITALIE

• *voyageursdumonde.fr* •

– Paris : La Cité des Voyageurs, 55, rue Sainte-Anne, 75002. ☎ 01-42-86-17-20. Ⓜ Opéra ou Pyramides. Lun-sam 9h30-19h. Avec une librairie spécialisée sur les voyages.

– Également des agences à Bordeaux, Grenoble, Lille, Lyon, Marseille, Montpellier, Nantes, Nice, Rennes, Rouen, Strasbourg et Toulouse. Également à Bruxelles et Genève.

Parce que chaque voyageur est différent, que chacun a ses rêves et ses idées pour les réaliser, Voyageurs du Monde conçoit, depuis plus de 30 ans, des projets sur mesure. Les séjours proposés sur 120 destinations sont élaborés par leurs 180 conseillers voyageurs. Spécialistes par pays et même par région, ils vous aideront à personnaliser les voyages présentés à travers une trentaine de brochures d'un nouveau type et sur le site internet où vous pourrez également découvrir les hébergements exclusifs et consulter votre espace personnalisé. Au cours de votre séjour, vous bénéficiez des services personnalisés Voyageurs du Monde, dont la possibilité de modifier à tout moment votre voyage, l'assistance d'un concierge local, la mise en place de rencontres et de visites privées et l'accès à votre carnet de voyage via une application iPhone et Android. Voyageurs du Monde est membre de l'association ATR (Agir pour un tourisme responsable) et a obtenu sa certification Tourisme responsable AFAQ AFNOR.

En Belgique

▲ CONNECTIONS

Rens et résa : ☎ 070-233-313. ● connections.be ●

Fort d'une expérience de plus de 20 ans dans le domaine du voyage, Connections dispose d'un réseau de 32 *travel shops,* dont un à Brussels Airport. Connections propose des vols dans le monde entier à des tarifs avantageux et des voyages destinés à des voyageurs désireux de découvrir la planète de façon autonome. Connections propose ainsi une gamme complète de produits : vols, hébergements, locations de voitures, autotours, vacances sportives, excursions...

▲ TAXISTOP

Pour ttes les adresses Taxistop : ☎ 070-222-292. ● taxistop.be ●
– Bruxelles : rue Thérésienne, 7, 1000.
– Gent : Maria Hendrikaplein, 65, 9000.
– Gembloux : rue Buisson-Saint-Guibert, 1b, 5030.

Taxistop propose un système de covoiturage, ainsi que d'autres services comme l'échange de maisons ou le gardiennage.

▲ VOYAGEURS DU MONDE

– Bruxelles : 23, chaussée de Charleroi, 1060. ☎ 02-543-95-50. ● voyageursdumonde.com ●

Le spécialiste du voyage en individuel sur mesure. Voir texte dans la partie « en France ».

En Suisse

▲ LA ROUTE DES VOYAGES

☎ 022-552-34-46. ● laroutevoyages.com ● Rdv par tél.

Voir texte dans la partie « en France ».

▲ STA TRAVEL

☎ 058-450-49-49. ● statravel.ch ●
– Fribourg : rue de Lausanne, 24, 1700. ☎ 058-450-49-80.
– Genève : rue Pierre-Fatio, 19, 120. ☎ 058-450-48-00.
– Genève : rue Vignier, 3, 1205. ☎ 058-450-48-30.
– Lausanne : bd de Grancy, 20, 1006. ☎ 058-450-48-50.
– Lausanne : à l'université, Anthropole, 1015. ☎ 058-450-49-20.

Agences spécialisées notamment dans les voyages pour jeunes et étudiants. 150 bureaux STA et plus de 700 agents du même groupe répartis dans le monde entier sont là pour donner un coup de main *(Travel Help).*
STA propose des tarifs avantageux : vols secs *(Blue Ticket),* hôtels, écoles de langues, *work & travel,* circuits d'aventure, voitures de location, etc. Délivre la carte internationale d'étudiant et la carte Jeune.

▲ VOYAGES ARTISANS AUX PIEDS NUS

– Carouge : rue de Saint-Victor, 3, 1227. ☎ 022-301-01-50. ● apnvoyages.ch ● En sem, sur rdv.

Voyages APN propose des destinations hors des sentiers battus, particulièrement en Europe (Grèce, Italie et pays nordiques), avec un contact direct avec les prestataires, notamment dans le cadre des agritourismes. Certains programmes sont particulièrement adaptés aux familles. L'accent est mis sur le tourisme responsable et durable. Dans ce cadre, une sélection de destinations telles que la Mongolie ou le Burkina Faso est également proposée.

▲ VOYAGEURS DU MONDE

– Genève : rue de la Rôtisserie, 19, 1204. ☎ 022 514 12 10. Lun-ven 9h30-19h, sam 9h30-18h30.
– Lausanne : rue du Bourg, 6, 1003 (2e étage). Ouverture prévue courant 2020. Lun-ven 9h-18h30, sam sur rdv uniquement.
● voyageursdumonde.com ●

Le spécialiste du voyage en individuel sur mesure. Voir texte dans la partie « en France ».

Au Québec

▲ EXPÉDITIONS MONDE

● expeditionsmonde.com ●

Expéditions Monde est à l'avant-garde du voyage d'aventure, de découverte, de trekking, de vélo et d'alpinisme sur tous les continents. Les voyages en petits groupes facilitent les déplacements dans les régions les plus reculées et favorisent l'interaction avec les peuples locaux pour vivre une expérience authentique. Expéditions Monde offre aussi la possibilité de voyager en Europe à pied, ou à vélo en liberté.

▲ **TOURS CHANTECLERC**
● *tourschanteclerc.com* ●
Tours Chanteclerc est un tour-opérateur qui publie différentes brochures de voyages : Europe, Amérique du Nord, Amérique du Sud, Asie et Pacifique sud, Afrique et le Bassin méditerranéen en circuits ou en séjours. Il s'adresse aux voyageurs indépendants qui réservent un billet d'avion, un hébergement (dans toute l'Europe), des excursions ou une location de voitures. Également spécialiste de Paris, le tour-opérateur offre une vaste sélection d'hôtels et d'appartements dans la capitale française.

EN TRAIN

Au départ de Paris et de la province

La société italienne ***Thello*** gère les trains de nuit entre la France et l'Italie. *À **Paris,** point de vente à Paris-gare de Lyon : hall 1, niveau du quai « N » (sortie « Tour de l'Horloge »), pl. Louis-Armand, 75571 Paris Cedex 12. ☎ 01-83-82-00-00. ● thello.com ● Lun-sam 9h-19h sauf j. fériés. Et sur le parvis de la gare de **Nice,** rue Thiers, lun-ven 7h30-18h30. Également dans les bornes libre-service de **Marseille, Toulon, Cannes** et **Monaco.** En Italie, dans les guichets* Trenitalia *des gares italiennes.*

➢ ***Au départ de Paris-gare de Lyon ou Dijon :*** 1 A/R par j. en train de nuit (départ le soir vers 19h – ou de Dijon vers 22h), arrivée vers 9h30 à la gare de Venise Stazione Santa Lucia.

➢ ***Au départ de Nice-gare :*** 3 départs/j.

Les avantages européens avec la SNCF

Rens au ☎ 36-35 (0,40 €/mn, hors surcoût éventuel de votre opérateur). ● tgv.com ● oui.sncf ● thello.com ● interrail.eu ●

Avec les ***Pass InterRail,*** les résidents européens peuvent voyager dans 30 pays d'Europe, dont l'Italie. Plusieurs formules et autant de tarifs, en fonction de la destination et de l'âge.

À noter que le *Pass InterRail* n'est pas valable dans votre pays de résidence (cependant l'*InterRail Global Pass* offre une réduction de 50 % de votre point de départ jusqu'au point frontière en France). ● *interrail.eu* ●

– Pour les grands voyageurs, l'***InterRail Global Pass*** est valable dans l'ensemble des 33 pays européens concernés, intéressant si vous comptez parcourir plusieurs pays au cours du même périple. Il se présente sous plusieurs choix.

5 formules flexibles utilisables 4, 5 ou 7 j. sur une période de validité de 1 mois (246-335 € selon formule en version adulte), ou utilisables 10 ou 15 j. sur une période de validité de 2 mois (401-493 € selon formule en version adulte)

5 formules « continues » : *pass* 15 j., 22 j., 1 mois, 2 mois ou 3 mois (443-902 € selon formule en version adulte). Ces formules existent aussi en version 1re classe !

Les voyageurs âgés de moins de 27 ans et de plus de 60 ans bénéficient d'une réduction sur le tarif de l'*InterRail Global Pass* en 1re et 2de classes.

– Si vous ne parcourez que l'Italie, le ***One Country Pass*** vous suffira. D'une période de validité de 1 mois et utilisable, selon les formules, 3, 4, 5, 6 ou 8 j. en discontinu : tarif selon pays et formule. Là encore, ces formules se déclinent en version 1re classe (mais ce n'est pas le même prix, bien sûr).

Pour voyager dans 2 pays, vous pouvez combiner 2 *One Country Pass.* Au-delà, il est préférable de prendre l'*Inter Global Pass.*

InterRail offre également la possibilité d'obtenir des réductions ou avantages à travers toute l'Europe avec ses partenaires bonus (musées, chemins de fer privés, hôtels, etc.).

Tous ces prix ne sont qu'indicatifs.

Une autre manière de réserver vos billets de train

▲ **TRAINLINE**
Une nouvelle façon simple et rapide d'acheter vos billets de train sur le Web, mobile et tablette. Réservez vos billets pour voyager en France et dans plus de 20 pays européens. Consultez les tarifs et les horaires dans une interface claire et sans publicité. Trainline compare les prix de plusieurs transporteurs européens pour vous garantir le meilleur tarif. Réservations et paiements en France sur • *trainline.fr* • et sur mobile avec l'application Trainline pour iPhone et Android.

EN VOITURE

Covoiturage

Le principe est économique, écologique et convivial. Il s'agit de mettre en relation un chauffeur et des passagers afin de partager le trajet et les frais, que ce soit de manière régulière ou exceptionnelle (pour les vacances, par exemple). Les conducteurs sont invités à proposer leurs places libres sur BlaBlaCar • *blablacar.fr* • (disponible sur Web et sur mobile). L'inscription est gratuite.

Itinéraires

➢ ***De Paris :*** prendre l'A 6 (direction Lyon) jusqu'à Mâcon. Puis Bourg-en-Bresse (A 40) et Bellegarde. Autoroute vers Chamonix (N 205). Puis prendre la E 25 direction Aoste en traversant le tunnel du Mont-Blanc (compter 46 € la traversée, 58 € l'A/R ; attention, le retour est valide 7 j. max après la date d'émission). Continuer jusqu'à Aoste (E 25) direction Milan. À Milan, continuer sur Brescia, Vérone, Vicence, Padoue, Mestre et Venise. Total : 1120km.
➢ ***Par l'autoroute du Sud :*** descendre jusqu'à Marseille. À partir de là, 780 km. Compter 7h30 env, dont 6h30 d'autoroute. Direction Nice et Menton, la frontière italienne et Vintimille. Le voyage se poursuit sur les autoroutes à péage italiennes (E 25). Après Gênes, remonter sur Piacenza et continuer sur Brescia. De là, poursuivre jusqu'à Venise.
➢ ***Ceux qui habitent l'est ou le nord de la France*** ont avantage à prendre l'autoroute en Suisse ***à partir de Bâle.*** Passer par Lucerne et le tunnel du Gothard, puis aller en direction de Milan, Florence et Rome. À prendre en compte : 36 € env la vignette annuelle en Suisse.
– *Attention :* en Italie, sur l'autoroute, les panneaux indicateurs sont de couleur verte ; les bleus concernent les autres routes, notamment les nationales ou les routes secondaires. Les feux de croisement sont obligatoires sur les autoroutes et les routes nationales italiennes... sous peine d'amende.

EN BUS

2 compagnies se partagent désormais le réseau des bus longue distance : ***Flixbus*** et ***Blablabus.*** De nouvelles dessertes sont régulièrement mises en place entre de nombreuses villes de l'Hexagone et en Europe.
Afin de vous aider à faire votre choix, il existe des sites de comparaisons et de réservations de billets. Certains comparent plusieurs modes de transports (train, bus, covoiturage) et permettent d'acheter directement son billet, comme • *kombo.co/fr* • ou • *comparabus.com* •

▲ **CLUB ALLIANCE**
– Paris : 33, rue de Fleurus, 75006. ☎ 01-45-48-89-53. • cluballiancevoyages.com • Ⓜ Notre-Dame-des-Champs, Saint-Placide ou Rennes. Lun-ven 11h-19h, sam 14h-19h.
Spécialiste des week-ends et des ponts de 3 ou 4 j. Circuits économiques de 1 à 16 j. en Europe, y compris en France. Pour l'Italie, Club Alliance propose un circuit combiné de 6 j. Florence-Rome-Venise. Brochure gratuite sur demande.

VENISE UTILE

ABC de Venise

- ***Nombre d'habitants :*** 54 000 dans le centre de Venise ; 262 000 en incluant les îles et la terre ferme.
- ***Superficie :*** 800 ha pour le centre ; 16 014 ha pour toute la commune (et même 41 316 ha avec la lagune !).
- ***Nombre de touristes par an :*** environ 27 millions. Durée moyenne du séjour : 2-3 jours.
- ***Activités économiques :*** priorité au tourisme (à Venise même). Mais des activités industrielles également, comme la métallurgie, la construction navale et l'industrie mécanique (à Mestre). Activités artisanales : dentelle à Burano et verrerie à Murano.
- ***Signes particuliers :*** la cité a la forme d'un poisson ; autant de ponts que de gondoliers, autour de 430.

AVANT LE DÉPART

Adresses utiles

En France

Office national italien de tourisme (ENIT) : *23, rue de la Paix, 75002 Paris. Infos : ☎ 01-42-66-03-96. • infoitalie.paris@enit.it • enit.it • italia.it • (site très complet à consulter absolument avt de partir). Ⓜ Opéra ; RER A : Auber. Lun-ven 11h-16h45.* Pas d'infos par courrier postal, uniquement par e-mail.

Consulats d'Italie en France :
– Paris : 5, bd Émile-Augier, 75116. ☎ 01-44-30-47-00 (standard automatique qui oriente en fonction de l'appel, lun-ven 9h-17h). • segreteria.parigi@esteri.it • consparigi.esteri.it • Ⓜ La Muette ; RER C : Boulainvilliers. Lun-ven 9h-12h, plus mer 14h30-16h30.
– Consulats honoraires et correspondants consulaires à Lyon, Marseille, Metz et Nice.

Institut culturel italien : *hôtel de Gallifet, 50, rue de Varenne, 75007 Paris. ☎ 01-85-14-62-50. • iicparigi@esteri.it • iicparigi.esteri.it • Ⓜ Varenne, Rue-du-Bac ou Sèvres-Babylone. Lun-ven 10h-13h, 15h-18h. Bibliothèque de consultation : ☎ 01-85-14-62-55. Mêmes horaires sauf lun mat et fermé de mi-juil à début sept.*

Ambassade d'Italie : *51, rue de Varenne, 75007 Paris. ☎ 01-49-54-03-00. • ambasciata.parigi@esteri.it • ambparigi.esteri.it • Ⓜ Rue-du-Bac, Varenne ou Sèvres-Babylone.* Superbe hôtel particulier ouvert au public uniquement lors des Journées du patrimoine en septembre.

Sites utiles avant de partir

• ***routard.com*** • Le site de voyage n° 1, avec plus de 800 000 membres et plusieurs millions d'internautes chaque mois. Pour s'inspirer et s'organiser, près de 300 guides destinations actualisés, avec les infos pratiques, les incontournables et les dernières actus, ainsi que les reportages terrain et idées week-end de la rédaction. Partagez vos expériences avec la communauté de voyageurs : forums de discussion avec avis et bons plans, carnets de route et photos de voyage. Enfin, vous trouverez tout pour vos vols, hébergements, voitures et activités, sans oublier notre sélection de bons plans, pour réserver votre voyage au meilleur prix.

• ***enit.it*** • En français. Site de l'office de tourisme, très riche en informations. À parcourir avant de partir en vacances.

• ***italia.it*** • Le site officiel de l'office de tourisme italien (en français) fourmille de renseignements ; très utile pour préparer son voyage. Permet également de faire un tour d'horizon complet des régions italiennes.

• ***veneziaunica.it*** • En français. Le site de l'office de tourisme indispensable pour acheter en ligne divers *pass* : transports, parkings municipaux, musées municipaux, etc. Le tout à un tarif préférentiel selon la période de séjour. En prime, la possibilité d'abonnement pour le wifi durant votre séjour, d'autres accès privilégiés et des services gratuits.

• ***turismovenezia.it*** • Un des sites de l'office de tourisme, par secteurs sur l'ensemble de la lagune. Complet et remis à jour régulièrement.

• ***unospitedivenezia.it*** • En anglais ou italien. Le calendrier des manifestations culturelles, des expos, des visites guidées, et les horaires de musées.

En Belgique

Office de tourisme : *rue Émile-Claus, 28, Bruxelles 1050. ☎ 02-647-11-54. • brussels@enit.it • enit.it • Pas d'accueil du public.*

■ ***Ambassade d'Italie :*** *rue Émile-Claus, 28, Bruxelles 1050. ☎ 02-643-38-50. • ambbruxelles.esteri.it • Lun-ven 9h-13h, 14h30-18h.*

■ ***Consulat d'Italie :*** *rue de Livourne, 38, Bruxelles 1000. ☎ 02-543-15-50. • segr.consolare.bruxelles@esteri.it • ambbruxelles.esteri.it • Lun-ven 9h-12h30, plus mer 14h-16h.*

En Suisse

■ ***Ambassade d'Italie :*** *Elfenstrasse, 14, 3006 Berne. ☎ 031-350-07-77. • berna.ambasciata@esteri.it • ambberna.esteri.it • Lun-jeu 9h-13h, 14h-17h ; ven 8h30-13h, 13h30-16h30.*

■ ***Consulats d'Italie :***

– Genève : rue Charles-Galland, 14, 1206. ☎ 022-839-67-44. • consolato.ginevra@esteri.it • consginevra.esteri.it • Lun, mer et ven 9h-12h30, mar et jeu 14h-17h.

– Autres consulats à Lausanne et Zurich.

Au Canada

Office national de tourisme : *365, Bay St, suite 503, Toronto (Ontario) M5H 2V1. ☎ (416) 925-4882. • toronto@enit.it • enit.it • Lun-ven 9h-17h sur rdv*

■ ***Ambassade d'Italie :*** *275, Slater St, 21st floor, Ottawa (Ontario) K1P 5H9. ☎ (1-613) 232-2401. • ambasciata.ottawa@esteri.it • ambottawa.esteri.it • Lun, mar, jeu et ven 9h-12h ; mer 9h-12h, 14h-16h.*

■ ***Consulat général :*** *136, Beverley St, Toronto (Ontario) M5T 1Y5. ☎ (416) 977-1566. • constoronto.esteri.it • Lun, mar, jeu et ven 9h-12h ; mer 14h-16h.*

Formalités d'entrée

Pas de contrôle aux frontières, car l'Italie fait partie de l'espace Schengen. Néanmoins, quelques précautions d'usage.

– ***Pour un séjour de moins de 3 mois :*** carte d'identité en cours de validité ou passeport pour les ressortissants de l'Union européenne et de la Suisse. Ressortissants canadiens : passeport en cours de validité.

– Les ***mineurs*** doivent être munis de leur propre pièce d'identité (carte d'identité ou passeport). Pour l'autorisation de sortie de territoire lorsque les enfants ne sont pas accompagnés par un de leurs parents, chaque pays a mis en place sa propre régulation. Ainsi, ***pour les mineurs français,*** une loi en 2017 a ***rétabli l'autorisation de sortie du territoire.*** Pour voyager à l'étranger, ils doivent être munis d'une pièce d'identité (carte d'identité ou passeport), d'un formulaire signé par l'un des parents titulaires de l'autorité parentale et de la photocopie de la pièce d'identité du parent signataire. Renseignements auprès des services de votre commune et sur ● *service-public.fr* ●

– ***Pour une voiture :*** permis de conduire, carte grise et carte verte d'assurance internationale. Munissez-vous d'une procuration si vous n'êtes pas propriétaire du véhicule.

Pensez à scanner passeport, carte de paiement, billet d'avion et *vouchers* d'hôtel. Ensuite, adressez-les-vous par mail, en pièces jointes. En cas de perte ou de vol, les démarches administratives n'en seront que bien plus rapides !

Assurances voyages

■ ***Routard Assurance par AVI International :*** *40, rue Washington, 75008 Paris.* ☎ *01-44-63-51-00.* ● *avi-international.com* ● Ⓜ *George-V.* Enrichie année après année par les retours des lecteurs, Routard Assurance est devenue une assurance voyage incontournable. Tout est compris : frais médicaux, assistance rapatriement, bagages, responsabilité civile... Vous avez besoin d'un médecin, d'un conseil médical ou d'une prise en charge dans un hôpital ? Appelez simplement le plateau AVI Assistance disponible 24h/24, leur réseau est l'un des plus complets actuellement. Vous avez eu des frais de santé en voyage ? Envoyez les factures à votre retour, AVI vous rembourse sous une semaine. Avant votre départ, n'hésitez pas à les appeler pour des conseils personnalisés. Et téléchargez l'appli mobile pour garder le contact avec l'assistance 24h/24 et disposer de l'un des meilleurs réseaux médicaux à travers le monde.

■ ***AVA :*** *25, rue de Maubeuge, 75009 Paris.* ☎ *01-53-20-44-20.* ● *ava.fr* ● Ⓜ *Cadet.* Un autre courtier fiable pour ceux qui souhaitent s'assurer en cas de décès-invalidité-accident lors d'un voyage à l'étranger, mais surtout pour bénéficier d'une assistance rapatriement, perte de bagages et annulation. Attention, franchises pour leurs contrats d'assurance voyage.

■ ***Pixel Assur :*** *18, rue des Plantes, BP 35, 78601 Maisons-Laffitte.* ☎ *01-39-62-28-63.* ● *pixel-assur.com* ● *RER A : Maisons-Laffitte.* Assurance de matériel photo et vidéo tous risques (casse, vol, immersion) dans le monde entier. Devis en ligne basé sur le prix d'achat de votre matériel. Avantage : garantie à l'année.

Carte internationale d'étudiant (carte ISIC)

Elle prouve votre statut d'étudiant dans le monde entier et permet de bénéficier de tous les avantages, services et réductions dans les domaines du transport, de l'hébergement, de la culture, des loisirs, du shopping...

La carte ISIC permet aussi d'accéder à des avantages exclusifs (billets d'avion spécial étudiants, hôtels et auberges de jeunesse, assurances, cartes SIM internationales, locations de voitures...).

Renseignements et inscriptions

– ***En France :*** ● *isic.fr* ● *13 € pour 1 année scolaire.*
– ***En Belgique :*** ● *isic.be* ●
– ***En Suisse :*** ● *isic.ch* ●
– ***Au Canada :*** ● *isiccanada.com* ●

Carte d'adhésion internationale aux auberges de jeunesse (carte FUAJ)

Cette carte vous ouvre les portes des 4 000 auberges de jeunesse du réseau *HI-Hostelling International* en France et dans le monde. Vous pouvez ainsi loger dans plus de 80 pays à des prix avantageux et bénéficier de tarifs préférentiels avec les partenaires des auberges de jeunesse *HI*. Enfin, vous intégrez une communauté mondiale de voyageurs partageant les mêmes valeurs : plaisir de la rencontre, respect des différences et échange dans un esprit convivial. Il n'y a pas de limite d'âge pour séjourner en auberge de jeunesse, il faut simplement être adhérent.

Renseignements et inscriptions

- ***En France :*** • *hifrance.org* •
- ***En Belgique :*** • *lesaubergesdejeunesse.be* •
- ***En Suisse :*** • *youthhostel.ch* •
- ***Au Canada :*** • *hihostels.ca* •

Si vous prévoyez un séjour itinérant, vous pouvez réserver plusieurs auberges en une seule fois en France et dans le monde sur • *hihostels.com* •

ARGENT, BANQUES

Les banques

Les banques sont généralement ouvertes du lundi au vendredi de 8h30 à 13h30 et de 14h45 à 15h45 ; parfois ouvertes le samedi matin, mais c'est plutôt rare. Systématiquement fermées les dimanche et jours fériés. Elles disposent généralement d'un distributeur de billets à l'extérieur. On trouve aussi de nombreux ATM (distributeurs de billets) dans les commerces ou lieux touristiques. Nous vous déconseillons de retirer de l'argent à ces machines. En effet, des commissions supplémentaires vous y sont souvent prélevées. Il peut même y avoir quelques cas de piratage...

Les cartes de paiement

Quand vous partez à l'étranger, pensez à téléphoner à votre banque pour relever le plafond de retrait aux distributeurs et pour les paiements par carte, quitte à le faire rebaisser à votre retour.

Avant de partir, notez donc bien le numéro d'opposition propre à votre banque (il figure souvent au dos des tickets de retrait, sur votre contrat, ou à côté des distributeurs de billets), ainsi que le numéro à 16 chiffres de votre carte. Bien entendu, conservez ces informations en lieu sûr et séparément de votre carte.

Par ailleurs, rappelez-vous que l'assistance médicale se limite aux 90 premiers jours du voyage et l'assistance véhicule aux cartes haut de gamme (renseignez-vous auprès de votre banque). Et surtout, n'oubliez pas aussi de ***VÉRIFIER LA DATE D'EXPIRATION DE VOTRE CARTE BANCAIRE*** avant votre départ !

En zone euro, pas de frais bancaires sur les paiements par carte. Les retraits sont soumis aux mêmes conditions tarifaires que ceux effectués en France (gratuits pour la plupart des cartes).

Une carte perdue ou volée peut être rapidement remplacée. En appelant sa banque, un système d'opposition, d'avance d'argent et de remplacement de carte pourra être mis en place afin de poursuivre son séjour en toute quiétude.

En cas de perte, de vol, ou de fraude, quelle que soit la carte que vous possédez, chaque banque gère elle-même le processus d'opposition et le numéro de téléphone correspondant. Le plus simple est de faire opposition en ligne via le site de votre agence bancaire ou leur application mobile, ou en les appelant directement. Sinon, voici les numéros des centres d'assistance des différentes cartes.

– **Carte Visa :** *numéro d'urgence (Europ Assistance),* ☎ *(00-33) 1-41-85-85-85 (24h/24),* depuis l'Italie : *0800-819-014.* • *visa.fr* •
– **Carte MasterCard :** *numéro d'urgence,* ☎ *(00-33) 1-45-16-65-65,* depuis l'Italie : ☎ *0 800-870-866.* • *mastercardfrance.com* •
– **Carte American Express :** *numéro d'urgence,* ☎ *(00-33) 1-47-77-72-00.* • *americanexpress.fr* •

Il existe aussi un serveur interbancaire d'opposition qui, en cas de perte ou de vol, vous met en contact avec le centre d'opposition de votre banque : depuis la France : 0892-705-705 (prix d'un appel + 0,35 €/mn) ; depuis l'étranger : + 33 442-605-303.

> Petite mesure de précaution : si vous retirez de l'argent dans un distributeur, utilisez de préférence ceux attenant à une agence bancaire. En cas de pépin avec votre carte (carte avalée, erreurs de code secret...), vous aurez un interlocuteur dans l'agence, pendant les heures ouvrables.

Besoin urgent d'argent liquide

Vous pouvez être dépanné en quelques minutes grâce au système ***Western Union Money Transfer.*** L'argent vous est transféré en moins de 1h. La commission, assez élevée, est payée par l'expéditeur. Possibilité d'effectuer un transfert auprès d'un des bureaux *Western Union* ou, plus rapide, en ligne, 24h/24, par carte de paiement (*Visa* ou *MasterCard*).
Même principe avec d'autres organismes de transfert d'argent liquide comme ***MoneyGram, PayTop*** ou ***Azimo.*** Transfert en ligne sécurisé, en moins de 1h.
Dans tous les cas, se munir d'une pièce d'identité. Toutefois, en cas de perte/vol de papiers, certains organismes permettent de convenir d'une question/réponse type pour pouvoir récupérer votre argent. Tous ces organismes possèdent aussi des applications disponibles sur téléphone portable. Consulter les sites internet pour connaître les pays concernés, les conditions tarifaires (frais, commission) et trouver le correspondant local le plus proche : • *westernunion.com* • *moneygram.fr* • *paytop.com* • *azymo.com/fr* •
– Autre solution, envoyer de l'argent par ***La Banque Postale*** : le bénéficiaire, muni de sa pièce d'identité, peut retirer les fonds dans n'importe quel bureau de poste du réseau local. Le transfert s'effectue avec un mandat ordinaire international (jusqu'à 3 500 €) et la transaction prend 4-5 jours en Europe (8-10 j. à l'international). Plus cher, mais plus rapide, le mandat express international permet d'envoyer de l'argent (montant variable selon la destination – 34 au total) sous 2 jours maximum, 24h lorsque la démarche est faite en ligne. Infos sur • *labanquepostale.fr* •

ACHATS

Artisanat traditionnel

Les fameux ***masques*** en papier mâché, blancs ou peints, constituent, avec le verre de Murano et la dentelle de Burano, l'un des artisanats les plus emblématiques de Venise. Pinocchio, Casanova, personnages de la *commedia dell'arte,* animaux, monstres grimaçants... il y en a vraiment pour tous les goûts et toutes les bourses. Savez-vous comment on les fabrique ? Eh bien, on commence par sculpter un modèle dans de l'argile, puis on en fait un moulage en plâtre. Une fois sec, ce moule est enduit de vaseline, puis tapissé de papier de laine, préalablement enduit d'eau et de colle. Une fois le masque sec, on démoule le tout. Puis il est poncé avec du papier de verre, tandis que les imperfections sont estompées

à la peinture acrylique. Pour finir vient la phase délicate de la peinture à l'eau ; chaque atelier possède d'ailleurs son petit secret de fabrication. On enduit parfois le masque d'un vernis vieillissant.
Le travail de la ***mosaïque,*** du ***verre*** et des ***dentelles*** fait aussi partie des activités traditionnelles. L'art de la mosaïque, introduit par les Romains pour la décoration des maisons et des villas de la Vénétie, se pratique encore de nos jours dans quelques rares ateliers. Forcément, à part les restaurations de la basilique Saint-Marc, les derniers artisans n'ont plus grand-chose à se mettre sous la dent ! L'*île de Murano* est le principal centre de fabrication du verre, alors que *Burano* produit les fameuses dentelles. Malheureusement, le travail artisanal subit la concurrence croissante de la mécanisation. Aujourd'hui, pour répondre à la forte demande occasionnée par la pression touristique, nombre d'objets proviennent de l'étranger et sont produits en série (vous savez, les *made in* machin !). Heureusement, on rencontre encore quelques irréductibles qui travaillent à l'ancienne. Alors, pour garantir l'authenticité de leurs réalisations, les vrais maîtres verriers de Murano apposent sur leur vitrine le macaron « *Vetro artistico Murano* ». On le reconnaît grâce à son adhésif au cœur rouge avec une pince. Cependant, pour la production courante (souvenirs), difficile de distinguer le vrai du faux, le meilleur gage de vérité étant de voir l'artisan travailler devant vous !

Vêtements/accessoires

Sachez qu'il existe une différence (de taille !) entre les étiquettes du prêt-à-porter français et italien :

Tailles en France	34	36	38	40	42	44	46	48	50
Tailles en Italie	38	40	42	44	46	48	50	52	54

Pour les chaussures, la pointure française taille une unité de plus que l'italienne, ce qui donne :

Tailles en France	36	37	38	39	40	41	42	43	44
Tailles en Italie	35	36	37	38	39	40	41	42	43

BUDGET

Venise est une des villes les plus chères d'Italie. Hors saison, on peut cependant se loger et se restaurer à des prix bien plus raisonnables... Par ailleurs, avant de partir, il n'est pas négligeable de se pencher sur l'étude des forfaits proposés. Entre les transports, les musées et les églises, les offres sont très variées et peuvent vous faire gagner quelques euros... Lire attentivement la rubrique suivante « Cartes ou forfaits de visites et transports ».

Recommandation à ceux qui souhaitent profiter des réductions et avantages proposés dans le *Routard* par les hôteliers et les restaurateurs

À l'hôtel, pensez à les demander au moment de la réservation ou bien lors de votre **arrivée.** Ils ne sont valables que pour les réservations en direct et non cumulables avec d'autres offres promotionnelles (notamment sur Internet). Au restaurant, poser votre *Routard* sur la table ne suffit pas : le personnel de salle n'est pas toujours au courant. Parlez-en **au moment** de la commande et surtout **avant** que l'addition ne soit établie. La loi italienne oblige le restaurateur à vous remettre une *ricevuta fiscale* qui ne peut en aucun cas être modifiée après impression. Ce serait dommage qu'il vous refuse ces avantages pour cette raison. Ne manquez pas de nous faire part de toute difficulté rencontrée.

Hébergement

La fourchette de prix est très large et varie énormément suivant la saison : du lit en dortoir entre 20 et 45 € en auberge de jeunesse à une suite valant plusieurs milliers d'euros la nuit dans les palaces célèbres comme le *Danieli* ou le *Cipriani*. Des prix auxquels il convient d'ajouter la ***taxe de séjour, obligatoire en Italie. Cette dernière varie de 1 à 5 € par nuit et par personne*** suivant la catégorie de l'établissement, la période de l'année et la durée du séjour. En général, les prix affichés dans les hôtels sont les prix maximums, mais il est possible de négocier en basse saison, si vous restez plusieurs nuits. À vous de tenter votre chance. Et, bien sûr, pensez aux remises pratiquées directement sur les sites internet des hôtels.

Notez que la location d'appartements constitue une alternative avantageuse, surtout à plusieurs. Économies non seulement sur les nuits, mais aussi, et ce n'est pas négligeable, sur les repas. Se reporter à notre rubrique « Hébergement » plus loin.

La haute saison s'étend à peu près de début avril à fin juin (même si dès avril il y a déjà foule au portillon !), puis de septembre au mois d'octobre, sans oublier la semaine du Carnaval, qui varie selon les années, ainsi que les week-ends prolongés (pont de l'Ascension, Pentecôte, Noël, Nouvel An). Juillet et août sont plutôt considérés maintenant comme des mois de basse saison. Les prix sont alors diminués de 20-25 %. Et de mi-novembre à fin mars (sauf la fin d'année et le Carnaval, évidemment), les prix peuvent être divisés par 2, voire 3, par rapport à la haute saison.

Pour une chambre double avec petit déj :

- ***Bon marché :*** de 60 à 80 €.
- ***Prix moyens :*** de 80 à 160 €.
- ***Chic :*** de 160 à 250 €.
- ***Beaucoup plus chic :*** au-delà de 250 €.

Nourriture

Même si on regrette que Venise (à l'image des villes touristiques) propose beaucoup de restos aux plats à peine décongelés et aux rabatteurs insupportables, on y mange aussi fort bien. Il suffit pour cela de s'éloigner des « points chauds », votre guide préféré en poche. Côté petits budgets, les familles trouveront leur compte en achetant des *panini,* des portions de pâtes, ou des *pizze* à emporter, vendues le plus souvent en parts généreuses. Un autre bon moyen de se caler pour pas cher est de commander des *tramezzini* (mini-sandwichs de pain de mie) ou *cicchetti* (toasts garnis) dans un *bacaro* (bar).

Courses alimentaires

Si vous avez eu la bonne idée de prendre une location d'appartement, vous aurez toujours la possibilité de faire vos courses au ***marché du Rialto ou de rio Terrà San Leonardo*** ainsi que dans les quelques ***supérettes*** de la ville. On y trouve généralement de bons produits, notamment des fromages et de la charcuterie à la coupe. Un détail culturel parmi d'autres : sur les marchés et dans les supermarchés italiens, par mesure d'hygiène on ne touche les fruits et légumes qu'avec des gants jetables en plastique, jamais à main nue.

Dans ***Dorsoduro,*** un *Conad* *(plan détachable B5 ; Zattere, 1491 ; tlj 9h-22h)* et un *Simply* au sud du campo Santa Margherita, au nº 3017 *(plan détachable B4 ; lun-sam 8h30-20h, dim 8h30-14h).* Dans ***Cannaregio,*** y a aussi cet incroyable *Despar* *(zoom détachable C2 ; campiello de l'Anconeta, 1944 ; tlj 8h-21h30),* installé dans le magnifique décor d'un ancien théâtre : ça fait hurler les vénitiens de voir ainsi des étals de victuailles dans un tel écrin historique ! Sinon, il y a les *Coop* (supérettes) de quartier, comme celle située près de la chiesa di San Giacomo dell'Orio, dans ***Santa Croce*** *(zoom détachable B3 ; tlj 8h30-22h),* la plus connue (et la plus grande !) étant celle près de l'embarcadère des *vaporetti,* piazzale Roma *(plan détachable A3 ; tlj 8h30-21h)* ou encore à ***San Polo*** *(plan détachable C3 ; calle Perdon, 1338 A ; tlj 8h30-21h),* dans ***Castello*** *(zoom détachable D-E3 ; calle Seconda della Fave, 5891 ; tlj 8h30-21h)* et, pour finir, à côté du théâtre Goldoni dans ***San Marco*** *(zoom détachable D-E3 ; calle Bembo, 4644 ; tlj 8h30-21h).*

Au restaurant

– Les menus ne comprennent pas toujours le service (entre 10 et 12 %, parfois plus) mais c'est de plus en plus rare, ni le *coperto* (couvert), dont le prix est variable d'un établissement à l'autre (facturé par personne, de 1 à 3 €).
Certains restos proposent des menus touristiques *tutto compreso* (« tout compris »), qui évitent au moins les surprises désagréables au moment de payer l'addition mais ne reflètent pas toujours la qualité et le contenu de la carte.
– Attention aussi aux prix annoncés avec la mention *etto,* cela signifie « pour 100 g » : un poisson de 300 g sera donc 3 fois plus cher !
– Enfin, les Vénitiens (et les Italiens en général) ne demandent jamais de carafe et boivent de l'eau minérale en bouteille au restaurant. Gare aux froncements de sourcils indignés si vous demandez de l'eau du robinet !
Les prix que nous indiquons s'entendent par personne, pour un repas considéré comme complet par un voyageur à l'appétit moyen : *antipasti, pasta* ou plat jugé principal par les Italiens (risotto, poisson, viande), puis dessert. Voir également en fin de guide notre rubrique « Cuisine » dans « Hommes, culture, environnement » pour s'y retrouver dans les menus. Le vin et les boissons sont comptés en plus, comme toujours...
– ***Sur le pouce :*** moins de 12 €.
– ***Bon marché :*** de 12 à 20 €.
– ***Prix moyens :*** de 20 à 40 €.
– ***Chic :*** de 40 à 50 €.
– ***Très chic :*** plus de 50 €.

CARTES OU FORFAITS DE VISITES ET TRANSPORTS

POUR GAGNER DU TEMPS ET DE L'ARGENT

Le site • *veneziaunica.it* • (en français) permet d'acheter en ligne et à l'avance (ristourne à la clé) les cartes et forfaits de transports, musées – municipaux exclusivement – , toilettes, wifi (Venise est un *hotspot)...* Attention, le site fournit un code et, avec celui-ci, on peut ensuite retirer cartes et forfaits à l'aéroport Marco-Polo, à la gare routière (piazzale Roma), à la gare ferroviaire, au parking du Tronchetto, dans les musées municipaux, aux guichets des transports, etc. (liste disponible sur le site). Infos également au ☎ *041-041* (centre d'appels).

Une fois sur place, les visites et les transports constituent une part plus que substantielle du budget, sur laquelle vous devez vous pencher avant votre séjour pour choisir la formule qui vous convient le mieux. Il existe en effet plusieurs cartes et forfaits. Transports publics en *vaporetto,* musées, églises, moins de 29 ans... sans compter les gratuités pour les moins de 25 ans pour certains des sites. Bienvenue dans la jungle de ces multiples possibilités, parfois difficiles à décrypter. Notre 1er conseil est de bien réfléchir à l'avance à son programme avant d'acheter un forfait. Inutile d'acheter une carte hebdomadaire de transports pour s'apercevoir que, la plupart du temps, on sillonne les rues à pied ! De même, souhaitez-vous ne

visiter que les musées de la place Saint-Marc ? Aurez-vous vraiment le temps de visiter les 11 musées du *Museum Pass,* même si cette carte est rentabilisée dès le 3e site ? N'oubliez pas, enfin, que vous n'êtes pas le seul touriste à Venise et qu'acheter un *pass* ne signifie pas que vous serez traité comme un VIP : certains billets coupe-file, vendus bien plus cher que les billets normaux, ne garantissent même pas un véritable gain de temps d'attente !
Voici quelques pistes pour organiser votre budget. Les prix que nous indiquons étant susceptibles d'augmenter encore d'ici à la publication de ce guide...

Cartes de réductions pour églises et musées

En raison de la COVID-19 et de ses suites, les horaires sont susceptibles d'être momentanément modifiés, et la réservation devient parfois obligatoire. De même certains services (audioguide, consigne, ou café et restaurant) proposés par les musées peuvent être momentanément suspendus. Il est donc impératif de vous renseigner au préalable pour éviter toute mauvaise surprise.

Carte Rolling Venice

Carte payante *(6 € env),* que nous recommandons vivement, réservée exclusivement aux ***jeunes entre 6 et 29 ans.*** Se la procurer avant d'acheter tous les autres forfaits. Elle permet d'obtenir des réductions sur les transports *ACTV* (*vaporetto,* bus au Lido et sur la terre ferme). Elle accorde également des remises dans certains restos, musées, expos, théâtres, hôtels, magasins... Autant ne pas s'en priver. Au moment de l'achat, on vous remet un livret mentionnant tous les endroits acceptant la carte. Elle est valable jusqu'au 31 décembre de l'année où elle a été délivrée. On l'achète en ligne ou aux bornes automatiques de l'*ACTV.* Plus d'infos sur le site • *veneziaunica.it* •

Chorus Pass

Ce forfait très avantageux donne accès à une vingtaine d'églises parmi les plus belles de Venise. *Billet combiné valable 1 an. Plein tarif 12 € ; tarif étudiant jusqu'à 29 ans 8 € (ne pas oublier d'apporter un justificatif !) ; Chorus Pass Family (2 adultes + les enfants de moins de 18 ans) 24 €. Billet à l'unité 3 €. Gratuit pour les enfants de moins de 11 ans.* Le calcul est vite fait : ce forfait devient intéressant dès la 5e église !
– ***Infos :*** **Associazione Chiese di Venezia,** *☎ 041-275-04-62 (sem seulement, 9h30-13h, 14h-16h).* • *chorusvenezia.org* • Le *Chorus Pass* est en vente dans les églises concernées, les billetteries *ACTV* et les offices de tourisme.
– ***Liste des églises concernées :*** Santa Maria del Giglio, Santo Stefano, Santa Maria Formosa, Santa Maria dei Miracoli, Santa Maria Gloriosa dei Frari, San Giovanni Elemosinario, San Polo, San Giacomo dell'Orio, San Stae, Sant'Alvise, San Pietro di Castello, Santissimo Redentore, Santa Maria del Rosario (Gesuati), San Sebastiano, San Giobbe, San Vidal, San Giacomo di Rialto et San Giuseppe di Castello *(ouv seulement début avr-fin oct).*
La plupart des églises mettent à disposition une petite feuille explicative en français à rendre en fin de visite. Par ailleurs, il existe un ouvrage intitulé *Les Églises de Venise* (en vente dans les églises). Les fonds récoltés servent à leur restauration.

Museum Pass (pass Muve)

En vente dans les musées, les offices de tourisme et sur • veneziaunica.it • Plein tarif 35 € ; tarif réduit 18 € pour les 6-14 ans, les étudiants de l'UE (jusqu'à 25 ans) et les détenteurs de la carte Rolling Venice *(voir plus haut). Valable 6 mois, mais*

on ne peut visiter qu'une seule fois chacun des musées inclus (le musée Correr, le Musée archéologique et la bibliothèque Marciana ayant un seul et même accès, il faut donc enchaîner ces 3 visites !).
Il donne accès aux musées municipaux : *palais des Doges, musée Correr, Musée archéologique, bibliothèque Marciana, Ca' Rezzonico, palais Mocenigo, maison Goldoni, Ca' Pesaro, musée d'Histoire naturelle, musée du Verre à Murano et celui de la Dentelle à Burano.* Il donne également une réduction aux expos temporaires du *musée Fortuny.* En moyenne, rentabilisé au 3e musée visité.
– **Museum Pass San Marco :** *tarif 25 € ; réduc. Valable 3 mois.* Réservation créneau horaire. Version réduite du précédent, il donne accès aux 4 musées de la place Saint-Marc *(palais des Doges, musée Correr, Musée archéologique, bibliothèque Marciana).*
– Attention, le *Museum Pass* n'inclut pas l'*Accademia,* les collections de Pinault (*palazzo Grassi* et *Punta della Dogana*) ou de *Peggy Guggenheim,* les églises, Ca' d'Oro, ni les visites « extras » de la basilique et du palais des Doges.
– **Museum Pass des îles :** *tarif 12 € ; réduc.* Version réduite du *Museum Pass,* il donne accès au *musée du Verre à Murano* et *à celui de la Dentelle à Burano.*

Tourist City Pass

Alors que les cartes précédentes proposent des réductions ou des forfaits poste par poste (églises, musées municipaux et place Saint-Marc), les différents *Tourist City Pass* donnent accès à beaucoup plus de sites et peuvent être étoffés selon vos appétits culturels :
– services du *Museum Pass* (accès aux 11 musées municipaux, dont ceux de la place Saint-Marc) et une partie ou toutes les églises du *Chorus Pass* selon le forfait choisi.
– Accès à la *Fondation Querini Stampalia* et au *musée d'Art hébraïque.*
– Visite guidée de *La Fenice.*
– Réductions pour certaines visites : secrets du palais des Doges, tour de l'Horloge, musée Fortuny, collection Peggy-Guggenheim, expos de la Biennale, Fondation Bevilacqua La Masa, collections Pinault (palazzo Grassi, musée des Icônes de l'Institut hellénique, musée d'Histoire navale, scuola San Giorgio degli Schiavoni, Scuola Grande dei Carmini et Scuola Grande di San Rocco).
– Réductions sur certains spectacles.
– Les transports en commun, et même le transfert à l'aéroport pour certains forfaits.
Bref, c'est à la carte, et appelle un budget conséquent. Donc, réfléchissez bien avant de choisir le forfait le mieux adapté, car si vous n'avez qu'un long week-end à Venise, vous risquez de devoir visiter tous les musées et églises au pas de course pour le rentabiliser.
Ces *pass,* valables 7 jours, ne donnent accès qu'à une entrée par musée. On peut les commander par Internet sur le site *• veneziaunica.it • Tarifs adulte (à partir de 30 ans) : 33,90-141,90 € ; tarifs 6-29 ans : 21,90-85,90 €.*

Cartes de transport *(pass ACTV)*

ACTV (☎ 041-24-24 ; • actv.avmspa.it •) est la société qui gère les transports publics terrestres et fluviaux. Les billets et *pass* s'achètent dans les nombreux distributeurs automatiques de tickets et aux guichets *Venezia Unica* devant presque tous les arrêts de *vaporetti* ainsi qu'à l'aéroport Marco-Polo et à la gare Venezia Santa Lucia. Vous pouvez vous déplacer indifféremment en bus (terre ferme ou Lido), tramway (entre Venise et Mestre ainsi que de Mestre à Marghera), ou emprunter les lignes de *vaporetti* qui parcourent Venise intra-muros (Grand Canal inclus), la lagune et ses îles (Murano, Burano, Chioggia, Mazzorbo, Torcello...).
Un trajet de base revient à 7,50 € (valable 1h15 à partir de la validation du billet ; gratuit pour les moins de 6 ans).

Il y a plusieurs forfaits illimités. Ce sont les ***pass ACTV.*** *Tarif 24h : 20 € ; 48h : 30 € ; 72h (3 j.) : 40 € ; et 60 € valable 7 j. Tarif* ***pour les 6-29 ans*** *(munis de la carte* Rolling Venice, *voir plus haut) : 28 € pour 72h (3 j.) de transport. Moyennant l'ajout de 12 € à chacun de ces pass, on peut inclure le transfert A/R à l'aéroport (avantageux, car l'aller simple se monte justement à 8-12 €).*

Pour toutes ces cartes, ***le décompte des heures commence dès le compostage du ticket au 1er voyage, et il est impératif de valider électroniquement votre forfait à chaque trajet, sous peine d'amende.***

– Le forfait comprend le transport d'un bagage unique (excepté quand on vient de l'aéroport). Dans les *vaporetti,* il existe un emplacement derrière le pilote, prévu pour les bagages.

– Pour ceux qui auraient l'idée saugrenue de voyager sans billet, sachez que l'amende s'élève à 60 € (plus le prix du billet) et que les contrôles sont fréquents. On paie le prix d'un billet supplémentaire par bagage au-delà des 2 premiers (s'entend des sacs et valises de plus de 1,20 m). Les animaux voyagent à l'œil.

– Attention, les billets et forfait *ACTV* ne sont pas valables pour se rendre directement à l'aéroport par la lagune, car la gestion de ce trajet a été confiée à la société ***Alilaguna*** *(☎ 041-240-17-01 ; ● alilaguna.it ●). Compter 15 € l'aller, 27 € l'A/R.*

CANALISER LES ENQUIQUINEMENTS

La principale crainte, c'est de vous perdre ! C'est ce qui fait tout le charme de Venise ! On retrouve son chemin tout aussi facilement, après avoir musardé dans des ruelles en cul-de-sac pleines de mystère. Faites plutôt attention de ne pas tomber à l'eau en prenant une photo, ou en marchant le nez en l'air dans une impasse débouchant sur un canal (il y en a des centaines) !

Sécurité

Venise est une ville sûre. Malgré les quelque 27 millions de visiteurs par an, le nombre d'agressions est très faible. On peut se promener la nuit sans risque. En cas de vol, faire établir au poste de police le plus proche un constat pour votre compagnie d'assurances. Le plus connu se trouve place Saint-Marc, à côté du *Florian,* mais il y en a un autre notamment à la gare ferroviaire, ou encore à l'aéroport. En cas de vol de votre téléphone portable, il vous faut un procès-verbal traité informatiquement. Certaines assurances ne prennent pas en compte la déposition manuscrite. De plus, il faudrait avant votre départ avoir sur vous le numéro IMEI du téléphone (c'est le « numéro d'immatriculation » du téléphone).

Contrefaçons

Les vendeurs à la sauvette sont présents dans les rues, tout autour des sites touristiques (place Saint-Marc, quartier de l'Accademia, Rialto...). Évitez de succomber aux imitations de sacs de grandes marques. À la douane, en rentrant chez vous, vous risquez une très forte amende, voire une peine de prison. Depuis quelque temps, les autorités italiennes et françaises ont renforcé les contrôles. À bon entendeur !

Arnaques et marchandage

La cité des Doges étant très touristique, tout est bon pour faire de l'argent. Même si de nombreux Vénitiens aiment leur métier et proposent des prestations d'un honorable rapport qualité-prix, d'autres poussent le bouchon un peu, beaucoup, à la folie...

Faites comme ailleurs jouer la concurrence (notamment en basse saison), comparez les menus et n'hésitez pas à partir si vous sentez une arnaque, sans pour autant devenir parano !

Pour finir, sachez qu'au temps des doges, une gueule de lion placée dans le palais ducal recueillait les lettres de dénonciation concernant les comploteurs de la République. On ne va certainement pas vous inciter à la délation, mais n'hésitez pas à nous faire partager votre expérience, bonne ou mauvaise : la boîte aux lettres du *Routard* vous est toujours ouverte.

NE TOMBEZ PAS DANS LE PANNEAU !

Certains restaurants arborent fièrement en vitrine la photocopie de la couverture du dernier Routard Venise. Jetez un œil sur cette édition avant d'y entrer les yeux fermés, car l'adresse n'y figure peut-être pas, voire n'y a jamais figuré !

CLIMAT

Venise subit à la fois les caprices du climat méditerranéen et ceux du climat continental. Les températures sont souvent très élevées durant les mois d'été et plutôt basses en hiver.

- ***La meilleure période :*** mai et octobre sont les mois les plus doux et donc les plus agréables.
- ***Venise en été :*** en juillet et août, la chaleur peut être étouffante en raison de l'humidité et du sirocco (sans parler des moustiques !). On ne recommande pas cette destination en été.
- ***Venise en hiver :*** en janvier-février, le thermomètre peut passer sous la barre du zéro et la *bora* (un vent du nord-est) qui passe sur les Alpes enneigées toutes proches vous glace jusqu'aux os. Il peut neiger à Venise. L'arrivée impromptue des flocons sur les ponts et les places vous vaudra peut-être un de vos plus beaux souvenirs. Avantage de cette période hivernale : les prix des hébergements sont au plus bas et la fréquentation touristique itou sauf durant le Carnaval, pardi. Inconvénient : certains hôtels et restaurants sont fermés pour les congés annuels.
- ***Les mois de mars et d'avril :*** il peut y avoir des journées très fraîches sous un ciel bleu cristallin. Quelques journées pluvieuses parfois, mais cela ne dure pas longtemps. La pression touristique n'est pas encore trop forte. Ces 2 mois sont à conseiller.
- Le ***mois de novembre*** peut vous réserver aussi bien un temps parfaitement dégagé qu'un brouillard à couper au couteau. Mais il faut avouer que Venise sous la pluie ou dans la brume a un charme fou. Attention toutefois aux périodes d'*acqua alta,* pendant lesquelles les bottes de pluie sont de rigueur (d'octobre à mars) !

ENFANTS (ET PARENTS !)

Venise n'est pas seulement un nid pour tourtereaux. Si vous avez décidé de partir avec vos charmants bambins (en âge de marcher et d'apprécier la visite des musées et des églises, car Venise n'est pas faite pour les poussettes), voici quelques suggestions pour leur faire passer d'agréables moments.

- D'abord, ***équipez-les de bonnes chaussures.*** Ça a l'air tout bête, mais on passe sa journée à marcher, à monter et à descendre...
- La 1re des choses à faire est le ***tour de la ville par le Grand Canal en empruntant le vaporetto.*** Le spectacle des canaux et des palais est toujours un moment fort.
- Impossible de manquer le ***palais des Doges.*** Si vous le pouvez (résa difficile à l'avance), faites la visite des itinéraires secrets (voir « San Marco ») avec son lot de complots et intrigues, la salle de torture et les prisons... Ensuite, éventuellement

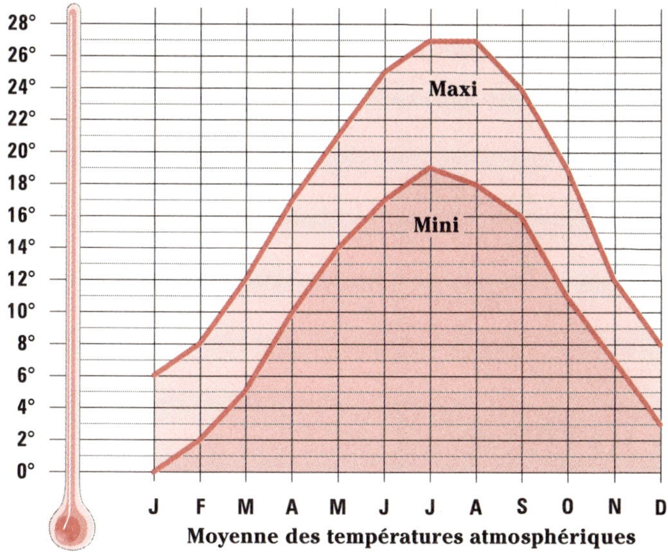

Moyenne des températures atmosphériques

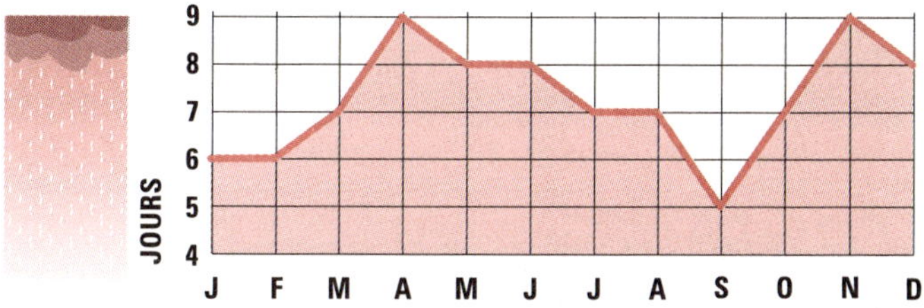

Nombre de jours de pluie

VENISE

un petit tour au ***musée d'Histoire navale*** (*Museo Storico Navale* ; à voir dans « Castello ») devrait les intéresser, de même que le ***musée d'Histoire naturelle,*** aménagé comme un cabinet de curiosités (squelettes de dinosaures et autres bébêtes sympathiques).

– Après avoir été si sages, vos enfants mériteront bien une petite ***glace.*** On trouve des glaciers artisanaux dans la plupart des quartiers (on les a tous consciencieusement testés !).

– Dans le Dorsoduro, rendez-vous sur la *fondamenta Nani* pour observer de l'autre côté du canal le *squero San Trovaso.* Il s'agit d'un des derniers ***ateliers de fabrication et de réparation de gondoles.*** Intéressant, surtout si les artisans sont à l'œuvre. Dans un tout autre registre, pensez aussi aux ***ateliers du musée de la collection Peggy-Guggenheim*** destinés aux enfants.

– Un petit tour dans Castello pour aller rendre visite à Hamid à *Ca' del Sol* (fondamenta dell'Osmarin, Castello, 4964), l'un des rares artisans à fabriquer encore d'***authentiques masques.*** À coup sûr, vous craquerez pour un Pinocchio ou un animal peint à la main...

– Le ***Lido*** constitue un excellent terrain de jeux : pour ses plages, en saison, mais surtout pour y faire d'agréables promenades à pied et si vous le pouvez en vélo.
– Prenez quelques heures pour flâner dans ***Burano,*** l'île de la dentelle, aux maisons peintes de couleurs vives. Et pourquoi ne pas prévoir un pique-nique dans l'un des espaces verts, s'il fait beau ? En plus, on y va en *vaporetto...*
– Si vous descendez à Murano, n'hésitez pas à passer la tête dans des ***ateliers de verrerie*** (souvent ouverts aux visiteurs en demandant la permission). Émerveillement assuré !
– Pourquoi ne pas profiter de ce séjour dans la patrie de Vivaldi pour ***initier vos enfants à la musique*** ? Les églises *San Maurizio* et *San Giacomo di Rialto* présentent des expos gratuites de beaux et vieux instruments à cordes. De nombreux concerts sont organisés en début de soirée... Lire « Spectacles (théâtre, musique et Biennale) » dans « Hommes, culture, environnement » en fin de ce guide pour vous aider à faire votre choix. Qui sait, cela peut faire naître des vocations ?
– Enfin, si le soir vos chers bambins n'arrivent pas à s'endormir ou s'ils sont difficiles à canaliser en journée, vous pouvez toujours leur faire ***compter les ponts.*** Il y en a plus de 400 !

FÊTES ET JOURS FÉRIÉS

Depuis des lustres (vénitiens, sans doute), tout était prétexte à célébrations, fastes et amusements : la victoire de Lépante, le transport des reliques de saint Marc ou encore l'anniversaire de la fin de la peste. La fête gagnait aussi les couvents : même les religieuses se déguisaient au moment du Carnaval ! Malgré son déclin, Venise est encore le décor de fêtes grandioses.
– ***Régates de l'Épiphanie :*** le 6 janvier au matin, des hommes déguisés en sorcières *(befana)* font la course sur le Grand Canal à bord d'embarcations diverses. Ils sont censés apporter des cadeaux aux enfants.
– ***Carnaval :*** cette grande manifestation méritait bien sa rubrique à part entière, voir donc la rubrique « Carnaval » en fin de guide, dans « Hommes, culture, environnement ».
– ***25 avril :*** jour de la fête nationale mais aussi le jour du saint patron de Venise, saint Marc. La coutume veut qu'on offre ce jour-là un *bocciolo* (« bouton de rose ») à son amoureuse. La légende met en scène une belle histoire d'amour sur fond social entre une noble vénitienne et un jeune homme pauvre.
– ***La Sensa :*** le jeudi de l'Ascension, on commémore les épousailles de Venise avec la mer. « Cultiver la mer et laisser la terre en friche », ce dicton indique la priorité mentale et économique de Venise du temps de sa splendeur. En 1177, le pape Alexandre III, pour remercier Venise d'avoir calmé le jeu avec le terrible Frédéric Barberousse, offrait au 1er magistrat de la ville un anneau nuptial comme symbole de son pouvoir sur la mer. Par la suite, chaque année à la *Sensa* (« l'Ascension » en dialecte vénitien), le doge prenait place à la poupe d'un navire d'apparat spécialement construit pour l'occasion, le célèbre *Bucentaure.* Une fois au large, il jetait dans l'Adriatique un anneau en déclarant : « Nous t'épousons, ô Mer, en signe de véritable et perpétuelle domination. » Cette cérémonie durera jusqu'à ce que l'occupation française détruise le navire en 1797 pour récupérer l'or qu'il contenait.
– ***La Vogalonga :*** instituée en 1975, cette fête, qui se déroule le dimanche qui suit l'Ascension (mi-mai), est un événement très populaire créé à l'origine en réaction à l'augmentation croissante des bateaux à moteur qui défigurent Venise. Elle consiste en une épreuve d'endurance qui rassemble des centaines de yoles de mer. La course a lieu entre Venise et Burano (soit près de 30 km aller-retour). • *vogalonga.it* •
– ***Festa del Redentore :*** le 3e week-end de juillet. La fête la plus aimée des Vénitiens célèbre la fin de la peste de 1576. On établit un pont de bateaux (en fait, depuis quelques années, une passerelle de bois que l'on parcourt à pied) de l'église du Redentore (Giudecca) jusqu'aux Zattere (Dorsoduro). Venise, illuminée

de lanternes, scintille alors de mille feux. Des familles s'installent dans leur bateau face à la place Saint-Marc, mangent des sardines *in saor,* du canard rôti et des escargots de mer à l'huile et à l'ail, tout en avalant un bon verre de valpolicella. Feu d'artifice le samedi soir. Ensuite, tradition oblige : on attend le lever du soleil sur les plages du Lido.

Si vous n'avez pas la chance de connaître quelqu'un possédant une terrasse sur le toit *(altana)* à Venise, vous verrez quand même très bien les feux et la fête depuis les quais de la *riva degli Schiavoni* ou à partir de l'église du Redentore, sur la Giudecca. Mieux, d'une barque dans le bassin de Saint-Marc. Sachez que c'est l'une des fêtes les plus spectaculaires d'Italie, et il faut avoir beaucoup de courage car, pour l'occasion, Venise est archi bondée.

– ***Mostra del Cinema di Venezia :*** le célèbre festival de cinéma de Venise. Se déroule au Lido pendant une dizaine de jours, de la fin août au 1er dimanche de septembre. À conseiller bien sûr aux inconditionnels du 7e art (voir la rubrique « Cinéma » dans le chapitre « Hommes, culture, environnement » en fin de guide) !

– ***Regata storica*** *(régate historique)* **:** le 1er dimanche de septembre. Elle rassemble les meilleurs rameurs de Venise, de Pise, d'Amalfi et de Gênes, les 4 républiques maritimes traditionnelles qui ont marqué l'histoire italienne. Seules sont en compétition des gondoles à 2 rames. L'épreuve est précédée d'une parade du cortège historique sur le Grand Canal. Les plus belles embarcations, sur lesquelles prennent place des personnages costumés, accompagnent une maquette du *Bucentaure.*

Les régates historiques se déroulent depuis plusieurs siècles et c'est l'occasion d'un grand rassemblement populaire. On y voit des équipages de femmes, de jeunes gens et des représentants des différents quartiers de Venise.

– ***La Saint-Martin :*** le 11 novembre. Une fête qui vaut tous les Halloween du monde. Tandis que les pâtissiers confectionnent tous un gâteau spécial représentant saint Martin sur son cheval, les enfants tapent sur des casseroles et vont chez les commerçants demander leur obole.

– ***Festa della Madonna della Salute :*** le 21 novembre. On rappelle la fin de la peste de 1630 par une procession sur un pont établi entre l'église de la Salute et le *campo Santa Maria Zobenico.* Cette fête conserve son aspect religieux.

– Et n'oublions pas la ***Journée du patrimoine,*** où certains palais et autres sites privés ouvrent exceptionnellement leurs portes au public. Infos sur ● *giornatafai.it* ● Ou encore la ***Journée mondiale de la femme,*** le 8 mars de chaque année, où certains musées et églises ouvrent gratuitement leurs portes aux femmes.

Fêtes foraines estivales

Pour les Vénitiens, l'été n'est pas seulement synonyme de plage et *spritz* au soleil, mais il est aussi synonyme de « *sagra* » (fête foraine). Ainsi, les habitants de la Sérénissime aiment se déplacer, pendant l'été, d'un *sestiere* à l'autre pour participer aux différentes foires et fêtes traditionnelles de la ville. Pour découvrir cette âme folklorique de Venise, voici une liste des rendez-vous principaux :

– ***San Francesco della Vigna :*** mi-juin. La fête de Sant'Antonio à San Francesco della Vigna (Castello) prévoit une semaine d'événements musicaux live (du swing au reggae), aussi bien que des danses et des stands gastronomiques où trouver de l'excellent poisson frit local et des succulentes grillades.

– ***San Giovanni in Bragora :*** cuisine traditionnelle, concerts, danses, ateliers pour enfants et spectacles d'art de rue sont à l'honneur quand on parle de San Giovanni in Bragora. Fête à l'atmosphère magique, elle se déroule l'avant-dernier week-end de juin au Campo della Bragora, dans le *sestiere* de Castello.

– ***San Piero de Casteo :*** dans le cadre d'un Venise authentique et loin des touristes, la foire de San Piero de Casteo est une des fêtes estivales les plus pittoresques. Le *campo* s'anime en fin juin-début juillet de nombreux concerts, stands gastronomiques, *regate,* rencontres et jeux pour les plus petits.

– ***San Giacomo dell'Orio :*** à ne pas rater, la fête à San Giacomo dell'Orio est le rendez-vous que tous les habitants du *sestiere* de Santa Croce (mais pas que) attendent. Non seulement des stands gastronomiques et des concerts, mais aussi la célèbre *Tombola* de charité égayent la vie de ce magnifique *campo* pendant la 2de quinzaine de juillet.
– ***Santa Marta :*** comme toutes les fêtes vénitiennes, la *sagra* de Santa Marta propose des stands de cuisine locale, des ateliers d'artisanat et des concerts. Des soirées à l'ambiance très folklorique qui rendent spécial ce quartier pendant le dernier week-end de juillet.
Pour plus d'infos sur ces événements : ● *events.veneziaunica.it* ● et ● *turismo venezia.it* ●

Jours fériés

Ne pas confondre *giorno feriale* qui, en italien, signifie « jour ouvrable » (samedi compris), avec *giorno festivo,* qui se traduit par « jour férié » (dimanche et fêtes)... Ah ! ces faux amis !
Les jours fériés et chômés sont à peu près identiques aux nôtres, à savoir :
– *1er janvier :* Jour de l'an *(Capodanno).*
– *6 janvier :* Épiphanie *(Epifania).*
– *Fin mars-début avril :* lundi de Pâques *(Pasquetta).*
– *25 avril :* anniversaire de la Libération de 1945 *(festa della Liberazione)* et *fête de la Saint-Marc,* patron de Venise.
– *1er mai :* fête du Travail *(festa del Lavoro).*
– *2 juin :* fête de l'anniversaire de la proclamation de la République *(festa della Repubblica).*
– *15 août :* Assomption *(Ferragosto).*
– *1er novembre :* Toussaint *(Ognissanti).*
– *21 novembre :* fête de la Madonna della Salute.
– *8 décembre :* fête de l'Immaculée Conception *(festa dell'Immacolata Concezione).*
– *25 décembre :* Noël *(Natale).*
– *26 décembre :* jour de Saint-Étienne *(Santo Stefano).*

SORCIÈRE D'UN JOUR

Pour les Italiens, l'Épiphanie est le jour de la Befana, une gentille sorcière qui circule à califourchon sur son balai de paille. Elle visite les enfants ; aux méchants, elle amène une sucrerie imitant le charbon et aux gentils, de jolis cadeaux et de merveilleuses confiseries. Ah ! qu'il est loin le bon temps de l'enfance !

HÉBERGEMENT

Vous réservez votre séjour à l'avance

Mieux vaut être prévoyant, quelles que soient la durée et la période du séjour. Pendant le Carnaval, à Pâques, d'avril à juin, en septembre-octobre et durant les fêtes de fin d'année, le taux de fréquentation atteint son maximum. Par prudence, la réservation est indispensable plusieurs semaines, voire plusieurs mois à l'avance. Enfin, petit détail qui a son importance : tous les hôtels consentent des réductions importantes aux tour-opérateurs. C'est pourquoi, parfois, on a tout intérêt à passer par une agence.

Vous débarquez sans réservation

En pleine saison, c'est courir le risque de devoir tourner les talons et de repartir illico ! En intersaison, mieux vaut quand même arriver tôt (disons dans la matinée) pour espérer trouver à se loger dans Venise même, sans quoi c'est le retour assuré

vers le continent. Hors saison en revanche, pas de parano, mais méfiez-vous quand même, aux abords de la gare Santa Lucia et au piazzale Roma, des rabatteurs qui vous proposent des prix et des hôtels douteux.
S'il est plus charmant de loger au cœur même de la cité des Doges, Mestre (située à une dizaine de kilomètres) reste une alternative avantageuse côté prix (la ville n'a aucun intérêt). De là, on peut se rendre à Venise en train ou en bus en environ 30 mn, même de nuit.

Campings

Il n'existe pas de camping dans le centre historique de Venise. Les camping-caristes et les campeurs en trouveront plusieurs sur la terre ferme autour de Mestre et Marghera. Pour le charme et la tranquillité, vous repasserez. Autre option, vous pouvez essayer de planter votre tente dans le camping du Lido. Finalement, les mieux équipés se situent sur le ***litorale del Cavallino,*** au nord-est de Venise : tout confort, faciles d'accès en bateau (service régulier, même tard le soir). Mais attention, vous dépenserez alors en frais de bateau ce que vous aurez économisé en frais d'hébergement en choisissant le camping. Et ce sont pour la plupart de véritables usines à coucher, les unes à côté des autres ! La plupart n'étant ouverts qu'au printemps et en été. Voir notre chapitre « La terre ferme, de Mestre à Punta Sabbioni ». Un conseil : tous ces endroits sont parfois envahis de moustiques *(zanzare)* : mieux vaut prévoir un bon répulsif.
Il existe des listes complètes, dont une éditée par le *Touring Club italien,* que vous pouvez trouver dans les librairies sur place.

■ ***Fédération française de camping et de caravaning :*** ● *info@ffcc.fr* ● *ffcc.fr* ● Possibilité d'acheter en ligne la carte *FFCC* multi-avantages qui permet de bénéficier d'assurances spécifiques ainsi que de nombreuses publications. La carte *FFCC* comprend également la *Camping Card International* qui vous permettra d'obtenir de multiples réductions dans les campings d'Europe, dont l'Italie.

Auberges de jeunesse

Auberges de jeunesse ou maisons d'accueil, à vous de choisir. On trouve quelques AJ privées dans Venise même, mais il n'existe qu'une AJ officielle, sur l'île de la Giudecca (attention, il faut prévoir le budget pour le *vaporetto*). Carte des AJ obligatoire. On peut se la procurer en France, l'acheter sur place (mais c'est plus cher) ou sur Internet *(● hihostels.com ●).* En haute saison, il est conseillé de ***réserver*** à l'avance.

Logement dans les communautés religieuses

Si vous rêviez de dormir dans un ancien couvent, c'est un vœu facile à réaliser à Venise. Il suffit de se conformer aux règles conventuelles (lits séparés, couvre-feu, etc.). Mais c'est souvent un confort plutôt monacal, une déco sobre et une ambiance un peu austère... où le rapport charme-prix n'est pas toujours optimal.
En outre, certains établissements ne sont ouverts aux touristes que pendant les grandes vacances scolaires d'été.
Couples non mariés, se renseigner avant ! Certaines communautés *(foresterie)* n'acceptent que les filles. On loge soit dans des dortoirs, soit dans des chambres individuelles ou doubles. Ces communautés occupent, pour certaines d'entre elles, de magnifiques palais vénitiens.

Bed & Breakfast

C'est la formule qui se développe et qui séduit les visiteurs. En fait, de nombreux prétendus *B & B* sont des petits hôtels de 6 à 8 chambres... Les prix pratiqués sont souvent alignés sur ceux des hôtels. Et surtout, rares sont les propriétaires de ces *B & B* à résider sur place. De plus, la prestation offerte est souvent moins élaborée que dans d'autres pays : on se prépare parfois le petit déj soi-même, la chambre proposée peut être très imbriquée dans la maison du proprio (peu d'intimité) ou, au contraire, dans un appartement que l'on partage seul avec d'autres touristes. Bref, généralement la qualité y est, mais on peut avoir quelques surprises...

Hôtels

Venise compte nombre d'établissements exceptionnels à des prix évidemment bien moins exceptionnels (parfois même excessifs et aberrants). Cela dit, nous avons sélectionné des adresses de tout standing, du lit en dortoir jusqu'au petit nid d'amour. Certaines sont de véritables coups de cœur. D'autres sont citées surtout pour leur renommée, leur décor ou leur classe, en souhaitant que votre budget vous permette un jour d'y descendre.

Certains palais abritent désormais des chambres sophistiquées, dont les prix atteignent parfois les nues ; ils sont heureusement négociables à la baisse hors saison et en semaine.

Important : certains hôtels cités proposent parfois des réductions importantes (de 15 à près de 50 %). N'hésitez pas à discuter les prix, surtout si vous restez plusieurs nuits. Et si une réduction vous est offerte grâce à ce guide, demandez-la dès votre 1er contact avec l'hôtelier (par Internet ou par téléphone).

– ***The Originals, Human Hotels & Resorts*** est un mouvement collectif de 600 hôteliers indépendants qui partagent une vision commune : celle d'une hôtellerie plus authentique et plus humaine. Au travers de 6 catégories, de l'hôtel de luxe à l'économique, les hôteliers *The Originals, Humans Hotels & Resorts* ont tous quelque chose d'unique à partager, vous faire découvrir ou expérimenter : une recette, un moment de vie, une passion, une histoire. Une diversité d'expériences pour profiter du meilleur de la vie locale dans 12 pays en Europe et dans le monde. • *theoriginalshotels.com* •.

Location d'appartements

Cette formule se développe de plus en plus. Pour certains, il s'agit de l'option idéale d'hébergement. À vous de choisir sur Internet, où l'on trouve une variété considérable d'appartements, du studio au 3 pièces-cuisine, jusqu'au vaste appartement de 4 à 6 pièces dans un magnifique palais du XVe s. Soyez vigilant en pesant le pour et le contre : sous les toits, avec la vue sur les gondoles, c'est agréable, mais quand il n'y a pas d'ascenseur... Attention aussi aux rez-de-chaussée, ils peuvent être plus sombres et, lors de l'*acqua alta,* ce n'est pas l'idéal.

Sur une période de 1 semaine ou plus, la location d'appartements est généralement plus économique, surtout pour les familles ou les amis qui voyagent en petits groupes. On trouve souvent des apparts avec une pièce commune disposant de sofas convertibles. Ce qui fait que pour le prix d'une nuit en chambre double dans un hôtel classique, on peut parfois dormir à 4 ou 6. Par ailleurs, comme vous disposerez de votre propre cuisine, rien ne vous empêche de faire vous-même votre popote. Une bonne manière d'économiser sur les dépenses de restauration...

– Si vous louez un appartement, il y a une contrainte assez stricte à respecter (que l'on ignore en dormant à l'hôtel) : la ***collecte des ordures.*** À Venise, celle-ci est très réglementée compte tenu du fait que le ramassage des déchets se fait à la main. Des employés frappent à chaque porte pour récolter les sacs de poubelles qu'ils chargent sur des chariots à bras, avant de les jeter dans un bateau-poubelle. Le tri est donc indispensable (papier, cartons, déchets alimentaires, métal, verre...). Rien ne vous empêche d'aller au-devant des éboueurs

dans la rue et de leur confier votre sac. En revanche, ne le jetez pas dans une poubelle de rue : c'est strictement interdit et l'amende consécutive est corsée. Être respectueux de ces règles propres à Venise, c'est respecter Venise et les Vénitiens !
Voici une agence que nous avons retenue sans hésitation :

■ ***Loc'Appart :*** *75, rue de la Fontaine-au-Roi, 75011 Paris (sur rdv seulement).* ☎ *01-45-27-56-41.* • *locappart.com* • *Accueil téléphonique assuré à Paris par des responsables de destinations ayant une bonne connaissance de l'Italie : lun-jeu 10h30-13h, 14h-19h ; ven 9h30-13h, 14h-18h.* Avec *Loc'Appart,* la location d'appartement et de maison de ville pour un minimum de 3 nuits à partir de n'importe quel jour de la semaine est possible. Dossiers suivis par des chargés de destinations à Paris et accueil assuré par des spécialistes sur place qui interviennent en cas de besoin. Une agence sympathique et sérieuse avec 20 ans d'expérience que nous recommandons volontiers. Service d'appartements également proposé dans le reste de l'Italie en ville (Milan, Florence, Rome, Naples, Palerme...) comme à la campagne (Toscane, Ombrie, Côte amalfitaine, Sicile).

Échange d'appartements et de maisons

Une formule de vacances originale ! Il s'agit d'échanger son logement contre celui d'un adhérent du même organisme. Cette formule est avantageuse, en particulier pour les couples avec enfants. Voici 2 agences qui ont fait leurs preuves :

■ ***Homelink International :*** *19, cours des Arts-et-Métiers, 13100 Aix-en-Provence.* ☎ *04-42-27-14-14 ou 01-44-61-03-23.* • *homelink.fr* • *Lun-ven 9h-12h. Adhésion annuelle de 125 € avec diffusion d'annonce sur Internet.*

■ ***Intervac :*** *230, bd Voltaire, 75011 Paris.* ☎ *05-46-66-52-76.* • *info@intervac.fr* • *intervac.fr* • *Adhésion annuelle nationale et internationale avec diffusion d'annonce sur Internet : 125 €.*

HORAIRES

Les horaires qui suivent sont donnés ***à titre indicatif,*** car ils ne sont pas toujours respectés.
– ***Banques :*** ouvertes du lundi au vendredi de 8h30 à 13h30 et de 14h45 à 15h45 généralement (horaires variables avec les saisons). Fermées les week-end et jours fériés.
– ***Bureaux et administrations :*** dans la plupart des cas, ouverts le matin jusqu'à une heure plus ou moins avancée de l'après-midi (désolés, mais c'est la formule la plus juste que l'on ait trouvée).
– ***Églises :*** seules les églises payantes ont des horaires fixes et fiables (voir « *Chorus Pass* » dans la rubrique « Cartes ou forfaits de visites et transports », plus haut). Pour les autres, les plus importantes ouvrent généralement le matin de 9h ou 10h jusqu'à 12h, et de 15h ou 16h jusqu'au soir. Pour les plus petites, il faut avoir la chance de passer devant au bon moment (juste avant ou après une messe).
– ***Magasins :*** habituellement ouverts tous les jours de 9h à 13h et de 15h30 à 19h30. Fermés une demi-journée par semaine, souvent le lundi matin.
– ***Musées :*** les horaires sont un peu réduits en basse saison. La billetterie ferme très souvent 30 mn (voire 1h) avant la fermeture des portes, n'attendez donc pas la fin de l'après-midi pour vous décider. D'autant que l'heure de fermeture est largement anticipée par les gardiens du musée, qui ne se gênent pas pour interdire l'accès à certaines ailes éloignées bien avant l'heure officielle, histoire de canaliser les visiteurs vers la sortie.

– ***Postes :*** ouvertes du lundi au vendredi de 8h30 à 14h (13h le samedi ; tous les jours sauf le dimanche jusqu'à 18h30 pour la poste centrale), ainsi que le dernier jour du mois de 8h30 à 12h.
– ***Restaurants :*** service généralement de 12h à 15h et de 19h à 22h (voire plus dans les quartiers animés). Mais on peut souvent grignoter des *cicchetti* dès 18h dans les bars, avec un verre de vin.
– ***Transports :*** voir plus loin.

LANGUE

L'italien est une langue facile pour les francophones. En peu de temps, vous pourrez apprendre quelques rudiments suffisants pour vous débrouiller.
Pour vous aider à communiquer, n'oubliez pas notre ***Guide de conversation du routard en italien.***
Ci-après, un petit vocabulaire de secours. Attention à certains faux amis : les *giorni feriali* sont les jours ouvrables (par opposition aux *giorni festivi,* qui sont les dimanche et jours fériés).

> ### *CIAO !*
> *Le mot le plus utilisé en Italie vient de* schiavo *qui signifie « esclave ». En effet, cette interjection signifie « Je suis votre esclave », ce qui est une façon un peu appuyée pour dire « Je suis à votre service ».*

Quelques éléments de base

Politesse

Bonjour	*Buongiorno*
Bonsoir	*Buonasera*
Au revoir	*Arrivederci*
Excusez-moi	*Scusi*
S'il vous plaît	*Per favore*
Merci	*Grazie*
Je vous en prie/De rien	*Prego*

Questions courantes

Parlez-vous français ? anglais ?	*Parla francese ? inglese ?*
Pouvez-vous me dire... ?	*Può dirmi... ?*
Avez-vous... ?	*Ha... ?*
Je ne comprends pas	*Non capisco*
Parlez lentement	*Parli lentamente*
Combien coûte... ?	*Quanto costa... ?*
L'addition, s'il vous plaît	*Il conto, per favore*
C'est trop cher	*È troppo costoso*

Le temps

Lundi	*Lunedì*
Mardi	*Martedì*
Mercredi	*Mercoledì*
Jeudi	*Giovedì*
Vendredi	*Venerdì*
Samedi	*Sabato*
Dimanche	*Domenica*
Aujourd'hui	*Oggi*
Hier	*Ieri*
Demain	*Domani*

Dans x jours	*Fra x giorni*
Tout à l'heure	*Dopo*
Le matin	*La mattina*
L'après-midi	*Il pomeriggio*
Midi/Minuit	*Mezzogiorno/Mezzanotte*

Les nombres

Un	*Uno*	Huit	*Otto*
Deux	*Due*	Neuf	*Nove*
Trois	*Tre*	Dix	*Dieci*
Quatre	*Quattro*	Quinze	*Quindici*
Cinq	*Cinque*	Cinquante	*Cinquanta*
Six	*Sei*	Cent	*Cento*
Sept	*Sette*	Mille	*Mille*

Transports

Un billet pour...	*Un biglietto per...*
À quelle heure part... ?	*A che ora parte... ?*
À quelle heure arrive... ?	*A che ora arriva... ?*
Gare	*Stazione*
Horaire	*Orario*

À l'hôtel

Hôtel	*Albergo*
Une pension de famille	*Una pensione familiare*
Une réservation	*Una prenotazione*
Je désire une chambre	*Vorrei una camera*
À un lit (double), à deux lits	*Con letto (matrimoniale), con due letti*
À un lit ; à deux lits	*Con un letto ; con due letti*
Lit double	*Letto matrimoniale*
Une serviette de bain	*Un asciugamano*
Un sèche-cheveux	*Un asciugacapelli*
Le papier-toilette	*La carta igienica*
Pourrais-je avoir... ?	*Potrei avere... ?*
Il n'y a pas/plus de...	*Non c'è (ci sono* au pluriel*)/Non c'è più...*
Est-ce que le petit déjeuner est compris ?	*È inclusa la colazione ?*

Un zeste de vénitien

Le vénitien compte parmi les plus doux dialectes d'Italie. Sa signature linguistique tient à un léger zézaiement et les doubles consonnes qui disparaissent. Les Vénitiens sont extrêmement fiers de leur dialecte et le considèrent comme une langue à part entière. Tous le parlent, quel que soit leur statut social, mais ils l'utilisent plutôt mélangé à la langue nationale.
Le vénitien apparaît surtout dans les noms de rues, de canaux, de bistrots ou de monuments.

Manger

Baìcoli	Célèbres gâteaux secs
Bìrin	Petit verre de bière
Biréta	Petit verre de bière légèrement plus grand que le précédent
Curasàn	Déformation vénitienne de « croissant »
Fugàssa	Fougasse

Autres

Calle (*Cae,* parfois)	Rue
Òcio !	Attention !
Fio, fia	Fils, fille

LIVRES DE ROUTE

Livres de référence

– ***La Mort à Venise*** (1912), de Thomas Mann, Stock, 2003. Dans le cadre du Lido, l'histoire d'une passion violente, à travers le regard d'un homme subjugué par la beauté incarnée par un adolescent. Un grand classique devenu un film de Visconti.

– ***Venise à double tour*** (2019), de Jean-Paul Kauffmann, Équateurs. Qui n'a jamais rêvé de pousser une porte d'église et d'en découvrir les richesses ? À la fois roman, biographie, parcours initiatique, l'auteur nous promène dans cette Venise historique, secrète et passionnante.

– ***Concert baroque*** (1974), d'Alejo Carpentier, Gallimard, coll. « Folio » nº 1020, 2001. Une nuit de Carnaval inoubliable dans une Venise intemporelle. Par-delà les siècles, Vivaldi, Scarlatti et Haendel se retrouvent sur la tombe de Stravinski. Toutes les beautés de la nuit baroque rendue magique par la grâce du style. À réserver aux initiés.

– ***Dictionnaire amoureux de Venise*** (2004), de Philippe Sollers, Plon. Composé comme un assemblage de nouvelles drôles et éclairées, il chasse les clichés romantiques ou funestes qui ont cours sur la ville, pour offrir une vision vivante, gaie et féminine de la Sérénissime, avec qui l'auteur entretient une passion entière depuis plus de 50 ans.

– ***Acqua alta*** (1993), de Joseph Brodsky, Gallimard, coll. « Arcades », 1999. Souvenirs vénitiens d'un grand poète russe enterré sur l'île de San Michele, mort en 1996. Une déclaration d'amour qu'on a du mal à oublier.

– ***Les Balades de Corto Maltese*** (2004), de G. Fuga et L. Vianello, Casterman, 2008. Les auteurs, anciens collaborateurs d'Hugo Pratt, vous entraînent sur les traces de Corto à travers 7 itinéraires dans la ville. Une excellente introduction pour découvrir les mystères cachés des rues de Venise.

– ***Seule Venise*** (2004), de Claudie Gallay, Actes Sud, coll. « Babel », 2005. Une femme d'une quarantaine d'années, après avoir été quittée par son mari, échoue à Venise peu avant les fêtes de fin d'année. C'est l'envers du décor. Elle découvre la Venise des Vénitiens. Le temps est épouvantable : la pluie, le froid... Cela ne l'empêche pas d'arpenter la ville en tous sens et de découvrir une Venise que l'on connaît moins... mais pleine de charme.

– ***La Cité des anges déchus*** (2007), de John Berendt, L'Archipel. L'auteur débarque à Venise au lendemain de l'incendie de La Fenice, en 1996, et entreprend sa propre enquête pour connaître les raisons et les auteurs d'un tel crime. Un prétexte pour dresser le portrait de la ville et pénétrer les entrelacs d'une société vénitienne décidément pas comme les autres.

– ***La Longue attente de l'ange*** (2013), de Melania G. Mazzucco, J'ai lu, nº 10953, 2015. Sous forme de monologue, le livre retrace la vie du peintre le Tintoret. On y retrouve un autre aspect, celui de la relation entretenue avec l'une de ses filles, Marietta, artiste elle aussi. Ce récit met aussi en lumière la Venise du XVIᵉ s.

– ***Italies. Anthologie des voyageurs français aux XVIIIᵉ et XIXᵉ s*** (1988), Laffont, coll. « Bouquins ». Des extraits des plus beaux textes sur Venise. Une magnifique anthologie.

– ***Venises*** (1971), de Paul Morand, Gallimard, coll. « L'Imaginaire », 2006. Ce recueil de souvenirs vénitiens glanés au cours d'une relation fidèle de 60 ans entre la ville et son auteur, c'est la vie d'un homme à l'affût du monde et l'œuvre d'un grand styliste français.

– ***Venise*** (2006), d'Hippolyte Taine, Grand Caractère, coll. « Kiosque à Livres ». Réédition d'un texte classique sur la Venise du XIXe s vue par un voyageur érudit.
– ***Histoire de ma vie*** (1744-1756 ; 3 tomes), de Casanova, Gallimard, coll. « Folio » no 1760, 1986. Né à Venise, Casanova connut un destin à l'image de cette ville-labyrinthe mystérieuse aux maisons à double issue. Ses *Mémoires* nous livrent, outre le récit complaisant de ses péripéties amoureuses, un document extrêmement étoffé sur la vie quotidienne au XVIIIe s.

Polars en poche

– ***Mort à la Fenice*** (Points Policier, 2020), Les Disparus de la lagune (Points Policier, 2019), ***Noblesse oblige*** (Points Policier no 990, 2005), ***Mort en terre étrangère*** (Points Policier no 572, 2019) et ***Péchés mortels*** (Points Policier no 859, 2017), pour ne citer qu'eux, mais il y en a bien d'autres, de Donna Leon (Calmann-Lévy et Points Seuil). Américaine d'origine et Vénitienne d'adoption, Donna Leon a entrepris, dans les années 1990, cette série aujourd'hui très connue en France et en Allemagne.
– ***Ceux qui prennent le large*** (1963), de Patricia Highsmith, LGF, coll. « Le Livre de Poche Thriller » no 4416, 2008. Les ruelles et les canaux de Venise sont le cadre angoissant d'une poursuite : celle du père d'une jeune fille retrouvée morte après son gendre, qu'il considère responsable. Une violence sourde et absurde où chaque lieu de la ville devient un piège subtil.
– ***La Tempête*** (2000), de Juan Manuel de Prada, Points Seuil no 946, 2002. Dans une Venise vénéneuse, recouverte par la neige et la boue du mois de janvier, un critique espagnol obsédé par le célèbre tableau de Giorgione, *La Tempête,* se rend à l'Accademia... et est témoin d'un meurtre. Une intrigue intelligente qui nous plonge dans le milieu de l'art vénitien.

Bandes dessinées et illustrés

– ***Vasco, ténèbres sur Venise*** (1997), de Gilles Chaillet, éditions du Lombard. Intégrale en 3 volumes. Une Venise inquiétante, faite de complots et de luttes d'influence. Un livre foisonnant d'anecdotes originales.

FUMETTO

Se traduisant par « petite fumée », ce mot signifie « B.D. » en italien. En effet, les bulles ressemblent à des nuages de fumée !

– ***Corto Maltese, fable de Venise*** (1998), d'Hugo Pratt, Casterman. Incontournable. Une porte ouverte sur les mystères et la magie de la Sérénissime. Casterman a eu la bonne idée de sortir, en 2007, une version commentée de *Fable de Venise,* permettant de mieux se situer dans le temps et l'espace. Un bonheur rare.
– ***Lefranc, le mystère Borg*** (2006), de Jacques Martin, Casterman. Un très bon classique de la B.D. belge et un scénario sans surprise qui commence dans les montagnes suisses et finit dans les palais vénitiens.
– ***Les Voyages de Jhen*** (2007), de Jacques Martin, Casterman. Une remarquable initiation, historique et géographique, sur les pas d'un autre héros de cet auteur belge, qui nous promet une aventure trépidante à Venise.
– ***Largo Winch, voir Venise... et mourir*** (1998), de Philippe Franq et Jean Van Hamme, Repérages Dupuis (2 tomes). La saga du play-boy milliardaire en jeans, cette fois piégé dans la Sérénissime par un dangereux consortium pétrolier. Gondoles, masques de carnaval, carabiniers et pulpeuses courtisanes sont au rendez-vous.
– ***Giacomo C.*** (2006), de Dufaux et Griffo, Glénat. Une saga (15 tomes parus) très librement inspirée de la vie de Casanova, qui nous plonge en pleine Venise du XVIIIe s en B.D. Secrète, inquiétante, envoûtante, la ville n'est pas qu'un décor dessiné d'après archives, mais le partenaire idéal d'un libre-penseur libertin autant qu'attachant.

ORIENTATION

On dit de Venise qu'elle est une ville de marchands... mais vous constaterez que pour un touriste moyen elle est surtout une ville de marcheurs ! Vous serez surpris du nombre de kilomètres que vous parcourrez à pied, votre moyen principal de locomotion, outre quelques sauts de puce en *vaporetto.* Venise ne compte pas moins de 160 canaux, enjambés par 435 ponts (pour nos amis routards qui souffrent des genoux, allez-y tout doux). Le dédale de ruelles oblige souvent à faire des détours. Alors, pour essayer de vous en sortir sans faire trop d'allers-retours, privilégiez les axes les plus fréquentés.

Sestieri et numérotation

Les *sestieri* de Venise sont ***Dorsoduro, San Polo, Santa Croce, Cannaregio, San Marco*** et ***Castello.*** Les adresses sont ainsi écrites : nom du *sestiere,* suivi du numéro. Parfois, mais pas toujours, on indique aussi le nom de la rue (ouf !). Cette absence régulière du nom de rue en désoriente plus d'un ! Exemple : *Hotel Casanova, calle Vivaldi, Cannaregio, 477.*

La numérotation des différents *sestieri* a été imposée le 1er juillet 1841, 44 ans après la chute de la Sérénissime. Les numéros sont peints en noir ou en rouge sur fond blanc.

Une numérotation qui suit, *sestiere* par *sestiere,* un ordre à peu près cohérent, en allant croissant, pâté de maisons par pâté de maisons, jusqu'au bout de chaque impasse, puis revenant à la rue principale, avant de repartir au fond de l'impasse suivante, etc. Or, suite à de nombreux remaniements, démolitions et comblements de canaux, cette numérotation apparaît aujourd'hui assez chaotique à certains endroits. Ça a l'air compliqué, mais on comprend rapidement le système. Allez, un petit jeu (oh, pas très dur) : essayez donc de trouver le n° 1 du quartier San Marco. Vous aurez droit à une bien belle récompense avec l'un des plus beaux monuments du palais des Doges : la *porta della Carta.*

PAS DE QUARTIER À VENISE !

Dans l'Empire romain, 2 axes principaux à angle droit divisaient chaque ville en 4 quartiers (quartieri). *Or, la Sérénissime a vu le jour bien après l'Empire. Au XIIe s, Venise s'est singularisée en divisant son centre en 6 : des* sestieri *pour le coup, 3 de chaque côté du Grand Canal. Un découpage unique en Italie !*

Des rues et des ruelles : soyez « *calle* »

À Venise tout est singulier, unique et, malgré lui, original. Les plaques signalétiques ne font pas exception. Accrochés aux murs des palais le long des *calli* et des *campielli,* voilà les *nizioleti* (en vénitien « petits linceuls ») qui indiquent les directions dans la cité des Doges. Or, ces petites fresques blanches aux inscriptions noires ont une histoire assez curieuse. Au cours des dernières années, les *nizioleti* ont en effet fait l'objet d'un véritable débat : si d'un côté on avait pensé d'harmoniser toutes les écritures en les rendant plus proches de l'italien par le biais du dernier cadastre réalisé en 1786, de l'autre côté cet essai de standardisation a gêné la plupart des

LA MORT À CHAQUE COIN DE RUE

Nizioleto *est un mot de dialecte vénitien qui veut dire littéralement « petit linceul », nom qu'on donne aux rectangles blancs entourés de noir peints sur les murs pour indiquer les rues. C'est aussi le nom des avis de décès affichés sur les murs, encadrés d'un liseré noir !*

habitants du centre historique. Eh bien, c'était à prévoir : les Vénitiens les plus conservateurs n'ont pas apprécié ce choix, au point qu'ils ont effacé toutes les consonnes doubles – rigoureusement à ne pas prononcer dans leur dialecte. Ainsi, on lira encore « terà » au lieu de « terrà », ainsi comme « sotoportego » au lieu de « sottoportico », les efforts d'harmonisation graphique étant désormais inutiles.
Venise est une ville où l'on se perd facilement (chouette !) mais où l'on se retrouve toujours (chouette aussi !). Comme quoi, tous les chemins ne mènent pas qu'à Rome ! Pour faciliter l'orientation, des ***panneaux jaunes*** ou des ***flèches peintes*** à même certains murs indiquent les points principaux de la ville : le Rialto, la piazza San Marco, la gare ferroviaire *(ferrovia)* ou encore le piazzale Roma. Les arrêts du *vaporetto* sont également indiqués depuis les rues les plus passantes.
Les ***noms de rues*** sont une véritable mine d'or pour connaître l'histoire du quartier. Certains renvoient à des métiers courants comme la *calle del Pestrin* (laitier) ou *del Pistor* (boulanger). La *Merceria* indique que les marchands étaient installés dans le périmètre. D'autres rappellent que des communautés religieuses avaient élu domicile *calle dei Preti* (prêtres), ou que des étrangers avaient trouvé refuge *calle degli Armeni* (Arméniens), *degli Schiavoni* (Dalmates).
Pour finir avec la dénomination des rues, voici les bases de la ***toponymie vénitienne.*** Les petites rues sombres plutôt proches de nos ruelles s'appellent des *calle* (voire *ramo* pour les plus courtes, souvent en impasse). On réserve le terme de *fondamenta* aux voies bordant un canal, la *riva* étant un quai plus large. Vous trouverez peu de *rughe,* qui étaient bordées de boutiques, ou de *salizade,* qui sont les 1res rues pavées de la ville.
Un canal comblé est un *rio terà,* alors que le *rio* (au pluriel, *rii*) est un petit canal encore navigable. Toutes les places portent le nom de *campo,* ou *campiello* pour les plus petites. La *corte* est généralement un espace commun à plusieurs maisons. La *piscina* est un petit bras d'eau stagnante aujourd'hui comblé. Le *sotoportego* ou *sottoportico,* un passage couvert entre des maisons.

Cartes

Pour faciliter vos trajets, procurez-vous une carte détaillée avec un index complet des noms de rues (assurez-vous qu'il s'agit d'une édition récente).
Attention, les plus joliment présentées ne sont pas forcément les plus complètes. Voici 2 cartes que nous avons testées pour vous :
- carte *Litografia Artistica Cartografica* : carte de Venise et de sa lagune ;
- carte *City Map Mondadori* : elle est plastifiée et inclut seulement le centre-ville. Existe en version française.

On peut se les procurer dans la plupart des bureaux de tabac.

PERSONNES HANDICAPÉES

Avec plus de 100 îles reliées par quelque 435 ponts, autant dire que Venise n'est pas à priori une ville facile pour les personnes à mobilité réduite. Cela dit, si beaucoup reste encore à faire, saluons les initiatives de la municipalité dans ce domaine : on peut se procurer auprès des offices de tourisme ou par Internet un kit comprenant notamment une carte avec les zones accessibles en fauteuil roulant ainsi que les stations de *vaporetto* et les toilettes. Le kit comprend également la liste des loueurs de fauteuils roulants, mais on conseille de les réserver au moins 10 jours avant l'arrivée.
Par ailleurs, 10 itinéraires sans obstacles ont été élaborés (en français) : *Marciana, Rialto, Santa Margherita, Frari, Santo Stefano, Santi Giovanni e Paolo, Murano, Burano/Torcello, Castello est* et *Ca' d'Oro.* Noter que la place Saint-Marc, le musée Correr et le palais des Doges sont accessibles aux personnes en fauteuil roulant.

On peut se procurer la liste des hébergements accessibles aux fauteuils : il y en a pas mal près de la place Saint-Marc.
– ***Informations et réservations « Città per tutti » :*** *dans les offices de tourisme ou à Ca' Farsetti, San Marco, 4137 (sur rdv).* ☎ *041-965-54-40 (à Mestre).* ● *comune.venezia.it* ● *ou* ● *turismovenezia.it* ●
Pour les malvoyants, l'office de tourisme a édité une carte en braille (à demander sur place).
Les handicapés ainsi que leur accompagnateur bénéficient d'une gratuité dans les musées municipaux sur présentation de justificatifs. Il leur est aussi fortement recommandé de téléphoner au musée avant de s'y rendre, pour savoir si l'ascenseur est en état de fonctionnement, ou tout simplement pour que le personnel puisse le mettre en service avant leur arrivée.

POSTE

Timbres

– Vous pouvez acheter vos timbres *(francobolli)* à la poste ou dans les bureaux de tabac *(tabacchi)* signalés par un grand « T » blanc sur fond noir. Le timbre *(francobollo)* vers les pays européens est à 1,15 €.
– Les lettres oblitérées avec les timbres *Poste Italiane* sont à mettre dans les boîtes rouges (mais on conseille de les déposer directement au bureau de poste, plus sûr). C'est la poste officielle et le mode d'acheminement le plus fiable.
– D'autres systèmes d'acheminement de lettres ont vu le jour mais ils ne sont pas fiables. Beaucoup de lecteurs s'en plaignent. Les lettres doivent être déposées dans des boîtes en carton dans les bureaux de tabac. Une carte postale peut mettre alors au moins 10 jours pour arriver. Parfois, elle n'arrive pas du tout !
– Dans les *tabacchi* qui vendent les 2 produits, soyez vigilant à bien acheter des timbres de la *Poste Italiane.*

POURBOIRES ET TAXES

Les pourboires

La tradition de la *mancia* (la manche, en quelque sorte...) voulait que l'on donne un pourboire aux sacristains qui montraient les peintures des églises. Mais elle s'est abîmée dans les brumes de la lagune, les sacristains ayant été remplacés par des tirelires électriques qui permettent d'éclairer et d'admirer les chefs-d'œuvre (0,50-1 €).
La grande majorité des ***restaurants*** ajoutent d'office le couvert et le service à la note. Une pratique inexistante en France, qui pourrait laisser penser que la question du pourboire est ainsi réglée. Que nenni, les Italiens gardent la tradition de laisser un quelque chose au serveur. Alors, ne passez pas pour un radin : déjà que Napoléon a piqué en son temps pas mal de bijoux de famille à Venise !

L'addition

Ne vous étonnez pas de voir votre addition majorée du ***coperto*** (il doit être signalé sur la carte), pratique très courante en Italie. Celui-ci peut varier entre 1 et 3 € par personne ; au-delà, cela devient du vol ! Le ***servizio*** (anciennement à 12-14 %) est, lui, désormais presque toujours compris. Un gros *coperto* (3-4 €) plus un service à 12 % indique un restaurant intéressé au profit à tout prix ! L'eau en carafe n'étant pas pratiquée en Italie, il faudra ajouter le prix d'une bouteille d'eau minérale (2-4 €). On comprend pourquoi les additions grimpent vite.

SANTÉ

Carte européenne d'assurance maladie

Pour un séjour de courte durée à Venise, pensez à vous procurer la carte européenne d'assurance maladie. Il vous suffit d'appeler le ☎ *36-46,* de vous connecter par Internet sur votre compte Ameli ou d'en faire la demande sur une borne de votre centre de Sécu. Vous la recevrez sous une quinzaine de jours. C'est une carte plastifiée bleue du même format que la carte Vitale. Elle est valable 2 ans, gratuite et personnelle (chaque membre de la famille doit avoir la sienne, y compris les enfants). Conservez bien toutes les factures pour obtenir les remboursements au retour.

Vaccins

Aucun n'est obligatoire, mais il est préférable d'avoir son rappel antitétanique à jour. Nous vous recommandons chaudement un répulsif antimoustiques (ces charmantes petites bêtes étant très virulentes en période estivale).

TABAC

– En Italie, la cigarette est interdite dans TOUS les lieux publics (restos, cafés, bars et discothèques) sauf en terrasse. En cas d'infraction, c'est l'amende assurée (quelques centaines d'euros s'il y a des enfants ou des femmes enceintes à proximité).
– Le soir, lorsque les tabacs ferment, leur devanture se transforme en un distributeur automatique en façade, qui n'est pas toujours bien approvisionné.
– Il est également interdit de jeter son mégot (ou son chewing-gum) dans la rue : il en coûte de 30 à 150 €.

TÉLÉPHONE, INTERNET

Le téléphone portable en voyage

Un voyageur européen titulaire d'un forfait dans son pays d'origine peut utiliser son téléphone mobile ***au tarif national*** dans les 28 pays de l'Union européenne, sans craindre de voir flamber sa facture. Des plafonds sont néanmoins fixés par les opérateurs pour éviter les excès... Cet accord avantageux signé entre l'UE et ses opérateurs télécoms concerne aussi la consommation de ***données internet 3G ou 4G,*** dont le volume utilisable sans surcoût dépend du prix du forfait national (se renseigner). Par ailleurs, si le voyageur réside plusieurs mois en dehors de son pays, des frais peuvent lui être prélevés...

La connexion internet en voyage

À Venise, de plus en plus d'hôtels, de restos, de bars, et même certains espaces publics disposent du ***wifi gratuit.*** Mieux que la connexion 3G et 4G qui peut entraîner des frais en usage intensif, le wifi permet aussi de profiter d'un débit parfois supérieur.
Une fois connecté, on accède aussi à tous les services de ***messagerie et de téléphonie par Internet.*** *WhatsApp, Skype, Face Time* permettent d'appeler, d'envoyer des messages, des photos et des vidéos aux 4 coins de la planète, sans frais. Il suffit de télécharger – gratuitement – l'une de ces applis sur son smartphone, qui reconnaît automatiquement dans votre liste de contacts ceux qui peuvent aussi l'utiliser.

En cas de perte ou de vol de votre téléphone portable

Suspendre aussitôt sa ligne permet d'éviter de douloureuses surprises au retour du voyage ! Le plus simple est de demander la suspension de votre ligne depuis le site internet ou l'appli de votre opérateur. Voici les numéros des 4 opérateurs français, accessibles depuis la France et l'étranger :

- **Free :** *depuis la France : ☎ 3244 ; depuis l'étranger : ☎ + 33-1-78-56-95-60.*
- **Orange :** *depuis la France : ☎ 3900 ; depuis l'étranger : ☎ + 33-9-69-39-39-00.*
- **SFR :** *depuis la France : ☎ 1023 ; depuis l'étranger : + 33-6-10-00-10-23.*
- **Bouygues Télécom :** *depuis la France, ☎ 1064 ; depuis l'étranger, + 33-6-60-61-46-14.*

Appels nationaux et internationaux

- ***Renseignements :*** *☎ 12 (gratuit).*
- Pour appeler la ***police nationale,*** composer le *☎ 113* ; les ***carabinieri*** : *☎ 112* ; les ***sapeurs-pompiers*** *(vigili del fuoco)* : *☎ 115.*
- Pour une ***urgence médicale,*** c'est le *☎ 118.*
- ***Italie → France :*** 00 + 33 + numéro à 9 chiffres de votre correspondant (c'est-à-dire le numéro à 10 chiffres sans le 0 initial).

Code des autres pays francophones : Belgique, 32 ; Luxembourg, 352 ; Suisse, 41 ; Canada, 1.
- ***France → Italie :*** 00 + 39 + indicatif de la ville (41 pour Venise) + numéro de votre correspondant (6 ou 7 chiffres), incluant le 0 initial. Tarification selon votre opérateur.
- ***Italie → Italie :*** le numéro de votre correspondant (6 ou 7 chiffres) doit inclure l'indicatif de la ville.

Internet, wifi

Le wifi illimité existe désormais dans la plupart des hôtels et des cafés, voire des restaurants.
- Le centre historique est en partie équipé du wifi. Il vous suffit de vous connecter à *• veneziaunica.it • (infos, résas et carte des points hotspot).* Moyennant paiement, vous avez ainsi accès au wifi depuis votre téléphone ou votre ordinateur portable. Le tarif reste raisonnable et variable en fonction de la saison.

TOILETTES PUBLIQUES

Il existe quelques toilettes publiques très propres à la gare et disséminées en ville (à l'Accademia, à San Marco, au musée Correr, au Rialto, à San Bartolomeo...). Elles sont signalisées et certaines proposent un espace pour langer bébé. L'accès coûte 1,50 € et une dame pipi se charge de vous rendre la monnaie. Mais avec tous les bars que vous rencontrerez sur votre route, entre 2 visites de musées eux-mêmes bien équipés, vous pourrez certainement contourner le problème (mais pas l'édicule, messieurs, ici, ça ne se fait pas !).

URGENCES

☎ 112 : c'est le numéro d'urgence commun à la France et à tous les pays de l'UE, à composer en cas d'accident, agression ou détresse. Il permet de se faire localiser et aider en français, tout en améliorant les délais d'intervention des services de secours.

- **Police** *(polizia)* **:** ☎ *113.*
- **Pompiers** *(vigili del fuoco)* **:** ☎ *115.*
- **Urgences médicales** *(pronto soccorso)* **:** ☎ *118.*
- **Bureau de police** *(vigili urbani)* **pour les objets trouvés :** *piazzale Roma.* ☎ *041-522-45-76.*

VAPORETTO, GONDOLE ET TAXI-BATEAU

Le *vaporetto*

Il s'agit d'une sorte de bus public sur l'eau. Il avance lentement et permet donc de profiter du paysage (surtout sur le Grand Canal). Il y a des places sur le pont et à l'avant, très convoitées par beau temps, mais il est impératif de rester assis pour ne pas gêner les manœuvres. À certaines heures, et sur certaines lignes, il est impossible de s'asseoir en raison du nombre de passagers. Une cabine permet de s'abriter les jours de pluie ou de grand froid. Elle est équipée de places dédiées aux personnes âgées ou handicapées. Vous remarquerez à ce sujet l'attention particulière du personnel à bord à leur égard, en particulier lors des débarquements-embarquements.

– Une ***quinzaine de lignes*** relie les différents points de la ville et les îles. La plus connue, la plus fréquentée est toujours la ***ligne nº 1,*** qui parcourt le Grand Canal dans toute sa longueur en s'arrêtant à toutes les stations. C'est l'idéal pour admirer les palais. La ***ligne nº 2,*** quant à elle, est plus rapide car elle marque moins d'arrêts. Toutes 2 permettent d'avoir une très belle vue d'ensemble du cœur de Venise.

Les ***lignes nºs 4.1 et 5.1*** tournent autour de Venise dans le sens contraire des aiguilles d'une montre ; les ***lignes nºs 4.2 et 5.2*** suivent le même parcours dans le sens horaire. Ces mêmes bateaux vous transporteront aussi dans les îles. Pour les plus lointaines, vous emprunterez une *motonave,* sorte de ferry. Leur fréquence est variable selon les lignes et la saison. Les horaires sont affichés au niveau de chacun des embarcadères. Pratique, un écran lumineux signale également l'horaire du prochain passage.

– ***2 services nocturnes, « N »,*** fonctionnent de 23h30 à 4h environ. L'un relie le Lido à l'île de la Giudecca en passant par le Grand Canal (San Marco, Rialto, piazzale Roma...). L'autre service part de Fondamente Nove pour rejoindre Murano, Burano, Treporti et Punta Sabbioni. Le service est assuré toutes les 20 mn pour le 1er. Fréquence beaucoup plus faible pour le 2d. Renseignez-vous si vous ne voulez pas rester en rade.

– À signaler que si vous logez au Dorsoduro ou à San Polo et que vous souhaitez gagner le terminal des bus (piazzale Roma), on va parfois plus vite à pied qu'avec le *vaporetto.*

– Pour finir, il n'y a pas de problèmes de sécurité. Veillez toutefois à ne pas tomber dans l'eau (on dénombre une petite dizaine de chutes par an !) et attendez la fin de la manœuvre pour rejoindre la terre ferme.

– Pour tout ***objet perdu dans un vaporetto,*** contacter ***ACTV*** *(vaporetti)* : *au parking de piazzale Roma, Santa Croce.* ☎ *041-272-21-79.*

La gondole

L'art de diriger une gondole

Sans la *gondola,* Venise ne serait pas vraiment Venise... Le nom *gondola* apparaît pour la 1re fois dans un décret du doge en 1094.

Amarrée à son quai, la gondole hoche la tête comme si, en signe de bienvenue, elle s'inclinait respectueusement devant les visiteurs. La gondole est une barque à fond plat, relevée à l'avant et à l'arrière. L'originalité principale réside dans le fait qu'elle est asymétrique (très frappant si vous avez l'occasion d'en voir une en cale

sèche). Cette forme particulière autorise une navigation avec un seul aviron, tout en conservant une embarcation parfaitement stable et maniable.
Le coup de rame se fait en 3 temps, en appui sur la *forcola,* la dame de nage en noyer ou en cerisier taillée d'un seul bloc. Le 1er sert à entrer la rame dans l'eau, le 2e assure la propulsion mais tend à faire tourner à bâbord, le 3e sort la rame de l'eau en corrigeant ce mouvement. La différence entre le 1er et le 3e temps est que le mouvement du gondolier fait tourner le manche de la rame de telle sorte que le tolet (ou dame de nage) soit horizontal à la fin. Cela explique la difficulté de manœuvrer ces engins ! La position du gondolier n'est pas anodine : il en existe une pour chaque direction.
La ***couleur noire des gondoles*** fut décidée en 1562 par mesure d'austérité et d'égalité. En effet, les riches Vénitiens concouraient entre eux pour posséder la gondole la plus somptueusement décorée ; beaucoup se ruinèrent à ce petit jeu.
À la proue (avant de la gondole) se situe le ***ferro,*** élément décoratif en forme de « peigne métallique » qui représente les 6 *sestieri* (quartiers) de Venise ; le 7e signe, sur le côté opposé, représenterait l'île de la Giudecca. Accessoirement, le poids du *ferro* compense celui du *gondoliere* (gondolier). Certaines gondoles ont aussi des décorations (« les chevaux de mer ») en cuivre sur les flancs.
On construit encore 3 ou 4 gondoles par an dans les derniers *squeri* (ateliers spécialisés) de Venise. La fabrication prend environ 1 an et nécessite un travail que seuls quelques artisans maîtrisent encore.
– Pour ceux qui voudraient en savoir plus sur les nombreux artisans qui participent à la construction des gondoles, du forgeron au tailleur, voici les coordonnées de leur association, ***El Felze*** : *San Marco, 430. ☎ 041-520-03-31. • elfelze.it •*

L'art de (se faire) mener en bateau

Historiquement, les gondoliers étaient les confidents des nobles vénitiens. Aujourd'hui, ils forment encore un corps très fermé où la tradition se perpétue de père en fils. Véritable symbole de Venise, ce qui est désormais une attraction pour touristes est aussi devenu une activité lucrative. Les prix pratiqués sont officiels, fixés par la mairie, et affichés au niveau des stations de départ.
– ***Tarifs des promenades en gondole :*** ces tarifs officiels (et non négociables) s'entendent pour 6 passagers au maximum. Le ***tarif de jour*** est de 85 € pour les 30 premières minutes. Chaque quart d'heure supplémentaire coûte 40 €. Le ***tarif de nuit*** est de 100 € pour 35 mn, chaque quart d'heure supplémentaire coûte 50 €. Si vous voulez un gondolier chanteur, il faudra le payer en plus (à négocier). À tout prendre, pour 6 passagers, ce n'est pas si cher que ça. Y aller tôt le matin, vers 9h, quand les gondoliers n'ont pas encore de clients.
– Il y a environ ***430 gondoliers dans Venise*** (presque autant que de ponts !), qui se partagent une dizaine de stations. Mention spéciale à *Kuba (📱 333-422-06-31 ; • kubakuba@libero.it •),* gondolier francophone, ainsi que son collègue *Luca (📱 340-511-60-63 ; • luckyluca6@hotmail.com •),* qui ont leur gondole de modèle plus ancien (ils ne sont qu'une vingtaine à en posséder) dans le quartier du Cannaregio, à hauteur du campo del Ghetto Nuovo. Loin du flux touristique, ils vous feront découvrir une Venise secrète et insolite autour du Ghetto de Venise. Pensez à réserver avant votre arrivée à Venise.
– Et pour mener vous-même la barque... pourquoi ne pas prendre un ***cours de gondolier*** ? Avec **Row Venice** : *📱 347-725-06-37. • rowvenice.org •. Compter 85 € pour 2 pers ; durée 1h30. Point de rendez-vous dans le Cannaregio.*

Comment « gondoler » pour pas cher ?

Le *traghetto* est un service de navettes traditionnelles qui permet d'aller d'une rive à l'autre du Grand Canal. Ces gondoles publiques assurent du matin au soir la traversée pour 2 € par personne ! Une façon d'avoir droit à un petit tour en gondole sans se ruiner ! La traversée, assez courte, permet au moins de prendre une photo amusante.

On trouve ces *traghetti* à une dizaine de points différents du Grand Canal. Ils sont indiqués par des pancartes situées dans les rues proches de l'embarcadère. Nous les signalons sur le plan.

Le taxi-bateau

Attention ! Les prix pratiqués sont très élevés et le transfert depuis l'aéroport par ce moyen (une centaine d'euros) plombera votre budget dès le début du séjour. On raconte que tous les chauffeurs de taxi à Venise sont millionnaires et qu'ils ont toujours un bras dehors pour montrer leur dernière Rolex. Admettez toutefois que leurs bateaux, autrement appelés *motoscafi,* sont splendides, tout en bois verni avec des chromes et des cuivres étincelants.

Quelques sites intéressants

- *gondolavenezia.it* • En anglais et en italien. Vous saurez tout sur les gondoles. Un historique des gondoles avec schémas et photos à l'appui, ainsi que les trajets possibles.
- *actv.it* • En anglais et en italien. Le site incontournable de la compagnie de transports à Venise : lignes, horaires, cartes d'abonnement...

VÊTEMENTS ET ÉQUIPEMENT

Attacher une attention particulière à ce que l'on met dans sa valise est une condition importante du succès du séjour. On va généralement à Venise pour une très courte durée (en moyenne, 2 à 4 jours), et le voyage peut être vraiment gâché parce qu'on ne s'est pas bien préparé. Privilégiez un certain chic décontracté plutôt qu'un véritable laisser-aller si vous voulez passer de la visite d'une église à celle d'un resto un peu classe en passant par une marche d'une demi-journée dans une île.
Une ***tenue décente*** est de toute façon requise pour pénétrer dans les ***églises*** (les shorts et débardeurs sont à proscrire). Pour les dames, munissez-vous d'un foulard ou d'un paréo en été, que vous nouerez avant d'entrer.
Emportez de ***bonnes chaussures de marche*** qui ont déjà servi et dans lesquelles vous vous sentez bien, ainsi que de bonnes chaussettes (attention aux ampoules !). ***En hiver, des vêtements très chauds*** sont nécessaires : le vent a vite fait de vous glacer jusqu'aux os. Même en été, le pull n'est pas de trop, car il fait vite frisquet le soir sur les *vaporetti.* Prévoyez aussi un parapluie ou un imperméable pendant la saison humide. ***En période d'acqua alta,*** les eaux inondent les places et les ruelles, on peut y circuler en portant des bottes. On en trouve en vente sur place pour une somme modique.
Enfin, n'oubliez pas qu'en ***période de Carnaval,*** on peut louer un déguisement sur place (mais ce n'est pas donné !). Reportez-vous à la rubrique « Carnaval », dans « Hommes, culture, environnement » en fin de guide. En farfouillant dans vos placards, vous trouverez sûrement de quoi vous costumer : jouez le jeu !
Dernier tuyau : n'oubliez pas qu'à Venise, les transports se font en *vaporetto* (un seul bagage autorisé) et/ou... à pied, veillez donc à ne pas vous surcharger !

INFOS PRATIQUES SUR PLACE

• Pour se repérer, voir le plan détachable en fin de guide comprenant le plan général de la ville, le zoom de San Polo et San Marco, le plan de la Lagune et le plan des transports en commun.

Arrivée à Venise

En avion

✈ ***Aeroporto Marco-Polo :*** *à l'est de Mestre, à 13 km de Venise.* ☎ *041-260-92-60 (infos générales, tlj 9h-20h).* • *veniceairport.it* • *Fermé la nuit.* Distributeurs automatiques ***Bancomat.*** Office de tourisme dans le hall des arrivées *(en principe tlj 8h30-19h).* ***Consigne à bagages*** *(tlj 5h-21h ;* ☎ *041-260-50-43 ; 6 € la 1re heure, 0,50 € les suivantes).* ***Objets trouvés*** *(tlj 10h-13h, 15h-18h ;* ☎ *041-260-92-60).* Pour ceux qui visitent la Vénétie autre que Venise, les ***agences de location de voitures*** sont sur le toit-terrasse du grand parking situé à gauche en sortant du terminal (accès par les tapis roulants du 1er étage qui desservent le terminal des bateaux *Alilaguna* ; l'accès au parking est à gauche, à mi-distance) : *Budget, Europcar, Hertz, Avis, Sixt, Maggiore...*

Pour rejoindre Venise depuis l'aéroport Marco-Polo

Plusieurs possibilités, à choisir surtout en fonction de votre lieu de destination, du prix et du temps dont vous disposez :

➢ ***En bus :*** 2 solutions pour se rendre directement à Venise, au terminus, piazzale Roma, près de la gare ferroviaire *(plan détachable A3).* Pour les 2 compagnies *ACTV* et *ATVO,* guichets *(ouv 8h-23h45)* dans le hall des arrivées et bornes automatiques sur le quai juste devant le terminal.

– La ***navette bleue*** *(ATVO)* est la plus rapide, et propose une soute pour les bagages (et même le wifi pour les accros !). Trajet 8 €, et 15 € l'A/R ; compter 20-30 mn. Départs à 5h20, 6h et 6h50, puis ttes les 20-30 mn 7h50-0h20. *Rens :* ☎ *042-159-46-72.* • *atvo.it* •

– Le ***bus régulier*** (*ACTV,* ligne n° 5). Trajet 8 €, 15 € l'A/R (sans limitation de date). On doit prendre ses bagages avec soi dans le bus. Départ ttes les 15-30 mn lun-sam, ttes les 20-30 mn dim, 4h10-1h10. *Rens :* ☎ *041-24-24.* • *actv.avmspa.it* •

– Pour rejoindre ***Mestre*** (gare ferroviaire), bus bleu *ATVO,* ligne n° 2 (6h06-0h20 ; compter 8 € et env 20 mn) ou *ACTV,* ligne n° 15 (lun-sam 5h45-20h15, dim 6h50-19h50 ; compter 8 € et 40 mn). Si vous souhaitez aller directement au *Camping Venezia* de Mestre, prendre le bus n° 5 *(ACTV)* qui s'arrête à proximité.

Pour le retour à l'aéroport, c'est facile : les bus partent du même endroit que celui où ils vous déposent (piazzale Roma). Ticket aux guichets sur la place et (bus *ATVO* seulement) auprès du chauffeur. Au piazzale Roma, vous trouverez aussi le bus qui dessert l'aéroport de Trévise.

➢ ***En bateau ou waterbus*** *(Alilaguna) :* ☎ *041-541-65-55 ou 041-261-90-91.* • *alilaguna.it* • *Billets en vente dans le hall des arrivées, ou au 1er étage côté gauche.* Pour accéder aux bateaux, monter au 1er étage. À gauche du hall des départs (en tournant le dos aux guichets de *check-in*), emprunter un long couloir de 200 m env équipé de tapis roulants. Au bout, à la *darsena* (la darse, quoi !), se trouve l'embarcadère *Alilaguna.* Arriver à Venise en bateau,

c'est évidemment plus glamour qu'en bus, mais c'est plus cher et plus long selon où l'on est logé...
Attention, ne confondez pas les bateaux-bus avec les *water taxis* (beaucoup sont en bois verni mais pas tous) qui coûtent cher (env 100 € le trajet) ! Étant les uns à côté des autres, cela peut prêter à confusion et les taxis en profitent.
Pour le retour vers l'aéroport, prévoyez un peu de marge : si un bateau est complet, vous devrez attendre le suivant (l'avion, lui, ne vous attendra pas !). Compter 15 € le trajet, 27 € l'A/R (moins cher si résa par Internet).
Où que vous alliez, précisez-le à l'embarquement pour éviter de manquer l'arrêt !
- ***Linea arancio*** *(orange)* **:** ttes les 30 mn, 7h45-minuit pour la pl. Saint-Marc via le Rialto (sur le Grand Canal). Durée 1h15.
- ***Linea blu*** *(bleue)* **:** ttes les 30 mn-1h, 6h15-0h30 pour la pl. Saint-Marc via Murano. Durée 1h35.
- ***Linea rossa*** *(rouge)* **:** de mi-avr à début nov seulement, ttes les heures, 9h40-18h40, pour Murano, le Lido, la pl. Saint-Marc et Zitelle (Giudecca). Durée 1h30.
- Pour le Cannaregio, prendre la *linea blu,* arrêt Fondamente Nove, ou la *linea arancio* et descendre soit à Orto, soit à Guglie.
- Pour le quartier de la gare ferroviaire et Santa Croce, *linea arancio,* respectivement arrêt Guglie ou San Stae.
- Pour Castello, *linea blu,* arrêt Ospedale ou Bacini (même si vous logez dans le sud de ce quartier).
- Pour Dorsoduro, mieux vaut opter pour la *linea arancio* et descendre à Ca' Rezzonico.
- Pour la Giudecca, *linea blu,* arrêt Zitelle ou Giudecca Stucky.

✈ ***Aeroporto di Treviso :*** *via Noalese, 31100 Treviso. ☎ 042-231-51-11. • trevisoairport.it • Situé à env 25 km au nord-ouest de Venise.* L'aéroport de Trévise accueille les vols de la compagnie *low-cost Ryanair,* entre autres. Plusieurs agences de location de voitures sur place.
➢ Pour rejoindre Venise (piazzale Roma), bus de la compagnie *ATVO,* le *Treviso Express (☎ 042-231-53-81 ; • atvo.it •).* Tlj, ttes les heures 8h10 (7h20 mer et dim)-22h15. Aller 12 €, 22 € l'A/R (sans limitation de dates). Trajet : env 1h15 selon trafic. Wifi à bord.

En train

Le terminus du train est ***Venezia-Santa Lucia*** *(plan détachable A3)* qui est la gare principale, et non Venezia-Mestre sur le continent, l'arrêt juste avant. *☎ 89-20-21 (n° national ; 0,30 € la communication, puis 0,55 €/mn). • trenitalia.com •* Dans la gare, on trouve un *Bancomat* et un bureau de change.
À l'arrivée, dépaysement assuré, car la gare donne directement sur le Grand Canal : on est tout de suite dans le bain ! En sortant, juste devant, les embarcadères des *vaporetti.* Arrêt Ferrovia Santa Lucia ou Ferrovia Scalzi selon le *vaporetto* à prendre. Pour info, la gare et la salle d'attente sont fermées la nuit.
- ***Attention :*** la plupart des billets de train émis en France ne sont pas modifiables en gare de Venise. Il vous faudra alors acheter un nouveau billet sur place. Bon à savoir avant de réserver !

■ ***Consigne à bagages manuelle*** *(deposito bagagli)* **:** *quai 1. Tlj 6h-23h. Compter 6 €/bagage pour les 5 premières heures, puis 1 €/h de la 6e à la 12e heure, 0,50 €/h au-delà.* Une autre consigne, tout aussi pratique et moins chère *(7 €/j.),* à la gare routière, piazzale Roma *(☎ 041-523-11-07 ; ouv 6h-20h).* Il suffit de traverser le pont de la Constitution. Pour les petits bras, une société spécialisée assure le transport de vos bagages entre la gare et votre hôtel *(☎ 041-71-52-72 ; • trasbagagli.it •).* Fait aussi dépose-bagages (voir ci-dessous).
■ ***Toilettes :*** *quai 1. Tlj 6h-minuit. Compter 1 €.* Propres et bien tenues.
■ ***Objets trouvés dans les trains :*** *☎ 041-78-52-38.*

En bus

Les bus ont comme terminus le piazzale Roma *(plan détachable A3),* où l'on trouve une consigne à bagages

INFOS PRATIQUES

(☎ 041-523-11-07 ; tlj 9h-20h ; 5 €/j.). Point d'arrivée idéal pour rejoindre à pied San Polo, Santa Croce et l'ouest de Cannaregio. Pour les autres *sestieri,* un peu plus éloignés, 2 embarcadères de *vaporetti* sur le Grand Canal se trouvent presque en face du terminal de bus. Totalement inutile de prendre un taxi-bateau pour vous déposer dans la ville (sauf si vous voulez déjà entamer sérieusement votre budget). Gare aux nombreux rabatteurs qui rôdent.

Gare routière *(plan détachable A3) : piazzale Roma, terminal des bus. ☎ 041-24-24 (coût d'une communication locale ; tlj 7h30-20h). • actv.it •* Plans, tarifs et horaires des bateaux ou des bus à votre disposition.

Consignes à bagages

– ***Gare ferroviaire :*** voir plus haut la rubrique « En train ».
– ***Piazzale Roma :*** *avec* ***Trasbagagli Venezia*** *(plan détachable A3), piazzale Roma, Santa Croce, 497 (au rdc du grand parking, à l'ouest de la gare des bus). ☎ 041-522-35-90. • trasbagagli.it • Tlj 6h-20h (21h en été). Par bagage : 5 € les 3h, 7 €/j.* Consigne manuelle.
– ***En centre-ville :*** *avec* ***Vaise.*** *📱 334-118-64-60. • vaise.it •. Ouv tlj 8h-21h. Tarif : 2,60 € la 1re heure, puis 2 €/h supplémentaire jusqu'à la 6e heure ; sinon, 13 €/j.* 2 consignes automatiques assez chères mais bien placées en centre-ville : l'une à côté de la piazza **San Marco** *(zoom détachable D4,* ***11 ;*** *calle Piscina de Frezzaria, San Marco, 1657 ; vaporetti nos 1 et 2, arrêt San Marco)* ; l'autre à proximité du ***Rialto*** *(zoom détachable C3,* ***11 ;*** *calle dei Botteri, Santa Croce, 1651 ; vaporetto no 1, arrêt Rialto Mercato).*

En voiture

La route qui relie Venise à la terre ferme (pont de la Liberté, *ponte della Libertà*) est bien souvent encombrée en saison. Les parkings sont par ailleurs très chers à Venise. Si vous possédez une réservation, sachez que de nombreux hôtels possèdent des accords avec la compagnie qui gère les parkings et qu'ils délivrent des bons de réduction (de 10 à 20 % environ selon la saison). Faire bien attention néanmoins que cette réduction soit effectivement appliquée. Pour ceux qui n'ont pas de réservation, il y a plusieurs possibilités. Infos et plans des parkings sur *• avm.avmspa.it •*

Principaux parkings

À Venise

🅿 ***Le Tronchetto*** *(hors plan détachable par A3) :* pour ceux qui ne voudraient pas laisser leur voiture trop loin de la Sérénissime. C'est le moins cher côté Venise, mais il n'accepte pas les camping-cars : *☎ 041-520-75-55. • info-tronchettopark@interparking.com • veniceparking.it • Compter 3 €/h les 2 premières heures, 5 € pour la 3e et la 4e heure, forfait journalier 21 € dès la 5e heure (on entame la journée suivante de tarification dès minuit), puis 21 €/j. supplémentaire.* À la sortie du pont de la Liberté, juste avant d'arriver à Venise, suivre à droite les flèches « Tronchetto ». Ce grand parking (3 957 places) est gardé (pas de risques de vols).
– Juste à côté, ***garage à étages*** gardé *(mais compter au moins 32 € pour 24h).*
– Le monorail ***Il People Mover di Venezia*** permet pour les piétons de relier le parking Tronchetto au piazzale Roma en 5 mn. Départ lun-sam 7h-23h, dim et j. fériés 8h-22h (21h nov-mars) ; ttes les 10 mn ; ticket 1,50 €.

🅿 ***Piazzale Roma*** *(plan détachable A3) :* plusieurs parkings couverts, à l'orée du centre-ville. Malheureusement, toujours complets en saison, alors qu'ils sont les plus chers : compter env 32 € les 24h (parfois, possibilité de ticket pour 12h). Le ***parking communal,*** ouvert 24h/24 *(résas possibles au ☎ 041-272-73-01),* revient à env 26-30 € par tranche de 24h (et c'est le même prix si vous restez moins longtemps, inutile d'insister !). Pour les handicapés (GIC ou GIG), l'accès au parking est gratuit pour les 6 premières heures (mais il faut réserver). 10 % de réduc par Internet.

À Mestre

Attention, les tarifs à la journée des parkings s'entendent jusqu'à minuit (et pas par tranche de 24h) : dès minuit passé, on entame une nouvelle journée de tarification (quand la voiture ne se transforme pas carrément en citrouille... une autre histoire).

– *Attention* (re !) : au rond-point après le péage de l'autoroute, la gare de Mestre *(ferrovia)* est très mal indiquée (tout petit logo représentant une locomotive) ; on a vite fait de suivre l'autre panneau indiquant Mestre et de se retrouver embarqué pour un tour de ville.

– Depuis la gare ferroviaire de Mestre, pour rejoindre Venise prendre le bus n° 2 jusqu'à la gare routière de piazzale Roma ou un train pour la gare ferroviaire de Santa Lucia. Départ ttes les 10 mn dans les 2 cas, pas bien cher.

P ***Parkings à la gare de Mestre :*** *compter 2,50 €/h et jusqu'à 16 €/j. selon taille de la voiture et saison.* Plusieurs parkings clos en face ou à proximité directe de la gare. Pratique pour accéder à Venise ensuite.

P ***Parking AVM Candiani :*** *via Tommaso Temanza, 1 (à 2 km de la gare de Mestre). ☎ 041-98-56-16. Tlj 6h45-1h30. Compter 2 €/h et 12 €/j.*

P ***Parcheggi scambiatori :*** *GRATUIT. Lun-ven 8h30-13h, 14h30-17h. Fermé lun ap-m et de sam 12h30 jusqu'à lun 8h30.* Toujours à Mestre, ils présentent l'inconvénient d'être un peu excentrés et d'avoir des horaires restreints. Mais ils sont gratuits ! Le plus pratique est le ***P7*** (via Miranese, sous la *tangenziale*) à seulement 1 200 m à l'ouest de la gare. Depuis le parking, prendre la via Miranese ; 1er rond-point à droite sur la via Giustizia ; au bout, tunnel piéton qui débouche sur l'avenue, à 400 m de la gare (à droite).

Au terminal Fusina

Infos au ☎ 041-523-13-37. • terminalfusina.it • Compter 10 € pour 12h et 15 € les 24h (réduc hors saison). Compter, en sus, 13 € l'A/R de traversée en bateau pour Venise. Forfait ACTV 26 € comprenant la traversée A/R et les transports illimités à Venise (en dessous de 2 trajets de vaporetto sur place, ça ne vaut pas le coup). À 5 km au sud de la Malcontenta (prendre la route de Padoue et la quitter quand la villa Malcontenta est annoncée). C'est un peu loin de tout, mais pratique car pas très loin de l'A 4. *Vaporetto* ttes les heures en saison pour Venise (ligne n° 16 Fusina-Zattere), 8h-18h (20h avr et oct, 22h mai-sept). Compter 25 mn la traversée.

Ferry de Tronchetto à l'île du Lido

Avec *ACTV*, ligne n° 17. *☎ 041-041 (infos 8h30-17h). • actv.avmspa.it • Traversées tlj 5h-1h (env), dans les 2 sens. Résa conseillée. Par trajet, compter 13 €/voiture et 7,50 €/passager. Traversée 30 mn.*

Adresses utiles

Offices de tourisme

– ***Standard commun :*** *☎ 041-24-24 (infos 7h30-19h). • info@veneziaunica.it • veneziaunica.it •* Informations sur les expos temporaires et les manifestations particulières, liste d'hôtels, excursions dans le centre historique (San Marco, Cannaregio...). Vente de billets *ACTV* pour les *vaporetti*, *ATVO* (navette aéroport) et billets du bateau-bus *Alilaguna*. Également les cartes *Venezia Unica City Pass, Rolling Venice, Museum Pass* (musées municipaux), des billets pour les concerts et les visites guidées des monuments. Également la liste officielle des guides conférenciers de la ville (ou *• guidevenezia.it •*).

Dans Venise

Attention, en raison de la restructuration des services de l'office de tourisme de Venise (IAT), il est possible que certains bureaux ferment.

i ***Gare ferroviaire Santa Lucia*** *(plan détachable A3,* ***1*****) :** *Cannaregio, quai 2. Tlj 7h-21h.*

i ***Piazzale Roma*** *(plan détachable A3,* ***2*****) :** *au rdc, dans le grand parking, à la gare routière. Tlj 7h-20h.*

Piazza San Marco *(zoom détachable D4, **3**)* **:** *piazza San Marco, 71 F. Tlj 9h-19h.* Bureau très bien situé, sous les arcades de la place. Personnel pro. On y parle le français.

Dans les environs de Venise

Cavallino : *via Fausta 406 A,* ***Cavallino Treporti,*** *30013. ☎ 041-862-63-22. Tlj 9h-12h30, 15h-18h (w-e slt le matin).*
Punta Sabbioni : *piazzale Punta Sabbioni,* ***Cavallino Treporti,*** *30013. ☎ 041-96-60-10. Tlj sauf dim 9h-14h30.*

Informations pratiques

Se reporter au chapitre précédent « Venise utile » pour connaître les forfaits et cartes donnant accès à certains monuments avec réduction.
– ***Un Ospite di Venezia :*** *• unospitedivenezia.it • Distribution gratuite dans certains hôtels et restos.* Fascicule en anglais et en italien qui contient des infos intéressantes sur les manifestations du moment, les horaires d'ouverture (quoique, même eux ont du mal à s'y retrouver), les tarifs officiels pour un tour en gondole et les taxis, les horaires des avions, des bus et des *vaporetti,* les horaires des offices religieux, les pharmacies de garde... Pour le reste, faites la part des choses, car les hôtels et les restos cités ont mis la main au portefeuille pour y figurer. Faites plutôt confiance à votre guide préféré !

Visites guidées en français

Nombreuses et vendues sur Internet mais si l'idée de vous retrouver mêlé aux groupes menés au pas de course vous effraie, pourquoi ne pas opter pour un guide rien que pour vous et partir à la découverte d'un musée, d'un quartier ou d'un artiste ? Faites appel à un guide officiel : ceux habilités par la Ville de Venise sont les plus pointus et connaissent la Sérénissime comme leur poche. Méfiez-vous des guides abusifs qui profitent sans vergogne des touristes peu informés.
– ***Contact : Christine Adam,*** *☎ (0039) 041-520-41-87. • christine.venise@gmail.com • Compter 150 € pour une visite privée de 2h (que vous soyez 2, 5 ou 7 pers).* Christine vous propose des visites guidées en français de la ville, de ses musées et de ses églises. Visites très pointues, agréables et ultra-claires. Pensez à vous y prendre à l'avance, de préférence par mail. Vous choisirez avec elle votre programme... pour découvrir Venise sous un autre jour !

Postes

Ouvertes pour la plupart tous les jours sauf le dimanche, de 8h30 à 14h (13h le samedi). Nous indiquons les principales sur les plans, représentées par le picto ✉.

Consulats

■ ***Agence consulaire de France*** *(plan détachable E3, **6**)* **:** *palazzo Morosini, ramo del Pestrin, Castello, 6140. ☎ 041-522-43-19. • cfvenise@yahoo.fr • Prendre la calle Longa depuis le campo Santa Maria Formosa et la 1re à gauche, puis tt au bout sur la gauche ; au 2e étage. Ouv lun et jeu 14h-16h, mar-mer et ven 9h-12h, sur rdv.* Le consulat honoraire peut vous aider dans des cas d'extrême urgence, mais tout ce qui est administratif relève du consulat général de France à Milan.
■ ***Consulat de Suisse*** *(plan détachable C5, **7**)* **:** *campo Sant' Agnese, Dorsoduro, 810. ☎ 041-522-59-96. • venezia@honrep.ch •* Consul honoraire.
■ ***Consulat de Belgique*** *(plan détachable B4, **8**)* **:** *palais Foscarini, Dorsoduro, 3664. ☎ 041-524-29-44. • piero.reis@sgpaa.lu •*

Banques

Généralement ouvertes du lundi au vendredi de 8h30 à 13h30 et de 14h45 à 15h45. Certaines n'ouvrent que le matin. La plupart ont un distributeur automatique.

■ ***Distributeurs les plus proches de la place Saint-Marc :*** *sur la calle Larga (zoom détachable E4) ou dans Merceria dell'Orologio, sur la gauche, 30 m après* *être passé sous la tour de l'Horloge depuis la pl. Saint-Marc.* Puis d'autres **distributeurs de part et d'autre du pont Rialto,** notamment sur : *la ruga Orefici (zoom détachable D3), le long de calle larga XXII Marzo, San Marco (zoom détachable D4) ; ou encore le long de la strada Nova, Cannaregio (zoom détachable D2-3).*

Librairies

■ ***Librairie Filippi*** *(zoom détachable E3,* ***14****) :* *calle del Paradiso, Castello, 5763.* ☎ *041-523-56-35.* • *libreriaeditricefilippi.com* • *Tlj 9h30-12h30, 16h-19h.* Très grande librairie généraliste, plus que centenaire : histoire, religion, architecture, arts divers, photographie... et bien sûr, exhaustive sur Venise.

■ ***Librairie Filippi*** *(zoom détachable E3,* ***12****) :* *Casselaria, Castello, 5284.* ☎ *041-523-69-16. Tlj 9h-12h, 15h-19h30.* Même famille que la précédente, mais dans un registre fourre-tout, façon librairie à l'ancienne qui fourmille de raretés (essentiellement en italien). Libraire éditeur avant tout comme il n'y en a plus, amoureux des livres et spécialiste du Venise des XVe et XVIe s.

■ ***Librairie Studium*** *(zoom détachable E4,* ***13****) :* *calle de la Canonica, San Marco, 337.* ☎ *041-522-23-82. Tlj 9h-19h30 (18h dim).* Tout ce qu'il faut pour la littérature touristique et un choix complet de beaux livres, B.D. et poches en français relatifs à Venise. En particulier, riche section de livres pour enfants sur Venise.

■ ***Librairie La Toletta*** *(zoom détachable B5,* ***15****) :* *calle Toletta, Dorsoduro, 1213.* ☎ *041-523-20-34.* • *info@libreriatoletta.it* • *Lun-sam 9h30-19h30, dim 11h-19h en saison.* Située de part et d'autre de la rue, cette librairie bien fournie et fréquentée par les étudiants propose 2 parties bien distinctes : les ouvrages d'art et... le reste (romans, tourisme, jeunesse).

Santé

En cas de gros pépin de santé, on conseille de faire jouer son assurance pour être rapatrié.

✚ ***Ospedale civile*** *(hôpital civil ; plan détachable E3) :* *campo Santi Giovanni e Paolo, Castello.* ☎ *041-529-41-11.* Possède un service d'urgences *(pronto soccorso).* Il comprend aussi une unité de pédiatrie. Original, les ambulances sont des... bateaux.

✚ ***Ospedale dell'Angelo à Mestre :*** *via Paccagnella, 11.* ☎ *041-965-71-11. 24h/24.*

■ ***Pharmacies :*** *ouv lun-ven et sam mat 8h30-12h30, 16h-20h, avec de petites variations.* Attention, dès le samedi après-midi, il faut s'adresser aux pharmacies de garde (en italien : *farmacie di turno*). Regarder sur la vitrine (ou sur le site • *farmacistivenezia.it* •) la liste des pharmacies de garde, *sestiere* par *sestiere,* ainsi que pour chaque île et même sur la terre ferme (Mestre, Marghera...).

LE GRAND CANAL

• Carte *p. 80-81*

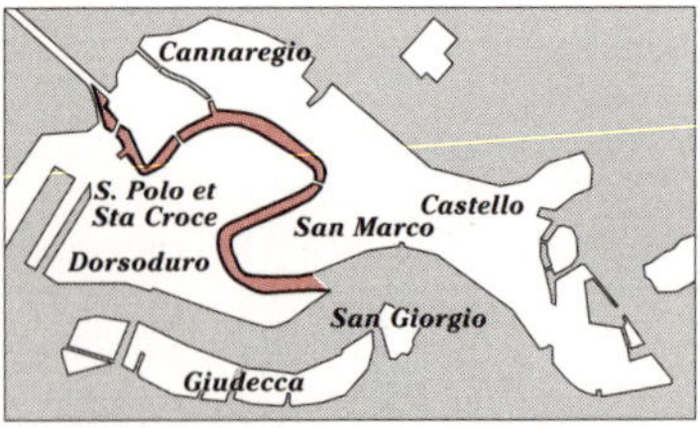

Avec près de 4 km de long et 50 m de large, le Grand Canal ne laisse personne indifférent. Il est certainement « le boulevard » le plus original du monde. Un grand « S » inversé, bordé de *palazzi* et de splendides demeures. Les Vénitiens l'appellent le *canalazzo.* Autrefois, les bateaux de marchandises l'empruntaient pour se rendre au Rialto, le quartier des marchands. 3 ponts historiques l'enjambent (degli Scalzi, Rialto, dell'Accademia), et relient les 2 parties de la ville, elles-mêmes divisées en 3 *sestieri* (quartiers).

LES « CENT » PALAIS

Les familles les plus fortunées possédaient un palais sur le Grand Canal. Un tel emplacement offrait en effet toutes les facilités pour le commerce. Le palais servait à la fois de siège social et d'habitation, certaines demeures perdant au passage la dénomination de palais pour celle de *Casa, Ca'* en abrégé. Très vite, ces nobles commerçants comprirent l'importance que pouvait revêtir l'aspect extérieur du bâtiment auprès de la clientèle. Il en résulte quelque 100 palais de tous styles architecturaux, qui témoignent de l'histoire de la cité sur une période de 500 ans.
L'agencement intérieur des palais est conçu sur le même modèle. Le rez-de-chaussée ne constitue qu'un hall d'entrée qui occupe toute la surface du bâtiment. On peut y pénétrer aussi bien par une *calle* (rue) que par le Grand Canal. Un ponton, signalé par des ***paline*** (jalons) colorées et frappées du blason familial, en assure l'accès tout en permettant d'amarrer son embarcation. Le plus souvent, la façade se compose d'un portique qui servait à décharger les navires et d'une ou 2 ***torricelle*** (petites tours). Le *Fondaco* (mot qui dérive de l'arabe *fondouk,* qui signifie à la fois « entrepôt » et « hôtel ») *dei Turchi,* actuel musée d'Histoire naturelle, en est la meilleure illustration. Juste au-dessus, à l'entresol, on trouve des petits bureaux ou des salons. Le 1er étage, appelé ***piano nobile,*** est le véritable lieu de vie.
L'ensemble des pièces est organisé autour d'un hall richement décoré, le ***portego,*** éclairé par de larges fenêtres. Certains palais possèdent un 2e *piano nobile.* Au total, la surface des baies (fenêtres et ouvertures) est supérieure à celle des murs pleins, ce qui, outre l'effet lumineux que cela engendre, permet d'alléger la construction. Le plus souvent, le palais a une double façade : l'une décorée à l'aide d'un placage, côté Grand Canal ; l'autre plus sobre, côté rue.

L'ENVERS DU DÉCOR

La plupart des palais ont été construits en brique. Un matériau bon marché, plus facile à véhiculer et, surtout, plus léger (voir la rubrique « Géographie et urbanisme » dans « Hommes, culture, environnement » en fin de guide). Toute l'ingéniosité des architectes vénitiens de l'époque a permis d'édifier des palais qui sont encore debout, pour certains, près de 700 ans après ! Alors, pourquoi pas 700 de plus ? Cependant, si le luxe et le faste d'antan ont disparu des intérieurs, les façades subsistent. En dépit du froid et de l'humidité qui y règnent, quelques particuliers les habitent encore, mais il leur est très difficile – pour ne pas dire impossible – d'en assurer financièrement l'entretien. Plusieurs de ces palais sont occupés par l'administration ou ont été rachetés par des fondations ou de grands groupes (le *Fondaco – Fontego* en vénitien – *dei Tedeschi* devenu un luxueux centre commercial commandité par LVMH, le *palazzo Grassi* devenu Fondation Pinault...).

D'ailleurs, à propos d'envers du décor, dans ce chapitre et sur le plan correspondant, nous avons classifié les bâtiments selon leur intérêt architectural vu depuis le Grand Canal. Ne soyez pas surpris par les différences de nombre de ✪ avec la classification des mêmes bâtiments dans les rubriques « À voir » (qui tient compte, elle, également des intérieurs).

VIVONS HEUREUX, VIVONS LÉGERS

Le sol des îles lagunaires étant peu stable, un des défis architecturaux repose sur la légèreté des édifices. Colonnes et grandes ouvertures allègent les façades. Au sol, on préfère le terrazzo, un enduit « souple » fait d'éclats minéraux plutôt que de lourdes dalles. Au plafond, les armatures des lustres sont parfois en bois, moins dense que le métal. Tout comme les chaînes de certaines statues d'esclaves, plus légères. Bien des esclaves en chair et en os auraient apprécié que ce soit le cas dans leurs conditions !

PROMENADE SUR LE GRAND CANAL EN *VAPORETTO*

Une promenade en *vaporetto* (lignes n°s 1 et 2) sur le Grand Canal ressemble à un spectacle fabuleux où les visiteurs défilent devant les images, et non l'inverse. Le mieux est de s'installer à l'avant ou à l'arrière du bateau. Mais attention, un seul passage ne suffira pas sauf à attraper le tournis pour admirer consécutivement chacune des 2 rives. N'hésitez pas à renouveler l'expérience, surtout si vous bénéficiez d'un *pass.*

En pleine journée, la promenade avec le *vaporetto* n° 1 dure près de 1h (le n° 2, plus rapide, suit le même parcours mais il marque moins d'arrêts). On voit parfaitement tous les édifices et l'effervescence du canal (bateaux-bus, bateaux-taxis, bateaux-ambulances, bateaux-bennes... tout y passe). Les touristes et les Vénitiens embarquent et débarquent par paquets.

Après la tombée du jour, changement de décor : l'atmosphère envoûtante de Venise sort son habit de nuit. Les passagers se raréfient, peu de façades de palais sont mises en lumière, mais certains sont éclairés de l'intérieur (des appartements, des hôtels), et les ombres qui s'en détachent alimentent le mystère.

RIVE GAUCHE

En partant de la gare vers la piazza San Marco.

✪✪ ***Palazzo Labia :*** *au pied du campanile de l'église San Geremia, à l'angle du Grand Canal et du canal de Cannaregio.* XVIIIe s. Le salon est orné de fresques

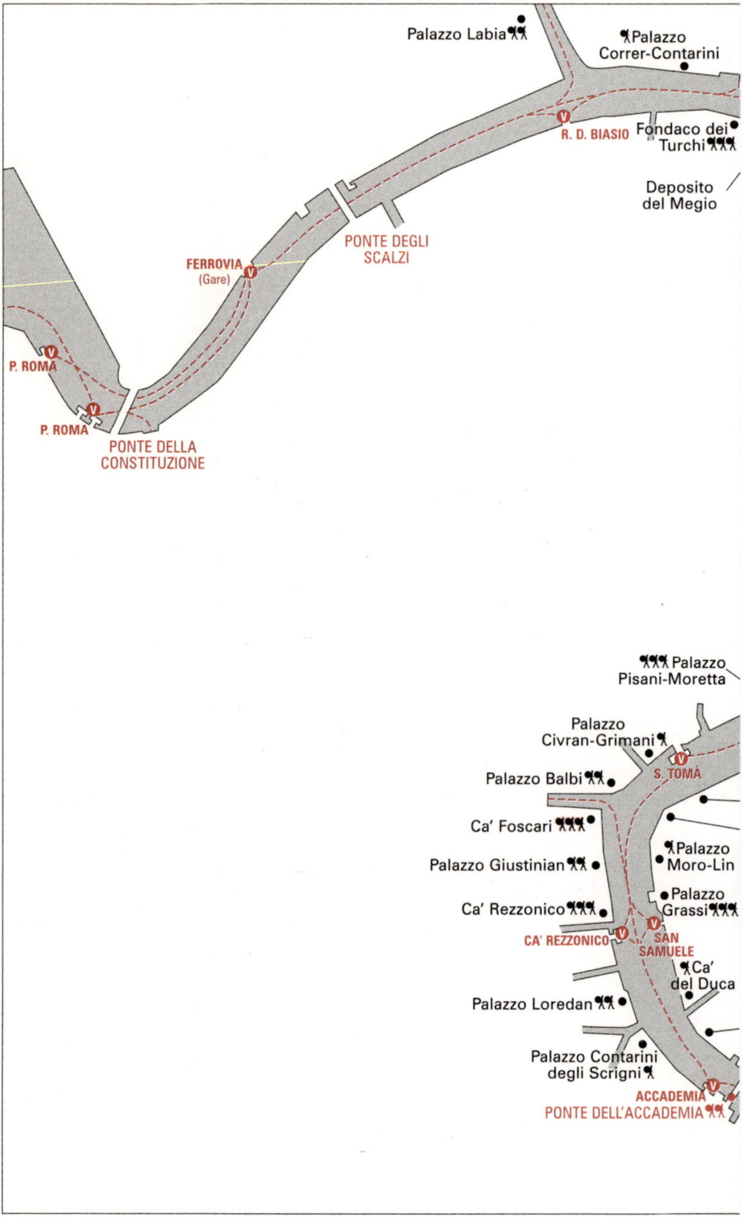
Palazzo Labia
Palazzo Correr-Contarini
R. D. BIASIO
Fondaco dei Turchi
Deposito del Megio
PONTE DEGLI SCALZI
FERROVIA (Gare)
P. ROMA
P. ROMA
PONTE DELLA CONSTITUZIONE
Palazzo Pisani-Moretta
Palazzo Civran-Grimani
S. TOMÀ
Palazzo Balbi
Ca' Foscari
Palazzo Moro-Lin
Palazzo Giustinian
Palazzo Grassi
Ca' Rezzonico
CA' REZZONICO
SAN SAMUELE
Ca' del Duca
Palazzo Loredan
Palazzo Contarini degli Scrigni
ACCADEMIA
PONTE DELL'ACCADEMIA

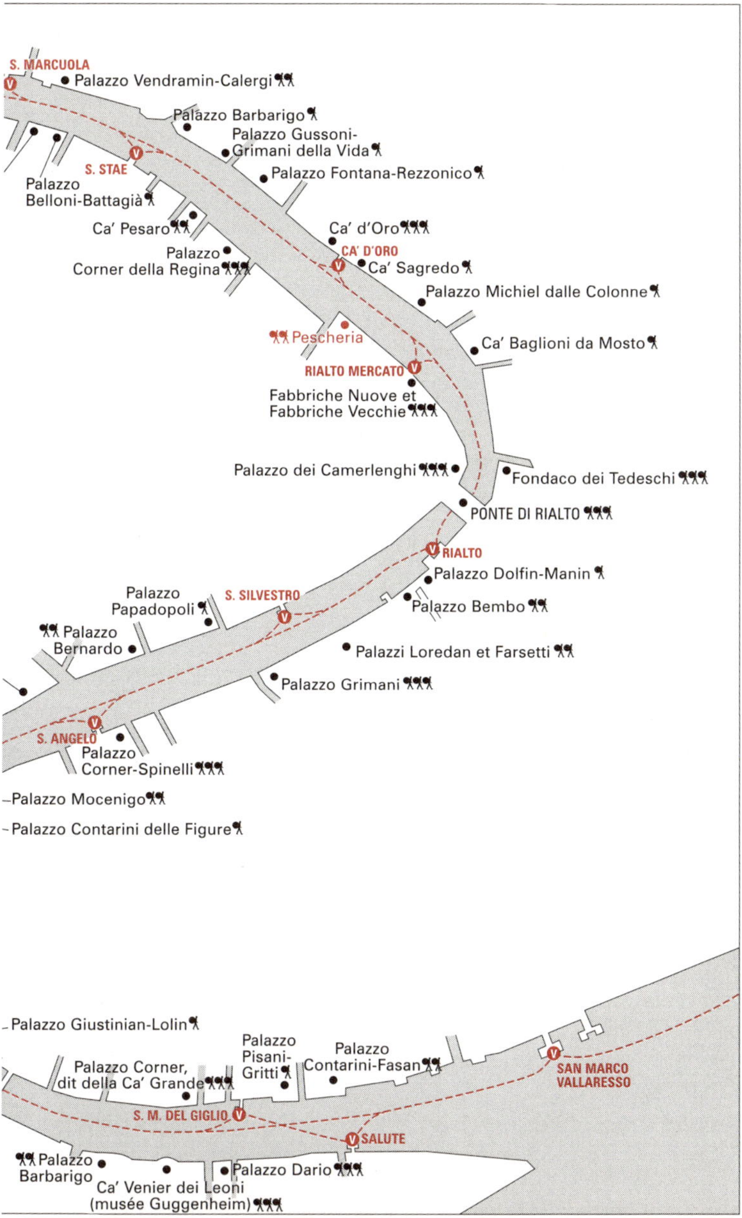

LE GRAND CANAL

de Giambattista Tiepolo. C'est l'actuel siège de la *RAI,* la TV publique italienne. Voir « Cannaregio », « Le quartier de la gare ».

Palazzo Correr-Contarini : XVIIe s. Crépi rosé, on ne parle jamais ici de rose décrépi. Demeure du patricien vénitien Teodoro Correr, dont la collection de peintures est partiellement visible au musée qui porte son nom.

Palazzo Vendramin-Calergi : XVIe s. L'un des joyaux Renaissance de Venise. Abrite aujourd'hui le *casino.* Richard Wagner y habita et y mourut en 1883. Une partie de sa suite a été conservée (il louait le 1er étage, constitué de 18 pièces) et transformée en musée. Il se visite certains jours de la semaine et sur rendez-vous. Voir « Cannaregio », « Du ponte delle Guglie à la Ca' d'Oro ».

Palazzo Barbarigo : XVIe s. L'une des rares façades conservant les décorations de fresques. Du moins quelques fragments bien visibles.

Palazzo Gussoni-Grimani della Vida : XVIe s. Au croisement du Grand Canal et du *rio di Noale.* La façade, aujourd'hui repérable à 2 blasons couronnés, était autrefois recouverte de fresques du Tintoret.

Palazzo Fontana-Rezzonico : XVIe s. Construit par une riche famille de marchands. Le comte Carlo Rezzonico, qui y est né, devint le pape Clément XIII.

Ca' d'Oro : XVe s. À gauche de l'embarcadère du même nom. Indéniablement notre favori. L'un des exemples les plus raffinés de la fin du style gothique vénitien et du tout début Renaissance. Il doit son nom aux dorures qui ornaient sa façade. Le dernier propriétaire, le baron Franchetti, le légua à la Ville en 1916. Voir « Cannaregio », « Du ponte delle Guglie à la Ca' d'Oro ».

Ca' Sagredo : beau palais transformé en hôtel avec un superbe escalier.

Palazzo Michiel dalle Colonne : fin XVIIe s. Se caractérise par son portique du rez-de-chaussée tout le long de la façade.

Ca' Baglioni da Mosto : XVIIe s. Au milieu d'un groupe d'édifices, bordée par 2 canaux, l'une des plus anciennes demeures du Grand Canal. Propriété de la famille du navigateur Alvise Ca' da Mosto, qui découvrit les îles du Cap-Vert. Le palais abritait au XVIIe s la plus célèbre auberge de Venise, où rois et princes venaient loger. Il conserve encore des éléments caractéristiques de la maison-entrepôt (portique, arcs byzantins du 1er étage).

Le T Fondaco (Fontego) dei Tedeschi : *situé juste avt le pont du Rialto.* Date du XVIe s. Imposant édifice, loué à l'époque par la République à des commerçants allemands pour y entreposer des marchandises. Le plus grand banquier (il finança aussi l'empereur Charles Quint) et marchand allemand du XVIe s Jacob Fugger (d'Augsbourg) y avait ses bureaux. Cette ancienne poste centrale est désormais la propriété du groupe LVMH, qui y a implanté un centre commercial luxueux. Voir plus loin « San Marco », « Achats ».

Ponte di Rialto : voir « San Polo et Santa Croce », « Du pont du Rialto à la Ca' Pesaro ».

Palazzo Dolfin-Manin : *juste après le pont du Rialto.* XVIe s. Élégant portique à 6 arcades au rez-de-chaussée. Le dernier doge de Venise, Ludovico Manin, y habitait. Cet édifice abrite aujourd'hui la *Banque d'Italie.*

Palazzo Bembo : XVe s. Sa façade rouge ponctuée de fenêtres gothiques ourlées de blanc attire immanquablement le regard. Il a conservé ces extérieurs de son siècle de construction. Pour la petite histoire, le poète Pietro Bembo y est né : on lui prête la paternité du madrigal, un style vocal polyphonique très en vogue à la Renaissance.

Palazzi Loredan et Farsetti : XIIe-XIIIe s. Caractéristiques par leurs fenêtres à arcades tout le long du 1er étage. La *mairie* est aujourd'hui installée dans ces 2 bâtiments.

Palazzo Grimani : *à l'angle du Grand Canal et du rio di San Luca (à ne pas confondre avec le palais du même nom situé dans le Castello).* XVIe s. Construit sur la *riva del Carbon,* où avait lieu le commerce du charbon. Réalisé par Sanmicheli. Un des palais les plus imposants du Grand Canal. Il abrite actuellement le siège de la *cour d'appel.*

Palazzo Corner-Spinelli : *juste avt l'embarcadère Sant'Angelo.* Fin XVe s. Construit par Codussi qui introduit là le nouveau style de la Renaissance à Venise. Base en pierre. La façade a inspiré la construction de nombreux autres palais, notamment le palais Vendramin-Calergi (le casino).

Palazzo Mocenigo : *en face de l'embarcadère San Tomà (à ne pas confondre avec le palais du même nom situé à Santa Croce).* La famille Mocenigo a donné 7 doges à Venise. L'édifice est composé de 3 bâtiments des XVIe, XVIIe et XVIIIe s. Les 2 maisons du centre sont réunies dans un même ensemble. Les façades sont décorées de lions en relief. Une plaque rappelle que Lord Byron y séjourna de 1818 à 1819.

Palazzo Contarini delle Figure : XVIe s. Il tire son nom des 2 statues placées au-dessus de la porte d'entrée. Attribué à Scarpagnino. Intéressant pour sa fenêtre du 1er étage, en forme de temple.

Palazzo Moro-Lin : XVIIe s. Construction massive, surnommée le *palais aux 13 fenêtres* (13 par étage). Rez-de-chaussée en brique percé de 7 arcades.

Palazzo Grassi : *juste avt l'embarcadère San Samuele.* XVIIIe s. Imposant palais abritant des expos temporaires de peintures et sculptures contemporaines, appartenant à François Pinault, le riche industriel-mécène français. Voir « San Marco », « Autour de La Fenice ».

Ca' del Duca : *à l'angle du Grand Canal et du rio del Duca.* XVe s. Construction inachevée. L'ensemble a été remanié au XIXe s. Sur le côté droit, on peut encore voir une partie des colonnes et de la base en pierre de ce qui devait être un palais digne du Grand Canal. Titien y avait un atelier en 1514.

Palazzo Giustinian-Lolin : *juste avt le rio San Vidal.* XVIIe s. 1er palais réalisé par Longhena. Il se distingue par ses 2 obélisques. Il abrite la Fondation Ugo et Olga-Levi, chargée de développer l'étude de la musique.

Ponte dell'Accademia : voir « Dorsoduro », « Le quartier de l'Accademia ».

Palazzo Corner, dit della Ca' Grande : *juste après le jardin de la Casina delle Rose, avt l'embarcadère Giglio.* XVIIIe s. Il tire son nom de ses dimensions importantes. Construit pour une puissante famille fortunée qui n'avait pas hésité à s'opposer à l'achèvement du palais Ca' Venier dei Leoni (qui abrite aujourd'hui la collection Peggy Guggenheim), juste en face, de peur d'avoir la vue obstruée. C'est le siège de la *préfecture* et de l'*administration de la province de Venise.*

Palazzo Pisani-Gritti : XVe s. Il abrite l'actuel *hôtel Gritti,* l'un des palaces somptueux de Venise. Derrière une façade plutôt austère, dotée de 2 niveaux de 5 fenêtres gothiques, on trouve « le meilleur hôtel dans une ville de grands hôtels », disait du *Gritti* l'écrivain Ernest Hemingway qui en fut un client régulier. Plusieurs hôtes célèbres y séjournèrent aussi : Charles Dickens, Somerset Maugham, Jean Cocteau, Graham Greene, André Malraux...

Palazzo Contarini-Fasan : *4e façade après le rio dell'Albero, en face de la Salute.* XVe s. Appelé aussi *demeure de Desdémone,* noble Vénitienne victime de la jalousie de son mari et héroïne de la tragédie de Shakespeare *Othello.*

RIVE DROITE

En partant de la gare vers la piazza San Marco.

*** ***Fondaco dei Turchi :*** XIIIe s. Ce bâtiment de style vénéto-byzantin, abusivement restauré à la fin du XIXe s, abrite le *musée d'Histoire naturelle.* Voir « San Polo et Santa Croce », « De la Ca' Pesaro vers le piazzale Roma ».

** ***Deposito del Megio :*** *juste après le Fondaco dei Turchi.* XVe s. Construction en briques apparentes. La République y entreposait grains et farine pour les périodes de disette. Le lion de Saint-Marc est une reproduction de l'original, détruit en 1797.

* ***Palazzo Belloni-Battagià :*** *juste avt le rio Tron.* XVIIe s. Construction de Longhena. La façade est décorée d'éléments plutôt lourds, conformément à la mode de l'époque. Elle se distingue par les 2 obélisques qui le surmontent (ce serait le signe que le palais abritait un amiral de la République).

** ***Ca' Pesaro :*** *après l'embarcadère San Stae.* XVIIe-XVIIIe s. L'un des plus beaux palais du baroque vénitien, aujourd'hui siège du musée d'Art moderne et du musée d'Art oriental. Voir « San Polo et Santa Croce », « De la Ca' Pesaro vers le piazzale Roma ».

*** ***Palazzo Corner della Regina :*** *après la Ca' Pesaro.* XVIIIe s. Il tient son nom de Caterina Cornaro, reine de Chypre, née en 1454 dans l'édifice construit précédemment au même endroit.

** ***Pescheria :*** *après le rio della Beccaria.* XXe s. Une des constructions les plus récentes du Grand Canal (1907). Sous les arcades et le *campo* voisin est installé le marché aux poissons. Voir aussi « San Polo et Santa Croce », « Du pont du Rialto à la Ca' Pesaro. Mercati di Rialto ».

*** ***Fabbriche Nuove et Fabbriche Vecchie :*** *après le rio della Pescheria.* XVIe s. Ces 2 imposants bâtiments se distinguent par leurs longs portiques au niveau inférieur. Ils avaient été construits pour abriter l'administration du commerce et les bureaux du tribunal. La *cour d'assises* est installée dans les *Fabbriche Nuove* (le 1er des 2 édifices).

*** ***Palazzo dei Camerlenghi :*** *juste avt le pont du Rialto.* XVIe s. Construit en suivant la courbe du Grand Canal. Il devait abriter l'administration du Trésor au temps de la République vénitienne.

* ***Palazzo Papadopoli :*** *au-delà du Rialto, après le rio dei Meloni.* XVIe s. Construction classique surmontée de 2 obélisques, distinctions apportées aux demeures d'amiraux de la flotte. Respect, mon colonel !

** ***Palazzo Bernardo :*** *juste après le rio della Madonnetta.* XVe s. Une des plus belles constructions gothiques du Grand Canal, très bien conservée. Façade proche de celle de la *Ca' d'Oro.*

*** ***Palazzo Pisani-Moretta :*** *près du rio San Polo.* XVe s. Habitation privée. Magnifique salle de réception décorée par Tiepolo et Véronèse, où des bals ont encore lieu. À noter, un 2e étage plus élevé que le 1er et 2 très belles loggias (grandes fenêtres). À côté (juste à l'angle du rio San Polo), le ***palazzo Barbarigo,*** aujourd'hui hôtel de luxe.

* ***Palazzo Civran-Grimani :*** *devant l'embarcadère San Tomà.* XVIIe s. Intéressant pour ses hautes fenêtres à arcades tout au long de la façade.

Palazzo Balbi : *à l'angle du Grand Canal et du rio Foscari, aussi appelé le tournant du Grand Canal.* XVIe s. Construction blanche dans le style Renaissance. L'abondante décoration annonce l'influence baroque. Il abrite le siège du *Conseil régional de Vénétie.*

Ca' Foscari : *juste après le palais Balbi.* XVe s. Belle et grande demeure vénitienne où sont installés aujourd'hui les bureaux de l'université de Venise. Henri III y a séjourné en 1574, au début de son règne.

Palazzo Giustinian : *dans la continuité de la façade de la Ca' Foscari, ce qui forme un imposant alignement.* XVe s. Wagner y a vécu et composé l'acte II de *Tristan et Iseult.*

Ca' Rezzonico : XVIIe-XVIIIe s. Magnifique façade achevée par Massari. Voir plus loin « Dorsoduro », « Le quartier de la Ca' Rezzonico ».

Palazzo Loredan : *2e palais après le rio Malpaga, en face de la Ca' del Duca.* XVe s. Appelé aussi « palais de l'Ambassadeur » *(dell'Ambasciatore),* car il fut le siège de l'ambassade du Saint Empire romain germanique au XVe s.

Palazzo Contarini degli Scrigni : *à l'angle du rio San Trovaso et du Grand Canal.* XIVe-XVIe s. Ensemble formé de 2 palais (la famille Contarini les accumulait !). La fabuleuse collection de tableaux a été léguée en 1838 à la *galleria dell'Accademia.* À noter : l'observatoire astronomique sur le toit.

Palazzo Mula Morosini : *après le rio San Vio, sur le campo du même nom.* XIXe s. Décoré de mosaïques, il abrite le magasin d'exposition d'une verrerie.

Ca' Venier dei Leoni : XVIIIe s. Interrompu dans sa construction, on n'en voit dorénavant que le rez-de-chaussée. C'est aujourd'hui le musée Peggy-Guggenheim. Lire plus loin « Dorsoduro », « Le quartier de la Salute ».

Palazzo Dario : *à l'angle du Grand Canal et du rio delle Torreselle.* XVe s. Jolie façade asymétrique, incrustée de marbres polychromes. Cheminées caractéristiques de l'architecture vénitienne.

UN PALAIS PURE PEUR

Ne vous fiez pas trop à l'apparente beauté du palazzo Dario car, depuis 1487, il serait maudit ! De maladies étranges en faillites, de meurtres en suicides ou accidents non moins bizarres, les murs de cette somptueuse bâtisse porteraient malheur à ses occupants. Le dernier en date, un milliardaire impliqué dans des affaires de corruption, y a mis fin à ses jours en 1993. De quoi devenir superstitieux ! Woody Allen – un amoureux de Venise – avait envisagé de l'acheter. Mais il a bien vite renoncé à son projet !

SAN MARCO

Code postal : 30124

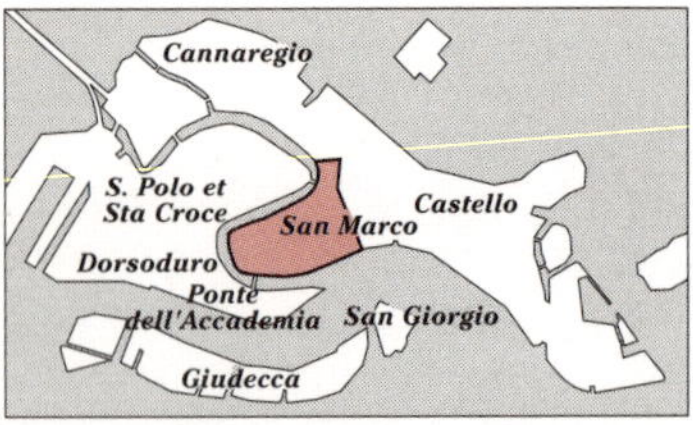

Le cœur de Venise bat ici depuis des siècles. Il en résulte un ensemble architectural unique au monde. Ici splendeur, richesse, noblesse et force de Venise ont dessiné à tout jamais la mémoire et la personnalité de la cité ! La basilique, le palais des Doges et la célébrissime place Saint-Marc, sertie par ce formidable élan de rigueur et d'unité que constituent les Procuratie, définissent un quartier très touristique. C'est sur cette place que chaque jour s'immortalisent des milliers de visiteurs. On les comprend. Car arpenter la piazza San Marco, c'est prendre le pouls de la Sérénissime, non pas se contenter de son image, même admirablement restituée par des peintres de génie comme Canaletto, Turner, Corot, Manet, Monet ou Renoir. Aussi vus et revus qu'ils puissent vous sembler, le quartier de San Marco et ses monuments ont traversé les siècles avec une endurance qui tient du miracle, malgré les turpitudes et les avanies de l'Histoire. C'est peut-être ce qu'il faut admirer en 1er lieu : cette continuité historique du cœur de Venise.
Et la nuit ? Le quartier reste l'un des endroits les plus enchanteurs qui soient. Au hasard d'un détour, on entendra la musique monter d'une église où un petit concert est donné, on verra des ombres se projeter sur les murs d'une ruelle tortueuse, on goûtera au charme discret des balades où le moindre bruit met les sens en éveil. Bref, vous l'avez compris, ce bonheur-là, il faut vraiment l'avoir vécu une fois dans sa vie.

Où dormir ?

Institution religieuse

Domus Ciliota *(zoom détachable C4,* ***42****) : calle de Le Muneghe, San Marco, 2976. ☎ 041-520-48-88 ou 49-89. • info@ciliota.it • ciliota.it • Vaporetto n° 1, arrêt Sant'Angelo. ♿ Doubles avec sdb 80-170 €. Réduc de 10 % sur présentation de ce guide pour tte résa en direct.* Dans un ancien couvent de la fin du XVe s, cet hôtel abrite une soixantaine de chambres bien arrangées, propres et fonctionnelles. Certaines possèdent des lits doubles, et même un lit *king size,* c'est assez rare dans ce type d'établissement. Très bon accueil. Salles communes au rez-de-chaussée et une magnifique cour intérieure joliment fleurie dans laquelle on prend son petit déj aux beaux jours.

De prix moyens à chic

Hotel San Samuele *(zoom détachable C4,* ***72****) : salizada San Samuele, San Marco, 3358. ☎ 041-520-51-65. • info@hotelsansamuele.com • hotelsansamuele.com • Vaporetto n° 1, arrêt Sant'Angelo. Doubles 50-210 € ; familiales (sans petit déj). Café offert et réduc de 10 % sur la chambre sur présentation de ce guide.* Dans un quartier calme et commerçant (boutiques de créateurs), cet hôtel compte une dizaine de chambres situées au 1er étage, confortables et aménagées avec soin. 3 se partagent une salle de bains, d'autres sont tout confort, dont des familiales. Nec plus ultra pour certaines : un *balconcino.* Attention, en saison, on risque de vous demander de réserver pour un minimum de 2 à 4 nuits, ce qu'on appelle ici un « grand week-end ». Très bon accueil.

Hotel Ai Do Mori *(zoom détachable D4, **74**) : calle Larga, San Marco, 658. ☎ 041-520-48-17 ou 041-528-92-93. ● reception@hotelaidomori.com ● hotelaidomori.com ● Vaporetti nos 1 et 2, arrêt San Marco Vallaresso. Doubles 50-150 €.* Un hôtel d'une douzaine de chambres, pratique et central, mais il faudra compter avec le bruit dans la journée malgré le double vitrage. Au 3e étage se cache un petit bijou : la *camera del pintor,* une petite chambre double avec terrasse privée et vue sur les dômes de la basilique Saint-Marc. Réservez à l'avance ! Les nos 2, 6, 9 et 11 ont une vue sur le campanile. D'autres chambres aussi dans l'annexe, calmes et charmantes : poutres apparentes, parquet et belles couleurs. Accueil chaleureux.

Ca' Leon d'Oro *(zoom détachable D3, **64**) : sotoportego del Pirieta, San Marco, 5303. ☎ 041-241-38-95. ● venezia.leondoro@libero.it ● venezialeondoro.it ● Vaporetti nos 1 ou 2, arrêt Rialto. Emprunter l'un des passages depuis la pl. San Bartolomeo. Doubles 65-170 €. 2 nuits min requises en août.* Petit immeuble à 100 m du pont du Rialto, sagement en retrait de la foule. La décoration est classique, sans rien de particulier, hormis les meubles vénitiens qui relèvent l'ensemble. L'une des chambres (no 5), plus belle que les autres, dispose d'une terrasse privée, avec vue sur les toits de la basilique. Réservez-la très longtemps à l'avance !

Locanda Ai Bareteri *(zoom détachable D3-4, **45**) : calle di Mezzo, San Marco, 4966. ☎ 041-523-22-33. ● info@bareteri.it ● bareteri.it ● Vaporetti nos 1 ou 2, arrêt Rialto. En venant du Rialto, par la calle Merceria San Salvador, juste avt le ponte dei Bareteri, prendre le passage couvert le long du canal, puis 1re ruelle à gauche. Doubles avec sdb 75-390 € selon saison (2 nuits min requises à certaines périodes). Petit déj et accès au Club house offerts si résa directe.* À l'écart de l'agitation, dans une petite rue parallèle à l'axe principal des *Mercerie,* cet hôtel propose une douzaine de chambres, dont 2 quadruples. Elles sont spacieuses, bien arrangées (carrelage au sol) et confortables. Préférez les chambres à l'étage (plus claires) à celles plus sombres donnant sur la ruelle.

De chic à très chic

Novecento Boutique Hotel *(zoom détachable C4, **57**) : calle del Dose, San Marco, 2683/84. ☎ 041-241-37-65. ● info@novecento.biz ● novecento.biz ● Vaporetti nos 1 ou 2, arrêt Giglio. Doubles 140-320 € ; familiales. Apéritif maison et café offerts sur présentation de ce guide.* Idéalement situé, dans une ruelle calme, cet hôtel de charme se distingue par son style orientaliste, un rappel de l'époque où Venise était l'étape européenne de la route des épices. Statues de Ganesh, bambous, meubles en teck, la décoration raffinée et exotique donne toute leur personnalité aux 9 chambres. Notre préférée est la no 2. La petite cour intérieure, calme et fleurie aux beaux jours, est idéale pour le petit déj. Service discret et attentionné de Marisa, qui parle un français parfait. Une adresse hautement recommandable.

Ca' del Campo *(zoom détachable D4, **38**) : campo della Guerra, San Marco, 511. ☎ 041-241-16-60. ● info@cadelcampo.it ● cadelcampo.it ● Vaporetti nos 1 et 2, arrêt San Marco Vallaresso. Doubles 80-260 €. Réduc de 10 % pour une double sur présentation de ce guide en réservant en direct.* Entrée par une placette tranquille. Un palais du XVIe s entièrement réhabilité, avec une vingtaine de chambres confortables, dont certaines avec vue sur le canal. Décoration soignée : tapis persans à la réception, armoires en loupe d'orme, toiles tendues sur les murs, sol moquetté, salles de bains en marbre... Les chambres du 4e étage sont spacieuses et joliment mansardées. Les triples offrent la possibilité d'une séparation, ça rend la chambre plus intime. Accueil aimable.

Hotel Montecarlo *(zoom détachable D4,* ***44****)* ***:*** *calle dei Specchieri, San Marco, 463. ☎ 041-520-71-44. • info@venicehotelmontecarlo.com • venicehotelmontecarlo.com • Vaporetti nos 1 et 2, arrêt San Zaccaria. Doubles 80-300 €.* Un hôtel bien situé, aux chambres impeccables. Elles donnent sur la ruelle. Les plus claires sont au 4e étage. Alliance réussie du confort d'une chaîne et du style vénitien avec ses lourds rideaux, papiers peints à motifs damassés, miroirs et têtes de lit rocaille. Accueil pro.

De très chic à beaucoup plus chic

Hotel Flora *(zoom détachable D4,* ***84****)* ***:*** *calle Bergamaschi, San Marco, 2283 A. ☎ 041-520-58-44. • info@hotelflora.it • hotelflora.it • À 2 mn de la pl. Saint-Marc. Vaporetti nos 1 ou 2, arrêt San Marco Vallaresso. Accès par la calle larga XXII Marzo, entre Armani et la galleria Contini. Doubles 130-280 € ; familiales. Apéritif maison offert sur présentation de ce guide.* Hôtel de luxe installé dans un palais vénitien du XVIIIe s. Il appartient à la famille Romanelli depuis 2 générations. Cadre idyllique pour un séjour « romantique ». Meubles et objets de bon goût, décoration raffinée, tentures murales, couleur pastel, chambres confortables de style ancien, arrangées avec beaucoup de soin. Celles qui donnent sur le jardin sont au même prix que les autres. Adorable petit jardin fleuri avec fontaine glougloutante. Accueil professionnel et tous services de conciergerie : transferts, résas, billetterie pour concerts, etc.

Où manger ?

Peu d'adresses valables autour de la place Saint-Marc. Préférez les restos plus sérieux du quartier du Castello, ou de San Polo.

Sur le pouce

Pizzeria Sansovino *(zoom détachable C4,* ***104****)* ***:*** *calle Zaguri, San Marco, 2628. ☎ 041-528-61-41. Tlj 11h-21h30 (plus tard en saison). À partir de 3,50 € la part.* Mini pizzeria ouverte sur le va-et-vient du dehors ; ça croustille et c'est bon. Pas de salle, juste une cuisine et un comptoir de vente à emporter. Impeccable en cas de petit creux !

Pizzeria L'Angelo *(zoom détachable C-D4,* ***118****)* ***:*** *calle della Mandola, San Marco, 3711. ☎ 041-277-11-26. Tlj 11h30-22h. À partir de 3 € la part.* Le local ne paie pas de mine, mais les *pizze* à emporter chantent sous la dent. Également des *panini.*

De bon marché à prix moyens

Rosticceria Gislon *(zoom détachable D3,* ***101****)* ***:*** *calle della Bissa, San Marco, 5424 A. ☎ 041-522-35-69. • san.bartolomeo@hotmail.it • Tlj 9h-21h30. Plats 10-15 €.* À 2 pas du Rialto, une *tavola calda* où les locaux se pressent à l'heure du déjeuner. Bel assortiment de spécialités locales et siciliennes présentées derrière la vitrine d'un grand comptoir : *mozzarelle in carrozza* (un en-cas frit constitué de 2 tranches de pain, mozzarella et jambon ou anchois), aussi des *arancini* (boulettes de riz farcies au *ragù*). Des tables ont été installées pour les touristes, mais pour faire local, il faut manger en coup de vent, debout devant le comptoir.

Sepa *(zoom détachable D3,* ***149****)* ***:*** *calle della Bissa, san Marco 5482. ☎ 041-302-63-36. • info@sepavenezia.it • Tlj 10h-22h30(en continu le w-e). Compter 10-15 €.* Pas facile à trouver à travers les dédales des *calle.* Un endroit où l'on mange debout avec des plats du jours uniques à des prix hyper compétitifs. Cette cantine, très appréciée des travailleurs du quartier l'est aussi par les clients de passage. Préférez venir légèrement en décalé car beaucoup de monde à l'heure du déjeuner.

De prix moyens à chic

Bacarando in corte dell'Orso *(zoom détachable D3,* ***149****) : corte dell'Orso, San Marco, 5495. ☎ 041-523-82-80. • info@bacarando.com • Tlj midi-minuit. Compter 25-30 € le repas. Cicchetti à 1-2 €.* Niché au fond de la cour de l'Ours, il faudra déployer des tours d'ingéniosité et une bonne dose d'orientation pour y arriver. Une fois sur place c'est le Graal ! Outre les portions généreuses, on peut aussi très bien se contenter de délicieux *cicchetti*, *fortini* et autres petites douceurs salées pour accompagner un verre de *prosecco...* à 1 € !

Antico Calice *(zoom détachable D3,* ***102****) : calle dei Stagneri, San Marco, 5228. ☎ 041-520-97-75. • info@anticocalice.it • Tlj ; service continu le w-e. Carte 35-50 €.* Un resto-institution bien connu des Vénitiens. La déco n'est pas faite pour un repas intime entre amoureux, mais c'est propre et bien tenu. On y parle fort en italien, le service tient plus de la brasserie que du resto chic mais il est efficace. Cuisine sincère et classique.

Osteria Al Bacareto *(zoom détachable C4,* ***103****) : angle Crocera-ramo de la Piscina, San Marco, 3447. ☎ 041-528-93-36. • info@bacareto.it • Tlj sauf dim. Fermé 1 sem en août. Carte 30-40 €.* Située à l'extrémité de la *salizada San Samuele,* voici une *osteria* discrète avec quelques tables sur la rue et des salles claires à la déco sobre et sans chichis. Carte vénitienne classique (soupe de haricots et pâtes, sardines, poissons...). L'assortiment de *cicchetti* à partager en entrée est délicieux. Service professionnel et attentionné.

Plus chic

AMO *(zoom détachable D3,* ***105****) : au rdc de la T Fondaco dei Tedeschi. ☎ 041-241-28-23. • amo@alajmo.it • Tlj 10h-22h. Pizze et plats 20-33 € ; 60-80 € au resto.* Un décor imaginé par Philippe Starck, un style vénitien avec quelques envolées sauvages... on vous laisse découvrir. Et côté resto, le plus jeune chef 3 étoiles au monde, Massimiliano Alajmo, réinvente sans cesse la cuisine italienne : à vous les 3 sortes de *pizze* (au four, à la vapeur, à la poêle) et les plats revisités avec audace. La journée, on peut siroter café ou autres boissons à condition que vous aimiez les va-et-vient des touristes !

SAN MARCO

Où boire un verre ? Où grignoter à l'apéro ? Où sortir ?

Osteria all'Alba *(zoom détachable D3,* ***199****) : ramo dei Tedeschi, San Marco, 5370. Tlj 16h (12h le w-e)-2h. À partir de 10-15 €.* Un bar vivant, marqué par de joyeux attroupements devant la façade couverte de graffitis laissés par les clients. L'intérieur est patiné par le temps. On y sert des *cicchetti* et *tramezzini* bien appétissants. C'est riquiqui, mais l'ambiance est surchauffée certains soirs !

Ristorante Al Theatro *(zoom détachable D4,* ***196****) : campo San Fantin, San Marco, 1916. ☎ 041-522-10-52. • info@altheatro.it • Tlj.* Chic et sage petite adresse, très centrale. Côté salé, on y propose un joli choix de *tramezzini* et *cicchetti.* Côté sucré, macarons et biscuits vénitiens. Reste ensuite à se décider entre la salle et l'une des 2 terrasses : l'une orientée vers les vocalises de *La Fenice,* l'autre vers les patenôtres de l'église *San Fantin.*

Devil's Forest Pub *(zoom détachable D3,* ***198****) : calle dei Stagneri, San Marco, 5185. ☎ 041-520-06-23. • info@devilsforestpub.com • Tlj 11h-minuit.* Un pub chaleureux et convivial de style irlandais, avec comme il se doit de la Guinness à la pompe. Mais l'ambiance est plutôt celle d'un *sport bar* à l'italienne, surtout quand le *calcio* envahit les écrans de TV ! Le midi, vous pouvez y avaler un plat chaud ou un sandwich.

Où boire un chocolat ou un café dans un cadre historique ?

Caffè Florian *(zoom détachable D4,* ***250****) : piazza San Marco, San Marco, 57. ☎ 041-520-56-41. • servizi@caffeflorian.com • Tlj 9h-23h (21h en hiver). Compter 12,50 € le chocolat chaud en salle et 7,50 € le café, auxquels vous ajouterez 6 €/pers quand l'orchestre joue (en général en fin de journée).* Sous les vénérables arcades de la place Saint-Marc, le *Florian* est le café vénitien le plus célèbre et le plus ancien de la ville. Fondé en 1720, il porte le nom de son 1er propriétaire, Floriano Francesconi. Il étire sa terrasse en plein air dès que le printemps arrive. Allez-y très tôt le matin ou tard le soir, quand il y a moins de monde. Des musiciens jouent du classique ou du jazz sur une estrade extérieure, mais c'est l'intérieur qui vaut le détour, avec ses petits salons XVIIIe s et ses œuvres d'art contemporain ornant les murs. Café littéraire par excellence, il fut fréquenté par Goldoni, Rousseau, Dickens, Lord Byron, Goethe, Proust... Une institution !

Gran Caffè Quadri *(zoom détachable D4,* ***251****) : galleria San Marco, 120-123. ☎ 041-522-21-05. Ouv tlj, midi et soir. Espresso à la table 7,50 € (1,50 € au comptoir...). Cocktails 18-20 €.* C'était le café des Autrichiens (du temps de l'occupation autrichienne), alors que le *Florian* accueillait les nationalistes italiens. Intérieur raffiné, d'une beauté théâtrale en ce qui concerne la salle de l'étage, mais dîner ici (voire prendre un simple café !) vous coûtera une petite fortune.

Caffè Lavena *(zoom détachable D4,* ***270****) : piazza San Marco, San Marco, 133/134. ☎ 041-522-40-70. • grancaffelavena@gmail.com • Tlj 9h30-minuit (22h en basse saison).* Un autre café chic donnant sur la place Saint-Marc. Là encore, hauts plafonds, stucs et lustres... Très cher si vous optez pour une table en terrasse (et encore plus si un orchestre joue quelques notes !). Préférez le comptoir. Excellent chocolat chaud.

Pasticceria Rosa Salva *(zoom détachable D4,* ***273****) : calle Fiubera, San Marco, 950. ☎ 041-521-05-44. Tlj sauf dim 8h-20h.* À un vol de pigeon de la piazza San Marco, voilà une adresse qui date de 1879. Chic et joliment mise au goût du jour, avec des prix qui touchent terre. Ses vitrines extérieures et intérieures regorgent de merveilles pour le gosier : viennoiseries matinales autour d'un cappuccino ; *tramezzini* et *pizze* du midi avec *un buon caffè* ; petites pâtisseries gourmandes avec chocolat chaud pour le goûter. Attention, cela peut parfois être bruyant.

Les amateurs de James Bond ne manqueront pas de prendre un café au mythique ***palazzo Danieli*** *(plan détachable E4 ; riva degli Schiavoni, San Marco, 4196),* ou de siroter au **Harry's Bar** *(zoom détachable D4 ; calle Vallareso, San Marco, 1323 ; au niveau de l'embarcadère Vallaresso),* café mythique, un Montgomery, breuvage cher à Hemingway. C'est seulement le budget qui pourrait manquer...

Où déguster une glace ?

Gelatoteca Suso *(zoom détachable D3,* ***271****) : calle della Bissa, San Marco, 5453. Tlj 9h30-23h30.* Bonnes glaces artisanales aux parfums originaux : *Orient Express, Opera, Nota nera, Suso* ou *Crema del Doge.*

Gelateria Paolin *(zoom détachable C4,* ***274****) : campo Santo Stefano, San Marco, 2962. Tlj 10h-22h (9h-18h30 hors saison).* Une excellente adresse plébiscitée par les locaux qui sévit sur le *campo* depuis des générations. Glaces à emporter ou sur place en terrasse (très agréable, mais c'est plus cher), crémeuses à souhait ! Une valeur sûre.

Achats

Max Art Shop (zoom détachable D4, **300**) : frezzeria San Marco, San Marco, 1232. ☎ 041-523-38-51. • info@ballodeldoge.com • Tlj 10h-20h. Visite de l'atelier sur rdv seulement. Des masques, des théâtres miniatures et de superbes chats bottés articulés, dans la plus pure tradition vénitienne. Un autre magasin, dans la même rue, propose aussi des costumes somptueux. La maîtresse des lieux, Antonia Sautter, organise l'un des plus beaux bals du Carnaval, le *ballo del Doge*. Elle a fourni les costumes du film *Vivaldi, un prince à Venise* (2007) de Jean-Louis Guillermou, avec Michel Serrault et Michel Galabru.

Il Tempio della Musica (zoom détachable D3, **303**) : ramo del Fondaco dei Tedeschi, San Marco, 5368. ☎ 041-523-45-52. Tlj sauf dim 10h-13h, 15h-19h30. Comme son nom l'indique, magasin spécialisé dans la musique : classique, opéra, jazz..., mais aussi des chanteurs italiens bien d'aujourd'hui. Toujours des promos et de bons conseils.

La Bottega di Giuliana Longo (zoom détachable D3, **326**) : calle del Lovo, San Marco, 4813. ☎ 041-522-64-54. • giul.longo@tiscali.it • Tlj sauf dim 10h-19h. Une chapelière *(modisteria)* comme il n'en existe plus guère. La boutique existe depuis 1902. Même Louis Vuitton lui a rendu hommage ! On y donne des conseils avisés pour trouver le couvre-chef dont vous rêvez... Il y en a de toutes les formes et tous les styles, en tissu, en toile, en paille, toujours élégants. Chapeaux de carnaval, de gondolier, panama..., ils ne sont pas « made in China » mais « made in Venezia » !

Rigattieri (zoom détachable C4, **307**) : calle dei Frati, San Marco, 3535. ☎ 041-277-12-23. Tlj sauf dim 9h30-13h, 15h-19h30. Connaissiez-vous les céramiques de Bassano del Grappa, ce petit village de Vénétie ? Une profusion de vaisselle décorée de fruits et légumes colorés, des soupières en forme de chou... Ça plaît ou non mais ça vaut le coup d'œil. Également des lampes en verre de Murano.

Poli (zoom détachable C4, **304**) : campiello Feltrina, San Marco, 2511 B. ☎ 041-866-01-04. Tlj 10h-19h. La boutique de *grappa* (eau-de-vie) la plus exhaustive de Venise. Luxueuse, elle offre le plus grand choix qui soit. Depuis 1898, une histoire familiale. L'arrière-grand-père promenait sa distillerie dans une charrette. L'héritier actuel maintient la flamme...et une bonne idée de cadeau à rapporter dans vos valises.

Feelin' Venice (zoom détachable D4, **305**) : calle dei Fabbri, San Marco, 1007. • feelinvenice.com • Tlj 9h30-20h30. Un *concept store* dédié à la Sérénissime : T-shirts, mugs, objets de déco et du quotidien *designés* à la mode du XXIe s. Cette petite entreprise fait également le lien avec des prestataires (bars, restos, visites...) permettant d'appréhender Venise autrement. Autre adresse Strada Nova dans le Cannaregio.

The Merchant of Venice (zoom détachable D4, **311**) : campo San Fantin, San Marco, 1895. ☎ 041-296-05-59. • info@themerchantofvenice.com • Tlj 10h30-19h30. Ce commerce est de la famille des boutiques que l'on conseille pour l'écrin (une superbe pharmacie du XVIIe s) autant que le contenu (des parfums en fioles de Murano). Vous pouvez passer une tête sans acheter, mais vous risquez vite de craquer pour l'un de ces très beaux flacons.

T Fondaco (Fontego) dei Tedeschi (zoom détachable D3, **105**) : au pied du Rialto. Tlj 10h-19h. Cet ancien entrepôt des marchands allemands au XIIIe s, reconstruit après un incendie au début du XVIe s, fut longtemps le siège de la poste italienne. Acquis par le groupe LVMH, il a été transformé en magasin de luxe. Superbe rénovation avec l'aménagement intérieur confié à Rem Koolhaas et le décor à Philippe Starck. L'enjeu était d'innover tout en respectant peu ou prou l'identité du bâtiment. Ainsi, on y introduisit de nouveaux matériaux, comme le cuivre oxydé dans de nombreuses teintes... Au rez-de-chaussée, un restaurant agencé par Starck a tenu ses promesses tant sur le design que sur l'ambiance, tout en s'inspirant de la thématique vénitienne. Un escalator de couleur carmin, métaphore d'un tapis rouge, mène les visiteurs et touristes dans les étages aux boutiques très chères (clientèle surtout asiatique). Le toit a été surélevé pour permettre un espace d'exposition et une terrasse panoramique. De celle-ci, le plus beau panorama qui soit sur la ville. Si la montée est gratuite, il faut réserver sa place sur internet *(● dfs.com ●)*. Un conseil : inscrivez-vous avant votre arrivée à Venise, surtout en haute saison, et allez-y de jour, car à la nuit tombée c'est un peu décevant, tous les monuments et palais n'étant pas illuminés...

À voir

LA PIAZZA SAN MARCO

Vaporetti n°s 1 et 2, arrêt San Marco Vallaresso, ou n°s 4.1, 4.2, 5.1 ou 5.2, arrêt San Zaccaria.
Avec ses 2 espaces formant une équerre, c'est l'une des plus célèbres places au monde... et la seule *piazza* de Venise. Toutes les autres places sont appelées *campo.* C'est par ici que l'on débarquait dans la Sérénissime jusqu'au XIXe s, avant que ne soit construit le raccordement par la route avec la terre ferme. Le caractère unique de la place provient de la beauté des édifices qui la bordent. La basilique Saint-Marc *(basilica di San Marco),* le palais des Doges *(palazzo Ducale),* la tour de l'Horloge *(torre dell'Orologio)* et le campanile sont autant de merveilles architecturales... Sans compter l'écrin exceptionnel d'uniformité architecturale que constituent les *Procuratie.* C'est aussi le théâtre permanent de toute la vie publique. Il faut y venir tôt le matin ou le soir, après le départ des touristes d'un jour, pour en apprécier toute la majesté.

> **SI SAN MARCO VOUS BOTTE...**
>
> *Point le plus bas de Venise, la place Saint-Marc se retrouve la 1re sous les eaux quand la lagune déborde, surtout de novembre à avril. Elle a été, et devrait être encore, progressivement surélevée pour échapper aux inondations. Vous pouvez toujours emporter vos bottes, mais ça prend de la place, et les Vénitiens, véritables marchands du temple, en ont toujours des paires à vendre (fluo ou à l'effigie de Venise !) aux touristes non étanches.*

*** **Basilica di San Marco** (zoom détachable D-E4) **:** *sur la pl. Saint-Marc. ☎ 041-270-83-11. ● basilicasanmarco.it ● Lun-sam 9h30-17h, dim et j. fériés 14h-17h (16h30 nov-Pâques). Entrée libre.* ***Attention, avt même de faire la queue pour entrer, dépôt obligatoire des sacs à dos à la consigne, dans une petite rue sur la gauche (panneau) ;*** *tlj 10h-16h30 (17h dim et j. fériés ; pas de dépôt possible après 16h45). Gratuit et sûr. Photos strictement interdites. Avr-oct, visite guidée liturgique gratuite en italien ou dans d'autres langues selon calendrier, lun-sam vers 11h. Rdv dans le grand vestibule d'entrée de la basilique.*
Un conseil, préférez la visite quand la lumière artificielle vient éclairer les mosaïques recouvertes d'or, spectacle époustouflant. Éclairage en sem 11h30-12h30, le w-e tte la journée. Également des propositions de visites nocturnes (chères).
Pour éviter de faire la queue, formule « Skip the Line » (1er avr-1er nov) : visite guidée de la cathédrale Saint-Marc (27 €). Résas sur ● venetoinside.com ● ; prix du service : 3 € (enfant moins de 5 ans gratuit). C'est très cher au regard du (peu de) temps gagné et du fait que la basilique est par ailleurs gratuite... à bon entendeur...
Visite impérative malgré le monde : c'est LE joyau de la ville !

La façade

La basilique Saint-Marc fut édifiée au XIe s après l'incendie d'un 1er bâtiment en bois, construit au IXe s pour abriter les reliques de saint Marc. On voit clairement dans l'architecture même de la basilique les liens qui unissaient Venise et Constantinople. D'abord par sa forme en croix grecque, sur le modèle des églises orientales. Puis par les ajouts, à partir du XIIe s, de plaques de marbre et de matériaux précieux pillés lors des expéditions de la Sérénissime. L'édifice, au départ en brique, s'est enrichi au fil des siècles pour devenir un des plus beaux mélanges de styles au monde (byzantin, gothique, Renaissance...). Et comme la basilique est également un formidable outil de propagande politique, sa richesse démontrant la puissance de la ville, la façade est percée de ***5 portails ornés de mosaïques*** retraçant pour 4 d'entre eux l'arrivée à Venise du corps de saint Marc.

Le ***portail le plus intéressant*** est celui de gauche, dédié à saint Alipius. Il abrite la seule mosaïque originale de la façade, représentant « la Translation du corps de saint Marc » (l'arrivée du corps à Venise, autrement dit !), et permet de voir la basilique telle qu'elle se présentait au XIIIe s avant l'ajout d'éléments gothiques. Les 4 autres portails comportent des mosaïques du XVIIe s pour les plus anciennes (à l'exception de celles de l'entrée principale, refaites au XIXe s). Les bas-reliefs des 3 arcs qui forment ce portail central méritent un peu d'attention. Y sont représentés les mois, les signes du zodiaque, les 13 corps de métiers traditionnels et d'autres détails que nous vous laissons découvrir. Ce superbe livre d'images a été gravé dans la pierre au milieu du XIIIe s par des artistes anonymes. On dit que le vieillard avec ses béquilles représenté sur la gauche serait l'architecte de la basilique.

L'ART DE LA DÉROBADE

En l'an 828, 2 marchands vénitiens envoyés en mission par le doge à Alexandrie, en Égypte, dérobèrent le corps momifié de saint Marc, objet d'une très grande vénération. Pour le soustraire à la vigilance des gardiens, ils couvrirent la dépouille de porc salé ! Les musulmans laissèrent filer la très vénérable momie sans prendre le risque de manipuler la viande impure. La mosaïque située à droite sur la façade de la basilique Saint-Marc illustre cet épisode rocambolesque : on y voit même l'un des gardiens se pincer le nez, l'air dégoûté !

L'***étage supérieur de la façade*** est constitué d'une terrasse d'où le doge assistait aux cérémonies et aux fêtes données sur la place. Au centre se dressent les 4 célèbres ***chevaux de bronze*** qui ont attisé tant de convoitises (les originaux sont conservés à l'intérieur de la basilique, au musée Marciano, pour éviter la corrosion). Dans un 1er temps, ils furent volés à l'hippodrome de Constantinople lors de la 4e croisade, en 1203. Puis, en 1797, ce fut au tour de Bonaparte de les dérober pour orner l'arc de triomphe du Carrousel à Paris... avant qu'ils ne retrouvent leur place d'origine en 1815 ! N'oubliez pas d'aller voir, piazzetta dei Leoncini, la ***façade nord,*** remarquable par sa ***porta dei Fiori*** surmontée d'une *Nativité.*

La ***façade sud,*** quant à elle, ouvre sur la *piazzetta* et sur la lagune. Sur le côté droit de la basilique se dressent 2 pilastres de marbre, chefs-d'œuvre de l'art syrien du VIe s. Ces pilastres dits *de Saint-Jean-d'Acre,* provenant en réalité de Constantinople, ont été pris après la victoire des Vénitiens sur les Génois en 1256. La « pierre du ban » servait de piédestal pour proclamer les décrets et les lois. De Byzance provient probablement aussi le ***groupe des Tétrarques,*** sculpté au IVe s dans un bloc de porphyre rouge.

Le narthex

C'est le grand vestibule d'entrée qui précède le cœur de l'édifice. Toutes les mosaïques qui en couvrent les parois ont trait à l'Ancien Testament, alors que celles de l'intérieur de la basilique racontent des épisodes du Nouveau Testament.

Sur la droite, la coupole de la Création est représentée comme une bande dessinée à lire dans le sens inverse des aiguilles d'une montre. Suit l'histoire du Déluge avec l'arche de Noé. Avec l'arc dit « du Paradis », dû à des cartons du Tintoret et de Titien, nous quittons temporairement l'Ancien Testament. Nous le retrouvons avec la tour de Babel, sur l'arche suivante, l'histoire d'Abraham et celle de Joseph ensuite. La dernière coupole est consacrée à l'histoire de Moïse.

L'intérieur de la basilique

L'affluence fait parfois perdre à ce lieu, en pleine journée, son côté mystérieux. On doit suivre la foule des visiteurs le long du chemin balisé. Les fastueuses mosaïques et les marbres les plus rares (on en a recensé 60 différents !) habillent l'ensemble des volumes intérieurs. Ces mosaïques sur fond d'or (d'où le surnom d'« église d'Or ») furent exécutées fidèlement d'après la tradition orientale codifiée au mont Athos. Arrivé au centre de la basilique, retournez-vous pour découvrir au-dessus de l'entrée celle qui représente le Christ avec la Vierge et... saint Marc, encore lui ! Normalement, il devrait s'agir de saint Jean, mais la politique à Venise a ses raisons... Puis, en levant la tête côté chœur, on découvre successivement le Christ bénissant, l'Ascension, la Pentecôte, le Jugement dernier, et, côté porte, le Paradis. Les côtés de la basilique sont dédiés à l'histoire de la vie des saints. Avec plus de 8 500 m², la plus grande surface au monde, il y a de quoi faire ! Derrière l'impressionnante iconostase (ou jubé) en marbre et l'autel, le *retable d'Or* (la ***pala d'Oro)*** est un extraordinaire ouvrage d'orfèvrerie *(visite payante : 2 € ; lun-sam 9h45-17h, dim et j. fériés 14h-17h ; ferme à 16h en hiver).* Commandé en 976 apr. J.-C. et réalisé par des artistes byzantins, il s'agit d'un très grand (3,45 m sur 1,40 m) retable en or (plaques d'or massif) incrusté de centaines de pierres précieuses et de 80 émaux représentant la vie de Jésus et de saint Marc. Au fil des siècles, les doges l'ont enrichi en y ajoutant de nouveaux émaux. Bizarrement, il n'a pas été volé par Bonaparte en 1797...

– Les amateurs d'orfèvrerie religieuse ne manqueront pas la visite *(3 € ; mêmes horaires env que la basilique)* du ***trésor*** de la basilique Saint-Marc : calices, reliquaires, brûle-parfum, coffrets, etc., finement ciselés et ornés de pierres précieuses. Objets rapportés principalement de Constantinople à l'issue de la 4e croisade en 1203. Parmi les reliques les plus étonnantes du trésor, on trouve le pouce de saint Marc, des morceaux de la Vraie Croix du Christ, une fiole du sang du Christ, un doigt de Marie-Madeleine, des cheveux de la Vierge...

ON A PERDU SAINT MARC !

À peine arrivée à Venise, la précieuse dépouille fut cachée par les gardiens pour la soustraire à la convoitise. Mais ces derniers périrent lors de l'incendie qui détruisit en partie l'église au Xe s ! L'emplacement du tombeau fut perdu... jusqu'à ce qu'une pierre d'origine s'effrite et révèle en 1094 les reliques aux Vénitiens inconsolables. Aujourd'hui, saint Marc repose dans un sarcophage sous le maître-autel, c'est plus commode.

– ***Autres curiosités de la basilique :*** certains historiens prétendent que les colonnes encadrant les 2 anges en mosaïque (sur les côtés de l'autel principal) viendraient de la maison de Ponce Pilate. D'autres que les colonnes noires et blanches de l'atrium (entrée principale) proviendraient du temple de Salomon à Jérusalem.

– De retour dans le narthex, un escalier (très raide) conduit à la galerie supérieure et au ***museo di San Marco*** *(5 € ; tlj 9h45-16h45).* Vous y visualiserez de près les 4 fameux « chevaux voyageurs ». Extraordinaire aussi pour admirer l'intérieur de la basilique d'en haut et ses mosaïques de très près. De la terrasse, beau panorama sur la place Saint-Marc et le grand bassin.

Les Procuratie *(zoom détachable D4)* **:** ce sont les bâtiments reposant sur une série d'arcades qui bordent la place Saint-Marc. Ils étaient dédiés aux bureaux des procurateurs, les dignitaires de la République qui secondaient le doge et

administraient la ville. Les ***Procuratie Vecchie*** (au nord de la place) furent édifiées au XVIe s et comptent une cinquantaine d'arcades qui s'étendent sur 150 m. Les ***Procuratie Nove*** (au sud) furent bâties au début du XVIIe s, suivant le même schéma que l'autre façade. En temps de carnaval, les Procuratie se transformaient naguère en lieu de débauche et de prostitution. Le président de Brosses, un voyageur français du XVIIIe s, le constate : « ... il y a sous les arcades des Procuratie autant de femmes couchées que debout... Dernièrement, on a arrêté 500 courtiers d'amour »... Difficile à imaginer aujourd'hui...
Au fond de la place, à l'ouest, on trouve les ***Fabbriche Nove,*** où Napoléon Ier, alors roi d'Italie, installa son palais royal (qui s'étendait d'ailleurs de l'aile ouest à toutes les *Procuratie Nove,* occupant l'actuel ***musée Correr***). Pour bénéficier d'une grande salle de bal avec vue sur la place, il n'hésita pas à faire détruire l'église San Gimignano ! Sous les arcades s'alignent de nombreuses boutiques et quelques prestigieux cafés (le ***Caffè Florian*** notamment) devant lesquels de petits orchestres de chambre jouent à la belle saison.

Torre dell'Orologio *(tour de l'Horloge ; zoom détachable D4)* **:** *c'est l'édifice qui se dresse au bout des Procuratie Vecchie. • torreorologio.visitmuve.it • Visite guidée (obligatoire), en français lun-mer à 14h et 15h ; jeu-dim à 11h et 12h. Résa préalable obligatoire. Fermé 1er janv et 25 déc. Attention : cette visite n'est pas incluse dans le billet commun des monuments de la pl. Saint-Marc. Entrée : 12 € ; réduc. Billet en vente au musée Correr. Interdit aux moins de 6 ans et déconseillé en cas de problèmes cardiaques ou de claustrophobie. Porter de bonnes chaussures pour la grimpette.*
La construction de la tour commença en 1496 et fut complétée par l'adjonction de 2 parties latérales en 1506. La terrasse qui surmonte le tout fut ajoutée bien plus tard, en 1755. Juste au-dessus de l'arc qui ouvre vers les *Mercerie,* la grande horloge indique les heures, les phases de la lune, la course du soleil par rapport aux signes du zodiaque et les saisons (rien que ça !). On raconte que le Sénat fit crever les yeux des 2 horlogers qui avaient mis son mouvement au point, afin qu'ils n'en divulguent pas le secret de fabrication. Une chose, dans tous les cas, crève les yeux : la même légende court partout en Europe à propos d'horloges semblables.
La ***particularité de cette horloge*** est de compter 24h marquées de I à XXIV. La 1re heure du jour commence à 4h du matin (et non comme aujourd'hui juste après minuit). Ce système d'heure dite « ***heure italique*** » fonctionna jusqu'à l'invasion de Venise par Bonaparte en 1797. Celui-ci remit les pendules à l'heure en imposant l'heure française avec une journée divisée en 2 fois 12h.
Pour les cinéphiles, sachez que cette fameuse horloge est fracassée par James Bond dans le 2e film de la série, tourné à Venise.
Au sommet de la tour, on retrouve le lion, emblème de Venise, puis, de part et d'autre de la cloche, les célèbres Maures (*Mori* en italien), les jacquemarts qui frappent les heures à l'aide de maillets. Le nom *Mori* viendrait du fait que le bronze utilisé pour le coulage de ces 2 statues est particulièrement foncé.

Le campanile *(zoom détachable D-E4)* **:** ☎ *041-522-40-64. 1re quinzaine d'avr, tlj 9h-17h ; de mi-avr à sept, tlj 8h30-21h ; oct, tlj 9h30-18h ; nov-mars, tlj 9h30-16h45. Attention, horaires indicatifs, ils peuvent changer : ouv souvent plus tard l'été, et selon les conditions météo. Fermé 20 j. en janv pour travaux de maintenance. L'accès (8 €) se fait par un ascenseur. Audioguide : 3 €. Évitez le w-e, car l'attente peut être fort longue. Petite info si vous souhaitez ou non être aux 1res loges : les cloches sonnent à 9h, 12h, 14h et 18h30. Attention, pensez à prendre une petite laine : il fait parfois plus frais en haut.*
La 1re construction de la tour remonte au IXe s. Elle prit sa forme actuelle au XVIe s. Galilée y présentera sa lunette astronomique le 21 août 1609. Haut de 98 m, l'ensemble fut entièrement reconstitué en l'état après son effondrement sur lui-même le 14 juillet 1902. Comme l'événement avait été anticipé, le monument fit pour seule victime en s'écroulant... le chat du gardien.

Chacune de ses 5 cloches avait, au temps de la République, une fonction particulière. Elles pouvaient aussi bien indiquer le début et la fin des réunions du gouvernement qu'annoncer une exécution capitale.
Au sommet, splendide panorama sur les îles environnantes. Notez également le paysage toujours changeant des toits vénitiens dont vous découvrirez vite une des composantes : les célèbres ***fumaioli,*** ces cheminées évasées vers le haut qui évitaient les retombées de scories incandescentes et donc les incendies accidentels. On les voit à profusion dans les tableaux de Carpaccio.
Au pied du campanile, sur le côté droit, remarquez le système qui mesure le niveau de la marée. Quand le voyant rouge s'allume, l'alerte est donnée ; chacun doit alors prendre ses dispositions !

BLOND VÉNITIEN, MODE D'EMPLOI !

Du haut du campanile, on aperçoit des petites terrasses légères, les altane. *Pour donner à leurs cheveux cette légendaire nuance « blond vénitien » (un blond cuivré), les Vénitiennes avaient l'habitude d'exposer leur chevelure aux ardents rayons du soleil depuis ces terrasses, tout en les enduisant d'une mixture faite d'urine de chat ou de cheval. Les dérivés d'ammoniaque contenus dans l'urine favorisaient l'éclaircissement des cheveux.*

🔭🔭 ***Piazzetta San Marco*** *(zoom détachable E4)* **:** cette placette perpendiculaire à la *piazza San Marco,* si elle n'est pas aussi majestueuse que sa grande sœur, offre néanmoins une vue magnifique sur l'île de San Giorgio Maggiore et la *punta della Dogana* (pointe de la Douane). D'un côté, elle est bordée par le *palais des Doges* et de l'autre par la bibliothèque *Marciana.* Au bord du *Molo* s'élèvent 2 colonnes monolithiques rapportées d'Orient en 1125. Une 3ᵉ était prévue, mais elle est tombée dans la lagune lors de son transbordement ! Ces 2 colonnes portent les emblèmes des patrons de la ville : saint Théodore terrassant un dragon, et le lion ailé de saint Marc. Les Italiens superstitieux ne passent jamais entre ces 2 colonnes, car c'est là qu'on exécutait les condamnés à mort ! Sur le quai, à droite en quittant la *piazzetta,* se tient la *Zecca,* l'ancien palais de la Monnaie. Il est important de rappeler que les pièces frappées à Venise circulaient dans toute l'Europe et qu'elles contribuaient au rayonnement de la cité. Aujourd'hui, on y a installé les salles de lecture de la bibliothèque.

Les autres monuments de la place Saint-Marc

– ***Quelques infos utiles avant de partir à la découverte des autres monuments de la place Saint-Marc (billet commun) :*** palais des Doges, musée Correr, Musée archéologique et salles monumentales de la bibliothèque nationale Marciana. *Pour ces 4 sites, il n'existe qu'un seul billet commun. Si vous souhaitez visiter seulement l'un d'entre eux, vous paierez quand même le même prix global : 25 € ; réduc. Carte* Rolling Venice *acceptée (et fortement conseillée pour les moins de 29 ans). Accès également avec le* Museum Pass *(voir la rubrique « Cartes ou forfaits de visites et transports » dans le chapitre « Venise utile » en début de guide). Fermés 1ᵉʳ janv et 25 déc.*
– Ne faites pas la queue si vous avez déjà le billet : il y a une file dédiée aux visiteurs déjà munis d'un billet.
– Autre chose : sachez qu'il n'est possible de faire qu'une seule visite par monument (donc attention à l'heure et n'espérez pas revenir le lendemain si vous n'avez pas eu le temps de tout voir). Sachant, par ailleurs que le musée Correr, le Musée archéologique et la bibliothèque Marciana ont tous 3 une seule et même entrée : il faut donc les visiter à la suite les uns des autres. Le billet est valable 3 mois (ce qui ravira les touristes qui ne passent en moyenne que 3 jours à Venise !).

🏛🏛🏛 **Palazzo Ducale** *(palais des Doges ; zoom détachable E4)* **:** ☎ *041-271-59-11.* ● *palazzoducale.visitmuve.it* ● *Avr-oct, tlj 9h-18h (ferme plus tôt en nov-mars) ; dernière entrée 1h avt fermeture. En saison, nocturnes ven-dim jusqu'à 23h (pas en ce moment à cause de la Covid...). Fermé 1er janv et 25 déc. Audioguide : 5 € (pas disponibles en ce moment à cause de la Covid). Pour les visites en français, téléphonez ou demandez à l'entrée, car les horaires changent souvent. Dans chaque salle, des panneaux en français détaillent les œuvres.*

La résidence des doges et de l'État

C'est un chef-d'œuvre du gothique vénitien. Le volume imposant de la résidence des doges échappe à l'impression de lourdeur grâce à un habile procédé architectural : l'inversion des masses. Cette technique place aux niveaux supérieurs les volumes pleins, tandis que les galeries inférieures bénéficient d'une grande finesse de décor. Cela augmente la légèreté de l'ensemble, qui a l'air de reposer comme par miracle sur une dentelle de fines colonnettes. On en tremble presque devant la fragilité suggérée de l'édifice ! Mais c'est du solide, à l'image des énormes pieux de mélèze qui assurent la cohésion de l'îlot de sable sur lequel il est bâti.

Le palais n'était pas seulement la résidence du doge. En réalité, ses appartements (au 1er étage) ne représentaient qu'une infime partie du bâtiment. Les trois quarts accueillaient les organes politiques et judiciaires de l'État (le conseil des Dix, les Quarante, le Sénat, le Grand Conseil...). La police secrète y avait également ses bureaux. Quant au célèbre pont des Soupirs, il mène directement aux prisons.

DANS LA GUEULE DU LION

Au 1er étage du palais des Doges, des gueules de lion *(bocca di leone) encastrées dans le mur servaient de boîte aux lettres pour recueillir les dénonciations anonymes (il y en a d'autres en ville). Pour remédier aux abus, à partir du XIVe s, on exigea 2 signatures. Et ceux qui dénonçaient à tort risquaient la peine de mort. Le nombre de lettres diminua alors considérablement...*

Visite

La visite du palais s'organise autour de ces 3 grands espaces : les ***appartements,*** les ***salles institutionnelles*** et la ***prison.***

– On pénètre dans le palais par la *porte del Frumento,* en face du bassin de Saint-Marc. Cour intérieure superbe avec son élégante aile Renaissance réalisée par Pietro Lombardo et ses 2 fils, la façade de l'Horloge et les puits aux margelles de bronze.

– Par le 1er escalier à droite, on atteint les loges, magnifique dentelle de piliers qui donne sur la cour intérieure. C'est ici que s'ouvrent les inquiétantes « gueules de lion » encastrées dans le mur. On emprunte ensuite la magnifique *scala d'Oro* (escalier d'Or) aux plafonds généreusement stuqués jusqu'aux appartements du doge, 1re étape de la visite. Les feuilles d'or de l'escalier sont en vrai métal de 24 carats.

Les appartements du doge (fermés lors d'expos temporaires !)

À mi-hauteur de l'escalier sur la droite, on accède aux 1res salles des appartements. Ils n'avaient rien de très privé, puisque s'y déroulait aussi la vie publique du doge. Les appartements plus intimes se trouvent un peu plus loin. Le doge n'y pénétrait qu'après avoir déposé les insignes du pouvoir. Les salles n'ayant que peu de mobilier, il faut faire un effort d'imagination pour reconstituer la vie du doge. Voici les plus remarquables :

– ***La salle des Scarlatti :*** notez le plafond sculpté et une *Vierge à l'Enfant* de Titien.

– ***La salle du Blason :*** cette vaste salle à la forme traditionnelle des demeures vénitiennes portait le blason du doge en charge. Il y recevait ses hôtes. Les cartes

peintes sur les murs visaient à impressionner les visiteurs de la toute-puissante Sérénissime.
– ***La salle Grimani :*** une salle dominée par la figure du lion de Saint-Marc, que l'on retrouve sous le pinceau de Vittore Carpaccio *(Le Lion marchant)*.
– ***La salle des stucs :*** à la différence des autres, elle est décorée de stucs. Ne soyez pas surpris de découvrir un portrait du roi de France Henri III attribué au Tintoret. Il faisait alors une petite pause à Venise en 1574 avant de se rendre en France pour son couronnement.

PAS DE TROMPERIE SUR LA MARCHANDISE !

À la cour du roi Charles IX (1560-1574), il était seyant de porter une robe dite « d'espoitrinement valois à la vénitienne », l'ancêtre de notre topless actuel. Ce costume, qui permettait aux courtisanes de mettre en valeur certains de leurs atouts, avait été imposé aux prostituées par le doge de Venise pour que les clients de ces dernières puissent les différencier des travestis qui les concurrençaient sévèrement à l'époque.

– ***La salle des philosophes :*** une de nos préférées. Prenez la petite porte sur le mur qui mène à l'escalier privé du doge. Montez quelques marches et retournez-vous. Émerveillement ! *Saint Christophe* peint par Titien. L'originalité vient du fait que le saint traverse la lagune de Venise à pied, image insolite et interprétation très personnelle du peintre.
– ***La salle Corner :*** remarquez la frise sur la cheminée, les anges ailés chevauchant des dauphins aux mâchoires carnassières. Gigantesque arbre généalogique de la famille Foscarini en tableau.

Les salles institutionnelles (c'est par elles que commence la visite quand les appartements sont fermés)

Reprendre la *scala d'Oro* (escalier d'Or) jusqu'en haut. Dans le vestibule, plafond du Tintoret *(La Justice offrant balance et épée au doge)*. Les visiteurs y faisaient antichambre avant d'être reçus.
– ***La salle des Quatre Portes :*** c'est dans cette salle que patientaient ceux qui étaient convoqués par le Conseil. Une peinture de Vincentino représente l'accueil du roi de France Henri III à Venise en 1574. Une autre toile est due à Tiepolo et d'autres à Caliari, fils de Véronèse.
– ***La salle de l'anticollège :*** c'est la 3e salle d'attente (on pouvait poireauter plusieurs jours avant d'être reçu par le doge !). Ça donnait le temps de détailler la célèbre œuvre de Véronèse, *L'Enlèvement d'Europe* (remarquable luminosité), et du Tintoret une série de scènes mythologiques *(La Forge de Vulcain, Mercure et les Trois Grâces, Ariane retrouvée...)*, en se réchauffant auprès de la monumentale cheminée.
– ***La salle du collège :*** organe suprême de la République, composé du doge et de ses 6 conseillers (les sages), du président du conseil des Dix et du grand chancelier. On y recevait les ambassadeurs. Les murs se partagent entre des toiles du Tintoret et de Véronèse, *La Victoire de Lépante contre les Turcs* (voir la rubrique « Histoire » dans « Hommes, culture, environnement » en fin de guide). Plafond sculpté et doré avec peintures allégoriques du même artiste *(Mars et Neptune, Venise trônant avec Justice et Paix...)*.
– ***La salle du Sénat :*** cette assemblée, composée de 120 sénateurs élus, détenait le pouvoir législatif. Dans cette salle, on assiste au triomphe du baroque. Plafond sculpté et doré, imbattable dans le genre pompeux et chargé. Ça en devient beau dans la démesure décorative. Afin de limiter la longueur des interventions, les 2 horloges servaient à rappeler aux participants des débats le temps qui passait inexorablement. À partir de là, on entre dans la partie « pénale » du palais.
– ***La salle du conseil des Dix :*** de l'autre côté de la salle des Quatre Portes. Le conseil des Dix (ils étaient 17 !), sorte de service secret doté de pouvoirs judiciaires, avait été créé pour déceler les nombreux complots tramés ici et là. Il avait la faculté de révoquer le gouvernement et même le doge en personne. Toiles de

Véronèse et de Zelotti. Cette salle conduit à la petite ***salle de la porte-tambour,*** où l'imposante porte d'angle surmontée d'une statue de la Justice défend l'entrée du domaine des chefs du conseil des Dix et des inquisiteurs...

– ***L'armurerie (armeria) :*** impressionnante collection d'armes anciennes. Curieuses épées avec arme à feu incorporée et ancêtre de la mitrailleuse à 10 canons. Ne manquez pas les hallebardes ottomanes (Turcs) et l'armure du roi Henri IV offerte par la France à Venise.

Redescendre ensuite vers la salle du Grand Conseil, en passant par la ***salle de la Quarantia Civil Vecchia*** (dans une salle latérale, grande fresque endommagée de Guariento di Arpo, du XIVe s).

– ***La salle du Grand Conseil :*** voici ***la plus vaste salle du palais*** (plus de 50 m de long et 25 m de large). On s'y sent tout petit ! Le Grand Conseil, sorte de parlement, a compté plus de 1 000 membres au XVIe s. Les plus fameux artistes (le Tintoret, Palma le Jeune, Véronèse, Bassano) réalisèrent les toiles du plafond. Mais ce qui retient le visiteur ici, c'est avant tout la gigantesque toile du fond, *Le Paradis,* réalisée par le Tintoret en 1590. Probablement ***la plus grande huile sur toile du monde*** (22 m sur 7 m !), comptant un nombre incroyable de personnages. Au plafond, dans l'ovale, *Le Triomphe de Venise* par Véronèse. Remarquez les grosses vis dans les encadrements, elles servent à tendre les toiles. Sous le plafond, une frise où figurent les portraits des 120 doges.

C'est dans cette salle du Grand Conseil qu'en juillet 1574, le roi de France Henri III fut convié au plus extravagant des banquets. Les 3 000 invités se rassemblèrent autour d'un « buffet en sucre » géant atteignant la hauteur du plafond. Tout était en sucre : les mets, les plats, les couverts, les statues, les trophées... y compris les serviettes de table. Quand le roi de France voulut déplier la sienne, elle s'effrita entre ses mains...

Après une halte dans la ***salle du Scrutinio,*** où l'on procédait au dépouillement des votes pour l'élection des charges d'État. Murs et plafonds illustrent les batailles et victoires de Venise. Au-dessus de la porte, un *Jugement dernier* de Palma le Jeune.

UN DOGE QUI PERD LA FACE

Parmi les portraits des 120 doges représentés dans la salle du Grand Conseil, notez dans l'angle, au fond à gauche, celui de Marino Falier, occulté de noir. En 1354, quelques mois après son élection, il fut destitué et décapité sur les marches de l'escalier qui avait servi de décor à son couronnement. Son crime : avoir conspiré pour conclure une paix infamante avec Gênes et voulu renverser les institutions républicaines pour les remplacer par un gouvernement personnel et autocratique. Les autres l'ont mal pris.

Les Prigioni Nuove

On parvient à ces fameuses prisons nouvelles en traversant l'emblématique pont des Soupirs *(ponte dei Sospiri)* par son couloir intérieur. Les « prisons nouvelles », un ensemble de geôles nues et sinistres, vinrent suppléer aux « plombs » (l'ancienne prison, appelée ainsi car elle était sous les toits couverts de plomb) et aux « puits » (la même chose en sous-sol, encore moins confortables à cause de l'humidité), lorsque ces derniers se révélèrent insuffisants. ***Giacomo Casanova*** fut détenu au dernier étage des plombs, d'où il s'évada le 31 octobre 1755.

La sortie

En sortant, vous apercevrez l'***escalier des Géants,*** flanqué de Mars (dieu de la Guerre) et de Neptune (dieu de la Mer) illustrant les origines de la richesse de Venise, placée sous la protection particulière du lion de l'évangéliste. L'intronisation des doges se déroulait sur cet escalier. On termine par la ***porta della Carta,*** parée des statues des vertus. Sur les montants du portail étaient affichés décrets gouvernementaux et ordres d'exécution. Au-dessus, sculpture du doge Foscari à genoux devant le lion ailé de saint Marc, dans un décor ciselé représentatif du gothique flamboyant.

➢ ***Les secrets du palais des Doges :*** *résas (2 pers min) plusieurs j. à l'avance au ☎ 848-0820-00 ou sur ● palazzoducale.visitmuve.it ● Visite guidée de 1h30, en français tlj à 10h50 et 12h30 (aussi en italien et anglais à d'autres heures). Tarif : 28 € ; réduc. Carte Rolling Venice acceptée. Le billet donne droit à la visite classique du palais des Doges, mais celle-ci est à faire dans la foulée. Attention : ce billet ne donne pas accès aux autres monuments de la pl. Saint-Marc.* Si vous parvenez à la réserver, cette visite guidée en petit groupe permet de découvrir les passages secrets et les dessous de l'administration de la cité. Non seulement vous visiterez des lieux qui ne font pas partie du parcours classique (bureaux des fonctionnaires, archives secrètes, salles de justice, cachots, salle de torture, locaux de la police secrète du conseil des Dix, combles), mais vous apprendrez des tas de choses passionnantes sur l'histoire de la Sérénissime, État de droit à la modernité étonnante.

UNE PRISON DORÉE

Malgré leur puissance, les doges étaient assignés à résidence. Pendant longtemps, Venise craignait les pirates barbaresques, de fieffés pilleurs de bateaux qui, par-dessus le marché, n'hésitaient pas à vous vendre comme esclave en Afrique. Certains doges n'avaient même pas le droit de sortir de leur palais, sauf en étant masqués. Un boulot pas si rigolo, tout compte fait.

SAN MARCO

👀👀 ***Ponte dei Sospiri*** *(pont des Soupirs ; zoom détachable E4)* **:** construit vers 1602, le pont des Soupirs est, avec le Rialto, le pont le plus célèbre de Venise. Il reliait les locaux des juges d'instruction du palais des Doges aux « prisons nouvelles ». Ce n'est qu'au XIXe s, sous l'influence du romantisme, que le nom « des Soupirs » fut attribué au pont. Beaucoup oublièrent les soupirs des prisonniers d'antan franchissant le *rio* et contemplant une dernière fois Venise à travers le treillis des fenêtres. On adopta la version sentimentale du soupir : soupirs des amoureux ou soupirs des nostalgiques de la grandeur passée de la Sérénissime.

– Vous pouvez l'admirer depuis le pont *della Paglia.* Mais vous ne serez sûrement pas tout seul... En attendant de grappiller un peu d'espace pour prendre une photo, vous pourrez tenir compagnie à Noé dans son ivresse. Le patriarche titubant y est en effet représenté, soutenu par ses fils, à l'angle du palais des Doges.

👀👀 ***Museo Correr – Museo archeologico – Biblioteca Marciana*** *(zoom détachable D4)* **:** *San Marco, 52, au fond de la place, à l'opposé de la basilique. ☎ 041-240-52-11. ● correr.visitmuve.it ● Tlj 10h-19h (17h nov-mars). En saison, nocturnes ven-dim jusqu'à 23h. Fermeture des guichets 1h avt. Entrée : 25 €, incluant ces 3 musées ainsi que la visite du palais des Doges. Fiches explicatives sur les œuvres dans chaque salle. Audioguide : 5 €.* ***Attention :*** *une seule et même entrée pour les 3 musées, qu'il faut visiter dans la foulée puisque le billet (commun) offre un seul droit d'accès.*

Le museo Correr

👀👀 C'est immense, et l'imbrication des 3 musées rend l'ensemble un poil confus. Mais pas de panique, la visite des salles (près de 50, quand même !) se fait sans effort. Comme les sujets sont multiples, traitant aussi bien de la Sérénissime que de l'art ou de l'histoire, on ne s'ennuie pas. Quant à Correr, c'est le généreux donateur issu du sérail vénitien qui a légué ses collections en 1830 ! Une excellente introduction à l'histoire de la ville.

➢ ***1er étage :***

– ***Les salles impériales :*** la visite débute par la vaste salle de bal. Quand bien même on conserve ici quelques meubles d'époque napoléonienne, la déco remonte à la période des Habsbourg. Ce sont les fameux ***appartements de Sissi*** (Élisabeth de Wittelsbach, pour l'État civil). La belle, incarnée à l'écran par Romy Schneider, y séjournera quelques mois seulement, tandis que son « Franzy », le jeune souverain François-Joseph, lui rendra visite une bonne dizaine de fois. On découvre la salle à manger, la salle des audiences, puis des lieux plus intimes (cabinet d'études, boudoir) : beaux meubles de style Empire ou néobaroque, de splendides lustres de Murano (concurrencé par le cristal de Bohême à l'époque) ainsi qu'une tapisserie rouge et or refaite à l'identique. Au passage, jetez un œil par la fenêtre : très belle échappée sur la lagune. Au bout de l'enfilade de pièces, une porte ouvre sur un autre appartement tout aussi somptueux, celui de François-Joseph (non accessible au public).

- On accède ensuite à plusieurs salles dédiées au ***sculpteur Canova.***
- ***Civilisation vénitienne :*** une vingtaine de salles. Côté place Saint-Marc, une somptueuse bibliothèque en noyer du XVIIe s (salle 8) ainsi que différentes sections qui regroupent toutes sortes de documents concernant les doges et l'histoire de la navigation vénitienne : magnifiques mappemondes anciennes (réalisées par Vicenzo Coronelli), maquettes de bateaux, énormes lanternes qui ornaient la proue des galères, globes terrestre et céleste du XVIIe s, etc. Au passage, les numismates auront trouvé leur bonheur avec une belle collection de monnaies (dont les plus vieilles datent de Lodovico il Pio, empereur et roi d'Italie en 810-840 apr. J.-C.). Dans un tout autre registre, on enchaîne dans la foulée avec une intéressante exposition d'armes et d'armures.
- Côté lagune, salles consacrées aux petits bronzes et un vrac lié aux différents objets de la vie quotidienne, notamment des jeux de société, des *zoccoli* (chaussures de femmes à semelles rudement compensées)...
- ***Les salles de la Wunderkammer :*** situées au bout du bâtiment, en direction de la *biblioteca Marciana,* elles abritent une riche collection de peintures de doges, tableaux à thèmes religieux, tapisseries d'Anvers (XVIe s), coffrets en ivoire, superbe dent de narval sculptée représentant l'arbre de Jessé, statues, reliquaires, bijoux et camées de la Renaissance. Ne pas manquer cette grande carte de Venise réalisée vers 1500 : « Venise à vol d'oiseau ». Son auteur, Jacopo de' Barbari, utilisa une matrice en bois de poirier pour imprimer la carte. C'est cette matrice finement sculptée, unique en Europe, qui est exposée ici.

➢ ***2e étage :*** *escalier depuis la salle 8 (au regard de la bibliothèque ovale).*
L'étage est occupé par une ***pinacothèque*** *(quadreria)* rassemblant des œuvres majeures de la ***peinture vénitienne depuis la fin du XIIIe s jusqu'au XVIe s.*** Parmi les réalisations les plus marquantes, on note, salle 25, le travail de Paolo Veneziano (très actif au début du XIVe s) qui marie avec talent les schèmes iconographiques du byzantin (profusion des couleurs, visages allongés) à la finesse du détail et l'élégance des mouvements introduits par le gothique. Plus loin, quelques œuvres de style gothique flamboyant. Cosmè Tura nous livre une effrayante *Pietà.*

Plus loin, la peinture flamande n'est pas en reste avec Bruegel le Jeune (l'*Adoration des Mages*), qui jouxte quelques *Madone à l'Enfant* de Bartolomeo Vivarini. On enchaîne avec une autre *Pietà,* mais d'Antonello da Messina, cette fois. Son arrivée à Venise à l'hiver 1474 fut déterminante pour le développement de la peinture vénitienne de la Renaissance. Ensuite, place à Giovanni Bellini qui, attentif au message transmis par da Messina, prendra la tête d'un atelier extrêmement actif dans la 2de moitié du XVe s.

Enfin, on termine en beauté avec un ***petit chef-d'œuvre de Carpaccio*** connu sous le nom de *Deux dames vénitiennes* (salle 38). On a pensé pendant longtemps que ce tableau représentait 2 courtisanes attendant le client. Que nenni : on sait aujourd'hui qu'il s'agit de 2 sœurs de très bonne famille (leur blason figure sur le vase) attendant le retour de leurs époux partis à la chasse. Mais les couples ne sont pas près d'être réunis : les maris se trouvent au musée Getty, à Malibu, sur la côte californienne des États-Unis.

Le Museo archeologico
(retour au) 1er étage.
Très belles statues des périodes hellénistique ou romaine dont quelques beaux marbres de Galata (restaurée au XVIe s) de la collection de Giovanni Grimani. Également quelques amulettes et objets votifs égyptiens, des bas-reliefs et 2 sarcophages, des cratères de la période étrusque, de la céramique attique à figures noires et rouges, une petite collection de bijoux en or allant du Ier s av. J.-C. au Ier s après, sans oublier quelques bronzes. Les plafonds et murs sont décorés par les grands peintres de l'époque.
– ***Capsella di Samagher :*** derrière son rideau noir, cette petite salle conserve une pièce rare, un petit reliquaire du Ve s, en ivoire et corne sculptée, provenant de Pula en Croatie (la Dalmatie était naguère sous mainmise vénitienne).

La Biblioteca nazionale Marciana
(toujours au 1er étage). Située au bout du bâtiment juste après le Musée archéologique.
Construit par Sansovino au XVIe s (le plus grand architecte de son temps), ce monument abrite une bibliothèque dont on visite les salles dites « monumentales ». Dès l'origine, le bâtiment abrita une collection de livres de la République (environ un millier de manuscrits grecs des plus précieux).
– La ***bibliothèque Sansovinienne*** voit ses plafonds ornés de grotesques sur fond d'or (petites scènes peintes à la mode à l'époque), réalisés par Véronèse et Bernardo Strozzi. Les murs ont été peints, entre autres, par le Tintoret. De part et d'autre de la porte monumentale qui mène au vestibule, 2 Véronèse !
– Le ***vestibule*** abrite un petit musée statuaire aménagé à la façon d'un forum antique, surmonté d'un plafond peint par Titien.
– Les ***salles du fond*** renferment une précieuse ***mappemonde de Fra Mauro*** (1450). Il s'agit non pas d'un globe terrestre (comme ceux de Coronelli) mais d'une représentation du monde du XVe s. L'ensemble a été peint et dessiné à plat dans un grand cercle vertical, par un moine qui n'était jamais sorti de San Michele de Murano. Cette mappemonde date d'avant la découverte du Nouveau Monde (1492). L'Afrique est encore très incertaine, les Portugais commençant à peine leur exploration des côtes de ce continent. Notez bien qu'à l'époque, Jérusalem était placée au centre du monde.
Cafétéria du musée : après cette visite marathon, vous l'aurez bien mérité ce cappuccino ou ce petit café. Décor très agréable, bien dans le style des appartements impériaux. C'est cher, mais moins que les cafés de la place sur laquelle on a une superbe vue !

DE LA PIAZZA SAN MARCO AU RIALTO

Museo diocesano *(Musée diocésain ; zoom détachable E4)* **:** *fondamenta Sant'Apollonia, Castello, 4312. ☎ 041-522-91-66. • veneziaupt.org • Avr-oct, tlj 10h-19h (dernière entrée 30 mn avt fermeture). Entrée : 5 € (avec le cloître) ; réduc. Pour les expos temporaires, consulter leur site internet.* Ce musée occupe le 1er étage du charmant petit cloître roman de Saint-Apollon. Il abrite une collection de tableaux empruntés à des églises aujourd'hui fermées, dont un Tintoret. Également des objets liturgiques comprenant de belles pièces en orfèvrerie et des sculptures en bois des XIVe et XVIe s, dont 2 impressionnants Jésus crucifiés.

Les Mercerie : cette enfilade de rues constitue l'artère commerçante la plus active de Venise et relie la place Saint-Marc au pont du Rialto. À l'époque des doges, on vendait de tout dans les *Mercerie.* C'était d'ailleurs le seul endroit de Venise où les commerces n'étaient pas groupés par spécialités. Les *Mercerie* portent 3 noms différents. À partir de la place Saint-Marc, elles prennent le nom de *Merceria dell'Orologio* (la rue commence sous le porche de la tour de l'Horloge). Plus loin, on débouche sur le *campo San Zulian,* qui donne son nom au 2e tronçon de la rue. En continuant, on atteint enfin le *campo San Salvador.* Malheureusement, les magasins n'ont plus grand-chose de bien typique et les rares boutiques rescapées des temps anciens vendent des articles beaucoup plus chers qu'ailleurs.

🕯 ***Chiesa Santa Maria della Fava*** *(zoom détachable D3)* **:** *calle della Fava, Castello. Lun-sam 9h30-11h30, 16h30-19h ; dim l'ap-m seulement.* On raconte qu'une pâtisserie du quartier fabriquait des petites douceurs en forme de fève. Confectionnées à la Toussaint car les nervures des fèves évoquaient l'âme des morts. Cette église du XVIIIe s aurait pris par la suite le nom du gâteau ! À part cela, l'église est sans grand intérêt. Signalons tout de même *L'Éducation de la Vierge* de Giambattista Tiepolo (1re chapelle à droite) et *L'Apparition de la Vierge à saint Philippe Néri* de Piazzetta (2e chapelle à gauche).
– En sortant, rejoindre le *campo San Bartolomeo,* juste à côté du pont du Rialto, où se dresse la statue en bronze de Carlo Goldoni, le grand homme de théâtre vénitien, réalisée en 1883 par Antonio Del Zotto.

AUTOUR DE LA FENICE

En quittant la place Saint-Marc pour aller vers le théâtre La Fenice *(teatro La Fenice),* on traverse ***le quartier le plus chic de Venise.*** Point de petites échoppes ou d'artisans. Ici, c'est l'empire des boutiques de fringues de marque, des magasins d'antiquités, des banques, des cafés huppés et des restos BCBG La calle larga XXII Marzo illustre parfaitement l'ambiance du quartier.

🕯 ***Chiesa San Moisè*** *(zoom détachable D4)* **:** *campo San Moisè, San Marco, 1390 A. ☎ 041-528-58-40. Tlj 9h30-12h30 (11h dim), 15h-18h30.* Elle est consacrée à saint Moïse, le prophète de l'Ancien Testament (les Tables de la Loi, c'est lui !). Édifiée en 1632, sa façade baroque de 1668 est richement sculptée. Il faut savoir que sa décoration était toute dévolue aux Fini, famille de nouveaux riches tardivement anoblis contre versement d'une somme rondelette. Le buste de Vincenzo Fini trône sur un obélisque au-dessus du portail. Le campanile date du XIIIe s. À l'intérieur, belles peintures : *Cène* de Palma le Jeune et *Lavement des pieds* du Tintoret (toutes 2 dans la chapelle absidiale à gauche du chœur). Une curiosité dans l'allée centrale : la plaque tombale de l'économiste ***John Law*** (1671-1729). Ce banquier écossais fut contrôleur des Finances du royaume de France au début du règne de Louis XV, et précédemment inventeur du système de Law sous la Régence en 1716. C'était un système spéculatif par actions sur les richesses de Louisiane pour lequel furent d'ailleurs créés les 1ers billets de banque. Chassé de France, Law termina sa vie à Venise, vivant d'expédients et de jeu. Il y croisa Montesquieu en 1728.

🕯 ***Chiesa San Salvador*** *(zoom détachable D3)* **:** *San Marco, 4835. ☎ 041-523-67-17.* Construite en 1507, sa façade date du XVIe s. Noter le boulet de canon incrusté à gauche de la façade (siège autrichien de 1849). On est frappé par ce vaste vaisseau de style néoclassique dans les tonalités rouge et gris. Superbe pavement en marbre polychrome. Côté droit de la nef, quelques monuments importants comme le tombeau du doge Francesco Venier et celui de Caterina Corner, reine de Chypre. 3e autel, retable présentant une *Annonciation* du Titien. Côté gauche, au 3e autel, *Vierge à l'Enfant avec saint Jean-Baptiste* de Palma le Jeune.

⇜ 🕯🕯 ***Scala Contarini del Bovolo*** *(escalier du Bovolo ; zoom détachable D4)* **:** *San Marco, 4299. ☎ 041-309-66-05. • scalacontarinidelbovolo.com • Accès par la calle de la Vida ou delle Locande, à partir du campo Manin (indiqué). Tlj 10h-18h (dernière entrée 30 mn avt). Fermé 1er janv, 15 août, 1er nov et 25-26 déc. Entrée : 7 € ; 9 € pour le billet combiné avec l'oratorio dei Crociferi (voir plus loin au chapitre « Cannaregio »).* Dans la petite cour du *palais Contarini del Bovolo,* désormais démembré, se cache le célèbre escalier du Bovolo, dont les arcades et la balustrade rappellent un peu la tour de Pise. Son nom vient du vénitien et signifie « escalier de l'Escargot », en raison de sa forme en spirale. Il fut construit en 1499 et est enfermé dans une superbe tour à loggias. L'entrée est un peu chère, mais permet de profiter d'une vue géniale depuis le sommet. Et puis, sinon, on l'admire tout aussi bien depuis l'entrée sans en fouler les augustes marches...

Teatro La Fenice (zoom détachable C-D4) **:** *campo San Fantin, San Marco. ☎ 041-78-66-72 (billetterie). • teatrolafenice.it • Vaporetti nos 1 ou 2, arrêt San Marco Vallaresso ; ou vaporetto no 1, arrêt Giglio ou Sant'Angelo. Tlj 9h30-18h. Visite avec audioguide : 11 € ; réduc, entre autres, pour les familles (1 couple + 1, 2 ou 3 enfants) : 23-29 € le billet global. Se renseigner avt fermeture pour connaître les horaires de visite car ils fluctuent selon les répétitions.* Le célèbre théâtre La Fenice donne sur un adorable petit *campo* bordé également par une église à la très belle façade Renaissance. Ironie de l'histoire, le théâtre a brûlé 2 fois, et il ressuscita 2 fois de ses cendres, comme le phénix... dont il tire son nom. Au cours de la visite, vous découvrirez une des plus étonnantes « bonbonnières » créées pour le plaisir des yeux et des oreilles. Si vous avez l'occasion d'y assister à un concert, c'est encore plus marquant !

L'une des plus belles scènes du monde

Avec son décor bleu clair argent, ce haut lieu du spectacle était considéré comme l'une des plus belles salles du monde. Détruit par un incendie qui dura 3 jours en décembre 1835, il fut reconstruit dans le style rococo avec 174 loges et plus de 1 100 places assises. La plupart des grands noms de l'opéra italien ont vu leurs œuvres jouées pour la 1re fois sur cette scène : Rossini, Bellini, Donizetti ou bien sûr Verdi... Les plus grandes voix s'y produisirent. Parmi elles, Maria Malibran qui, dans les années 1830, se rendait aux représentations dans une gondole décorée d'or et de rouge (à sa mort, à 28 ans, l'un des théâtres vénitiens prit son nom). La cantatrice Maria Callas y interpréta en tout 8 opéras, de 1947 à 1954, sans compter Pavarotti ou encore Montserrat Caballé, pour ne citer que les plus connus. Enfin, depuis 1930, La Fenice accueille un festival de musique contemporaine de haute volée où brillèrent Stravinski, Prokofiev ou Britten...

UNE RÉSISTANCE ORCHESTRÉE

Au XIXe s, durant l'occupation autrichienne, les Vénitiens profitaient des œuvres de Verdi qui étaient jouées à La Fenice pour faire vibrer leur élan patriotique. Leurs enthousiastes « Viva Verdi » cachaient en fait un message codé destiné à leur souverain favorable à l'unification italienne, VERDI signifiant en fait « Vittorio Emanuele Re d'Italia » (Victor Emmanuel roi d'Italie).

1996, le 2d incendie

Le 29 janvier 1996, pour la 2de fois de son histoire, un incendie – criminel, cette fois – ravagea à nouveau La Fenice. Pour éviter des pénalités de retard, une entreprise du bâtiment qui effectuait des travaux préféra mettre le feu à l'édifice. Les Vénitiens mettront 8 ans pour la reconstruire, *com'era, dov'era* (« tel qu'il était, où il était »). Les archives visuelles ont permis de reconstituer avec minutie les couleurs, les matières et la décoration. Lors de son inauguration officielle le 14 décembre 2003, le public eut

UNE RECONSTRUCTION STRICTO SENSU

Suite à l'incendie de La Fenice en 1996, les archives de 1836 (date de la 1re reconstruction) se révélèrent vite insuffisantes pour rebâtir l'édifice à l'identique. Les architectes eurent alors recours au cinéma ! Ils utilisèrent en particulier les 1res scènes du film Senso *de Visconti, tournées en 1954 et qui se déroulent à l'intérieur de la salle... Ils s'appuyèrent également sur les scènes coupées, mais heureusement conservées, du 3e film sur Sissi.*

la chance de découvrir les améliorations scéniques et techniques, à défaut de toujours apprécier la mise en scène de *La Traviata,* alors trop moderne pour Venise.

La visite
La visite retrace les grandes étapes de son histoire, ponctuée d'anecdotes musicales, architecturales ou historiques. Elle donne surtout accès à l'intimité de cette salle fastueuse, aux dimensions somme toute plutôt modestes. Un million d'heures furent nécessaires pour la reconstruction du théâtre ! On apprend comment l'utilisation du papier mâché et l'installation d'une fausse coupole ont permis d'alléger la structure. Un coup d'œil à la maquette originale de l'édifice (1790), un passage par la loge impériale (fastueuse avec les velours rouges, les angelots et les miroirs à l'infini !). À noter que du temps des doges, il n'y avait pas de loge royale car le doge n'était pas un roi. La loge impériale fut créée pour Napoléon en 1807 puis détruite et reconstruite par les Autrichiens. On visite aussi 5 magnifiques salles dites apolliniennes, où l'on aperçoit encore les traces de l'incendie de 1996.

Chiesa Santa Maria del Giglio ou Santa Maria Zobenigo *(zoom détachable C-D4)* **:** *campo Santa Maria Zobenigo, San Marco. ☎ 041-275-04-62. • chorusvenezia.org • Lun-sam 10h30-13h30 et 14h30-17 (dernier billet à 16h45). Entrée : 3 €. Accès avec le* Chorus Pass. Cette église à la riche façade baroque (1683) fut édifiée initialement au Xe s. Dominant le portail principal, une statue de l'amiral Antonio Barbaro, rappelle que ce généreux donateur contribua financièrement aux travaux de construction. Voir aussi, à la base des colonnes de la façade, les plans-reliefs des villes, où la famille Barbaro servit les intérêts de la République. À l'intérieur sur la droite, dans la chapelle Molin, une *Vierge à l'Enfant* et *Saint Jean-Baptiste enfant,* la seule peinture de Rubens (peintre flamand d'Anvers) conservée à Venise. Cette toile exceptionnelle est parfaitement mise en valeur par un bel éclairage. Au plafond, *Vierge à l'Enfant* du Tintoret. Sinon, petit trésor religieux, ostensoirs, reliquaires. Hélas ! à moins de franchir les cordons rouges du chœur, on ne pourra pas admirer les 2 autres tableaux du Tintoret qui se cachent derrière l'autel, représentant les évangélistes.

SAN MARCO

➢ En allant vers le Grand Canal jeter un œil, à gauche, à l'entrée de l'***hôtel Gritti Palace.*** Celui-ci fait partie des hôtels les plus célèbres du monde.

Campo San Maurizio *(zoom détachable C4)* **:** un *campo* calme, à l'image de l'ambiance générale du quartier. Il est bordé par une église du IXe s, reconstruite en 1806, dont la façade est assez surprenante : son fronton ressemble à celui d'un temple grec. Une brocante *(mercatino dell'antiquariato)* s'y tient plusieurs fois par an (à Pâques, à la Toussaint et juste avant Noël).
À gauche de l'église se dresse le ***palazzo Bellavite de Baffo*** qui fut la demeure de Giorgio Zorzi Baffo (1694-1768). Issu d'une famille patricienne, Baffo fut magistrat chargé des Affaires criminelles de Venise. Il est surtout connu pour ses œuvres licencieuses. Sur le mur, une plaque porte une épitaphe de Guillaume Apollinaire, faisant l'éloge de ce poète libertin.

Palazzo Zaguri *(zoom détachable C4)* **:** *situé sur le campo San Maurizio. Vaporetti nos 1 et 2, arrêt Accademia. Tlj 10h-20h. Entrée : 16 €.* Ce palais gothique du XIVe s entièrement rénové propose un espace de 2 500 m² sur 5 niveaux. Il accueille des expos temporaires qui changent environ tous les 6 mois.

Chiesa San Maurizio (museo della Musica *; zoom détachable C4)* **:** *sur la place du même nom, avec son campanile penché (tte ressemblance avec un monument connu existant...). ☎ 041-241-18-40 • museodellamusica.com •. Tlj 10h-19h.* À l'intérieur, intéressante exposition sur la lutherie et quelques explications sur Vivaldi. Les instruments italiens sont joliment mis en scène dans des vitrines. Voir notamment les violes de gambe (ancêtres du violoncelle) et, dans la sacristie, la reconstitution d'un atelier du XVIIIe s (âge d'or de la lutherie italienne). On pourra y admirer un des violons les plus anciens du monde, un *Jacobus*

Lafranci de 1595. Contrebasse du grand maître Amati (Cremone, 1670) au milieu de l'autel et des instruments de la famille des bois : flûtes traversières, hautbois, clarinettes... Noter quelques pièces assez originales comme cette *ghironda,* des guitares-lyres et autres mandolines-lyres ayant quasiment la forme d'une clé de sol. Une visite effectuée au son de la musique de Vivaldi.

Campo Santo Stefano *(zoom détachable C4)* **:** l'une des plus jolies places de Venise, avec les *palais Loredan* et *Morosini,* l'*église Santo Stefano* (voir ci-après) et, de l'autre côté de la place, l'***église San Vidal*** (chiesa San Vidal) où sont donnés tous les soirs des concerts de très bon niveau (voir en fin de guide la rubrique « Spectacles : théâtre, musique et Biennale » dans « Hommes, culture, environnement »).
En sortant de l'église, en face du *palais Loredan,* s'ouvre le *campiello Pisani.* L'édifice gigantesque qui le délimite abrite l'actuel conservatoire de musique.
À partir de ce *campo,* l'itinéraire vous porte naturellement vers le *ponte dell'Accademia.*

Chiesa Santo Stefano *(zoom détachable C4)* **:** *campo Santo Stefano, San Marco, 3825. ☎ 041-275-04-62. • chorusvenezia.org • Lun-sam 11h30-17h (dernier billet à 16h45). Entrée : 3 €. Accès avec le Chorus Pass.* Dans le pur style gothique, cette vaste église, dont la construction remonte à 1294, fut plusieurs fois modifiée. Ce qui donne un mélange d'éléments architecturaux plutôt heureux. Au XVe s, elle fut agrandie et elle enjambe encore aujourd'hui le rio del Santissimo di Santo Stefano. Très beau portail de Bartolomeo Bon. À l'intérieur, remarquable plafond en forme de carène de navire renversée, peint et décoré de médaillons en damier. De nombreuses peintures à admirer, les plus remarquables étant dans la sacristie. Quelques belles œuvres du Tintoret (*Prière au Jardin des oliviers* et la *Cène*) et de Bartolomeo Vivarini (*Saint Laurent martyr* et *Saint Nicolas de Bari*).

Museo Giacomo Casanova *(musée Giacomo Casanova ; zoom détachable C2)* **:** *palazzo Malipiero, San Marco, 3198. ☎ 041-237-97-36. • casanovamuseum.com • Vaporetto nº 2, arrêt San Samuele. Tlj 10h-18h30 (fermeture de la billetterie 45 mn avant). Entrée : 13 € ; réduc.* Tout ce que vous voulez savoir sur Casanova, en 3 volets. Une exposition moderne qui place tout d'abord le personnage dans son époque (le XVIIIe s), au travers de ***panneaux explicatifs*** (en italien et en anglais) et de reproductions de tableaux d'époque. Un personnage multiforme qui porta moult pseudonymes (le plus fréquent était *Chevalier de Seingalt*), fut prêtre, militaire (marin), grand voyageur, écrivain, prisonnier récidiviste (il aurait pu écrire le Routard !), mais doit surtout sa réputation à son cœur d'artichaut. Vient ensuite le temps fort avec un ***film virtuel*** plutôt bien tourné. Et, pour finir, un ***inventaire des films*** qui ont mis en scène le « tombeur de ces dames » de 1927 à nos jours, puis quelques objets intéressants (costumes...).

Palazzo Grassi *(palais Grassi ; zoom détachable C4)* **:** *campo San Samuele, San Marco, 3231. Rens et résas : ☎ 041-200-10-57. • palazzograssi.it • Vaporetto nº 2, arrêt San Samuele. Tlj sauf mar 10h-19h (dernière entrée à 18h) en principe, mais horaires variables selon expos. Billet combiné avec la Punta della Dogana (valable tte la durée des expos) : 15 € ; réduc ; gratuit jusqu'à 19 ans. Audioguide : appli téléchargeable sur tél mobile. Attention, fermeture totale lors de l'installation des expos, pdt plusieurs sem.*
Le palais Grassi présente uniquement des expositions temporaires, tirées de la collection d'art moderne et contemporain de François Pinault : morceaux choisis donc, on n'y verra rien de permanent, autant le savoir.

Historique
Faute d'avoir pu installer sa Fondation sur l'île Seguin, à la place des anciennes usines Renault, à Boulogne-Billancourt (région parisienne), c'est à Venise, au bord du Grand Canal, que le célèbre homme d'affaires a choisi d'exposer l'une des 10 premières collections d'art moderne et contemporain au monde ! Le palais,

qui, sous l'égide de la famille Agnelli, avait été aménagé par Gae Aulenti, a été rénové par l'architecte japonais Tadao Ando dans un parti pris de sobriété. Murs blanc cassé, sols gris, éclairage par spots intégrés dans des poutrelles métalliques côtoient des plafonds ornés de fresques du XVIIIe s. On aime ou on n'aime pas, comme toujours avec le contemporain. Les salles s'ordonnent autour d'une cour centrale qui permet d'apercevoir les œuvres d'une pièce à l'autre.

La collection Pinault
La collection comprend plus de 3 000 œuvres (exposées par roulement) et qui rendent compte de la création artistique de 1945 à nos jours dans des domaines très variés allant de la peinture à la sculpture en passant par la photo et la vidéo.
Parmi les œuvres privilégiées de Pinault (encore une fois, ne vous attendez pas à les voir toutes !), les maîtres désormais classiques du XXe s comme Picasso, Mondrian et Sérusier, mais aussi Rothko, De Kooning, le courant minimaliste (Pinault est aujourd'hui le plus grand collectionneur de Judd au monde), Andy Warhol, Jeff Koons, Damien Hirst, ou encore les photographies de Cindy Sherman qui peuvent être ludiques, provocantes, voire dérangeantes. D'ailleurs, certains tableaux peuvent parfois choquer les plus jeunes.
Mais le projet artistique de la Fondation Pinault ne s'arrête pas uniquement au *palazzo Grassi.* La Fondation expose également à la *Punta della Dogana* (à la pointe du Dorsoduro), les œuvres de très grands formats, impossibles à présenter à Grassi.
Bar au 1er étage *(10h30-18h30),* pour rester dans l'ambiance, et un restaurant gastronomique.
– Après les réhabilitations du palazzo Grassi et de la Punta della Dogana, François Pinault a rénové le ***Teatrino*** en 2013 situé juste derrière le palazzo Grassi. Toujours en collaboration avec l'architecte japonais Tadao Ando, les travaux ont permis de conserver presque intact l'aspect extérieur de ce bâtiment rectangulaire, datant de 1961. Le Teatrino est un lieu d'échange et de rencontre culturelle. Cet espace de 1 000 m² propose des expos temporaires, des ateliers (les enfants sont les bienvenus), des projections audiovisuelles (l'acoustique de la salle est parfaite !) ainsi que des ballets et des pièces de théâtre.

Museo Fortuny *(zoom détachable C4)* **:** *palazzo Pesaro degli Orfei, campo San Beneto (appelé aussi San Benedetto), San Marco, 3780. ☎ 041-520-09-95. • fortuny.visitmuve.it • Ouv pdt les expos temporaires seulement, tlj sauf mar 10h-18h (dernier billet à 17h). Fermé 1er janv et 25 déc. Entrée : 12 € ; réduc.* Mariano Fortuny (1871-1949), Andalou d'origine, était un artiste de talent et polyvalent : à ses heures photographe, peintre, sculpteur, mais aussi couturier, décorateur et inventeur (notamment du fameux *dôme Fortuny* pour éclairer les scènes de théâtre), il fut particulièrement célèbre pour son atelier d'étoffes. Installé au 1er étage du palais Pesaro (style gothique du XVe s), le musée présente les différentes facettes de ce touche-à-tout de génie. L'esthétique et la mise en scène ont été privilégiées, entre tentures, objets hétéroclites, robes... Et pourtant, l'émotion est loin d'être au rendez-vous. Nudité voulue de certaines pièces et surtout manque criant d'indications pour les autres, on passe ici à côté de la complexité d'un homme qui méritait mieux que ce palais au final confus. C'est d'autant plus dommage quand on réalise que presque toutes les pièces exposées, quelles qu'elles soient, sont de Fortuny ou de son père ! En revanche, boutique bien mise en valeur, c'est déjà ça...

Campo Manin *(zoom détachable D4)* **:** c'est, devant la *Cassa di Risparmio di Venezia,* l'une des rares verrues contemporaines de Venise (une honte aux yeux des Vénitiens, qui s'efforcent de la contourner au mieux !), que se trouve la statue de l'avocat Daniele Manin. Cet activiste nationaliste proclama la République vénitienne en 1849.

DORSODURO

Code postal : 30123

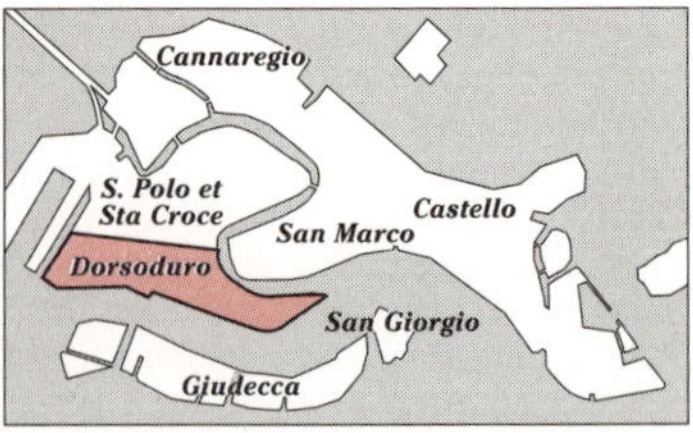

Face à l'île de la Giudecca, dont il épouse à merveille les contours, Dorsoduro (« le Dos dur ») tire son nom du sol sur lequel il est bâti. C'est l'un des quartiers les plus agréables de Venise. On y prend un grand bol d'air, laissant derrière soi l'atmosphère des foules oppressantes de San Marco pour trouver une vie plus authentique. C'est également l'un des *sestieri* les plus riches sur le plan culturel. On y trouve de prestigieux musées d'art : l'Accademia, la collection Peggy Guggenheim, la Punta della Dogana et la Ca' Rezzonico. Qui plus est, les quais orientés plein sud des *Zattere* lui confèrent un petit côté Riviera. Et, les facultés y foisonnent, faisant du *campo* Santa Margherita, quartier général des étudiants en goguette, un des lieux les plus animés de Venise le soir.

Où dormir ?

Institution religieuse

Istituto Canossiano San Trovaso *(plan détachable B5,* ***39****) : fondamenta de le Romite, Dorsoduro, 1323. ☎ 041-240-97-11. • info@romite1323.com • istitutocanossianosantrovaso.com • Vaporetti n° 1, arrêt Ca' Rezzonico, ou n° 2, arrêt Zattere. Couvre-feu vers minuit. Double 115 €. Pas de petit déj.* Ce couvent joliment restauré abrite une soixantaine de chambres d'une propreté irréprochable et très calmes. Organisées autour de 2 cours, toutes disposent d'une salle de bains et d'un bureau (ambiance studieuse !). Cuisine à disposition. Certaines, au 1er étage, bénéficient d'un petit balcon. Mais les règles de vie sont un peu contraignantes (couvre-feu à minuit). Le lieu n'est concurrentiel d'adresses plus charmantes qu'en haute saison. En revanche, bon accueil toute l'année !

De prix moyens à chic

B & B Ca' Fujiyama *(plan détachable B4-5,* ***93****) : calle lunga San Barnaba, Dorsoduro, 2727/A. ☎ 041-724-10-42. • info@fujiyama.life • fujiyama.life • Vaporetto n° 1, arrêt Ca' Rezzonico. Doubles 90-170 €.* Une charmante adresse à côté du *campo* San Barnaba, dans une ruelle tranquille. Quelques belles chambres très propres, aménagées dans un style européo-asiatique, donnant toutes sur le jardin. Belle terrasse, agréable aux beaux jours pour son petit déj qui, sinon, se prend au salon de thé du rez-de-chaussée.

Casa Accademia *(plan détachable C5,* ***40****) : fondamenta Bragadin, Dorsoduro, 624. ☎ 041-522-27-55. • info@casaccademia.it • casaccademia.it • Vaporetti nos 1 ou 2, arrêt Accademia. Doubles 60-90 € ; familiales. Pas de petit déj. Sur présentation de ce guide, réduc de 10 % sur le prix de la chambre double si résa directe (code « Routard »).* Dans un ancien séminaire, l'établissement mi-*ostello* mi-pension a la bonne idée de proposer des chambres individuelles pour voyageurs solitaires. Également des doubles, plus rares. Toutes bénéficient d'une salle de bains/w-c privée et, en commun, 2 grandes terrasses (vue sur la Salute pour l'une d'entre elles). Certaines donnent sur un canal. L'ensemble est bien tenu et a gardé une certaine austérité monacale.

Locanda Ca' Foscari *(zoom détachable B4,* ***50****) : calle della Frescada, Dorsoduro, 388. ☎ 041-71-04-01. • locandacafoscari@hotmail.it • locandacafoscari.com • Vaporetti nos 1 ou 2, arrêt San Tomà. Couvre-feu à 1h. Doubles avec lavabo 50-90 €, avec sdb 80-130 € ; petit déj en plus.* Dans un quartier étudiant, une pension d'une douzaine de chambres dont la moitié seulement, les plus spacieuses, possèdent toutes les commodités. Les chambres « budget » se contentent d'un lavabo. Ambiance familiale et joviale. Toutes ont une déco hyper simple et sont propres.

De chic à très chic

Hotel Galleria *(zoom détachable C5,* ***51****) : rio terrà Antonio Foscarini, Dorsoduro, 878/A. ☎ 041-523-24-89. • info@hotelgalleria.it • hotelgalleria.it • Vaporetti nos 1 ou 2, arrêt Accademia. Réception au 1er étage. Doubles sans ou avec w-c privés 100-290 €.* Une maison du XVIIe s très bien située se donnant des airs de palais. La petite dizaine de chambres, petit format, sont confortables et joliment arrangées (meubles anciens, tapisseries à grosses fleurs, tapis et parquet, plafonds d'origine). Celles donnant sur le Grand Canal sont nos préférées, d'autant que le petit déj est servi en chambre. Bien sûr, la vue se paie. Un peu cher pour les chambres sans toilettes.

Locanda Ca' San Trovaso *(plan détachable B5,* ***48****) : fondamenta de le Romite, Dorsoduro, 1350/51. 349-125-38-90. • info@casantrovaso.com • casantrovaso.com • Vaporetti nos 2, 5.1, 5.2 ou 6, arrêt Zattere. Doubles 120-220 € ; familiales. Apéritif maison offert sur présentation de ce guide.* Sur ce bout de canal calme et demeuré authentique, une demi-douzaine de chambres occupent cette modeste maison de 2 étages. Toutes au large et lumineuses chiquement décorées, équipées de salle de bains modernes et irréprochables. On aime évidemment celles orientées vers le canal... on vous le donne en mille, les plus chères. Pour le petit déj, direction une petite terrasse juchée sur le toit, aux beaux jours, sinon en chambre. Royal !

De très chic à beaucoup plus chic

La Calcina *(plan détachable C5,* ***54****) : Zattere ai Gesuati, Dorsoduro, 780. ☎ 041-520-64-66. • info@lacalcina.com • lacalcina.com • Vaporetti nos 2, 5.1 ou 5.2, arrêt Zattere, ou no 6, arrêt Spirito Santo. Doubles avec sdb 100-390 € ; familiales.* Ce fut la maison de John Ruskin, critique d'art et écrivain anglais, qui rédigea ici ses *Pierres de Venise*. C'est aujourd'hui un hôtel élégant, avec beau toit-terrasse, où l'on se sent aussitôt à l'aise : l'accueil est aux petits soins, les parties communes sont cosy, et les chambres joliment décorées de meubles d'époque et de quelques lithos. À l'arrière, l'annexe **La Residenza 818** *(☎ 041-523-45-89 ; • info@laresidenza818.com • laresidenza818.com •)* dispose de grandes suites, et d'autres chambres avec salle de bains privée mais sur le palier pour certaines, donc plus économiques. 2 belles adresses en une.

Hotel Locanda San Barnaba *(plan détachable B4,* ***90****) : calle del Traghetto, Dorsoduro, 2786. ☎ 041-241-12-33. • info@locanda-sanbarnaba.com • locanda-sanbarnaba.com • Vaporetto no 1, arrêt Ca' Rezzonico. Doubles 120-175 €.* Un palais de style gothique du XVIe s, dans une petite rue bien tranquille qui part du campo San Barnaba vers l'embarcadère. L'adresse ne manque pas de caractère. Une douzaine de chambres (dont 2 en rez-de-chaussée), toutes différentes, meublées avec goût. Elles s'ordonnent autour de l'ancienne salle de bal du palais et certaines donnent sur le petit canal. Les chambres supérieures ont conservé des fresques du XVIIIe s au plafond, et l'une des *junior suites* dispose d'une belle mezzanine. Élégante salle à manger. Petit jardin aux beaux jours. Accueil très affable dans un hall d'entrée richement boisé.

Hotel Tiziano *(plan détachable A4,* ***56****)* **:** *calle Riello, Dorsoduro, 1873. ☎ 041-275-00-71. • info@hoteltizianovenezia.it • hoteltizianovenezia.it • Vaporetti nos 2 ou 6, arrêt San Basilio. ♿ Doubles 80-220 €.* À l'écart des flux, cet hôtel de charme offre un bel écrin à d'agréables chambres spacieuses, bien équipées, certaines avec baignoire, d'autres mansardées ou encore bénéficiant d'une vue sur le *canaletto* qui borde la bâtisse. De beaux matériaux, de fins décors peints façon XVIIIe, on est à Venise que diable ! Le service est pro et sans accroc et les prix savent rester sages au vu du confort douillet offert.

Pensione Accademia (Villa Maravege *; zoom détachable C5,* ***82****)* **:** *fondamenta Bollani, Dorsoduro, 1058. ☎ 041-521-01-88. • info@pensioneaccademia.it • pensioneaccademia.it • Vaporetti nos 1 ou 2, arrêt Accademia. ♿ Doubles 110-500 €.* Une lune de miel en perspective ? Choisissez donc une chambre parmi la petite trentaine que compte ce palais du XVIIe s situé au confluent de 2 canaux, à une encablure du Grand Canal. Vous pourrez même vous faire déposer en bateau dans le petit jardin privé qui s'ouvre juste devant l'entrée. Chambres confortables et lumineuses, où le bois domine. Privilégiez le hors saison, à moins de prévoir un coup de folie. Bar chaleureux et agréable. Accueil professionnel.

Hotel Agli Alboretti *(zoom détachable C5,* ***81****)* **:** *rio terrà Antonio Foscarini, Dorsoduro, 884. ☎ 041-523-00-58. • info@aglialboretti.com • aglialboretti.com • Vaporetti nos 1 ou 2, arrêt Accademia. Doubles 100-250 € selon saison.* Familiale, accueillante et idéalement située, cette adresse parfaitement tenue occupe une belle demeure vénitienne et dispose d'une vingtaine de chambres climatisées, pas très grandes mais avec un charme classique. Certaines d'entre elles bénéficient d'un balcon, et parfois d'une vue sur des jardins. Belles affiches d'expos en déco. On peut prendre son petit déj dans un patio, protégé du soleil par une tonnelle. Un bon point de chute.

Ca' Pisani Hotel *(plan détachable C5,* ***86****)* **:** *rio terrà Antonio Foscarini, Dorsoduro, 979/A. ☎ 041-240-14-11. • info@capisanihotel.it • capisanihotel.it • ♿ Doubles standard 120-200 €.* Grand palais vénitien du XVIe s aux murs rose pastel. Ici, tout a été savamment étudié pour un résultat remarquable. Quelques tableaux du mouvement futuriste italien ornent les murs. La déco des chambres mélange les matériaux les plus variés : lignes métalliques du mobilier et chaleur des lits en bois foncé, marbres bruns pailletés dans les salles de bains et lumière tamisée. Certaines chambres avec mezzanine, d'autres communicantes, idéales pour les familles. Jacuzzi dans presque toutes et hammam au dernier étage. Terrasse vénitienne sur le toit mais malheureusement sans vue. Un hôtel digne d'une œuvre d'art !

Très chic et coup de folie

DD. 724, Charming House *(plan détachable C5,* ***94****)* **:** *ramola Mula, Dorsoduro, 724. ☎ 041-277-02-62. • info@dd724.com • thecharminghouse.com • Vaporetto no 1, arrêt Salute. Doubles 325-450 €. Apéritif maison et café offerts sur présentation de ce guide.* Au niveau du ponte del Formager, aux abords du musée Guggenheim, cette adresse discrète semble vouloir s'affranchir des codes et standards vénitiens. Déco résolument moderne, dès l'étroite réception ; tableaux contemporains et mobilier épuré en bois foncé habillent les chambres chics aux teintes beige-gris. Petit déj dans une salle mansardée. Accueil simple et généreux... à l'inverse des tarifs : profitez bien des promos sur Internet.

Ca' Maria Adele *(zoom détachable D5,* ***96****)* **:** *rio terrà Catecumeni, Dorsoduro, 111. ☎ 041-520-30-78. • info@camariaadele.it • camariaadele.it • Vaporetto no 1, arrêt Salute. ♿ Doubles sans ou avec vue 340-530 € ; chambres à thème 450-715 €.* À l'ombre de la basilique Santa Maria della Salute, une maison noble du XVIe s, entièrement réaménagée et décorée par ses nouveaux propriétaires. Héritiers d'une grande famille vénitienne, ils lui ont donné le prénom de leurs grands-mères. Des chambres classiques et confortables, pour les moins chères, tout aussi confortables pour d'autres, à thème, pour un séjour « luxe, calme et volupté » garanti. Chambre du Doge ou du Maure, nuptiale ou orientale, à chacun son rêve... mais à quel prix !

Où manger ?

Sur le pouce

***Pizza Al Volo** (plan détachable B4, **107**) :* *campo Santa Margherita, Dorsoduro, 2944 A. Tlj 11h-2h. Part env 2 € ; pizze normales 4-8 €, familiales 8-16 €.* D'excellentes *pizze* à dévorer un pied dans rien, un pied dans le vide, au comptoir, ou à grignoter aux beaux jours assis sur un banc du *campo.* Pratique, bon et économique.

Bon marché

***Bar Toletta** (zoom détachable B5, **121**) :* *calle Toletta, Dorsoduro, 1191. Tlj 7h-20h. Pâtes et salades env 10 €, panini 4-6 €.* Un petit bistrot de quartier sans esbroufe et populaire, avec sa salle toute simple et son comptoir bien garni... Copieux sandwichs, bons *tramezzini* permettent de caler une petite faim. Les becs sucrés se régaleront dans la *pasticceria* d'à côté.

***Osteria Ai Pugni** (plan détachable B4, **154**) :* *ponte dei Pugni, Dorsoduro, 2836. 📱 346-960-77-85. • osteriaaipugni@gmail.com • Tlj 8h30 (10h30 dim)-1h (fermé dim juin-sept). Congés en août.* Un bar-resto comme on les aime, avec une vraie ambiance chaleureuse. On peut aussi se sustenter de petits plats classiques sans pour autant vider son porte-monnaie. Excellents *cicchetti* et *taglieri* de charcutaille pour accompagner le traditionnel *spritz* du soir. Accueil affable.

***Pizzeria OKE** (plan détachable B5, **155**) :* *fondamenta Zattere Ponto Longo, Dorsoduro, 1414. ☎ 041-520-66-01. • aeoche.zattere@gmail.com • Tlj 11h30-15h30, 18h30-23h (11h30-23h en hte saison). Pizze 8-13 €. Digestif offert sur présentation de ce guide.* Salle aux apparences d'entrepôt où brique et fermes de charpente règnent en maître. La pizza est pourtant LA maîtresse des lieux. Outre les grands classiques du genre, rouge, blanche, elle devient rosée (tomate et crème) ici, voire sucrée. Demandez aussi les « spéciales » du jour. Service efficace, souriant et polyglotte.

Prix moyens

***La Bitta** (plan détachable B4, **135**) :* *calle lunga San Barnaba, Dorsoduro, 2753 A. ☎ 041-523-05-31. Tlj sauf dim 19h-22h. Résa plus que conseillée, surtout ven-sam. Repas 25-30 €. CB refusées.* Adresse labellisée *slow food,* grande comme un mouchoir de poche, avec une carte courte qui change quotidiennement et composée uniquement de produits frais et locaux. On conseille les gnocchis, un vrai délice, ainsi que la *panna cotta* au caramel ! Excellents conseils pour le vin (nombreux au verre). Prévoyez de l'attente. L'été, on joue les prolongations dans la petite cour intérieure.

***Osteria Alla Bifora** (plan détachable B4, **133**) :* *campo Santa Margherita, Dorsoduro, 2930. ☎ 041-523-61-19. • osteriaallabiforavenezia@gmail.com • Tlj 12h-15h, 17h-2h. Repas 25-30 €. CB refusées.* Ambiance taverne animée, avec de grosses tables communes en bois bien rustiques, éclairées par d'énormes lustres en verre de Murano. On y vient surtout pour les délicieuses sélections de charcuterie et de fromages. Mais plutôt que la sélection en assiette, on préfère les *taglieri,* qui reviennent moins cher à 2 : une très copieuse variété à partager, présentée sur une planche de bois format XL. Verres de vin très corrects et pas chers pour accompagner le tout. Accueil francophone. Une adresse qui marche fort.

***Impronta Cafè** (plan détachable B4, **108**) :* *calle Crossera, Dorsoduro, 3815. ☎ 041-275-03-86. • info@*

improntacafevenice.com • Tlj sauf dim 7h (8h sam)-1h. Congés : 2 sem en janv et août. Repas 25-35 €. Apéritif maison offert sur présentation de ce guide. Bois brut, inox et verre dépoli pour ce café contemporain. Jeunes et moins jeunes aiment s'y retrouver. Dans l'assiette, des *tramezzini* bien faits le midi, et le soir (musique *lounge* en fond sonore pour les prolongations) des plats traditionnels vénitiens gentiment revisités et préparés avec des produits de saison. Goûtez au tiramisù, il est très bon. Accueil sympa et dynamique.

Osteria da Codroma *(plan détachable A4,* ***142****) : fondamenta Briati, Dorsoduro, 2540. ☎ 041-524-67-89. • codroma@yahoo.it • Tlj sauf dim-lun 12h-14h30, 19h-22h. Repas 25-35 €.* C'est le genre d'endroit sincère et sans chichis où l'on se sent tout de suite bien : l'accueil est sympa et attentif, le cadre simple et chaleureux (du bois, des tables communes, un fond sonore jazzy), et la cuisine fraîche est bien réalisée (carte courte, privilégiant des spécialités du genre poulpe et polenta, sardines marinées et agrumes...). L'été, on peut même s'installer dehors au bord du canal... et à l'écart des foules. Le bonheur !

Osteria 4 Feri *(plan détachable B4,* ***135****) : calle lunga San Barnaba, Dorsoduro, 2754. ☎ 041-520-69-78. Tlj sauf dim 12h-15h, 19h-22h30. Repas 25-30 €. CB refusées.* Plébiscitée par les Vénitiens, cette cantine de quartier propose une cuisine locale typique et soignée, avec une carte qui change en fonction du marché. Convivialité et simplicité sont en principe ses valeurs, même s'il faut bien reconnaître qu'en fonction de l'affluence accueil et service sont parfois débordés.

De prix moyens à plus chic

Oniga *(plan détachable B4,* ***152****) : campo San Barnaba, Dorsoduro, 2852. ☎ 041-522-44-10. • info@oniga.it • Tlj 12h-15h, 19h-23h. Congés : mai. Formules 19 € au déj, puis 25-35 € ; carte 35-45 €.* Cette auberge, joliment décorée, face à la chiesa San Barnaba, joue la carte du *slow food.* Recettes locales et produits du cru (un grand nombre bio) y sont donc à l'honneur. L'occasion de goûter au foie de veau à la vénitienne ou, autre classique, les seiches au noir. Un service pas *slow* pour 2 sous. Bon choix de formules, dont celle du midi incluant *primo-secondo-caffè* très démocratique. On regrette toutefois le prix élevé du vin, même au verre.

Plus chic

Antica Locanda Montin *(plan détachable B5,* ***151****) : fondamenta Borgo (ou Eremite), Dorsoduro, 1147. ☎ 041-522-71-51. • locandamontin@libero.it • Tlj 12h15-14h30, 19h15-22h. Compter 30-40 € le repas.* Le long d'un petit canal se trouve une des plus anciennes auberges de la ville. À l'abri des coins touristiques, cette adresse discrète accueille une clientèle locale. Dans un intérieur très agréable au décor fait de bois sombre et de nombreux tableaux ou dans un jardin à l'arrière, on vous sert une cuisine classique bien troussée. D'autres ont su l'apprécier avant vous : John Ruskin (c'était sa cantine), Gabriele d'Annunzio, le président Carter, David Bowie, Robert De Niro et bien d'autres encore.

Où boire un verre ? Où grignoter à l'apéro ?

Cantine del Vino Già Schiavi *(zoom détachable B-C5,* ***173****) : fondamenta Nani, Dorsoduro, 992. ☎ 041-523-00-34. Tlj sauf dim 8h30-20h30.* Mieux connu comme *Al Bottegon,* pittoresque cave à vins et liqueurs au bord du rio San Trovaso. Pêle-mêle, touristes et gens du quartier y sirotent tranquillement, debout, une *ombra* autour de *cicchetti,* accoudés aux murets de pierre. Les prix démocratiques et l'ambiance en font une de nos adresses favorites pour l'apéro.

Malvasia All' Adriatico Mar *(plan détachable B4,* ***195****) : calle Crosera, Dorsoduro, 3771. ☎ 041-476-43-22. Tlj 10h (lun 17h)-22h.* Un vrai bar de quartier tendance bobo cool, le rendez-vous des copains qui viennent en voisin écluser un verre parmi l'excellente sélection du patron. D'ailleurs, il faut connaître, il n'y a pas d'enseigne ! Sa minuscule salle souvent bondée est prolongée par un ponton sur le canal, au pied d'un pont. Vraiment agréable, d'autant que les planches de délicieuse charcuterie permettent de prolonger la fête !

Osteria Al Squero *(plan détachable B5,* ***179****)* **:** *fondamenta San Trovaso, Dorsoduro, 944. ☎ 041-296-04-79. Tlj sauf dim 10h-14h, 17h30-21h (plus tôt en basse saison). Congés : 1 sem mi-août.* Un petit troquet sympa comme tout à la déco rustique, petite luciole dans la nuit qui fait salle comble dès l'heure de l'apéro lorsque touristes et locaux trinquent autour de *cicchetti* et *crostini...* et finissent par investir les quais dans la bonne humeur. Bon choix de vins. Petits prix et bonne ambiance : c'est le carton plein !

Où boire un verre ? Où sortir ?

Les bars sont légion dans le quartier, surtout autour du campo Santa Margherita. Vous les repérerez facilement aux petits attroupements qui socialisent en prenant le frais un verre à la main... La clientèle déborde largement sur la place... Chouette ! Sauf pour les Vénitiens du quartier cherchant en vain le sommeil à des heures avancées de la nuit.

Il Caffè Rosso *(plan détachable B4,* ***170****)* **:** *campo Santa Margherita, Dorsoduro, 2963. Tlj sauf dim 7h-1h.* Le « rouge », c'est pour la petite devanture reconnaissable de loin. Mais c'est surtout LE *bacaro* (bar à vins) par excellence des étudiants et des artistes. Entre 2 verres, on grignote toasts, omelettes, salades, *tramezzini,* etc. L'été, en soirée, autant viser une table en terrasse, car se frayer un chemin dans la minuscule salle déjà occupée en partie par un piano relève de l'exploit ! Sinon, faites comme les autres : papotez et sirotez le verre à la main !

Corner Pub *(plan détachable C5,* ***174****)* **:** *calle della Chiesa, Dorsoduro, 684. Tlj 8h-minuit.* Petit pub sombre et patiné où règne une bonne ambiance, conviviale et animée. Grand choix de bières et bons vins. Sandwichs variés proposés en salle ou au bar.

Café Noir *(plan détachable B4,* ***192****)* **:** *calle Crosera, Dorsoduro, 3805. Tlj 11h (sam 18h30)-2h.* Impossible de le rater. La devanture est... vert foncé, presque... noire ! L'un des hauts lieux de la branchitude vénitienne, où la clientèle jeune vient papoter à l'heure de l'apéro autour d'un *spritz* et d'une grignote.

El Chioschetto in Venice *(plan détachable B5,* ***190****)* **:** *fondamenta Zattere Ponto Longo, Dorsoduro, 1408. Tlj, de 18h en principe et jusqu'à tard.* C'est un simple kiosque posé sur le quai. Mais quelle situation géniale face à la Giudecca ! S'il fait beau, sa vaste terrasse ne désemplit pas, surtout les soirs de concert (presque tous les jours en haute saison). Un spot festif très apprécié des étudiants.

DORSODURO

Où boire un chocolat ou un café ? Où déguster une bonne pâtisserie ?

Pasticceria Tonolo *(plan détachable B4,* ***262****)* **:** *calle San Pantalón, Dorsoduro, 3764. Tlj sauf lun 7h30-18h (13h dim).* Armez-vous de patience et faites la queue si vous comptez vous approcher de la vitrine réfrigérée de cette adresse de légende (1886). C'est, aux dires des Vénitiens, la meilleure de leur ville. *Tonolo* est réputée pour vendre à chaque fête la spécialité du moment, comme, à Pâques, la *fugassa veneziana,* par exemple.

Pasticceria Nono Colussi *(plan détachable B4,* ***275****)* **:** *calle lunga San Barnaba 2867/A. ● dalnonocolussi@gmail.com ● Mer-dim 9h-13h, 15h30-19h. Fermé lun-mar.* Une pâtisserie authentique, et 3 générations plus tard (depuis plus de 60 ans), elle nous régale encore ! La *fugassa veneziana,* le gâteau vénitien par excellence, est une de leurs spécialités. Également de délicieux beignets. Une savoureuse adresse pour les papilles sucrées. Accueil souriant.

Imagina Café *(plan détachable B4,* ***264****)* **:** *rio terrà Canal, Dorsoduro, 3126. ☎ 041-241-06-25. • imagina_cafe@yahoo.it • Tlj 7h (8h dim)-21h (1h ven-sam). Fermé en mai.* Pour une pause cosy et tranquille, direction ce joli café à la déco dépouillée-moderne, qui offre ses murs aux artistes locaux. Accueil vraiment sympa. Les fatigués et les amoureux prendront une place dans les épais canapés blancs de la salle du fond. Cafés, *cappuccini,* thés... tout y est !

Majer *(plan détachable B4,* ***266****)* **:** *rio terrà Canal, Dorsoduro, 3108 B. ☎ 041-528-90-14. Tlj 7h-20h.* C'est l'un des rejetons d'une chaîne locale de snacks-pâtisseries disséminés un peu partout dans la ville. Qualité et variété sont ici des valeurs sûres. Gâteaux, spécialités vénitiennes, macarons à la pistache, au chocolat, tartelettes et des *frittole* en période de Carnaval, sorte de beignets nature ou fourrés. Mais aussi salades, *panini, focacce* ou *tramezzini* bien frais. Café au comptoir et vente à emporter seulement.

Où déguster une glace ?

Il Doge *(plan détachable B4,* ***253****)* **:** *campo Santa Margherita, Dorsoduro, 3058 A. Tlj 11h-minuit (ferme plus tôt hors saison).* CB refusées. Excellent glacier proposant des dizaines de parfums différents. Ici, tout est garanti fait maison et reste à des prix doux.

Gelateria Squero *(plan détachable B5,* ***261****)* **:** *fondamenta San Trovaso, Dorsoduro, 989/990.* Tlj 10h-18h30.Un petit glacier qui ne paie pas de mine, mais une chose est sûre, c'est que tous les gamins viennent y lécher un cornet à la sortie de l'école (juste à côté) ! Glaces fameuses 100 % maison !

Gelateria Nico *(plan détachable B5,* ***255****)* **:** *fondamenta Zattere ai Gesuati, Dorsoduro, 922. Tlj sauf jeu 7h-22h. Fermé quelques sem en déc-janv.* Bar-glacier, dont la réputation des générations n'est plus à faire, animé aux beaux jours, avec une grande terrasse donnant sur le canal de la Giudecca. Bons *gelati* que l'on peut emporter ou manger sur place (prix majorés). Spécialité : le *gianduiotto,* pavé de glace au chocolat praliné nappé de chantilly maison, à prix raisonnable.

Grom *(plan détachable B4,* ***256****)* **:** *campo San Barbara, Dorsoduro, 2761. Tlj 12h-23h.* Chaîne piémontaise qui propose d'excellentes glaces dont des sorbets aux fruits frais. Environ 25 parfums qui changent en fonction des saisons. Autre adresse *strada Nuova 3844.*

DORSODURO

Achats

Signor Blum *(plan détachable B4,* ***309****)* **:** *campo San Barnaba, Dorsoduro, 2840. ☎ 041-522-63-67. • info@signorblum.com • Tlj 10-13h30 (merc. 13h), 14h30-19h30.* Petite boutique qui offre un bel éventail de petits jouets en bois peints à la main, des mobiles aux tableaux-puzzles représentant les palais et les ponts vénitiens. Une artiste pleine d'imagination et de dextérité !

Ca' Macana *(plan détachable B4,* ***316****)* **:** *calle delle Boteghe, Dorsoduro, 3215. ☎ 041-277-61-42. • info@camacana.com • Tlj 10h-18h30 (20h juil-août).* Impossible de manquer cet atelier qui renferme une étonnante collection de masques. Il y a de tout : certains sont très classiques, d'autres plus originaux... voire complètement délirants (mieux vaut aimer le style cyber-punk !). Pour la petite histoire, la maison a fourni une partie des masques dans le film *Eyes Wide Shut* de Stanley Kubrick avec Nicole Kidman et Tom Cruise. Propose des ateliers de masques que l'on décore soi-même.

Il Grifone *(plan détachable A4,* ***331****)* **:** *fondamenta del Gaffaro,*

Dorsoduro, 3516. ☎ 041-522-94-52. Tlj sauf dim-lun 10h-13h, 16h-19h (en continu et jusqu'à 18h mar et ven). Maroquinerie de qualité, où le très sympathique artisan travaille dans son atelier donnant sur la boutique. Beaux articles en cuir faits main, à tous les prix.

Cose Vecchie e Nuove *(plan détachable B4,* ***317****) : calle lunga San Barnaba, Dorsoduro, 2748. ☎ 041-520-32-77. Tlj sauf dim 9h30-12h30, 16h-19h30.* On ne trouve plus guère de boutiques de vraie dentelle de Venise. En voici une charmante et rétro, estampillée « *artigianato veneziano* », un gage de qualité. Certes, les modes évoluent, mais pourquoi ne pas craquer pour un chemin de table, des nappes ou des serviettes brodées, d'un autre temps ?

Danghyra *(plan détachable B4,* ***329****) : calle Cappeller, Dorsoduro, 3220. ☎ 041-522-41-95. • office@danghyra.com • Tlj sauf mar 10h-13h, 14h-19h.* Une adresse qui se distingue des habituels magasins de verrerie et de masques. Superbe vaisselle au design contemporain et même quelques bijoux en céramique à prix abordables. Accueil affable.

Marina e Susanna Sent *(plan détachable C5,* ***332****) : campo San Vio, Dorsoduro, 669. ☎ 041-520-81-36. • info@marinaesusannasent.com • Tlj 10h-13h, 13h30-18h30.* Un beau magasin consacré à la verrerie (et une de plus !). Les 2 sœurs ont choisi d'associer la tradition du verre et la création contemporaine. Les objets sont résolument originaux comme les vases colorés ou les colliers sublimés par le verre de Murano. Pour s'offrir une petite folie, c'est ici ! Conseils avisés et accueil agréable.

Solo Se *(plan détachable C5,* ***336****) : Dorsoduro 1057 E. ☎ 041 522 7727. • mirca.zorzetto@fastwevnet.it • Tlj 10h (11h dim et j. fériés)-19h30.* Une belle sélection de vêtements féminins décontractés et confortables ainsi que quelques pièces de designers italiens plus chics. Également des accessoires (bijoux, sacs, foulards) *fatta in Italia*. Bons conseils et accueil courtois.

DORSODURO

À voir

LE QUARTIER DE LA SALUTE

Avis aux amoureux et aux contemplatifs, on peut faire le ***tour de la Punta della Dogana*** (Pointe de la Douane), tout au bout du Dorsoduro, pour profiter à la fois du Grand Canal, de la place Saint-Marc, de San Giorgio Maggiore et de la Giudecca. Encore mieux au coucher de soleil : la vue est sublimissime !

Punta della Dogana *(Pointe de la Douane ; zoom détachable D5) : au bout du quai, côté Grand Canal. ☎ 041-200-10-57. • palazzograssi.it • Vaporetto nº 1, arrêt Salute. Du ven au lun 10h-19h (dernière entrée à 18h) en principe, mais horaires variables selon expos. Billet combiné avec le palazzo Grassi (valable tte la durée de l'expo) : 15 € ; réduc ; gratuit jusqu'à 19 ans. Audioguide : appli gratuite téléchargeable sur le tél mobile. Café au rdc, 10h-18h30. Possibilité de visite guidée consacrée seulement au bâtiment (en français). Chaque ven en mai, juin et sept, de 18h à 19h, visite guidée sur l'histoire de la Pointe de la Douane, suivie d'un* aperitivo *sur la terrasse jusqu'à 21h (compris aussi le billet du palazzo Grassi le lendemain) : 50 €. Informations et réservations : visite@palazzograssi.it. Attention, fermeture totale lors de l'installation des expos, pdt plusieurs sem.*

– ***Petit rappel historique :*** autrefois, les embarcations qui arrivaient à Venise devaient dédouaner leurs marchandises avant de rejoindre le quartier du Rialto (une chaîne était même tendue entre la tour et la rive opposée afin d'arrêter les navires). L'édifice de la « Pointe de la douane » a été construit en 1677 à cet effet. Il est surmonté d'un globe doré soutenu par 2 atlantes en bronze et sur lequel une statue de la Fortune fait office de girouette. Situés derrière, les anciens entrepôts servaient à stocker le sel qui, à l'époque, était le seul moyen de conserver les aliments.

– ***Visite :*** ce site est le 2d lieu que François Pinault a consacré à l'art contemporain à Venise. Sont exposées ici les œuvres de grande dimension, les sculptures et les installations que le *palazzo Grassi* ne peut accueillir (voir plus haut le chapitre « San Marco »). Les travaux de réhabilitation ont coûté 30 millions d'euros. Les 6 nefs des 2 étages comptent 3 000 m² d'exposition. Le projet a été confié à Tadao Ando (comme pour le *palazzo Grassi*). Le cœur du musée est constitué d'un cube, enchâssé dans le triangle du site, l'une des marques de fabrique de l'architecte japonais. Tout est d'origine, sauf le sol prévu pour se prémunir de l'*acqua alta.* Ici est présentée temporairement une centaine d'œuvres issue de la collection de l'homme d'affaires français qui en compte plus de 3 000.

DE LA BOXE AU BÉTON...

Tadao Ando, autodidacte, a commencé à l'âge de 14 ans par agrandir la maison de sa grand-mère, puis, pour se faire un peu d'argent, débuta sa vie professionnelle comme... boxeur. Que de chemin parcouru pour cet architecte japonais de renom dont le maître incontesté est Le Corbusier ! Il est réputé pour avoir fait du béton une matière reconnue comme œuvre d'art...

Santa Maria della Salute *(plan et zoom détachables D5) : à l'entrée du Grand Canal, rive droite. ☎ 041-522-55-58. • basilicasalutevenezia.it • Vaporetto n° 1, arrêt Salute. Tlj 9h30-12h, 15h-17h30.* La restauration de cette monumentale église fut financée par l'Association française pour la sauvegarde de Venise. L'église, construite de 1631 à 1687 après la fin de la terrible épidémie de peste qui décima près d'un tiers de la population, s'inscrit dans le paysage avec un bonheur qui tient du miracle. L'édifice repose sur un terrain consolidé par plus de 1 million de pilotis (imaginez la forêt morte que cela représente !). Longhena, l'architecte, l'a conçue de forme octogonale pour évoquer une couronne dédiée à la Vierge. Il y consacra 50 ans de sa vie et mourut quelques années avant l'inauguration. Son originalité architecturale réside dans l'emploi des *orecchioni* (grandes oreilles), sortes de volutes en spirale coiffées de statues qui assurent la transition entre les façades et le dôme. L'architecture intérieure, quant à elle, est belle mais austère. À noter, l'icône Madonna della Salute, sur le maître-autel, qui aurait été réalisée, selon la légende, par l'évangéliste saint Luc. Plus certain, la *Descente du Saint-Esprit* dans la 3e chapelle de gauche est bien du Titien.

Le plus intéressant se trouve dans la sacristie *(accès payant : 4 €).* On peut y admirer, entre autres, *Les Noces de Cana* du Tintoret (à ne pas confondre avec celles de Véronèse qui se trouvent au Louvre), célèbre pour ses tentatives de perspective. Des miroirs sont mis à disposition afin de mieux observer les œuvres.

Collezione Peggy Guggenheim *(plan et zoom détachables C5) : palazzo Venier dei Leoni, Dorsoduro, 701. ☎ 041-240-54-11. • info@guggenheim-venice.it • guggenheim-venice.it • Vaporetti n° 1, arrêt Salute ou Accademia, ou n° 2, arrêt Accademia. ♿ Tlj sauf mar 10h-18h. Fermé 25 déc. Entrée : 15 € ; réduc ; gratuit pour les enfants jusqu'à 10 ans. Consigne gratuite et obligatoire. Audioguide en français : 7 € ; miniguide papier : 5 €. Présentation gratuite de la vie de Peggy Guggenheim à 12h et 16h ; présentation de l'expo temporaire à 15h30. Présentation d'un tableau (10 mn) tlj à 11h et 17h. Sur résa seulement (• atodesco@guggenheim-venice.it • ; ☎ 041-240-54-40), ts les dim à 15h, visite guidée et ateliers créatifs gratuits pour les 4-10 ans.*

Un palais inachevé

Du Grand Canal, on voit que le palais où vécut Peggy Guggenheim, une remuante milliardaire, est resté inachevé. Il ne comporte que le rez-de-chaussée. Les Vénitiens l'appellent d'ailleurs *il palazzo incompiuto.* La famille Venier, qui avait commencé les travaux, avait envisagé de construire un palais aussi haut que celui des Corner (sur l'autre rive). Est-ce les pressions de la part de la puissante famille voisine, mécontente de voir un rival lui boucher la vue ou le manque d'argent qui obligèrent les Venier à abandonner le projet initial ?

La muse des surréalistes

Peggy Guggenheim hérita très jeune (son père eut la mauvaise idée de s'offrir un billet sur le *Titanic*), puis mena une vie mouvementée, collectionnant beaucoup de peintures, d'amants et quelques maris. En 1921, à l'âge de 23 ans, elle quitte New York pour venir habiter à Paris. Après un 1er mariage raté, elle ouvre un musée à Londres en 1938. En 1939 et 1940, elle consacre son temps à acquérir de nouvelles œuvres, avec l'intention d'acheter un tableau par jour ! Elle constitue à cette époque la base de la collection que l'on peut admirer aujourd'hui. Elle se marie avec Max Ernst (l'histoire ne dit pas si son mari lui vendit ses toiles à bon prix !), rencontré entre-temps, et repart à New York pour y installer un musée-galerie. Elle soutient financièrement des artistes (notamment Pollock pendant plus de 5 ans) et organise des expositions temporaires. En 1948, la Biennale de Venise l'invite pour présenter sa collection, en fait l'exposition du modernisme la plus cohérente qui n'ait jamais été présentée en Italie. C'est alors la consécration, et, suite logique, en 1949 que Peggy Guggenheim rachète le palais pour y installer les peintures qu'elle a rassemblées.

En 1962, elle reçoit le statut de citoyenne honoraire de Venise (c'était la moindre des choses !) pour avoir offert à la Ville ses collections d'art moderne. Elle y passera le reste de sa vie, mais son refus du pop art et le prix croissant de l'art contemporain lui firent interrompre sa collection au début des années 1960. En 1979, à sa mort, la Fondation créée par son oncle assume la direction et la responsabilité de la collection.

Le musée est unique malgré une quantité d'œuvres somme toute modeste. Nombreux grands et importants peintres du XXe s y sont représentés, permettant une bonne et instructive approche de tous les courants d'alors.

Le jardin

Avant d'entrer dans le musée proprement dit, prenez le temps de flâner quelques instants dans le jardin. Les cendres de la muse des surréalistes y sont enterrées (vers le fond), à côté de ses chiens adorés (ses *beloved babies).* Le jardin abrite également un arbre de vœux planté par Yoko Ono (2003) et de belles expos de sculpture, dont une œuvre en granit noir (*Untitled,* 2007) du plasticien anglo-indien Anish Kapoor, spécialiste du travail sur le reflet. Allez jusqu'au quai donnant sur le Grand Canal, pour la vue, évidemment, et pour la provocante statue équestre de Marino Marini intitulée *L'Ange de la ville.* Pour clore la question du sexe des anges, le cavalier à la confondante vitalité possède un pénis... démontable ! Dans ses mémoires, Rubinstein raconte que l'attribut masculin était retiré lors de la venue d'ecclésiastiques importants.

La collection

Hall d'entrée, 1res salles et couloirs de part et d'autre illustrent le cubisme par des tableaux de Picasso de la période la plus riche, les années 1910-1920 *(Pipe, verre, bouteille de vieux marc),* Albert Gleizes, Metzinger (remarquable *Au Vélodrome*), Duchamp. Mais aussi 2 pièces d'art africain, dont une sculpture dogon. Futurisme, abstraction ou art brut ne sont pas en reste avec notamment un célèbre Mondrian *(Composition),* de nombreux Kandinsky ou Dubuffet *(Châtaine aux hautes chairs).* Côté Surréalistes, on trouve de splendides Dalí *(Naissance des désirs liquides)* ou Max Ernst, dont cet inquiétant « couple zoomorphe ». Miró n'est pas oublié non plus. 2 coups de cœur à ne pas manquer, et qui comptent parmi les plus célèbres œuvres du musée : l'admirable *Empire des lumières,* de Magritte, et *La Tour rouge,* de De Chirico. Le même De Chirico qui inspira et éveilla à la peinture surréaliste Yves Tanguy, qu'on retrouve ici avec *Le Soleil dans son écrin.* Parmi les célébrités, notons aussi Modigliani, Brancusi, une très atypique *Femme égorgée* de Giacometti figurée par une mante religieuse à la gorge tranchée. Plusieurs œuvres représentatives de « l'art entre les 2 guerres » : Kupka, Juan Gris, Klee et Jean Hélion.

Une salle rassemble des Jackson Pollock, à observer de près pour le relief de sa pâte, presque de la sculpture *(Croaking Movement)*. De Calder, ne manquez pas l'exceptionnelle tête de lit tout en argent exposée dans ce qui fut la chambre de Peggy. Dans la pièce à côté, tableaux de sa fille, Pegeen Vail. Remarquez les teintes fleuries et la légèreté qui traduisent une certaine naïveté et, en même temps, une originalité et une subtilité des compositions.

JACKPOT AVEC JACKSON

En 1943, Jackson Pollock se retrouva au chômage pour alcoolisme. Peggy Guggenheim le prit sous son aile en lui faisant signer un contrat qui le rémunérait 150 $ par mois en échange de 60 % sur les ventes de tableaux. Quelques années plus tard, sa toile nº 5 fut vendue... 140 millions de dollars.

Enfin, dans la galerie en contrebas, après le *Buste de lutin* de Jean Arp, intéressante collection *Hannalore B, Rudolf B Schulhof* (des amis intimes de Peggy). Essentiellement des artistes américains des années 1940-1960, dans leur plus riche période. Entre autres, Morris Louis, Franck Stella, Jasper Johns, Joan Mitchell, Sam Francis, Ellesworth Kelly (captivant *Blue-Red* et *Green-Red*), Andy Warhol, Cy Twombly...

Au fond du jardin, 2 galeries présentent toujours de fascinantes expos temporaires.

Cafétéria plaisante et agréable (elle donne sur le jardin), accessible uniquement pour les visiteurs du musée.

2 boutiques d'objets design attendent elles aussi votre visite, l'une au-dessus de la cafétéria et l'autre un peu plus grande le long du petit canal, à droite après la sortie.

LE QUARTIER DE L'ACCADEMIA

Sur le chemin de l'*Accademia*, en venant de la collection Peggy Guggenheim, vous pouvez vous attarder sur le ***campo San Vio.*** L'ensemble de ses constructions côté canal avait été détruit pour permettre au cortège du doge de débarquer plus facilement lors des cérémonies de commémoration des victoires vénitiennes. Il offre aujourd'hui un point de vue dégagé sur le Grand Canal.

Galleria dell'Accademia *(musée de l'Accademia ; plan et zoom détachables C5)* **:** *campo della Carità, Dorsoduro, 1050. ☎ 041-520-03-45. • gallerieaccademia.it • Vaporetti nᵒˢ 1 ou 2, arrêt Accademia. Lun 8h15-14h, mar-dim 8h15-19h15 ; derniers tickets 1h avt fermeture. En hte saison, résa conseillée (la sécurité imposant 300 visiteurs max à la fois) ; sinon, venir tôt le mat ! Fermé 1er janv, 1er mai et 25 déc. Entrée : 12 € (majoré si expos temporaires) ; réduc ; gratuit pour les moins de 18 ans et pour ts le 1er dim du mois. Audioguide : 6 €. Consignes 1 €. Cartels en anglais et en italien dans quelques salles. Compter 1h30 à 2h de visite.*

Parmi les plus belles pinacothèques d'œuvres religieuses, l'*Accademia* est l'un des musées incontournables de Venise. Il est si riche que les interminables travaux de restauration entamés il y a des lustres ne gâchent pas la visite ! Alors, bien sûr, certaines salles ferment par roulement, mais il y a largement de quoi contenter les amateurs, même les plus gourmands : les principales œuvres se baladent au gré des chantiers et restent visibles !

L'*Accademia* rassemble des chefs-d'œuvre allant du XIVe au XVIIIe s. Elle occupe les lieux de l'ancienne église Santa Maria, du siège de la scuola de la Carità et de l'ancien couvent des chanoines de Latran. Ce lieu fut transformé en musée à la chute de l'Empire napoléonien pour recevoir les œuvres des peintres vénitiens.

On ne va pas toutes les détailler (il faudrait un guide spécifique !), d'autant que les accrochages fluctuent au gré de travaux de rénovation qui s'éternisent. Voici quelques créations à ne pas rater.

Rez-de-chaussée

Ces salles superbement restaurées accueillent principalement des expos temporaires, notamment celles dévolues à la période du XVIIIe s dont des bustes de Canova. Également des tableaux de plus petits formats sur le thème de l'élévation. Aussi *La Vision de l'au-delà* de Jérôme Bosch, étonnante de modernité, qui se trouvait au palazzo Grimani (quartier du Castello) a trouvé sa place ici. Une œuvre inspirée des textes gnostiques et représentant des êtres de la mythologie nordique, le tout interprété en accord avec la sensibilité médiévale. Sa vision du tunnel blanc après la mort, souvent évoquée de nos jours, a dû faire passer Bosch pour un illuminé à l'époque !

Et d'autres valeurs sûres : Canaletto, Ricci, Bellotto, Tiepolo, Guardi, Hayez, ainsi que des bas-reliefs et des sculptures.

1er étage

– *Salle 1 :* entièrement consacrée à la peinture du XIVe s. Dès l'entrée, on est attiré par le superbe plafond à caissons datant du XVe s. Admirez le *Polyptyque de Santa Chiara,* superbe tempera sur bois de Paolo Veneziano, ou encore quelques *Couronnement de la Vierge,* dont celui d'Ercole Del Fiore, œuvre commandée par l'évêque de la cité, Antonio Correr, au XVe s. Humble, l'évêque s'est fait représenter dans la toile, en bas à droite, mais à genoux ! Beaucoup d'invités à la fête, on dirait presque une pièce montée. Voir également le superbe *Couronnement de la Vierge au Paradis,* festival de saints et de personnages du Maître de Ceneda. Au fond de la salle, magnifique polyptyque de Lorenzo Veneziano avec le Père éternel en haut bénissant les saints. Enfin, de Carpaccio, une remarquable *Présentation de Jésus au Temple.* Grande harmonie de la composition et finesse d'exécution des drapés. Du même, une *Crucifixion et Apothéose des 10 000 martyrs du mont Ararat* foisonnant de personnages.

– *Salle 2 :* les amateurs de *Vierge à l'Enfant* vont se régaler à savoir la *Madonna in trono col Bambino e santi (Vierge en majesté sur le trône parmi les saints)* de Giovanni Bellini. Le tableau suscita un vif étonnement dès sa création. Il utilise une technique totalement novatrice pour l'époque : composition pyramidale et effets de contraste donnent du champ, créent de la profondeur et mettent ainsi en valeur le sujet principal. Il constitua un modèle pour les contemporains de Bellini. La présence de saint Sébastien, dit « apotropaïque » (qui conjure le mauvais sort, voilà une bonne occasion d'enrichir votre vocabulaire), indique que ce tableau fut réalisé à l'occasion de l'épidémie de peste qui frappa la ville en 1478. Quant à la *Madone à l'oranger (Madonna dell'Arancio)* de Cima da Conegliano, remarquez la blancheur du visage de la Vierge et du corps de l'Enfant. Sur les côtés, les tons de la chair se réchauffent progressivement. De Bellini toujours, une *Pietà* qui occupe à peine un tiers du tableau, le reste présentant un merveilleux paysage.

– *Salle 3 :* à gauche en entrant, lumineux *Incontro di Gioacchino et Anna,* de Carpaccio. Notez ensuite la superbe *Pietà* (à gauche de l'entrée) par Giambattista da Conegliano, le Christ soutenu par Marie. L'absence totale de paysage rend cette scène encore plus émouvante, l'expressivité et la détresse des visages sautent aux yeux. Du même artiste, *L'Archange Raphaël* et, à droite de l'entrée, une séduisante série de saints par Sebastiano del Piombo (noter le remarquable fondu de la barbe de *Sinibaldo*).

– *Salle 4 :* une *Pietà* de Bellini sur fond de paysages entremêlés de monts et de plaines.

– *Salle 5 :* on remarque aussitôt une *Madone entre deux saintes* de Bellini, dont les visages et les accoutrements font plutôt penser à des patriciennes romaines qu'à des créatures célestes. Ce traitement n'est pas étonnant pour la période ; en effet, la Renaissance a entraîné un regain d'intérêt pour l'Antiquité grecque et latine. Avant de poursuivre, un petit coup d'œil à la *Vierge à l'Enfant* de

Bellini, très étonnante avec ses angelots rouges. Extraordinaire répartition de la lumière sur des visages d'une délicatesse infinie. Fin portrait de jeune homme de Hans Memling.

Salle 10 (lorsqu'elle est ouverte)
Le Repas chez Lévi de Véronèse (1573) mérite toute votre attention, ***sans doute une des œuvres les plus fascinantes*** de la galerie. Ce tableau a fait scandale à l'époque (voir l'encadré). Il s'agissait au départ d'une *Cène,* réalisée pour le réfectoire d'un couvent de dominicains, mais traitée comme un repas en multipliant le nombre de convives. Notez comme tous les invités sont liés entre eux par un geste ou un regard. De loin, le tableau semble plongé dans des tons homogènes, mais, dès qu'on s'approche, on aperçoit les couleurs vives et les détails. On dit que l'homme en vert près de Lévi (en rouge) serait Véronèse lui-même. Le Christ occupe toujours la place centrale, mais déjà il passe à l'arrière-plan au profit du peintre qui prend le devant de la scène. Vous avez dit anticonformiste ?

CÈNE DE MÉNAGE

L'originalité du Repas chez Lévi *de Véronèse vient de sa mise en scène un peu théâtrale, qui fait intervenir aussi bien des personnages mondains que des créatures grotesques autour d'un banquet. On soupçonna l'artiste d'hérésie, cette Cène étant jugée irrespectueuse envers le Christ. Devant l'outrage, les inquisiteurs lui demandèrent de modifier le tableau, en rajoutant sur les balustrades inférieures l'inscription : « Fit au messire Lévi un grand festin » (en latin) ! Mieux valait changer le titre que tout le tableau.*

Salle 12
Monumentale *Résurrection de Lazare* de Bassano (totalement inscrite dans le fameux nombre d'or !). Du Tintoret, une *Vierge à l'Enfant entourée de saint Sébastien et saint Marc,* ainsi qu'une *Présentation de l'Enfant Jésus au Temple.* De Véronèse, le plus grand coloriste du XVIe s, *Le Mariage de sainte Catherine* en saturant l'espace de personnages. Également une *Vierge à l'Enfant* où saint Jean-Baptiste tient (déjà) un crucifix : c'est prémonitoire !

Salle 13
Véronèse, encore et toujours, avec la plus discrète mais extraordinaire *Allégorie de la bataille navale de Lépante* (où l'issue du combat semble se jouer au ciel). La spiritualité du Tintoret s'exprime dans la surprenante *Création des animaux* avec une figure divine en plein envol. Jetez un œil à son *Caïn et Abel* aux 2 corps combattant dans un mouvement qui semble perpétuel. Et, du même, une *Descente de Croix* très expressive, notez le visage marqué du Christ, la douleur de Marie et la compassion de Marie-Madeleine. De Titien, une *Vierge à l'Enfant* au regard très maternel, et un *Archange Raphaël accompagné de Tobie.*

Salle 15
Toujours dans les scènes à forte charge dramatique, des Tintoret illustrant la vie de saint Marc, étonnants par l'usage de la couleur et du mouvement hors cadre : *Saint Marc libérant l'esclave.* Voyez le dynamique mouvement de foule dans la partie gauche. Dans un registre plus fantastique, l'impressionnante *Translation du corps de saint Marc.* Curieusement, l'environnement de cette scène se révèle à peine esquissé : s'agit-il d'un tableau inachevé ou était-ce une manière de mieux mettre en valeur la scène principale ?

Salles 16 à 20
– *Salle 16 :* Tiepolo, l'un des plus grands peintres vénitiens du XVIIIe s, nous offre *Diane et Actéon, Enlèvement d'Europe* (superbe œuvre de jeunesse), *Diane et Callisto...* 2 toiles aux sujets légers dans la *salle 16a* : *La Devineresse* de Piazzetta et *Le Chatouillement* de Giuseppe Angeli.

– *Salle 17 :* un des rares Guardi subsistant à Venise, *Incendie à San Marcuola,* inspiré d'un fait réel de 1789.
– *Salle 20 :* plusieurs coups de cœur. Vues de Venise avec ses habitants et ses gondoles, notamment la *Procession sur la place Saint-Marc* de Gentile Bellini, d'une précision mathématique. Et puis, grand moment d'émotion avec la découverte du magnifique *Miracle de la relique de la Sainte Croix* (1494) de Vittore Carpaccio, qui nous restitue merveilleusement l'atmosphère du quartier et du pont du Rialto avant qu'il ne soit reconstruit en pierre. Presque une narration à 3 temps : la procession sur le pont, l'entrée du patriarche et le miracle dans la loggia.

Salle 21, le cycle de « la légende de sainte Ursule »
Accès discret par le fond de la *salle 19.* ***C'est l'un des points d'orgue de la visite,*** avec plusieurs *teleri* (toiles de grandes dimensions) de Vittore Carpaccio (fin XVe s) racontant le cycle de sainte Ursule inspiré de la *Légende dorée,* de nouveau visibles après une longue période de restauration. Une histoire qui serait aujourd'hui quasiment insupportable sans le talent du peintre à restituer le quotidien de la vie de son époque. Préciosité méticuleuse, vie incroyable, un rêve passe... C'est peu dire que cette salle fait partie de celles que l'on adore dans ce musée. Elle entretient le mystère Carpaccio, un peintre sur lequel on connaît si peu de choses. Bon, revenons à l'histoire qui nous est contée en images. La princesse chrétienne de Bretagne accepte les noces avec le prince d'Angleterre à condition qu'il se baptise et se rende avec elle à Rome. Non, ne tournez pas la page, c'est là que ça devient intéressant... Dans *L'Arrivée des ambassadeurs,* le peintre décale le point de fuite vers la gauche afin de commencer le récit au moment où les ambassadeurs anglais débarquent pour se présenter au roi de Bretagne. Dans une pièce à côté, Ursule discute les conditions du mariage avec son père, tandis que sa nourrice attend au pied de l'escalier. La suite est racontée dans *L'Adieu des fiancés* avec, en fond, l'Angleterre du Moyen Âge (à gauche) et la Bretagne de la Renaissance (à droite). Bref, ces peintures somptueuses racontent une histoire très ancienne que le peintre place dans un décor typiquement vénitien de la fin du XVe s (architecture, costumes, scènes). Ce décalage dans le temps n'est pas choquant. N'hésitez pas à vous attarder et à scruter le moindre morceau de toile ! Vous frémirez ainsi à la présence inquiétante du singe et de la dinde au pied du trône dans *Le Retour des ambassadeurs.* Peinture à l'atmosphère d'apparence sereine, mais ces deux-là symbolisent l'imminence d'une guerre.

Salle 23
Elle occupe une superbe et vaste chapelle (ancienne église Santa Maria della Carità), et renferme en majorité des toiles du « clan » Vivarini (Antonio, Alvise et Bartolomeo) et des triptyques des Bellini (Jacopo, Gentile et Giovanni). À gauche en entrant, un tempétueux *Saints Marc, Georges et Nicolas libérant Venise* de Palma le Vieux. Ce qui frappe ensuite, face à l'entrée, c'est l'immense *Martyre de saint Marc,* commencé par Giovanni Bellini et achevé par Vittore Belliniano. Saint Marc est tout en bas à droite, traîné avec une corde au milieu d'une foule incroyable. Au centre de la salle, remarquable représentation de saint Georges en héros mythique cuirassé de Mantegna, la sublime *Madonna degli Alberetti* de Giovanni Bellini, l'ascétique *Saint Jean-Baptiste* d'Alvise Vivarini et la célèbre *Tempête* de Giorgione. Remarquez l'atmosphère particulière qui entoure les personnages (le jeune homme et la Tsigane), totalement insolites dans le tableau et étrangers l'un à l'autre. Sur fond d'orage, de calme avant la tempête, pour la 1re fois dans l'histoire de la peinture, c'est un paysage qui est mis en avant.

Salle 24
Fin de la visite en grande pompe par l'ancienne salle de réunion de la *Scuola Grande,* à la décoration fastueuse (boiseries et luxueux plafond du XVe s, où le Christ est encadré par des médaillons sculptés figurant les évangélistes).

Ponte dell'Accademia *(zoom détachable C5) : en face du musée de l'Accademia.* Le 1er pont construit à cet endroit par les Autrichiens, en 1854, était en fer et... provisoire. Dans les années 1930, une structure a été érigée pour remplacer ce pont, détruit. Cet ouvrage en bois, restauré en 1985 et en 2018, est devenu définitif au fil du temps. Il offre un point de vue imprenable sur le Grand Canal et permet de passer du quartier San Marco au quartier Dorsoduro sans emprunter le *vaporetto.*

LE LONG DES ZATTERE

Quelle surprise de déboucher sur ces larges quais, face à l'île de la Giudecca lorsqu'on sort du dédale des canaux du quartier ! C'est un agréable lieu de promenade. Le matin, les sportifs y font leur jogging. Mais l'endroit, un rien Riviera, se prête aussi très bien au farniente, en terrasse d'un bar ou d'un glacier.

Chiesa dei Gesuati *ou* **Santa Maria del Rosario** *(plan détachable C5)* **:** *fondamenta Zattere ai Gesuati, Dorsoduro. ☎ 041-275-04-62. • chorusvenezia.org • Lun-sam 10h30-16h30 (dernier billet à 16h20). Entrée : 3 €. Accès avec le Chorus Pass.* Les dominicains avaient acheté l'emplacement après que l'ordre des Gesuati avait été dissous, au XVIIe s, en raison de mœurs un peu légères... Seul le nom a été conservé. L'architecte Massari a construit l'église actuelle au XVIIIe s. La façade rappelle fortement celle des églises du Redentore et de San Giorgio Maggiore. Ici, l'œuvre à ne pas manquer, c'est le plafond rococo de Tiepolo (un miroir – un peu trop haut placé – permet d'en détailler l'ensemble). Il y retrace partiellement la vie de saint Dominique à travers *L'Institution du Rosaire, Gloire de saint Dominique* et *L'Apparition de la Vierge à saint Dominique.* Avec Michel-Ange, autre génie, peu d'artistes ont été aussi éblouissants dans l'art de peindre les plafonds ! La chapelle à gauche de l'autel abrite un retable du Tintoret représentant une crucifixion.

Squero San Trovaso *(plan détachable B5)* **:** *rio San Trovaso (face au n° 944), Dorsoduro.* Mignon petit *squero* qui vaut le détour. Un *squero* était autrefois un atelier de fabrication et de réparation des embarcations. Petit à petit, cette activité s'est concentrée dans l'Arsenal (quartier du Castello) ou sur l'île de la Giudecca. Aujourd'hui, il n'y en a quasiment plus, et les derniers se consacrent presque exclusivement aux gondoles. Le *squero* San Trovaso date du XVIIe s. Le plan incliné permet aux gondoles d'accoster directement à partir du rio San Trovaso. À droite, 3 jolies maisons en bois : 2 servent à loger les ouvriers, la 3e est un atelier de réparation de pièces détachées. Les chapeaux de gondoliers pendus rajoutent au charme indéfinissable du lieu.

Chiesa San Trovaso *(zoom détachable B5)* **:** *campo San Trovaso. Lun-sam 8h-11h, 14h30-17h30.* Détruite par un écroulement, cette église a été reconstruite en 1590 dans un style classique. Elle abrite quelques œuvres importantes de Giambono dans le pur style gothique international, de Palma le Jeune et du Tintoret.

LE QUARTIER DE LA CA' REZZONICO

Campo San Barnaba *(plan détachable B4)* **:** *situé en bordure du rio San Barnaba.* C'est un *campo* caractéristique de Venise : rectangulaire, au bord de l'eau et fermé par une église. Le long du rio, un bateau-primeur est amarré et tient commerce *(tlj sauf dim)* pour le plus grand plaisir des amateurs de photos (ou de fruits !).

PLACE AU CINÉMA !

*Pleine de charme, la place San Barnaba a inspiré de nombreux réalisateurs de cinéma. Les cinéphiles auront peut-être reconnu le décor d'une scène cruciale d'*Indiana Jones et la dernière croisade *de Spielberg : celle de la « bibliothèque » où notre héros va trouver, en creusant, le tombeau du croisé !*

Chiesa San Barnaba – Mostra delle macchine di Leonardo da Vinci *(exposition des machines de Léonard de Vinci ; plan détachable B4)* **:** *campo San Barnaba. 339-798-54-64. • leonardoavenezia.com • Tlj 9h30-19h30. Entrée : 8 € ; réduc.* Construite entre 1749 et 1776, l'église est surmontée d'un campanile en pierre, doté d'une flèche du XIVe s. Aujourd'hui déconsacrée, elle abrite un petit musée des drôles de machines de Léonard de Vinci, construites d'après les dessins et les études du maître. Il couvrait tous les genres, machines hydrauliques, volantes, de guerre, ponts, etc. Son imagination était débordante, mais il était piètre ingénieur. Pratiquement aucune de ses inventions n'aurait pu fonctionner.

Ca' Rezzonico e museo del Settecento Veneziano *(Ca' Rezzonico et musée du XVIIIe s vénitien ; plan détachable B4)* **:** *calle San Barnaba, Dorsoduro. ☎ 041-241-01-00. • carezzonico.visitmuve.it •* Vaporetto *n° 1, arrêt Ca' Rezzonico. Accès depuis le débarcadère ou la calle San Barnaba. Tlj sauf mar 10h30-18h (10h-17h nov-mars) ; dernier billet 1h avt fermeture. Fermé 1er janv, 1er mai et 25 déc. Entrée : 10 € (15 € le billet cumulatif avec le palazzo Mocenigo et la casa natale di Carlo Goldoni) ; réduc. Audioguide en français : 4 €. Accès avec le* Museum Pass. *Carte* Rolling Venice *acceptée. Plaquettes en français dans chaque salle.*

Ce palais, dont vous pouvez admirer la façade depuis le Grand Canal, a été commencé par Longhena (l'architecte de la Salute) en 1667. Mais la ruine de la famille Bon, qui avait commandé ces travaux, a laissé l'édifice inachevé. En 1712, la riche famille Rezzonico, lombarde et fraîchement anoblie (pour 100 000 ducats !), le rachète et demande à Massari de finir les travaux. Il est alors décoré pour « en mettre plein la vue » aux Vénitiens venus ici soit conclure des affaires, soit se distraire. Sa visite donne une idée de ce que pouvaient être le faste et le luxe de la Sérénissime au XVIIIe s. On peut notamment y admirer de nombreuses œuvres de Tiepolo (père et fils), Guardi, Piazzetta, Longhi, mais aussi de Canaletto, dont les tableaux ne sont pas très nombreux à Venise. Sans oublier de belles échappées sur toits et canaux.

– Après avoir gravi les marches du monumental escalier en pierre, on accède directement à la ***salle de bal,*** absolument magnifique. Notez les fresques en trompe l'œil, qui donnent beaucoup d'espace et de volume. Les 2 lustres à motifs floraux sont d'origine. Magnifiques statues de Maures en ébène et buis de l'ébéniste Andrea Brustolon.

– La fresque de la ***salle de l'Allégorie nuptiale*** est signée Giambattista Tiepolo. Dans la salle suivante (salle des pastels) avec aux murs, délicats pastels de Rosalba Carriera (remarquez la finesse des dentelles). À droite, mignonne pièce excentrée tout en rondeurs, ici convertie en chapelle et fréquente dans l'architecture vénitienne. Les tables sont en onyx. Très beau lustre de Murano.

– Dans la ***salle des tapisseries,*** on remarque une porte laquée aux couleurs jaune-vert et aux motifs chinois, puis la ***salle du trône*** (Pie VI s'y assit, si, si...) avec sa cheminée et ses fenêtres donnant sur le *Canal Grande.* Les appliques au mur sont composées de miroirs biseautés sur lesquels on a dessiné des figures à la pointe de diamant. Elles diffusent une lumière tout à fait suggestive.

– Le ***portego*** (corridor), décoré de bustes de marbre, conduit à la ***salle Tiepolo*** magnifiquement meublée. La fresque au plafond

UN ART EN TROMPE L'ŒIL

Au XVIIIe s, les laques provenant de Chine coûtant très cher, les Vénitiens ont inventé l'art de la « laque pauvre » ou « laque contrefaite ». Loin des méticuleuses et délicates peintures pratiquées par les Chinois, les artisans de la Sérénissime découpaient simplement des gravures colorées et les collaient sur le meuble à décorer. 20 couches de vernis plus loin, ni vu ni connu, on était à la tête d'une véritable laque contrefaite. À l'époque, la seule vraie qualité se trouvait dans le... made in China *!*

représente les figures de la noblesse et de la vertu. Dans une pièce attenante au corridor trône une table de jeu ; le paradoxe de la Venise du *settecento,* un vrai Las Vegas mais toujours dévot.
– Après une halte dans la *bibliothèque,* aux impressionnantes armoires du XVIIe s remplies non pas de livres mais d'objets d'art du XVIIIe s, on pénètre dans la ***salle de Lazzarini*** (magnifique écritoire avec des incrustations en ivoire confectionnée à Turin par Pietro Piffetti, l'un des artisans les plus représentatifs de la Maison de Savoie) et la *salle consacrée à Brustolon* (celui-là même qui a sculpté les Maures de la salle de bal) : fauteuils, chaises hautes, consoles porte-vases représentant des guerriers éthiopiens, meubles à petits tiroirs pour les collectionneurs en tout genre et un étonnant lustre polychrome de Murano. Admirables consoles marquetées de marbre, rares à Venise.
– ***Les salles du 2e étage :*** on peut y voir des peintures de Guardi et de Canaletto représentant Venise au XVIIIe s. La chambre en alcôve aux panneaux de bois peint et son boudoir sont délicieux (on y trouve même un berceau dans les tons assortis au reste de la pièce) ; juste à côté, belle salle avec un mobilier d'inspiration chinoise et des statuettes en papier mâché.
Les pièces suivantes présentent de très belles fresques de la villa Zianigo appartenant à la famille Tiepolo, exécutées par Giandomenico, le fils, et transposées ici. D'un modernisme surprenant, l'auteur y jette son regard critique sur la société vénitienne, mettant en avant bacchanales et polichinelles, métaphore du divertissement vain. Sur son tableau *Il Mondo Novo,* le peintre a représenté les spectateurs d'une séance de projection de lanterne magique vus de dos. 2 sont de profil, le peintre et son père.
– Au ***3e étage, la pinacothèque*** (donation du collectionneur Egidio Martini). À conseiller à tous ceux qui n'ont pas eu encore leur compte de *Madone à l'Enfant* et de scènes bibliques ou mythologiques. Elle retrace l'art vénitien du XVe au XIXe s, après une dose d'austérité, on apprécie la peinture d'Emma Ciardi (1879-1933), fille de peintre vériste, elle pose clairement un pied dans l'impressionnisme. Également une belle pharmacie intelligemment reconstituée.
– Jardin agréable en accès libre, idéal pour faire une pause.

Scuola Grande dei Carmini *(plan détachable B4)* **:** *campo dei Carmini, Dorsoduro, 2617.* ☎ *041-528-94-20.* • *scuolagrandecarmini.it* • *Tlj 11h-17h. Entrée : 7 € ; réduc. Carte* Rolling Venice *acceptée. Brochure explicative en français.* Construit au XVIIe s, le bâtiment abritait la confrérie des Carmélites. La Scuola fut la dernière école à se voir attribuer l'appellation de *Scuola Grande* par la République, en 1767 (il y en a moins d'une dizaine en tout à Venise). Au rez-de-chaussée, vous pouvez voir 19 monochromes de Bambini. Superbes plafonds stuqués dans les couloirs et les escaliers. Au 1er étage (salle du Chapitre), admirez l'extraordinaire plafond de Tiepolo, composé de 9 toiles : *La Vierge donnant le scapulaire au bienheureux Simon Stock* (le scapulaire étant un morceau d'étoffe avec 2 rubans que les carmes portaient). Dans la salle des archives, superbes boiseries en noyer datant du XVIIIe s.

Chiesa dei Carmini *ou* ***Santa Maria del Carmelo*** *(plan détachable B4)* **:** *en bordure du rio di Santa Margherita, Dorsoduro, 2612. Lun-sam 7h30-18h30 ; dim, en dehors des offices.* Portail latéral, face à la Scuola Grande, surmonté d'un bel auvent de pierre. Les carmes s'y réunissaient avant la construction de la Scuola. Le cloître et le couvent abritent aujourd'hui un institut d'art. La façade en brique, côté canal, a été ajoutée au XVIe s. Nef formée de 24 colonnes aux arcades dorées et sculptées. On peut y admirer différentes œuvres retraçant la vie de l'ordre des Carmélites, une *Sainte famille avec saint Jean* de Véronèse sur le mur de la nef de gauche et une superbe nativité de Cima da Conegliano, qui fut parmi les 1ers à introduire des paysages dans ses œuvres.
– Face au parvis de l'église, de l'autre côté du canal, se dresse le ***palais Foscarini*** *(consulat de Belgique ; plan détachable B4,* ***8*** *; ne se visite pas).* Du parvis, prendre à gauche sur 200 m et aller jeter un petit coup d'œil au ***palais Ariani Cicogna*** situé

de l'autre côté du canal au n° 2376. On ne peut malheureusement pas le visiter, mais sa façade aux remarquables fenêtres à ogive vaut vraiment le crochet.

Campo Santa Margherita *(plan détachable B4)* **:** cette grande place, populaire et animée, en plein quartier universitaire, tire son nom de l'ancienne église Santa Margherita. Au sud, l'édifice isolé abritait jadis la confrérie des tanneurs de cuir. Les habitations qui l'entourent sont certes sans prétention, mais on en aime d'autant plus leurs façades colorées. Le matin (sauf le dimanche) s'y tient un petit marché. L'après-midi, il fait bon s'y reposer à la terrasse des cafés. Le soir ? Eh bien, la vie continue, dans une joyeuse effervescence estudiantine. On papote, on chante, on rit, avec toujours un petit verre à la main... ce qui ne fait pas forcément l'affaire des riverains.

Chiesa San Pantalón *(plan détachable B4)* **:** *campo San Pantalón, Dorsoduro, 3703. ☎ 041-272-86-11 523-58-93.* Tlj sauf ven 10h-12h30 (w-e 15h30-18h). Rebâtie sur d'anciennes fondations par Comini entre 1668 et 1686, cette église se distingue par son étonnante illustration du martyre de san Pantalón (au plafond), peinte par Fumiani. Les colonnes qui soutiennent l'ensemble s'y prolongent dans un effet de perspective assez époustouflant. En levant la tête, on se sent littéralement aspiré par le décor. Le travail de montage de ces 40 toiles sur châssis prit près de 25 ans. Le clou de l'église a longtemps été la chapelle du Saint-Clou (*cappella del Santo Chiodo* ; à gauche du chœur). Elle abrita pendant des siècles un clou sacré qui aurait été un des clous de la Croix du Christ, offert à Venise en 1270 par Saint Louis, roi de France. Malheureusement, cette relique a été volée au début des années 2010... On y voit tout de même un triptyque de Paolo Veneziano (XIVe s).

DORSODURO

DES ZATTERE AU QUARTIER SANTA MARTA

Chiesa San Sebastiano *(plan détachable A5)* **:** *campo San Sebastiano. ☎ 041-275-04-62. • chorusvenezia.org • Lun-sam 10h30-13h30, 14h30-17h (dernier billet à 16h45). Entrée : 3 €. Accès avec le Chorus Pass.* Édifiée au XVe s puis reconstruite au début du XVIe s, cette église rassemble plus de 15 œuvres de Véronèse. Certaines ont été réalisées alors qu'il n'avait qu'une vingtaine d'années ! L'artiste est inhumé dans l'église (à gauche du chœur). Admirez le plafond de la sacristie (par la porte située sous les orgues) représentant le Couronnement de la Vierge entourée des 4 évangélistes. Les 3 grandes toiles encastrées dans le plafond de la nef représentent la vie d'Esther (dans la Bible, jeune juive ayant sauvé ses frères d'un pogrom). Dans la toile centrale, la plus belle, magnifiques drapés vert et bleu, perles et armures luisantes. Voir également les panneaux peints de l'orgue.

Chiesa San Nicolò dei Mendicoli *(église Saint-Nicolas-des-Mendiants ; plan détachable A5)* **:** *campo San Nicolò, Dorsoduro, 1907. ☎ 041-275-03-82. Tlj 10h-12h, 15h-17h30 ; dim mat, en dehors des offices.* À côté d'un campanile (fin du XIIe s) dépourvu de cloches, c'est l'une des plus anciennes églises de la ville. Elle a la particularité de mélanger les époques. Décorée grâce aux modestes dons des pêcheurs, elle présente néanmoins des éléments décoratifs allant du VIIe au XVIe s. Dans la nef, les apôtres se répartissent au sommet de 12 colonnes reliées par une corniche dorée (et bien patinée) allant de la tribune au jubé. On y trouve aussi de nombreuses œuvres illustrant la vie du Christ dont une *Résurrection* de Palma le Jeune. Dans le maître-autel, une statue du bon saint Nicolas *(san Nicolò)* qui bénit ses ouailles. Sur ses genoux, 3 boules d'or qu'il aurait offertes à 3 jeunes filles sans dot pour leur éviter de sombrer dans la prostitution.

SAN POLO ET SANTA CROCE

Codes postaux : 30125 et 30135

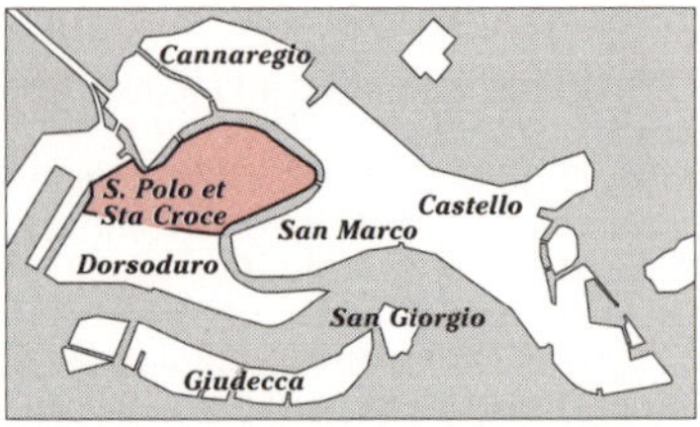

Exception faite du marché du Rialto et de ses *bacari* (bars à vins) bondés le soir à l'heure de l'apéro, San Polo et Santa Croce forment un secteur assez calme de la ville. Ce sont plutôt les églises de ces vastes *sestieri* qui poussent les amateurs à venir s'y perdre : *Santa Maria dei Frari, San Giacomo dell'Orio,* et autres monuments comme la *Scuola Grande di San Rocco...*

Ici, les édifices donnant sur le Grand Canal exhibent moins de luxe qu'ailleurs même si on y trouve la *Ca' Pesaro* et non loin le *palazzo Mocenigo.* Santa Croce est le *sestiere* que l'on traverse injustement trop vite pour joindre les sites les plus fameux de la Sérénissime. Se perdre dans ses ruelles imbriquées, là où certaines maisons se penchent comme pour s'embrasser, est pourtant si agréable.

Où dormir ?

Auberge de jeunesse

🏠 ***Domus Civica*** *(plan détachable B3,* ***36****) :* *calle Chiovere, San Polo, 3082. ☎ 041-72-11-03. • info@domuscivica.com • venicehostel.org • À 250 m du piazzale Roma. Fermé oct-mai. Couvre-feu minuit-7h. Compter 30-35 €/pers. Pas de petit déj.* Immeuble cossu et austère, en limite de Santa Croce, qui abrite une résidence étudiante, sorte de grande AJ, gérée par un institut catholique. On ne peut y loger qu'en dehors de l'année universitaire (juin-septembre). Plus de 120 lits répartis en chambres de capacités variables avec environ 1 bloc sanitaire pour 4 chambres. Certaines donnent sur le jardin, d'autres sur la rue. Agréable terrasse à l'étage. Sur demande, les voyageurs isolés peuvent partager une chambre (genre dortoir) pour réduire un peu la dépense. Ensemble spartiate, pas de 1re jeunesse, mais correct et bien situé.

De prix moyens à chic

🏠 ***Albergo Marin*** *(plan détachable B3,* ***46****) :* *ramo delle Chioverete, Santa Croce, 670/B. ☎ 041-71-80-22. • info@albergomarin.it • albergomarin.it • ♿ À 200 m de la gare. Doubles 60-200 € ; familiales. Réduc de 10 % sur le prix de la chambre sur présentation de ce guide si résa directe (code « ROUTARD »).* La façade fanée de cet hôtel est joliment fleurie par un jasmin. Passé la porte, on découvre une petite vingtaine de chambres simples, fort bien aménagées et suffisamment confortables. Les « supérieures » sont vraiment agréables, ton sur ton, et leurs salles d'eau, avec aromathérapie et douche écossaise, sont particulièrement réussies. La salle du petit déj est pimpante et l'accueil de Michela et de son fils Giacomo, avenant. Quant à l'apéro, on le prend le soir en terrasse sur la placette. Une bonne petite adresse.

Hotel Ai Tolentini *(plan détachable B3,* ***53****)* **:** *calle Amai, Santa Croce, 197 G. ☎ 041-275-91-40. • info@albergoaitolentini.it • albergoaitolentini.it • À 200 m du piazzale Roma. Doubles 80-140 € ; familiales. Pas de petit déj.* Caché derrière la chiesa San Nicolà da Tolentino, cet hôtel de poche dispose d'une vingtaine de chambres simples et classiques, toutes bien tenues et d'un bon niveau de confort. Certaines possèdent un lit rabattable pour l'invité de dernière minute. Accueil charmant.

Albergo Casa Peron *(plan détachable B4,* ***55****)* **:** *salizzada San Pantalón, Santa Croce, 84. ☎ 041-525-60-57. • albergocasaperon@gmail.com • À 350 m du piazzale Roma ou vaporetti n°s 1 ou 2, arrêt San Tomà. Doubles sans ou avec w-c privés 45-150 €. Pas de petit déj.* Un hôtel pour routards. Côté chambres, c'est sommaire, style années 1970, avec un confort à minima : un lit, la douche, et les w-c sur le palier pour 4 d'entre elles. Cela dit, l'ensemble est propre, équipé de la clim, et le double vitrage apporte un petit plus dans ce quartier qui peut être animé en soirée. Accueil sympa... sauf lorsqu'il faut prendre les clés à la pizzeria voisine.

Pensione Guerrato *(zoom détachable D3,* ***58****)* **:** *calle drio la Scimia, San Polo, 240 A. ☎ 041-522-71-31. • info@hotelguerrato.com • hotelguerrato.com • Vaporetto n° 1, arrêt Rialto Mercato. Réception au 1er étage. Doubles 80-150 € ; familiales ; appartements. Réduc de 10 € sur le prix de la chambre en basse saison sur présentation de ce guide.* Un hôtel convivial à taille humaine idéalement installé dans un joli petit palais vénitien. Mobilier et livres anciens décorent la vingtaine de chambres, toutes climatisées, celles du 4e étage profitant d'une belle vue sur les toits. Et pour les moins chères, les w-c et la douche sont sur le palier (1 pour 3). Petit déj servi dans une belle salle baignée de musique. Une adresse simple et très agréable où l'on est reçu avec le sourire.

Albergo Doge *(plan détachable B3,* ***59****)* **:** *lista Vecchia dei Bari, Santa Croce, 1222. ☎ 041-244-87-52. • info@albergodoge.com • albergodoge.com • À 500 m de la gare ou vaporetto n° 1, arrêt Riva di Biasio. Doubles 60-160 €, avec petit déj servi en chambre.* Ce n'est pas le charme qui l'étouffe, mais on retiendra cette adresse pour son bon rapport qualité-prix en basse saison et sa situation à proximité de la gare. L'hôtel compte une dizaine de chambres un peu datées, mais convenables et d'un niveau de confort suffisant. Évidemment, quand on réhabilite ce genre de vieille maison, certaines chambres sont plus petites que les autres.

De chic à très chic

Ca' Bonvicini *(zoom détachable C3,* ***60****)* **:** *calle Ca' Bonvicini, Santa Croce, 2160. ☎ 041-275-01-06. • info@cabonvicini.com • cabonvicini.com • Vaporetto n° 1, arrêt San Stae. Doubles 80-300 € ; familiales. Selon saison, réduc de 5 ou 10 % sur le prix de la chambre sur présentation de ce guide (si résa directe par courriel).* À la *Ca' Bonvicini,* l'atmosphère intimiste et conviviale est bien celle d'un *B & B* avec une bonne qualité d'accueil et de service. Aménagée dans une maison de caractère, elle propose une demi-douzaine de chambres chics et cosy sur 2 niveaux : parquet, voilages et dorures, beaux lustres et murs clairs où quelques œuvres contemporaines viennent contrarier la touche romantique. Salles de bains bien conçues et vue sur le canal, pour les chanceux !

Ca' San Giorgio *(zoom détachable C2,* ***66****)* **:** *salizada del Fontego dei Turchi, Santa Croce, 1725. ☎ 041-275-91-77. • info@casangiorgio.com • casangiorgio.com • Vaporetto n° 1, arrêt San Stae. Congés : janv. Doubles 110-220 €. Réduc de 10 % sur le prix de la chambre sur présentation de ce guide (si résa directe).* Un hôtel de charme dans un petit palais de style gothique, organisé autour d'une adorable courette. Les 8 chambres réparties sur 3 niveaux sont résolument cosy, sans luxe ostentatoire. Certaines doubles du rez-de-chaussée peuvent être un peu petites, mais dans l'ensemble, elles sont toutes impeccables avec parfois même un balcon... mais c'est sans comparaison avec la terrasse géniale de la *junior suite* du dernier étage ! Une belle adresse pour épater sa Colombine.

Hotel Falier *(plan détachable B4,* ***78****) : salizzada San Pantalon, Santa Croce, 130. ☎ 041-71-08-82. • reception@hotelfalier.com • hotelfalier.com • À 400 m du piazzale Roma ou vaporetti n°s 1 ou 2, arrêt San Tomà. Doubles 100-240 €. Réduc de 10 % sur présentation de ce guide (non cumulable avec d'autres offres internet).* Bien situé, pas très loin de la gare ferroviaire et de la station de bus, un hôtel modeste et bien tenu, avec une vingtaine de chambres un peu datées mais convenables. Celles du rez-de-chaussée sont tout de même un peu sombres et certaines peuvent se révéler minuscules. Celles du haut sont plus agréables dont une, petite, avec terrasse pour prendre le petit déj sur les toits. Agréable jardin sous la glycine. Accueil aimable.

Beaucoup plus chic

Hotel San Cassiano (Residenza d'Epoca Ca' Favretto *; zoom détachable C3,* ***85****) : calle della Rosa, Santa Croce, 2232. ☎ 041-524-17-68. • info@sancassiano.it • sancassiano.it • Vaporetto n° 1, arrêt San Stae. ♿ (3 chambres au rdc). Doubles 90-300 €.* Cet hôtel élégant et à l'écart des foules propose une quarantaine de chambres soignées, toutes décorées à la vénitienne, dans un style tirant sur le rococo. Certaines ont vue sur le Grand Canal mais elles sont franchement très chères en saison. Il faut dire que cet ancien palais, conservé presque comme à l'origine, avec tableaux, lustres et meubles d'époque, joue à fond la carte du style « rétro chic ». Surveillez les promos.

Où manger ?

Bien sûr, on évitera les tables trop proches du Rialto ou en vue du Grand Canal : il n'y a pas que sur la place Saint-Marc que les restaurateurs chassent les pigeons !

Sur le pouce

Acqua e Mais *(zoom détachable C3,* ***132****) : campiello dei Meloni, San Polo, 1411. ☎ 041-296-05-30. • acquaemais@gmail.com • Tlj 9h30-20h. Fermé 2 sem en janv. Cornets 5-8 €.* Cette petite échoppe propose des cornets garnis de friture à emporter, avec de la polenta (pas de panique, la fourchette est fournie !). On aime bien ceux de *baccalà* (morue) ou de *fristo misto* (mixte de petits poissons frits). On peut aussi craquer pour des *arancini* (boulettes de riz), des *polpete* (boulettes), ou une portion de pommes de terre au four. C'est un régal et on ne perd pas de temps !

Farini *(zoom détachable D3,* ***127****) : ruga Rialto, San Polo, 655. ☎ 041-520-14-88. Tlj 8h-21h (22h ven-dim). Parts de pizza ou focacce 3-5 €.* On aime bien cette chaîne qui élabore ses plaques de pizza sur place. On n'est pas les seuls et justement, la clientèle s'y presse et se serre au comptoir. C'est fou ce qu'une portion de *focaccia* chaude ou une salade peuvent requinquer.

Bon marché

Ai Garzoti *(plan détachable B3,* ***126****) : rio Marin fondamenta Garzotti, Santa Croce, 890. ☎ 041-71-66-36. • stormgraz@gmail.com • Tlj 11h-15h, 18h-22h30. Pizze 7-12 € ; repas 15-35 €.* Dans ce quartier peu touristique, qui fut celui des cardeurs de laine, nous voilà plongés dans le Venise des petits restos où il fait bon prendre l'apéro (vins au verre et *cicchetti* bien troussés), un bon plat issu de recettes locales *(bigoli,* canard ou risotto...) et même une pizza fine et croustillante. L'endroit a du succès et se sature vite d'habitués et de touristes. Ce qui n'émousse ni le sourire ni la patience du couple qui tient la maison.

Pizzeria-trattoria Ae Oche *(zoom détachable C3,* ***116****) : calle del*

Tentor, Santa Croce, 1552 A/B. ☎ 041-524-11-61. • aeoche.sg@gmail.com • Tlj 12h-15h, 18h30-22h30 (23h le w-e) ; en été, tlj 12h-15h, 19h-23h (23h30 sam). Pizze 8-12 € ; repas 20-30 € ; service 12 % en plus du couvert. Rien de gastronomique, mais l'endroit est très apprécié des étudiants pour ses *pizze* de belle taille (et sans gluten si besoin !), mais aussi pour son cadre rustique sympa façon ranch mâtiné de pub. Bruyant, festif et très convivial.

De bon marché à prix moyens

|●| ***Bacarretto Il Siciliano*** *(zoom détachable C3,* ***141****) : calle del Tentor, Santa Croce, 2098. ☎ 041-200-76-67. • bacarrettobistrot@gmail.com • Tlj sauf lun mat et dim 12h-15h, 19h-22h. Repas 20-25 €.* Dans un quartier peu touristique se trouve ce petit resto à la déco toute blanche, rehaussé, de dessins d'enfants accrochés aux poutres. On y sert une bonne cuisine sicilienne maîtrisée et délicieuse, sans tralala, à base de bons produits. Le chef affable et accueillant y concocte avec passion des spécialités du sud de l'Italie à accompagner de vins bien choisis et de desserts remarquables. Super rapport qualité-prix ! Attention, pensez à réserver. Un peu débordé par moment.

|●| ***La Lanterna da Gas*** *(plan détachable B4,* ***146****) : campiello Mosca, Santa Croce, 24. ☎ 041-822-22-60. • lanternavenezia@gmail.com • Tlj sauf mer 12h-15h, 18h-23h. Congés : 2 sem en janv et août. Repas 25-30 €. Apéritif ou digestif offert sur présentation de ce guide.* Petit resto en dehors des sentiers battus, sur une place mignonne (mais à quelques minutes du piazzale Roma). Et pourtant, il y a du monde (conseillé de réserver ou prévoir un peu d'attente) pour une cuisine traditionnelle concoctée avec professionnalisme : onctueux risotto, pâtes maison à la cuisson juste comme il faut (ah, les *gnocchi alla pescatora !*). Cadre simple, tables bien séparées. Service particulièrement attentif.

|●| ***Birraria La Corte*** *(zoom détachable C3,* ***117****) : campo San Polo, San Polo, 2168. ☎ 041-275-05-70. • info@birrarialacorte.it • Tlj 12h-15h, 18h-22h30. Pizze 8-12 € ; repas 25-35 €. Digestif maison offert (sous réserve d'un repas de 30 €/pers) sur présentation de ce guide.* Grande terrasse, patio et longue salle aux matériaux bruts. Belle carte faite de plats originaux. Certains d'inspiration vénitienne mâtinés de recettes d'autres régions italiennes. Des légumes de saison (pousse de navet, lupin, chou romanesco...) servent de prétexte à de bons plats de pâtes. Pour les *secondi,* canard ou pieuvre prennent le relais. C'est dans les *pizze* qu'on retrouvera du classicisme. Très bon service, efficace et décontracté.

|●| ***Murovenezia San Stae*** *(zoom détachable C3,* ***112****) : campiello delle Spezier, Santa Croce, 2048. ☎ 041-524-16-28. • murovenezia@gmail.com • Tlj 12h-22h30. Pizze 9-15 € ; repas 25-40 €.* Cette pizzeria moderne a investi une jolie placette tranquille. À la carte, une quarantaine de *pizze* goûteuses et bien faites, à déguster en terrasse aux beaux jours. Également, plus chers, des plats de *trattoria* qui se tiennent.

|●| ***Il Refolo*** *(zoom détachable B3,* ***139****) : campo San Giacomo dell'Orio, Santa Croce, 1459. ☎ 041-524-00-16. Tlj sauf lun soir 12h-16h, 18h-23h. Pizze 9-15 € ; repas 25-30 €.* Sur une adorable petite place à l'écart des foules et près de l'église San Giacomo dell'Orio, cette modeste *trattoria*-pizzeria nous a bien plu pour sa terrasse sur le quai. Un endroit vraiment délicieux quand il fait beau. C'est un peu plus quelconque côté cuisine, mais les *pizze* et les plats traditionnels vénitiens restent tout à fait convenables.

|●| ***Al Ponte Del Megio*** *(zoom détachable C3,* ***110****) : calle Larga, Santa Croce, 1666. ☎ 041-71-97-77. Tlj sauf dim soir 10h-23h. Repas 25-35 €.* Taverne populaire et bien située proposant une cuisine classique sans prétention mais sincère et bien faite. La déco rustique n'invite pas à la rêverie romantique mais l'accueil est jovial, et l'addition reste raisonnable. Aux beaux jours, quelques tables sont disposées au bord du canal : très agréable.

Osteria Al Vecio Pozzo *(plan détachable B3,* ***123****) : corte Canal, Santa Croce, 656. ☎ 041-524-27-60. • info@veciopozzo.it • Tlj sauf sam midi et dim 12h-14h30, 18h30-1h. Résa conseillée.* Pizze *8-12 € ; repas 25-30 €. Digestif offert sur présentation de ce guide.* Situé entre le campo de la Lana et le rio Marin, à l'écart des foules, ce resto très animé est connu des Vénitiens pour sa carte pléthorique de *pizze.* On ne vient pas ici pour le style de la déco mais pour la cuisine. Le maître des lieux vous proposera quelques *affettati* (charcuterie) maison (à partager), et vous aidera à découvrir sa *cucina veneziana* où les classiques figurent en bonne place.

De prix moyens à chic

Osteria La Zucca *(zoom détachable C3,* ***122****) : ponte del Megio, Santa Croce, 1762. ☎ 041-524-15-70. Tlj sauf dim 12h30-14h30, 19h-22h30. Résa indispensable, 1-2 j. au moins à l'avance. Repas env 30 €. Zucca* veut dire « citrouille ». Excellent resto au cadre simple et chaleureux, où le chef concocte une cuisine imaginative et savoureuse, magnifiée par les épices les plus belles et les plus goûteuses. La carte change toutes les semaines, et fait la part belle aux plats de légumes (mais pas que !). Attention, venez à l'heure prévue, sinon vous risquez de vous retrouver, en fin de repas, poussé gentiment mais fermement vers la porte par les serveurs. Service aimable et organisé. Une adresse incontournable.

Osteria Trefanti *(plan détachable B3,* ***126****) : rio Marin, Santa Croce, 888. ☎ 041-520-17-89. Tlj sauf lun 12h-14h30, 19h-22h. Repas 30-40 €.* Cette petite adresse chaleureuse aux allures de café chic fait surtout dans le poisson. Selon l'arrivage, on se régale de crustacés, de *pasta al'vongole,* ou d'un filet de bar et ses petits légumes. C'est bien maîtrisé, simple et savoureux : impeccable... surtout avec l'un des vins choisis par le patron, très fan des crus bio et nature.

Al Sacro e Profano *(zoom détachable D3,* ***119****) : ramo del Parangon, San Polo, 502. ☎ 041-523-79-24. • alsacroeprofano@libero.it • Tlj 11h30-15h, 18h-23h. Repas 30-40 €. CB refusées.* Le profane, c'est l'apéro accompagné de *cicchetti* et de délicieuses *bruschette,* nul besoin de s'asseoir. Le sacré, c'est l'art d'accommoder pour le mieux les mets vénitiens comme les inévitables sardines *in soar.* On apprécie le soin apporté aux plats et l'accueil. Tout cela à des prix acceptables, compte tenu de sa situation à 2 enjambées du très touristique Rialto. En revanche, c'est riquiqui et souvent bondé. Réservez ou allez-y tôt.

Où boire un verre ? Où grignoter à l'apéro ? Où sortir ?

C'est le moment ou jamais de vous lancer dans la tournée des *bacari,* les bars à vins ! Certains font aussi resto et vice versa.

Bacareto Da Lele *(plan détachable AB-3,* ***201****) : fondamenta dei Tolentini, 183. ☎ 347-846-97-28. Tlj sauf dim 6h-20h (14h sam).* Une institution dans le quartier de Santa Croce. Un local minuscule qui propose *spritz* et verre de blanc à prix dérisoire. Quelques *cicchetti* et des planches de charcuteries et fromages pour accompagner, et hop, le tour est joué. Vénitiens et touristes débordent sur le *campo,* ce qui en fait un lieu hyper convivial et festif. Un de nos endroits préférés.

All'Arco *(zoom détachable D3,* ***178****) : calle Arco, San Polo, 436. ☎ 041-520-56-66. • 1pinto.arco@gmail.com • Tlj sauf dim et j. fériés 7h-17h. Fermé 2 sem en mars et août.* Parmi les meilleurs *cicchetti* de la ville, à prendre d'assaut avant que les habitués n'y déboulent. À choisir, selon l'arrivage, les *moscardini,* les *castraure* (pousses d'artichaut) de Sant'Erasmo servis tièdes, ou le copieux *fritolin* (friture de poisson) avec un verre de vin de pays. Bons *tramezzini.* Le tout se déguste debout, au comptoir, à moins d'avoir la chance de harponner l'une des rares tables dans la ruelle.

La Bottiglia *(zoom détachable B3, **172**) : campo San Stin, San Polo 2537. 340-076-52-12. Tlj. • barriosn cvenezia@gmail.com • Café offert sur présentation de ce guide.* Un endroit sympa et animé pour boire un petit verre de blanc, accompagné de délicieux sandwichs frais et savoureux. Le soir, guère possible de poser une fesse...

Al Mercà *(zoom détachable D3, **171**) : campo Bella Vienna, San Polo, 213. Tlj sauf dim 10h-14h30, 18h-20h (21h30 ven-sam).* C'est minuscule, il n'y a rien pour s'asseoir, mais c'est l'un de nos bistrots préférés près du marché, avec ses vins au verre, et ses *cicchetti* au comptoir. Goûtez ceux au lard de Colonnata, un délice. Le lieu où tout le monde se retrouve, à un moment ou à un autre, pour le verre de *spritz* de l'amitié. Le genre d'adresse qui donne une raison de plus d'aimer Venise.

Naranzaria *(zoom détachable D3, **175**) : campo San Giacometto, San Polo, 130. ☎ 041-724-10-35. • naranzaria@naranzaria.it • Tlj sauf lun 10h-23h30.* Bar à vins aménagé dans des vieux bâtiments où le patron a mis une touche design sur des murs patinés par le temps, et un fond musical moderne qui ne choque pas. Fait aussi resto mais on peut se cantonner au bar et se contenter de *cicchetti* accompagnés de vins à prix bien démocratiques si proche du Rialto.

Hostaria Vecio Biavarol *(plan détachable A-B3, **181**) : fondamenta dei Tolentini, Santa Croce, 225. ☎ 041-522-56-15. Tlj 11h-14h30, 18h-22h.* Le sympathique patron de cette minuscule échoppe se réclame du *slow food.* Ce qui est sûr, c'est que les produits choisis avec soin permettent de préparer de savoureuses planches de charcuterie et de fromages, et de concocter des *cicchetti* d'excellente qualité. Les vins sont tout aussi bons. Idéal pour un apéro gourmand. Mais pour faire la fête, on viendra le vendredi : c'est en général jour de concert !

Osteria da Filo *(zoom détachable B-C3, **177**) : calle del Tentor, Santa Croce, 1539. ☎ 041-524-65-54. • newsdafilo@gmail.com • Tlj 11h-23h. Concert mer à 19h.* Salle colorée, mobilier disparate au look de brocante et fond sonore de qualité, c'est le bar jeune et sympa du coin, très prisé des étudiants... Bien tranquille pour la pause-café en fin d'après-midi, le lieu s'endiable plus tardivement et surtout les soirs de concert.

Boresso *(zoom détachable C3, **176**) : salizada San Stae, Santa Croce, 1908. 347-000-64-15. • alessandro fantin@gmail.com • Tlj sauf dim et mer ap-m.* À 2 pas du palais Mocenigo, la petite halte méritée à l'heure de l'apéro. Dans un décor moderne, *cicchetti* et sandwichs fraîchement préparés vous tendent les bras, à accompagner d'un vin conseillé par Alessandro ou d'une bouteille de bière locale. Les Vénitiens du quartier y ont leurs habitudes.

Cantina Do Mori *(zoom détachable D3, **197**) : ramo primo de la Galiazza, San Polo, 401. ☎ 041-522-54-01. Tlj sauf dim 9h-19h30.* La taverne existe depuis 1462, soit 30 ans avant la découverte de l'Amérique par Colomb... et ça se voit : bonbonnes de cuivre pour le vin, collection de marmites au plafond, anciens journaux sur les murs, des bouteilles partout... glorieuse patine des siècles ! Bons *cicchetti* et vins de qualité pour faire du surplace jusqu'à plus soif. Bonnes fritures de poisson. Accueil variable et addition un peu salée, mais qui le vaut bien.

Où boire un chocolat ou un café ?
Où déguster une bonne pâtisserie ?

Caffè del Doge *(zoom détachable D3, **257**) : calle dei Cinque, San Polo, 608. Tlj 7h-19h.* Ruelle étroite ignorée des flux, quelques tables dehors, et une vitrine placée sous le signe du café ! Ce bar coloré et rétro ravira les amateurs. La salle est parfumée par une délicieuse et alléchante odeur de café, lequel est torréfié par la maison. Cafés de Colombie, du Brésil, de Cuba, et même de l'île de Sainte-Hélène (rareté). Par curiosité, testez le *Giacometto,* savoureux mélange de café et chocolat, ou le *Marocchino.* Également quelques petits snacks, des pâtisseries et des jus de fruits pressés. Et pour les vrais accros, belle sélection des meilleurs crus à emporter.

Pasticceria-bar Rizzardini *(zoom détachable C3,* ***272****)* **:** *campiello dei Meloni, San Polo, 1415. Tlj sauf mar 7h-20h.* Les amateurs de gâteaux seront attirés par la vitrine de cette petite échoppe vieille école. À l'intérieur, ils seront comblés. Assortiment de douceurs vénitiennes : *mandorle, pavana, essi...* Idéal pour rapporter au pays les délicieux biscuits secs que l'on trempe dans un verre de *fragolino.* Possibilité de prendre un café ou un thé, debout au comptoir... à condition de trouver de la place !

Où déguster une glace ?

Millevoglie Da Tarcisio *(plan détachable B4,* ***258****)* **:** *salizzada San Rocco, San Polo, 3033. Tlj 10h-minuit.* Juste derrière l'église des Frari. 2 comptoirs : un pour les glaces, avec un grand choix de parfums, l'autre pour des *pizze calzone...* si la glace ne vous a pas rassasié !

Achats

Artisanat vénitien

Tabarro San Marco *(zoom détachable C3,* ***301****)* **:** *calle Scaleter, San Polo, 2235. ☎ 041-524-62-42. • monica.daniele@tin.it • Tlj sauf dim 9h-12h30, 14h15-18h.* Monica Daniele, la maîtresse des lieux, confectionne des chapeaux de toutes les formes, de tous les styles, y compris les tricornes du XVIIIe s et le couvre-chef du poète Ezra Pound. Elle vend aussi les fameuses capes noires *(tabarro)* vénitiennes. Une plaque sur le mur rappelle qu'ici ce fut autrefois un café où passa Casanova.

Tragicomica *(zoom détachable C4,* ***312****)* **:** *calle dei Nomboli, San Polo, 2800. ☎ 041-72-11-02. • info@tragicomica.it • Tlj sauf dim 10h-13h, 14h-19h.* Superbe magasin où l'on se croirait dans les coulisses d'un théâtre baroque du XVIIIe s. On y trouve des marionnettes et des masques (essentiellement en papier mâché) faits main. Possibilité de louer de somptueux costumes. Cher, voire hors de prix, mais c'est l'un des plus beaux du genre à Venise. Vaut vraiment une petite visite.

Amadi Bruno *(zoom détachable C4,* ***313****)* **:** *calle dei Saonéri, San Polo, 2747. ☎ 041-523-80-89. Tlj sauf dim-lun 9h-17h.* Cet atelier est spécialisé dans la fabrication d'objets miniatures. La boutique est elle-même minuscule ! L'artisan travaille devant vous. Il faut presque une loupe pour voir certains objets. Idéal pour les collectionneurs d'animaux et de figurines en tout genre (chouettes, éléphants, papillons...). Très cher, mais quand on aime, on ne compte pas !

Casanova *(zoom détachable C3,* ***308****)* **:** *calle del Cristo, San Polo, 2210. ☎ 041-476-30-86. Tlj sauf dim 10h-18h30.* Ici, on perpétue la tradition du masque en papier mâché. Ici pas de « made in China », rien que du vrai et du local, dans un style très classique et soigné (pas d'extravagances modernes !). Grand choix à tous les prix. Accueil sympa.

Gilberto Penzo *(zoom détachable C3,* ***314****)* **:** *calle Seconda dei Saoneri, San Polo, 2681. 📱 347-514-15-37. 041-524-61-39, • veniceboats@gmail.com • Tlj sauf dim 8h-13h, 15h-18h (il est conseillé d'appeler avant afin de s'assurer que la boutique est ouverte).* Un magasin unique en son genre qui vend des maquettes de gondoles en bois, y compris en kit, ainsi que des *forcole* sculptées (dames de nage des gondoles). Tout est fait à la main.

Piedàterre *(zoom détachable D3,* ***328****)* **:** *San Polo, 60. Tlj sauf dim*

10h-12h30, 14h30-19h30. Mal aux pieds après une longue journée de marche dans la cité des Doges ? Vous trouverez ici les *friulane,* ces chaussons originaires du Frioul et adoptés par les gondoliers, la semelle de gomme évitant d'abîmer la peinture de la gondole. Pas donné (compter 60-80 € la paire) mais typique.

Gravure, papier et librairie

Tipographia (zoom détachable C3, **306**) **:** *campo Santa Maria Mater Domini, Santa Croce, 2173. ☎ 041-71-54-55. • info@veneziastampa.com • Tlj sauf sam ap-m et dim 8h-13h, 14h30-19h.* Atelier spécialisé dans les gravures, estampes, cartes postales graphiques originales en noir et blanc, reproduction de dessins à la plume. Un vrai travail personnalisé d'artisan, puisqu'imprimé sur les 2 vénérables Heidelberg du magasin (la Rolls des presses). Un choix riche et des prix raisonnables vu la qualité du travail.

Legatoria Polliero (zoom détachable B3-4, **327**) **:** *campo dei Frari, San Polo, 2995. ☎ 041-528-51-30. Tlj sauf dim ap-m 10h-19h30.* Une idée de cadeau ? C'est ici qu'il faut venir ! Boutique familiale de papier marbré vénitien. Atelier sur place (odeur de colle en prime) et toute une panoplie de carnets, albums photos, marque-pages...

Mare di Carta (plan détachable B3, **334**) **:** *fondamenta dei Tolentini, Santa Croce, 222. ☎ 041-71-63-04. Tlj sauf dim 9h-13h, 15h30-19h30 (9h-12h30, 15h-19h30 sam).* Une véritable mer de papier pour un beau choix d'ouvrages sur la lagune et la marine, dont quelques livres en français. Cristina, parfaite francophone, collabore également avec le musée d'Histoire navale.

Fromages

Casa del Parmigiano (zoom détachable D3, **171**) **:** *campo Bella Vienna, Rialto, 214/215. ☎ 041-520-65-25. • info@aliani-casadelparmigiano.it • Lun-mer 8h-13h30, jeu-sam 8h-19h30.* Belle adresse en plein marché du Rialto. Pour ceux qui ont une furieuse envie de fromages italiens, il y en a de tous les affinages et à tous les prix : *pecorino* (brebis), *parmigiano* (parmesan, pardi !), gorgonzola, *provolone* (vache)...

À voir

AUTOUR DU CAMPO DEI FRARI

Chiesa Santa Maria dei Frari (plan et zoom détachables B3-4) **:** *campo dei Frari, San Polo, 3072. ☎ 041-275-04-62. • chorusvenezia.org • Vaporetti nos 1 ou 2, arrêt San Tomà. Lun-sam 9h-18h, dim 13h-18h (dernier billet à 17h30). Entrée : 3 €. Accès avec le Chorus Pass. Audioguide : 2 €.* L'église des Frères mineurs (les franciscains) a été édifiée à partir de 1231 et reconstruite plusieurs fois en brique rouge dans le style gothique tardif, avec des ornements en pierre blanche d'Istrie. Son campanile carré de 70 m de haut est le plus élevé de Venise après le campanile de San Marco. À l'extérieur, vous admirerez le chevet, la partie la plus ancienne de l'église. L'austère portail est flanqué de 2 piliers ouvragés. À l'intérieur, le vaisseau à 3 nefs, immense, scandé de 12 colonnes massives et coiffé d'un entrelacs de poutres, contient une ***nécropole des grands noms vénitiens*** et, tout simplement, les ***plus grands chefs-d'œuvre de Venise.*** Le 1er d'entre eux, l'*Assomption,* de Titien, réalisé en 1516, trône de ses 7 m de haut au-dessus de l'autel. Mais commençons le petit tour, vous verrez le tableau de plus près un peu plus tard.

– Au début de la nef (sur la droite juste en entrant par le portail principal), on trouve le ***tombeau de Titien,*** probablement mort de la peste en 1576, et, en face, celui du sculpteur *Antonio Canova.* Titien, qui a tant contribué à l'art, méritait peut-être mieux, même si son corps ne fut pas jeté à la fosse commune. En face du tombeau

de Titien se dresse une insolite et grandiloquente pyramide en marbre : c'est le ***tombeau de Canova,*** œuvre néoclassique détonnante dans ce décor. C'est le sculpteur lui-même qui le dessina en le dédiant initialement à Titien. Ses élèves reprirent le projet pour le maître en collectant des fonds dans l'Europe entière. Les figures allégoriques éplorées se traînent en cortège vers une inquiétante porte entrouverte. En fait, seul son cœur repose sous la pyramide.
– À la droite du tombeau de Canova, un autre 1er prix de grandiloquence dans l'art funéraire est accordé sans hésitation au ***tombeau baroque du doge Giovanni Pesaro,*** avec ses squelettes et géants noirs courbant l'échine sous le poids du tombeau et du chagrin (mais un coussin allège leur souffrance !). Également, à côté, la tombe de Pisanello beaucoup moins imposante.
– À côté trône un chef-d'œuvre de Titien : le ***retable Madonna di Ca' Pesaro.*** L'artiste innove en ne donnant pas la position centrale à la Vierge. Explosion de couleurs. Sur le tableau figurent l'évêque Jacopo Pesaro et sa famille, venant remercier la Vierge d'une victoire navale sur les Turcs (dans l'ombre surgit le turban d'un prisonnier maure). Un personnage du tableau vous observe, et, lorsqu'on accroche son regard, il est difficile de s'en détacher.
– Admirez ensuite les 124 stalles sculptées du chœur (1468) et sa clôture Renaissance qui isolait les frères franciscains de la communauté laïque. Seuls leurs chants parvenaient aux fidèles. Exceptionnel travail de marqueterie sur les dossiers des stalles.
– Au fond du chœur, au-dessus de l'autel, voici l'***Assomption*** de Titien. Flamboiement des couleurs (rouges sublimes !), splendeur du mouvement d'élévation vers le ciel, grâce et rythme des gestes, beauté des drapés... 1re œuvre religieuse de Titien, qui surprit tout le monde par sa liberté d'interprétation : la Vierge n'est plus représentée implorante et mains jointes, mais, au contraire, épanouie, gracieuse, bras ouverts, visage doux et serein, corps souple s'élevant en tournoyant dans un bain de lumière, vers le visage plein d'humanité de Dieu le Père. On raconte que Titien vint souvent revoir cette œuvre quand il manquait d'inspiration. À droite de l'autel, toujours dans le chœur, à mi-hauteur, le tombeau du doge Foscari datant de 1457 et, en face, celui de Nicolò Tron.
– Dans les chapelles absidiales, repérez dans la dernière à gauche (la chapelle des Milanais) la tombe du compositeur Claudio Monteverdi, mort en 1643.
– Au-delà, la chapelle Corner, avec le triptyque de Vivarini représentant saint Marc.
– Dans la 1re chapelle à droite du presbytère, celle de *Saint Jean-Baptiste,* avec une statue polychrome de Donatello. Dans la 3e chapelle de droite, *Vierge à l'Enfant,* superbe polyptyque de Vivarini.
– Dans la sacristie, à droite du chœur, allez saluer la *Vierge en majesté,* retable en triptyque de Giovanni Bellini (1488). Saisissant effet de perspective. Notez comme la Vierge présente un visage tout à la fois suave et moderne, révélant presque une expression désabusée dans le regard. Face à la porte, autel des reliques d'un baroque assez fou (on peut le dire).
– La salle du chapitre, à côté, donne sur un large cloître. Orfèvrerie religieuse. Sur la console à gauche, *Présentation du doge à la Vierge* de Paolo Veneziano (1339). Ce peintre fut un des 1ers à signer ses peintures.

Chiesa San Rocco *(plan détachable B3-4)* **:** *campo San Rocco, San Polo, 3063. Tlj 9h30-17h30. Vaporetti nos 1 ou 2, arrêt San Tomà.* Fermée pour travaux. Bartolomeo Bon eut à charge la construction de cette église, à partir de 1489. Mais une grande partie de l'édifice ainsi que la façade à bas-relief furent reconstruites au XVIIIe s. À l'intérieur, élégante tribune, belles toiles du Tintoret retraçant la vie de saint Roch. Notamment, 4 de part et d'autre du chœur, dont *Saint Roch guérissant les pestiférés* et *Saint Roch dans le désert* (toutes 2 à droite). L'église abrite aussi les reliques du saint dans une urne surmontée d'une statue (dans le chœur).

Scuola Grande di San Rocco *(plan détachable B4)* **:** *campo San Rocco, San Polo, 3052. ☎ 041-523-48-64. • scuolagrandesanrocco.it • Vaporetti nos 1 ou 2, arrêt San Tomà. Tlj 10h-17h30 (dernier billet à 17h). Fermé 1er janv, à Pâques*

et 25 déc. Entrée : 10 € ; réduc ; gratuit pour les moins de 18 ans. Carte Rolling Venice *acceptée. Audioguide : 3 €. Fascicule en français illustré gratuit.* La richesse de la *scuola* vénitienne transparaît dès l'imposante façade à colonnes mêlant le style Renaissance italienne et des éléments gothiques. L'intérieur, lui, est tout simplement magnifique, d'un faste pudiquement dévoilé par une lumière douce et presque intime. La *scuola* constitue en fait un véritable temple dédié aux ***œuvres du Tintoret*** (près d'une cinquantaine de tableaux !). Après tout, rien de plus normal... il en était lui-même membre. Elle fut édifiée au début du XVIe s et en partie financée par de riches banquiers vénitiens soucieux de se concilier le ciel afin de se protéger de la peste.
– Au *rez-de-chaussée,* nombreuses œuvres du peintre illustrant l'histoire de Marie, mère du Christ (de *L'Annonciation* à *L'Assomption...*).
– Le somptueux *grand escalier* livre une admirable *Annonciation* de Titien tout en légèreté (la posture de l'archange et la perspective du sol y contribuent). Il débouche au *1er étage* sur une immense salle, dont ***le plafond et les murs sont entièrement décorés par le Tintoret*** (épisodes de l'Ancien Testament au plafond et du Nouveau sur les murs). Des miroirs sont mis à la disposition des visiteurs pour mieux admirer les plafonds sans se tordre le cou. Faites bien le tour de la salle pour découvrir l'extraordinaire boiserie composée de sculptures représentant les vices et les vertus humaines. Côté opposé au grand escalier, une bibliothèque, plus vraie que nature, avec la plume d'oie et les lunettes, encadrée (ces vices-là, on ne peut s'empêcher de vous les livrer) de « la fureur » et de « l'espion ».
– Dans la *salle de l'Albergo* (salle de réunion de la *scuola,* au fond à gauche), ne pas rater le ***vaste tableau La Crucifixion,*** l'un des chefs-d'œuvre du Tintoret. Notez les effets géniaux de perspective et de 3e dimension. Dans la même salle, dans la *Montée au Calvaire,* remarquez le rythme de la composition (lignes en dents de scie). Au contraire, dans le *Christ devant Pilate,* tout semble figé.
– Un escalier mène au 2d étage. Au passage, *Les Anges rendant visite à Abraham,* œuvre de jeunesse de Tiepolo, dont les nuances de rouge sont très belles et du même artiste *Hagar et Ismaël* ; de Giorgione, *Christ portant la croix.* La salle du trésor exhibe dans de solides armoires-fortes vitrées de riches objets sacerdotaux et des reliquaires qui semblent contenir tous les saints de la création.

Scuola Grande di San Giovanni Evangelista *(plan détachable B3)* **:** *campiello di San Giovanni, San Polo, 2454. ☎ 041-71-82-34. • scuolasangiovanni.it • Visite, selon les périodes d'expo, 9h30-13h, 14h-17h15 (dernier billet 30 mn avt fermeture). Interdit au public pdt les conférences (il y en a souvent). Entrée : 10 € ; réduc.* Cette *scuola,* fondée au XIIIe s, était l'une des plus anciennes de Venise avant que Napoléon ne la supprime tout simplement en 1806. À l'origine, le bâtiment abritait un hospice dont le saint patron était saint Jean l'Évangéliste (san Giovanni Evangelista). Avant d'entrer, on aura remarqué la cour et son portique de marbre. À l'intérieur, au rez-de-chaussée, s'ouvre une superbe salle aux colonnes pourvue d'un remarquable pavement en marbre. Notez le bel escalier de Mauro Codussi. Au 1er étage, plusieurs tableaux du Tintoret (fils), de Tiepolo (père), de Longhi et de Vincentino ornent la salle Saint-Jean. Dans l'*oratorio della Croce* (oratoire de la Croix) est conservée, sur l'autel, la relique de la Sainte Croix. Malheureusement, on ne peut guère la contempler qu'un seul jour de l'année (le 14 septembre : fête de l'exaltation de la Sainte Croix). Juste derrière, la *salle de l'Albergo* avec une peinture sur bois du XIIIe s représentant la Vierge et (de gauche à droite) saint Pierre, saint Paul et saint Jean. Saint Matthieu, qui figurait également aux côtés de la Vierge, eut moins de chance puisque la partie droite du tableau fut découpée et volée !

AUTOUR DU CAMPO SAN POLO

Campo San Polo *(zoom détachable C3)* **:** c'est l'un des plus grands de la ville. Quand on arrive des petites rues adjacentes, on est saisi par l'impression d'espace. Les édifices qui bordent le *campo* sont d'époque et de style très

différents : en venant du sud, on trouve à gauche le *palais Corner-Mocenigo* (du XVIe s), puis à droite le *palais Soranzo* (XVe s) ; au fond se tient le *palais Tiepolo-Maffetti* (XVIIIe s).
Un petit détail : si vous vous tenez face au *campo,* dos à l'église, et que vous criez très fort, vous remarquerez un effet d'écho. Ne répondez pas, sinon vous n'en finirez plus.

☞ ***Chiesa San Polo*** *(zoom détachable C3)* **:** *campo San Polo. ☎ 041-275-04-62. • chorusvenezia.org • Lun-sam 10h30-16h30 (dernier billet à 16h20). Entrée : 3 €. Accès avec le Chorus Pass.* Cette église de style gothique à la voûte en carène de bateau, dont les origines remontent au IXe s, fut malheureusement remaniée au début du XIXe s. Elle renferme quelques œuvres intéressantes de Véronèse, Giambattista Tiepolo (le père), le Tintoret et Palma le Jeune. *Chemin de croix* de Giandomenico Tiepolo (le fils) dans la chapelle du Crucifix (au fond de la nef). Par sa peinture, il semble ici éloigné des dogmes de l'église contrairement à son père. Face à l'église, le campanile date de 1362.

☞ ***Casa Goldoni*** *(maison Goldoni ; zoom détachable C4)* **:** *calle dei Nomboli, San Polo, 2795. ☎ 041-275-93-25. • carlogoldoni.visitmuve.it • Avr-oct, tlj sauf mer 12h-17h (16h en hiver) ; dernier billet 30 mn avt fermeture. Entrée : 5 € (billet cumulatif 15 € avec la Ca' Rezzonico et le palais Mocenigo) ; réduc. Accès avec le Museum Pass. Carte Rolling Venice acceptée.* Située dans le *palais Centani* (XVe s), c'est la maison natale de Carlo Goldoni. Il y vécut jusqu'à l'âge de 12 ans. À l'époque, il y avait plus de théâtres à Venise qu'à Paris. En 1762, Goldoni quitte Venise pour Paris où il touche une pension de Louis XVI. Il est alors « l'Italien de la cour ». La Révolution française le plonge dans la misère, sa pension est supprimée. Ironie de l'histoire, elle est rétablie le 7 février 1793, le lendemain de sa mort... Il fallait bien un musée pour cet extraordinaire auteur de théâtre qui fut souvent comparé à Molière, non sans raison.
À l'entrée, traversez la cour percée d'un ravissant petit puits et l'escalier extérieur avec, tout autour, les sols à l'ancienne, faits de briques posées en chevron. L'étage abrite 3 salles qui présentent un film (en italien seulement) et quelques documents relatifs à la vie de Goldoni et au théâtre à Venise : joli petit théâtre de marionnettes du XVIIIe s, différents portraits de Goldoni et quelques livres d'époque.

DU PONT DU RIALTO À LA CA' PESARO

☞☞☞ **Ponte di Rialto** *(zoom détachable D3)* **:** *vaporetti nos 1 ou 2, arrêt Rialto.* Le Rialto est certainement le pont le plus photographié de Venise ! Même lorsqu'il est en travaux, c'est dire... C'est l'un des endroits les plus connus de la cité pour sa double vue sur le Grand Canal. On vous l'accorde, la foule gâche un peu le plaisir, mais ce n'est pas une raison pour ne pas l'admirer... Le soir offre un peu de répit après la fermeture des commerces, et la nuit lui rend sa magie !
Les 1ers habitants qui s'installèrent sur la lagune avaient qualifié ce site de *rivo alto* (« la haute rive »). Le nom *Rialto* est venu des déformations successives du langage et d'une contraction des 2 termes. Avant la construction du 1er pont, on traversait en gondoles.
Le 1er ouvrage, construit vers la fin du XIIe s, était en bois et constitué de 2 ponts levants pour permettre le passage des caraques et autres galions. Après de multiples incendies, on décide au début du XVIe s de bâtir un nouveau pont, mais cette fois-ci en pierre d'Istrie. Suivant le bon vieux principe du concours, plusieurs architectes sont mis en compétition. Des noms prestigieux comme Michel-Ange, Palladio, Sansovino ou encore Scamozzi présentent un projet. C'est finalement Da Ponte (un nom prédestiné !) qui remporte les faveurs du jury séduit par un pont à arche unique. Pour autant le projet est alors tellement audacieux que les autorités suspendent un temps les travaux ayant des doutes sur la pérennité de l'ouvrage. Il est finalement achevé en 1591. Long de 48 m, large de 22 m et haut

de 7,50 m, il repose de part et d'autre sur 2 plateformes, soutenues chacune par 6 000 pilotis. Au-dessus, on trouve 3 rampes d'escalier pour piétons et une double rangée de boutiques.

Chiesa San Giacomo di Rialto *(zoom détachable D3)* **:** *ruga degli Orefici, San Polo. Tlj 9h-17h, dim 11h-19h.* Sa taille réduite (les Vénitiens la surnomment de ce fait *San Giacometto*) et son cadran solaire démesuré lui donnent un certain charme pour ne pas dire un charme certain. Outre les chapiteaux et les colonnes en marbre, il ne demeure rien de l'édifice originel du XIe s presque entièrement reconstruit au XVIIe s. Une légende voudrait qu'elle ait été consacrée l'année de la fondation de Venise, pour que les 1ers résidents de ce *sestiere* aient un lieu de culte. L'intérieur renferme une collection d'instruments à cordes.
– Sur la ***place,*** face à l'entrée de l'église, notez le fût de granit rose coiffé d'une plateforme, d'où le crieur public proclamait les édits officiels. L'escalier latéral soutenu par une statue qui plie sous l'effort est baptisé *Il Gobbo di Rialto* (le Bossu du Rialto).
– Dans le ***quartier,*** à 100 m, allez jeter un œil au n° 456 de la calle de l'Arco. La base de sa porte est curieusement taillée en arc de cercle. C'était tout bonnement pour faciliter le passage des tonneaux qu'on faisait rouler depuis les bateaux ! Malin !

Chiesa San Giovanni Elemosinario *(zoom détachable D3)* **:** *ruga Vecchia San Giovanni Elemosinario, San Polo, 479. ☎ 041-275-04-62. • chorusvenezia.org • Lun-sam 10h30-13h15 (dernier billet à 13h). Entrée : 3 €. Accès avec le Chorus Pass.* Son origine remonte au Xe s. L'église fut détruite puis reconstruite après l'incendie de l'hiver 1514. À cette époque de l'année, l'eau des canaux était gelée ; presque tout le quartier du Rialto fut ravagé par les flammes. C'est du clocher que les ancêtres des pompiers volontaires sonnaient le couvre-feu. À l'intérieur, dans le chœur, très beau *San Giovanni Elemosinario* de Titien.

Mercati di Rialto *(marchés du Rialto ; zoom détachable D3)* **:** *marché aux fruits et légumes des Fabbriche Nuove lun-sam 7h-13h. Marché aux poissons (campo della Pescheria) mar-sam 6h-11h30.*
Historiquement, la rive droite du Rialto (en allant vers la mer) fut la plaque tournante du commerce à Venise. C'était le centre financier et économique de la ville. Les grands commerçants y vendaient les marchandises rapportées d'Orient et y négociaient les gros contrats ; parallèlement, les petits artisans s'occupaient du commerce de détail. On pouvait y trouver à peu près de tout : des étoffes aux pierres précieuses, en passant par les épices et les denrées alimentaires. À l'époque, le secteur était extrêmement actif. Les banques côtoyaient les comptoirs de change, et les différentes activités étaient réparties par ensembles homogènes. Les nombreux bars à vins du coin étaient le siège de discussions animées entre vendeurs et acheteurs. C'était aussi le terrain de jeu des dames de bonne compagnie...
Aujourd'hui, le lieu est toujours bien vivant. La *ruga degli Orefici* (dans le prolongement du pont du Rialto) est restée commerçante. Les T-shirts « I love Venice » foisonnent pour s'adapter à la clientèle du siècle, dévolue au tourisme, mais sur les rives du Grand Canal, en longeant les ***Fabbriche,*** on trouve d'authentiques marchés.

DU MONDE AU BALCON !

Le ponte delle Tette *doit son nom aux prostituées vénitiennes qui travaillaient au-delà du rio terrà della Carampane. La loi obligeait ces dernières à exhiber leurs seins* (tette) *nus au balcon, aux yeux de tous, pour aguicher la gent masculine. Une mesure prise par le Sénat pour freiner l'homosexualité masculine, très répandue durant la Renaissance.*

Longer les ***Fabbriche Vecchie*** (bâtiments à arcades du XVIe s) avant de rejoindre les ***Fabbriche Nuove.*** On découvre alors des étalages colorés de fruits et légumes. Tôt le matin, lorsque les commerçants installent leurs étals, l'atmosphère encore calme a quelque chose de magique. C'est ici que de nombreux Vénitiens viennent faire leur marché. À quelques mètres se dresse la ***Pescheria*** (étal au poisson), une halle médiévale construite en... 1907 (belle leçon d'urbanisme !). C'est l'un des marchés aux poissons les plus typiques d'Italie, avec ses vendeurs qui haranguent le client et chassent la mouette.

Chiesa San Cassiano *(zoom détachable C3)* ***:*** *campo San Cassiano, San Polo, 1852. Visite lun-sam 9h-12h, 15h-19h30 ; dim, entre les messes.* Église dédiée à sainte Cécile, la patronne des musiciens. Pour l'anecdote, on raconte que cette sainte avait des mœurs un peu légères, mais que l'on ne s'en aperçut qu'après l'avoir canonisée. Flûte alors ! L'intérieur présente une architecture originale. D'abord, sa forme de type « halle » (les 3 nefs à la même hauteur). Ensuite, le décor assez alambiqué de la voûte, ses formes bizarres, une fantaisie inhabituelle... Plus habituel, des œuvres du Tintoret, dans le chœur, une magnifique *Crucifixion* et *La Résurrection du Christ entouré de saints.*

DE LA CA' PESARO VERS LE PIAZZALE ROMA

Ca' Pesaro *(zoom détachable C2-3)* ***:*** *fondamenta Mocenigo, Santa Croce, 2076. ☎ 041-72-11-27. • capesaro.visitmuve.it • Vaporetto n° 1, arrêt San Stae. Horaires variables : il est préférable de se renseigner avant. ; dernier billet 1h avt fermeture. Entrée : 14 € ; réduc. Accès avec le* Museum Pass. *Carte* Rolling Venice *acceptée.* Palais construit au XVIIe s par Longhena (le même architecte que la *Ca' Rezzonico*) et Gaspari pour la famille des doges et des procurateurs Pesaro. L'une des plus belles façades baroques de Venise (bien visible du Grand Canal). On y entre par une cour splendide. Outre quelques beaux plafonds par-ci par-là, la visite des riches collections d'art moderne et d'art oriental ne révèle cependant pas grand-chose du faste qui illustrait jadis ce palais.

1er étage

– ***Galleria d'Arte moderna*** *(musée d'Art moderne)* ***:*** ce musée abrite les œuvres de grands artistes des XIXe et XXe s. Le fonds est riche et l'accrochage varie au gré des restaurations, des prêts et expos temporaires.

Accès par un imposant escalier, surveillé par un cardinal (de Giacomo Manzù, 1955) hermétique et pyramidal dont le seul trait d'humanité s'exprime à travers la main qui sort de sa cape.

Les 1res salles sont consacrées à la peinture vénitienne des XIXe et XXe s. Les œuvres exposées sont majoritairement celles acquises à la Biennale depuis ses origines jusqu'aux années 1950 : une sélection parcimonieuse de Klee, Kandinsky, Bonnard, Picasso, Zadkine, mais également Max Ernst, Matta, Raoul Dufy...

Pour les peintres italiens, largement majoritaires, citons le romantisme avec Ippolito Caffi, le réalisme avec Felice Casorati, le surréalisme avec De Chirico, le vérisme avec Telemaco Signorini ou encore Angelo Morbelli préfigurant le néoréalisme.

Quelques œuvres normalement à demeure : 2 Rodin, plâtre des *Bourgeois de Calais* et un *Penseur* (qui laisse rêveur, vu le nombre de *Penseurs* exposés dans les musées du monde...) et *Le Rabbin de Vitebsk* de Chagall. Les amateurs de Klimt seront ravis par sa *Judith II.* Immense toile de l'Espagnol Joaquin Sorolla y Vastida, *Cosiendo la Vela.* Remarquable travail sur la lumière et les rayons du soleil sur la voile cousue par toutes ces femmes (reculez-vous pour mieux l'apprécier, sentez-vous le parfum des fleurs ?).

Tirées du fonds du musée, et exposées par roulement, on peut également voir une belle série de Zecchin, des sculptures de Bourdelle ou Jean Arp, de la lithographie (Munch, Matisse), du mobilier (Bugatti), du verre de Murano...

Au passage, on admire le plafond de Bambini, peint à la demande de la famille Pesaro ou celui également magnifique de la salle III dont le sol en mosaïque faite en *terrazzo* (technique traditionnelle vénitienne) ne dépareille pas.

2e étage
Dédié aux expos temporaires, il est malheureusement souvent fermé. Fresques géantes et réalistes de Giulio Aristide Sartorio (début du XXe s).

3e étage
– ***Museo d'Arte orientale*** *(musée d'Art oriental)* **:** *rens pour des visites guidées gratuites au ☎ 041-524-11-73.* Ce musée abrite l'une des plus grandes collections européennes d'art japonais de la période *Edo* (entre 1600 et 1868). Des pièces rassemblées en grande partie par Henri de Bourbon, comte de Bardi, à la fin du XIXe s, lors de ses voyages en Orient (30 000 pièces collectées en 2 ans !). On peut y voir des armures de samouraïs (avouez que ça vous rappelle votre enfance et les dessins animés des *Tortues ninjas* !), une incroyable collection d'armes blanches : des *katanas* (sabres), des *kriss* (poignards) et toutes sortes d'objets insolites. Accès par un escalier en bois sombre flanqué de lances et de hallebardes. Ambiance *Sept Samouraïs* garantie !
Ne pas rater le paravent incrusté de nacre et le palanquin, cette chaise de portage laquée et dorée, dans la *salle IV.* Magnifiques peintures sur soie, vases et porcelaines. Collection impressionnante de boîtes en bambou, de *netsuke* (petits boutons et fermetures pour vêtements) et d'*inro* (boîtes à herbes médicinales). Un jeu d'échecs en ivoire, dont chaque pièce est en soi une œuvre d'art.
Dans la *salle VIII,* des instruments de musique japonais, et, dans la *salle XIII,* belle collection de *kriss* indonésiens (sortes de dagues), de *batiks* javanais et de marionnettes. Aussi impressionnant qu'inattendu à Venise !
Cafétéria du musée : *ouv aux heures... du musée.* On peut prolonger le plaisir du lieu en prenant un café (cher) en terrasse, sous des arcades directement baignées par le Grand Canal. Un chouette environnement, donc.

Chiesa San Stae *(zoom détachable C2-3)* **:** *campo San Stae. ☎ 041-275-04-62. • chorusvenezia.org • Lun-sam 13h45-16h30 (dernier billet à 16h20) ; pdt les expos temporaires, horaires totalement différents. Entrée : 3 €. Accès avec le* Chorus Pass. C'est un enchantement que de débarquer du *vaporetto* à la nuit tombée, devant la superbe façade baroque (1709) éclairée ! Celle-ci n'a été terminée que 30 ans après le début des travaux, en raison de problèmes financiers. Église dédiée à saint Eustache. À l'intérieur, des œuvres d'artistes fin XVIIe-début XVIIIe s tels que Tiepolo, Niccolò Bambini, Piazzetta ou encore Pittoni.

Palazzo Mocenigo, museo del Tessuto, del Costume e del Profumo *(palais Mocenigo, musée du Tissu, du Costume et du Parfum ; zoom détachable C3)* **:** *salizzada San Stae, Santa Croce, 1992. ☎ 041-72-17-98. • mocenigo.visitmuve.it • Vaporetto n° 1, arrêt San Stae. Tlj sauf lun 10h30-17h (10h-16h30 nov-mars) ; dernier billet 30 mn avt fermeture. Entrée : 8 € ; réduc. Accès avec le* Museum Pass. *Carte* Rolling Venice *acceptée. Plaquette en français à l'entrée des salles.*
Ce beau palais bien meublé abrite un musée dédié à 3 luxes vénitiens intimement liés, le tissu, le costume et le parfum. Ce fut le lieu d'habitation des Mocenigo, l'une des plus anciennes familles patriciennes, qui a laissé 7 doges ! Le dernier résident de la famille, Alvise Nicolo, y habita jusqu'en 1945 avant d'offrir le palais à la Ville. Lord Byron y séjourna en compagnie de perroquets, de singes et d'un renard, pour y écrire son *Don Juan.*
De tous les palais visitables de Venise, celui-ci est sans doute celui qui reconstitue le mieux le décor somptueux et l'existence d'une famille patricienne à travers les nombreuses pièces meublées et aménagées avec un grand soin.

Sections tissus et costumes
Dès le *portego* (hall du 1er étage), le ton est donné par les médaillons des doges « donnés » par la famille et les toiles des souverains auprès desquels les

SAN POLO ET SANTA CROCE

Mocenigo firent ambassades... Tableaux, décorations des XVIIe et XVIIIe s ou mobilier des autres pièces sont à l'avenant. Plus qu'un lieu de vie, le palais était aussi la vitrine de la réussite. Ici une fresque nuptiale au plafond, là un blason au sol en *terrazzo* (matériau composite typique à Venise). Les tissus muraux sont des reconstitutions. Belle collection de ***costumes du XVIIIe s*** présentés sur des mannequins : les hommes portent des tricornes et des gilets en soie richement brodés...

Section parfum

Les dernières salles (salles 8 à 11) sont dédiées au parfum, Venise étant le terminus des convois d'épices et autres ingrédients particuliers rapportés d'Inde ou d'Amérique du Sud. Une salle de distillation montre les différentes étapes de la réalisation d'un parfum. À travers les salles, on peut aussi observer des instruments parfumés comme un rosaire pour les femmes lors des messes (d'ailleurs reproché par l'Église !). L'hygiène est aussi évoquée, c'est à Venise que le savon en barre serait né et se parfumer à la lavande était déjà dans les us. On peut aussi admirer la jolie collection de plus de 200 flacons aux formes originales offerte par une société allemande au musée. Superbe orgue à parfums. En fin de parcours, vous pouvez humer les différentes senteurs proposées sous des cloches en verre, posées délicatement sur une grande table en bois. À vos nez !

🔭🔭 👨‍👧 ***Museo di Storia naturale*** *(musée d'Histoire naturelle ; zoom détachable C2)* **:** *salizada del Fontago dei Turchi, Santa Croce, 1730. ☎ 041-275-02-06. • msn.visitmuve.it • Juin-oct, tlj sauf lun 10h-18h ; nov-mai, mar-ven 9h-17h, w-e 10h-18h ; dernier billet 1h avt fermeture. Entrée : 8 € ; réduc.* Museum Pass *et carte* Rolling Venice *acceptés. Visites guidées possibles sur résa au ☎ 848-082-000. Audioguide (en français) : 3,50 €.* La muséographie moderne conjugue les explorations récentes menées notamment en Afrique saharienne à celles plus anciennes du XIXe s.

Notons la salle entière consacrée à l'explorateur vénitien Giovanni Miani, un autodidacte musicologue, poète et patriote, parti à la recherche des sources du Nil en 1859. Les Anglais lui raviront la primeur de cette découverte 3 ans plus tard. Cela dit, il a rapporté une ***extraordinaire collection d'objets rituels africains*** : des armes, des bijoux, des outils, sans compter une curieuse momie datant de la période ptolémaïque, flanquée de 2 crocodiles guère plus fringants.

Dans la salle suivante, nous sommes en pleine période coloniale. Un éminent politicien vénitien, Giuseppe de Reali, a tiré sur tout ce qui bougeait dans la brousse ! La salle est bardée de trophées.

La visite se poursuit vers quelques ***fantaisies de la nature*** : veaux à 2 têtes, chamois albinos, etc. Puis elle embraie vers une section plus scientifique, qui retrace assez bien ce que pouvait être un cabinet de curiosités de l'époque. Une collection à mettre au crédit de Nicolò Contarini, un Vénitien contemporain de Darwin, qui fit don du fruit de ses recherches en biologie marine, entomologie et ornithologie à la Ville de Venise. On aime bien les vitrines d'anatomie comparée (notez l'écorché en pleine forme). Ne ratez pas la section des dinosaures avec un squelette entier reconstitué ainsi que des fossiles parfaitement conservés.

Enfin, on aborde des problèmes plus actuels de protection de l'environnement à travers l'étude de différents biotopes et leur interaction sur la chaîne alimentaire. Le seul problème, c'est que c'est en italien. Une visite qui toutefois intéressera vos charmantes têtes blondes.

🔭 ***Campo San Giacomo dell'Orio*** *(zoom détachable B-C3)* **:** l'un des plus charmants de Venise avec ses platanes (les rares arbres de la ville !), son campanile vénéto-byzantin des XIIe et XIIIe s et ses quelques terrasses de cafés où il est agréable de faire une pause. Autrement, y venir lors du Carnaval pour apprécier la fête communale organisée par les habitants du quartier, loin du tapage de la place Saint-Marc.

Chiesa San Giacomo dell'Orio *(zoom détachable B-C3)* **:** *campo San Giacomo dell'Orio, 1587. ☎ 041-275-04-62. • chorusvenezia.org • Lun-sam 10h30-16h30 (dernier billet à 16h20). Entrée : 3 € ; réduc. Accès avec le* Chorus Pass. Cette petite église discrète, construite aux IXe et X[e] s, conserve encore quelques éléments d'origine (l'abside notamment). Toute simple, à défaut de grande famille pour la doter de riches éléments décoratifs, elle a été plusieurs fois remaniée au cours des siècles. Le mélange des styles à l'intérieur lui donne un cachet et un charme que l'on aime bien. Certaines colonnes de marbre proviennent de butins rapportés de Méditerranée orientale. Le plafond est en carène de navire. Dans la sacristie (à droite du chœur) et la chapelle (à gauche), quelques tableaux de Francesco Bassano, Véronèse (*Dottori de la chiesa* et *Saint Laurent-Saint Jérôme*), Titien *(Flagellation)*, et pour les amateurs, 13 œuvres de Palma le Jeune.

CANNAREGIO

Codes postaux : 30121 et 30131

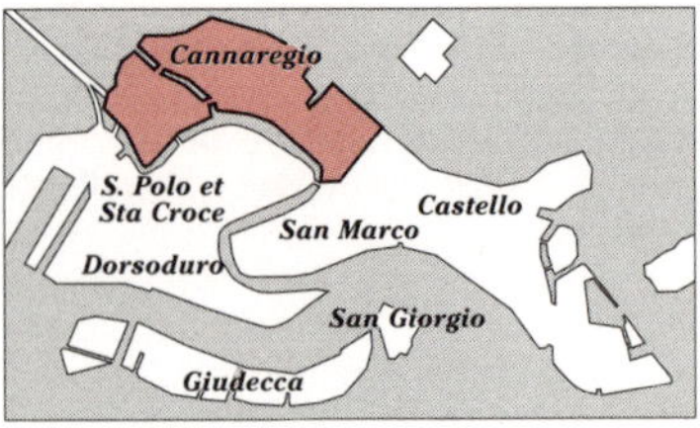

Le sud de Cannaregio épouse la rive du Grand Canal. C'est un *sestiere* traversé par les pressés qui foncent de la gare au Rialto. Sa partie nord est restée populaire. Elle est quadrillée par une série de larges *rii* (des canaux) parallèles bordés de larges *fondamente* (quais). Même balayée par un vent froid hivernal venant des Alpes, elle est propice à la promenade. La chaleur se trouve alors dans les authentiques gargotes et bistrots. En été, les terrasses y sont reines. C'est aussi un lieu chargé d'histoire dont le Ghetto constitua dès le début du XVIe s une ville dans la ville. L'âme juive y subsiste encore aujourd'hui avec sa poignée d'échoppes d'artisans, de boulangeries et d'épiceries...

Où dormir ?

Le quartier offre un large choix d'hébergements comptant parmi nos meilleurs rapports qualité-prix. Quoiqu'un peu excentrés, ils méritent bien quelques pas de plus le long des canaux pour y loger.

Auberges de jeunesse

■ ***Combo Venezia*** *(plan détachable D2,* ***35****) : campo dei Gesuiti, Cannaregio, 4878. ☎ 041-528-61-03. • hello.venezia@thisiscombo.com • we-gastameco.com • Vaporetti nos 4.1, 4.2, 5.1 ou 5.2, arrêt Fondamente Nove. Lits en dortoir 25-45 € ; doubles 70-120 €. Pas de petit déj.* Cet ancien couvent des *crociferi* a parfaitement réussi sa reconversion en logements étudiants, ouverts aussi aux touristes (veinards !). Un lieu pas du tout monacal et très bien restauré où les aménagements modernes laissent paraître des vestiges du bâtiment historique. Des chambres privées à des prix vraiment avantageux pour la ville. Et des dortoirs comme cela, on en rêve : ce sont en fait des appartements composés de 6 chambres doubles. Chaque appart a sa kitchenette et ses propres sanitaires à partager. À partager, aussi, l'ambiance jeune tout à fait propice aux échanges : dans les longs couloirs aménagés en minisalons avec fauteuils ou au bar très agréable du rez-de-chaussée.

■ ***Ostello Santa Fosca*** *(plan détachable C2,* ***33****) : fondamenta Daniel Canal, Cannaregio, 2372. ☎ 041-71-57-75. • ostello@santafosca.it • ostellosantafosca.it • Vaporetto n° 1, arrêt San Marcuola. Au bout du quai en impasse. Compter 22-35 € en dortoir ; doubles avec sdb et w-c 50-80 € ; sans petit déj. Obligation de quitter la chambre tlj à 10h.* Cette AJ accueillante reçoit des étudiants de tous les pays dans un décor sobre, presque dépouillé : carrelage, murs blancs, lits métalliques... Ce n'est pas le grand luxe mais c'est propre. Une centaine de places en dortoir de 3 à 7 lits (certains gigognes) et chambres doubles. Possibilité d'utiliser la cuisine matin et soir. L'ambiance est jeune, voire assez festive. Idéal pour rencontrer d'autres jeunes. En été, c'est vite saturé, réservez en ligne.

Prix moyens

■ ***Hotel Bernardi Semenzato*** *(zoom détachable D2-3,* ***62****) : calle dell'Oca,*

Cannaregio, 4363/66. ☎ 041-522-72-57. • info@hotelbernardi.com • hotelbernardi.com • Vaporetto n° 1, arrêt Ca' d'Oro. ♿ Doubles 50-90 €. Congés : fin nov-fin déc. Réduc de 10 % sur le prix de la chambre sur présentation de ce guide si résa en direct. Une de nos plus vieilles adresses à Venise qui a gardé son rang et son bon rapport qualité-prix. Un hôtel de taille modeste, situé dans un quartier populaire comptant une trentaine de chambres réparties dans 2 lieux différents. La plupart sont climatisées, les plus économiques partageant une salle de bains. Celles situées au niveau de la réception sont plutôt classiques, alors que celles de l'annexe sont plus spacieuses et bénéficient d'une touche de déco vénitienne (miroirs dorés, meubles d'époque, baldaquins, etc.). Certaines ont vue sur un jardin ou un canal. Personnel particulièrement serviable.

🏠 ***Alloggi Sardegna*** *(plan détachable C2,* ***63****) : calle del Forno, Cannaregio, 2655. ☎ 041-72-22-31. • alloggi.sardegna@hotmail.it • alloggisardegna.com • Vaporetti n°s 1 ou 2, arrêt San Marcuola, et 4.1, 4.2, 5.1 ou 5.2, arrêt Sant'Alvise. Doubles 70-120 €, sans petit déj.* Dans une ruelle tranquille, l'adorable Maria propose 6 chambres sur 3 niveaux (2 par palier... le compte est bon !). Propres, bien équipées avec clim et salle de bains, elles offrent un charme suranné. On préférera celles des étages, un peu plus claires. Possibilité de petit déj simple servi en chambre.

De prix moyens à chic

🏠 ***Hotel Palazzo Cendon*** *(plan détachable B2,* ***31****) : calle Cendon, Cannaregio, 533. ☎ 041-275-06-06. • info@palazzocendon.it • palazzocendon.it • À 800 m de la gare ou vaporetti n°s 4.1 ou 4.2, arrêt Crea. Doubles 60-140 € ; 30-40 € en plus les w-e.* Dans une ruelle tranquille à 10 m du canal Cannaregio, petit hôtel de charme, abrité dans une belle demeure du XVe s. Belles chambres au mobilier ancien, spacieuses et de bon confort. Certaines *standard* sont légèrement mansardées, des *superior* ont vue sur le canal. Quand on rajoute l'accueil pro, ça fait de l'adresse un excellent rapport qualité-prix.

🏠 ***Hotel Villa Rosa*** *(plan détachable B2,* ***65****) : calle della Misericordia, Cannaregio, 389. ☎ 041-71-65-69. • info@villarosahotel.com • villarosahotel.com • À 200 m de la gare ou vaporetti n°s 1, 2, 4.1, 4.2, 5.1 ou 5.2, arrêt Ferrovia. ♿ Doubles 55-160 €.* Petit hôtel accueillant, pas dénué de caractère. Dans une ruelle calme, à l'écart de la rue principale, la *Villa Rosa* abrite des chambres aux tissus colorés, chacune ayant sa nuance de couleur dont des triples ou quadruples bien adaptées pour les familles. Elles sont impeccables, et bien arrangées. Certaines ont même une petite terrasse. Patron sympathique.

🏠 ***Angeles Inn Venice*** *(plan détachable C2,* ***80****) : calle Colombina, Cannaregio, 2010. ☎ 041-71-40-05. • info@angelesinnvenice.com • angelesinnvenice.com • Vaporetti n°s 1 ou 2, arrêt San Marcuola. Doubles 50-150 € selon saison, (petit déj. 5€)* Petite adresse familiale aux nombreux atouts : situation, calme, déco et charme. Les chambres (certaines sans salle de bains privée) sont décorées de meubles de style vénitien du XVIIIe s. On peut prendre le petit déj (avec supplément) en terrasse. L'accueil est agréable et francophone pour ne rien gâcher.

🏠 ***Casa Boccassini*** *(zoom détachable E2,* ***61****) : calle del Fumo, Cannaregio, 5295. ☎ 041-522-98-92. • info@hotelboccassini.com • hotelboccassini.com • Vaporetti n°s 4.1, 4.2, 5.1 ou 5.2, arrêt Fondamente Nove. Doubles 45-140 €, sans petit déj.* Une demeure des années 1960 transformée en hôtel, à l'écart de l'agitation touristique, dénombrant une dizaine de chambres (avec ou sans salle de bains). Celles avec salle de bains ont la clim, les autres non. Les plus grandes (et plus chères) donnent sur le petit jardin intérieur où trône un beau palmier et est envahi par la glycine, et la vigne. Accueil francophone et jovial. Déco soignée dans un style vénitien. Également des familiales. Agréable petit déj à l'extérieur en été.

🏠 ***Hotel Mignon*** *(zoom détachable D3,* ***43****) : calle dei Preti, Cannaregio, 4535.*

☎ 389-179-31-19 • info@mignonvenice.com • mignonvenice.com • *Vaporetto n° 1, arrêt Ca' d'Oro. Doubles 70-210 €.* À seulement 10 mn du Rialto. *Mignon,* quel nom ! Le quartier est populaire et animé, mais l'hôtel est tranquille. Côté déco, on est dans le classique vénitien, avec meubles peints, lustres en verre de Murano... Un bon plan, surtout en basse saison. Personnel accueillant.

Al Palazzo Lion Morosini *(zoom détachable D3,* ***75****) : campiello del Remer, Cannaregio, 5700.* ☎ *041-241-11-38.* • *info@lionmorosinipalace.it* • *lionmorosinipalace.it* • *Vaporetti nos 1 ou 2, arrêt Rialto. Doubles 50-150 €. Pas de petit déj.* Vraiment tout proche du Rialto et de l'animation, ce *palazzo* de style vénéto-byzantin est allé se perdre au fond d'une impasse très calme. Les chambres les moins chères sont petites, un peu sombres car ouvrant sur un minuscule patio intérieur. Les intermédiaires regardent un petit canal, le must étant celles orientées vers le Grand Canal avec de superbes plafonds (dont une familiale gratifiée d'une terrasse). Avec de tels atouts, les prix ne sont pas usurpés.

De chic à beaucoup plus chic

Palazzo Abadessa *(zoom détachable D2,* ***87****) : calle Priuli, Cannaregio, 4011.* ☎ *041-241-37-84.* • *info@abadessa.com* • *abadessa.com* • *Vaporetto n° 1, arrêt Ca' d'Oro, ou ponton privé pour bateau-taxi.* ♿ *(pas de pont à franchir depuis le vaporetto). Doubles 75-250 €.* Îlot de calme dans un quartier animé, ce palais des XVIe et XVIIe s abrite une quinzaine de chambres arrangées avec un goût exquis, dans l'esprit raffiné de Venise. Entrée majestueuse, surtout pour qui arrive de nuit (un palais illuminé comme pour une fête !). Les fresques du XVIIe s et les lustres de Murano s'accommodent de touches originales. L'accueil est parfait. Les chambres tout autant. Adorable jardin pour le petit déj.

Domus Orsoni *(plan détachable B2,* ***91****) : calle dei Vedei, Cannaregio, 1045.* ☎ *041-275-95-38.* • *info@domusorsoni.it* • *domusorsoni.com* • *À 800 m de la gare ou vaporetti nos 4.1, 4.2, 5.1 ou 5.2, arrêt Guglie. Doubles 100-250 €.* Dans l'ancienne maison de maître du XIXe s de la fabrique de mosaïque Orsoni (qui fonctionne toujours). 5 chambres aménagées au 1er étage avec un ameublement design aux tons clairs, chacune décorée (y compris les salles de bains) par un céramiste différent. L'ensemble, résolument contemporain, est très réussi et dégage une impression de grande sérénité. Le hall d'entrée au rez-de-chaussée abrite différentes réalisations en mosaïque. Petit déj dans une salle à manger sobre, ou en terrasse aux beaux jours.

Où manger ?

De la gare à la Ca' d'Oro

Prix moyens

Trattoria Bar Pontini *(plan détachable B2,* ***120****) : ponte delle Guglie, Cannaregio, 1268.* ☎ *041-71-41-23. Tlj 7h (dim 10h)-23h. Formules 15-26 € ; repas 20-30 €.* Dans une petite salle ou sur les bords du canal quand il fait beau, cette adresse familiale sert une cuisine terre-mer, très bonne et typiquement vénitienne. Populaire, les clients viennent y avaler *tramezzini* au comptoir. Les prix sont raisonnables, le service est rondement mené. Bref, on a l'authentique en s'éloignant à peine des axes touristiques.

Osteria 40 Ladroni *(plan détachable B-C1,* ***131****) : fondamenta della Sensa, Cannaregio, 3253.* ☎ *041-71-57-36. Juin-sept, tlj 12h-14h30, 19h-22h ; horaires restreints en basse saison. Repas 20-30 €.* Dès les 1ers rayons de soleil, ce resto un poil rustique occupe quasi tout le bord du canal. Une bonne idée, car tout le quartier possède bien du charme. Cuisine simple et correcte de poisson et fruits de mer, bien servie et à prix modérés.

Tables sur le quai, évidemment prises d'assaut, mais la terrasse intérieure est agréable aussi.

|●| ***Trattoria da'a Marisa*** *(plan détachable A2,* ***128****) : fondamenta San Giobbe, Cannaregio, 652.* ☎ *041-72-02-11. Fermé le soir lun, mer et dim. Résa indispensable. Formule déj 17 € avec ¼ de vin et café ; repas 20-30 €. CB refusées.* Loin du tohu-bohu et hors des sentiers battus ! Minuscule resto populaire fréquenté par une clientèle locale, dont des gondoliers, et tenu par Wanda, la fille de Marisa. Toute petite terrasse sur le quai. Franche cuisine goûteuse qui associe terre et mer comme souvent à Venise. Outre le menu ouvrier du midi, pas de carte. Les plats sont annoncés à table ; soit on se fait aider par un francophone présent dans la salle, soit on sourit et on acquiesce. S'assurer toutefois des prix pour éviter une mauvaise surprise...

De prix moyens à chic

|●| ***Laguna Libre*** *(plan détachable A2,* ***130****) : fondamenta Cannaregio, 969.* ☎ *041-244-00-31.* ● *info@laguna libre.it* ● ♿ *Tlj 12h-minuit ; hors saison, fermé les midis mar-mer. Congés : 1 sem en janv. Repas 25-40 €. Café offert sur présentation de ce guide.* Situé dans un superbe palais (ancienne ambassade de France dont le secrétaire fut un certain... Jean-Jacques Rousseau !). Vastes et plaisants espaces se donnant pour mission d'abriter des expos et des activités culturelles ou musicales. Côté resto, on s'axe ici sur des produits locaux du marché rigoureusement sélectionnés, cuisine inspirée, délicieuses saveurs. Belle carte des vins. En prime, service jeune et délié, chaleureuse atmosphère... Une de nos plus belles découvertes, c'est dit !

|●| 🍸 ***Al Timon*** *(plan détachable C2,* ***150****) : fondamenta degli Ormesini, Cannaregio, 2754.* ☎ *041-525-60-66. Tlj 18h-1h. Repas 25-35 €.* Une petite adresse avec, plus loin sur le quai, sa frangine version resto plus récente. Cuisine traditionnelle, à la carte simple mélangeant pâtes et poisson. Bon choix de vins et *cicchetti* à des prix du temps de la République de Venise. Convient donc très bien pour y prendre un verre avant l'arrivée des habitués. Pensez à réserver une table.

|●| ***Osteria Paradiso Perduto*** *(plan détachable C2,* ***113****) : fondamenta della Misericordia, Cannaregio, 2540.* ☎ *041-72-05-81.* ● *osteriaparadiso perduto@gmail.com* ● *Tlj sauf mar-mer 11h-1h. Repas 20-35 €.* Un bistrot chaleureux connu de longue date des étudiants et pour son patron haut en couleur et son ambiance festive. Côté cuisine, on ne fait pas dans la grande gastronomie, mais ça tient la route et l'atmosphère est au rendez-vous ! Une adresse absolument pas perdue par les Vénitiens.

Chic

|●| ***Anice Stellato*** *(plan détachable C1,* ***134****) : fondamenta della Sensa, Cannaregio, 3272.* ☎ *041-72-07-44.* ● *oste rianicestellato@gmail.com* ● *Tlj (sauf dim-lun 19h-22h45. Repas 35-45 €.* Partager de grandes tables à 2 ou 3 couples peut paraître surprenant. Et les surprises ne manquent pas ici ! Tout d'abord, un bon accueil et un service irréprochable qui explique scrupuleusement chaque plat. Ensuite, une mise en bouche (rare à Venise) qui préfigure une cuisine fine, parfumée, originale, subtile et de saison. Également des attentions telles que l'eau filtrée comprise dans « les couverts » (par ailleurs à prix d'ami) ou l'effort que fait tout le staff de parler le français. Cet anis étoilé brille aussi par sa belle sélection de vins. Bravo.

|●| ☕ ⛱ ***Ogio*** *(plan détachable D2,* ***159****) : fondamenta Cannaregio, 1037.* ☎ *041-541-30-99.* ● *ogio@19-71.it* ● *Tlj sauf dim soir en hte saison et lun soir en basse saison. Congés : 1er-24 janv. Résa conseillée. Compter 35-40 €. Apéritif maison offert sur présentation de ce guide (en basse saison).* Salle élégante aux murs en pierre, joli décor, pour une belle cuisine personnalisée contemporaine. Carte assez courte pointant quelques spécialités : *carpaccio Cipriani,* onctueux risotto, *tempura de pesce misto...* Fait aussi *coffee shop* dans la journée (bonnes pâtisseries). Belle terrasse aux beaux jours.

De la Ca' d'Oro au Rialto

De prix moyens à chic

|●| ***Alla Vedova*** *(zoom détachable D2,* ***156****) : ramo Ca' d'Oro, Cannaregio, 3912. ☎ 041-528-53-24. Tlj sauf jeu 11h30-14h30, 18h30-22h30. Congés : 1 sem en janv et en août. Repas 25-30 €. CB refusées.* C'est une des adresses préférées des Vénitiens depuis maintenant de plus d'un siècle. On se régale de *cicchetti* originaux à l'heure de l'*aperitivo.* Bon choix de vins de la région. Les serveurs sont souvent affairés, surtout aux heures de pointe. Quand il y a du monde, on est un peu les uns sur les autres, mais ça reste une très bonne table, y compris pour déjeuner. Cuisine rodée qui ne triche pas ; demandez le plat du jour et bien sûr ne manquez pas les spaghettis. Chaleureux et authentique.

|●| ***Osteria da Alberto*** *(zoom détachable D-E3,* ***115****) : calle Giacinto Gallina, Cannaregio, 5401. ☎ 041-523-81-53. • osteriadaalberto@gmail.com • Tlj 10h30-15h, 18h30-23h. Carte 20-30 €.* Tonneaux au-dehors, casseroles en cuivre à l'intérieur, dame-jeanne et collection de gousses d'ail suspendues au plafond... pour cette auberge de quartier, rustique et chaleureuse, servant une nourriture saine et fraîche. Dans l'assiette, des plats simples vénitiens et sans fioritures : morue, sèche noire, poulpe... Accueil mitigé.

|●| ***Trattoria Casa Mia*** *(zoom détachable D2-3,* ***130****) : calle dell'Oca, Cannaregio, 4430. ☎ 041-528-55-90. • maurotreberni@gmail.com • Tlj sauf mar. Congés : août. Pizze 7-12 € ; repas 20-30 €. Service 10 % en plus du couvert.* Une adresse discrète, mais bien connue des locaux et des touristes. Il faut dire qu'on y déguste une cuisine traditionnelle simple et bien mijotée, dans une salle rustique et chaleureuse : chaudrons et lanternes au plafond. Un bon choix de pâtes aux fruits de mer et de pizzas classiques. Délicieux *tiramisù* maison.

Chic

|●| ***Vini Da Gigio*** *(zoom détachable C2,* ***109****) : calle Stua, Cannaregio, 3628 A. ☎ 041-528-51-40. • info@vinidagigio.com • Fermé lun-mar.* Une adresse tournée vers la mer (avec, pour les amateurs de viandes, quelques bons plats bien ficelés de cuisine vénitienne). *Antipasti* savoureux et *primi* délicieux. Accueil bienveillant et de bon conseil. Une adresse de qualité.

|●| ***Ai Promessi Sposi*** *(zoom détachable D3,* ***124****) : calle dell'Oca, Cannaregio, 4367. ☎ 041-241-27-47. • aipromessisposi@gmail.com • Tlj sauf lun midi 11h30-14h15, 18h30-22h15. Repas 25-45 €.* Un peu éloignée et fréquentée par des Vénitiens amateurs de bonne cuisine. La carte change tous les jours. Préparée avec les produits du marché, elle privilégie une cuisine locale pleine de goût et soignée. Les portions pourraient être un poil plus généreuses. Délicieuse sélection de *cicchetti.* Et un service charmant et attentif pour clore le tout. Pour cuisiner heureux, cuisinons caché !

|●| ***Osteria Boccadoro*** *(zoom détachable D-E3,* ***106****) : campo Widmann, Cannaregio, 5405 A. ☎ 041-521-10-21. • ostaria.boccadoro@gmail.com • Tlj sauf lun. Repas 30-40 €.* Sur un petit *campo* tranquille, à 10 mn de l'agitation du Rialto, voici un resto où l'on a tout de suite envie de s'attabler après une journée de promenade. Bonne cuisine vénitienne spécialisée dans le poisson, produits frais, carte évoluant selon le marché, et assiettes joliment présentées. Ajoutons à cela l'accueil prévenant du patron, une salle joliment décorée de tableaux et compositions de verre de Murano et la jolie terrasse aux beaux jours... Parfait, même si les portions sont parfois un peu justes.

Où boire un verre ? Où grignoter à l'apéro ?

Les bars à vins où l'on grignote des *cicchetti* fourmillent. C'est, à notre goût, une des meilleures façons de se restaurer pas cher tout en socialisant avec des Vénitiens. La ***fondamenta degli Ormesini*** *(plan détachable C2)* est un des coins tendance du moment.

Cantina Aziende Agricole *(plan détachable C2,* ***185****)* **:** *rio Terà Farsetti, Cannaregio, 1847/A. ☎ 041-72-21-49. • cantinaaziendeagricole@gmail.com • Tlj 10h-14h, 17h-22h. Plats du jour 8-12 €.* L'une de nos adresses préférées dans le quartier ! Dans ce local minuscule et chaleureux (à peine 3 tables hautes, un comptoir et des bouteilles sur les murs), Roberto Berti fait tout lui-même, à commencer par la cuisine. Ici, ce sont les meilleurs *cicchetti* et *crostini* qui soient : frais et savoureux, avec du pain complet ou du pain toasté. Et en cas de grosse faim, on peut aussi se jeter sur les bons plats du jour ! Vins au verre corrects et pas chers.

Birreria Zanon *(plan détachable C2,* ***187****)* **:** *fondamenta dei Ormesini, Cannaregio, 2735. ☎ 041-779-03-98. • birreriazanon@gmail.com • Tlj 9h-23h. Congés : 15 j. en été.* Bar à bières très populaire, dont la clientèle s'épanche largement sur le bord du canal. L'occasion, au soleil, d'une joyeuse pause *spritz, cicchetti* et *bruschette* fort appétissants. Belle sélection de bières locales ! Et prix totalement raisonnables. L'idéal pour picorer dans une atmosphère authentique !

Cantina Vecia Carbonera *(plan détachable C2,* ***186****)* **:** *rio terà de la Maddalena, Cannaregio, 2329. ☎ 041-524-23-88. Tlj sauf lun 10h30-21h30.* Bancs en bois, tonneaux patinés par le temps, maquettes de bateaux, ce bar à vins donne sur les marches du ponte San Antonio. On y sert de succulents *paninetti* et des *crostini* bien garnis. Agréable pour faire une halte avant de repartir avec l'une des gondoles amarrées juste en face.

Un Mondo diVino *(zoom détachable D3,* ***182****)* **:** *salizada S. Canciano, Cannaregio, 5984 A. ☎ 041-521-10-93. • idea228@virgilio.it • Tlj 10h-22h ; plus tard en été.* Un bar à vins « divin », comme son nom l'indique... situé dans une ancienne boucherie dont la façade seule a gardé la trace (« *Spaccio carni bovine* » !). Vins au verre (ou bouteille à prix raisonnables) à déguster accoudé au comptoir, au milieu des habitués du quartier venus discuter joyeusement à la sortie du travail. Nombreux et savoureux *cicchetti.* Goûtez les *polpettine,* petites boulettes.

Vino Vero *(plan détachable C2,* ***172****)* **:** *fondamenta della Misericorda, Cannaregio, 2497. ☎ 041-275-00-44. Tlj 12h (18h lun)-minuit (1h ven-sam).* Comme nombre de bars à vins de la ville, microsalle et clientèle qui déborde allègrement debout sur le quai. La différence réside ici dans les *cicchetti* réalisés à base de produits locaux et de saison. Vins bien sélectionnés.

Il Santo Bevitore *(plan détachable C2,* ***193****)* **:** *campo San Fosca, Cannaregio, 2393. ☎ 041-71-75-60. Tlj 16h-2h.* Ambiance de pub irlandais avec de vieilles affiches aux murs et objets insolites. Très bien pour grignoter des *cicchetti.* Grand choix de whiskies et une vingtaine de bières à la *spina* (pression). Petite terrasse agréable pour écluser un gorgeon en fin d'après-midi.

Da Luca e Fred *(plan détachable B2,* ***183****)* **:** *rio terrà San Leonardo, Cannaregio, 1518. ☎ 041-71-61-70. • dalucaefred@gmail.com • Tlj 10h-21h. Congés : juil. Formule du jour 13,50 € (couvert et service compris).* Une *cicchetteria* typique, le caboulot comme on les aime, donnant sur l'axe principal entre la gare et le Rialto. On n'y est pas seul. Cadre de bois verni décoré d'objets hétéroclites. Bien pour grignoter en buvant un verre sans se ruiner en compagnie d'habitués en terrasse.

Vinaria Nave de Oro *(plan détachable B2,* ***188****)* **:** *rio terrà San Leonardo, Cannaregio, 1370. Tlj sauf dim ap-m 8h30-13h, 16h30-19h30.* Une de ces *vinarie* typiques de la ville, remplie d'énormes bonbonnes du vin le moins cher de la terre et tiré à la pipette. L'occasion d'y déguster avec les gens du quartier un petit et frais *bianco frizzante* sur le vieux comptoir de bois...

Où boire un excellent café ?

Torrefazione Cannaregio *(plan détachable B2,* ***260****)* **:** *fondamenta dei Ormesini, Cannaregio, 2804. ☎ 041-71-63-71. • info@torrefazionecannaregio.*

it • Lun-sam 7h (plus tard le dim)-14h. Adresse incontournable ! Dans cette échoppe photogénique à souhait, vous ne pouvez prendre qu'un café au comptoir, mais quel café ! Cette maison le torréfie elle-même depuis 1930. Entre les grands sacs en toile de jute et la machine, vous pourrez en déguster de toutes les sortes, de tous les crus, de toutes les provenances.

Où déguster une glace ou une pâtisserie ?

Gelateria San Leonardo *(plan détachable B2,* ***259****) :* *Cannaregio, 1525. Tlj 10h-23h.* Noter l'ancienne et pittoresque enseigne « *Coloniali Confetture* ». Succulentes glaces élaborées à partir d'ingrédients naturels. Quelques tables dehors.

Gelateria Ca' d'Oro *(zoom détachable D3,* ***269****) :* *strada Nova, Cannaregio, 4273. Tlj 11h-23h.* Encore des *gelati* de qualité, bons et élaborés de façon artisanale avec des ingrédients bien choisis.

Pasticceria Nobile *(plan détachable C2,* ***268****) :* *rio terà Maddalena, Cannaregio, 1018. • nobilgroup@gmail.com • Tlj 6h30 (7h dim)-20h30.* On fond dès la vitrine, on se laisse conquérir par le fumet dès la porte ouverte. La suite va très vite, du comptoir d'alléchants gâteaux à la boîte à emporter, avant de tomber sur les hanches.

Achats

Giacomo Rizzo *(zoom détachable D3,* ***315****) :* *salizzada San Giovanni Crisostomo, Cannaregio, 5778. ☎ 041-522-28-24. Tlj sauf dim 8h30-13h, 15h30-19h30.* Une épicerie du monde ouverte en 1905 et tenue par les sœurs Andrea et Roberta, qui ont hérité des talents de la famille Rizzo. On y vend des pâtes artisanales de toutes les formes, de toutes les couleurs et aux parfums incongrus : selon l'inspiration d'Andrea, on peut y trouver des créations à l'artichaut, à la myrtille, et même parfois au chocolat amer (!)... Les meilleures pâtes de Venise, c'est ici !

I Vetri d'Arte *(zoom détachable E2,* ***330****) :* *calle del Fumo, Cannaregio, 5311. ☎ 041-522-22-65. Tlj sauf dim (sam mat sur rdv) 9h30-13h, 14h30-17h30.* On aurait pu classer cette boutique dans la rubrique « À voir », tant la vitrine laisse baba. Hors des sentiers battus, dans une ruelle où l'on entendrait les chats gambader tellement c'est calme, voici un atelier-boutique de verrier qui fabrique des miniatures d'une grande beauté : poissons, insectes, coquillages... Admirez la finesse des becs de colibris, le détail des ailes de papillons ou encore le rose des saumons. Les tarifs affichés sont justifiés.

Fallani *(zoom détachable D2,* ***320****) :* *ponte dei Gesuiti, Cannaregio, 4875. ☎ 335-585-16-89 • info@fallanivenezia.com • Tlj sauf dim 9h30-12h30, 15h30-18h30.* Dans un atelier très authentique, *Fallani* propose de belles sérigraphies d'art, certaines très originales. Il suffit de laisser le regard y trouver son bonheur. Également de beaux papiers cadeaux inédits.

Stamperia Gianni Bassi *(zoom détachable E2,* ***322****) :* *calle del Fumo, Cannaregio, 5306. ☎ 041-523-46-81. • bassigianni@yahoo.it • Tlj sauf sam ap-m et dim 9h-13h, 14h-18h.* Une de ces imprimeries à l'ancienne où Gutenberg semble se cacher derrière chaque rame de papier (et il y en a !). Passionné, Gianni vous fera choisir le grain, la couleur, la nuance de votre document, avec le sourire et quelques mots de français.

Atelier Nicolao *(plan détachable C2,* ***325****) :* *Cannaregio, 2590. ☎ 041-520-70-51. • nicolao.com •* Très bel atelier à la vitrine alléchante pour qui aime se déguiser. Tout pour jouer les riches Vénitiens du XVIIIe s. Location de costumes.

À voir

LE QUARTIER DE LA GARE

Dès la sortie de la gare, le choc ! Quelle beauté ! On comprend combien le séjour sera exceptionnel et combien cette ville est atypique. En revanche, évitez de vous retourner, l'architecture de la gare est plutôt mal intégrée à l'ensemble des bâtiments environnants.

L'AUTRE PONT DES SOUPIRS...

Les Vénitiens l'attendaient, plaisantant ou fulminant, ce 4e pont sur le Grand Canal. Depuis 2008, en dépit des ajournements des travaux, des débats passionnés sur son utilité ou son esthétique moderne, le ponte della Costituzione est enfin là. Mais si aujourd'hui le pont est très emprunté (sauf par les handicapés, qui ont été oubliés !), nombreuses sont les glissades et les chutes, surtout de nuit. La variation de la hauteur des marches et de leur profondeur répond en effet à une logique assez obscure ! De plus, celui que les Vénitiens appellent le ponte di Calatrava (nom de l'architecte) se fissure. Ce trait d'union entre le piazzale Roma et la gare n'a pas fini de susciter des soupirs.

Chiesa Santa Maria di Nazareth (degli Scalzi ; *plan détachable A-B2-3)* **:** *fondamenta Scalzi, Cannaregio, 54. ☎ 041-822-40-06. Visite lun-sam 7h-12h, 15h30-18h30 ; dim, ap-m seulement.* Édifice baroque construit par l'ordre des Carmes déchaussés (appelés ainsi parce qu'ils allaient pieds nus dans des sandales très ouvertes) entre 1670 et 1680, sur un projet de l'architecte Longhena, bâtisseur des plus grands palais de la ville. La somptueuse façade de Giuseppe Sardi, très scénographique, est en marbre de Carrare. À l'intérieur, la fresque peinte au plafond par Tiepolo a été détruite par une bombe autrichienne en 1915. Il en subsiste quelques fragments. D'autres sont conservés au musée de l'Accademia. Le dernier doge, Ludovico Manin (1789-1797), y est enterré (2e chapelle à gauche, au pied de l'autel). Maître-autel de style baroque.

Campo San Geremia *(plan détachable B2)* **:** élégante place où l'on peut admirer, au n° 275, les façades du ***palazzo Labia,*** tant sur le *campo* que sur le *rio.* C'est aujourd'hui le siège de la *RAI,* la télévision publique italienne (vous n'avez pas vu l'émetteur sur le toit ?). Tiepolo a décoré l'intérieur de fresques en trompe l'œil, dont certaines illustrent la vie de Cléopâtre. Malheureusement, ce palais n'est pas ouvert au public. Cet édifice de style baroque vénitien, l'un des plus somptueux de l'époque, fut édifié en 1750 pour le compte d'une famille d'origine espagnole. Les Labia étaient tellement riches qu'ils jetaient leur vaisselle d'or par la fenêtre ! Mais on dit aussi qu'ils envoyaient des pêcheurs la récupérer dans le canal le lendemain... Les visiteurs étrangers venaient aussi courtiser la maîtresse du logis qui possédait une collection de diamants digne d'une reine... À propos de sa richesse, Gian Francesco Labia aurait dit : « *L'abbia o non l'abbia, sarò sempre Labia.* » Traduisez : « Que je l'aie ou pas, je serai toujours un Labia. » Une tête à claques, on vous dit !

DU GHETTO À L'ÉGLISE DELLA MADONNA DELL'ORTO

C'est un quartier aéré formé de 3 *rio* parallèles : le *rio della Misericordia,* le *rio della Sensa* et le *rio di Sant'Alvise.* Idéal pour les grands marcheurs, le site offre aussi de jolies perspectives pour les photographes, l'île de Murano en point de mire.

Le Ghetto *(plan détachable B2)* **:** entrée principale sur la *fondamenta Cannaregio.* Prendre à gauche après avoir franchi le *ponte delle Gúglie,* dont l'arche unique est décorée de curieuses têtes. 4 obélisques se dressent sur le parapet. Plus loin, on découvre le pont des Tre Archi de la fin du XVIIe s.

LE PREMIER GHETTO

L'afflux de juifs chassés d'Espagne en 1492 provoqua des réactions dans la ville, et les autorités instituèrent, en 1516, entre le canal de Cannaregio et le rio della Misericordia, un quartier séparé des autres pour la communauté juive. On y trouvait alors une fonderie, en vénitien ghetto, *mot qui donna son nom au quartier. Et c'est ce mot qui passa dans le langage courant pour désigner tous les quartiers juifs. Le 1er ghetto de l'Histoire...*

Un peu d'histoire

Après la ligue de Cambrai contre Venise (1509-1516), les caisses de la République étant bien éprouvées, on a accepté d'autant plus facilement les juifs dans Venise qu'ils arrivaient avec leur argent (avec d'autres réfugiés ayant fui les dangers des conflits en terre ferme).

Les Vénitiens avaient, en fait, besoin de leurs compétences et de leurs capitaux. On peut aussi penser qu'ils leur ont attribué un quartier parce qu'ils se méfiaient d'eux et qu'ils voulaient contrôler leur présence dans la ville, autant que leur influence économique...

Les Vénitiens leur imposaient le port d'un chapeau jaune (!), et les vexations étaient monnaie courante. Lors du Carnaval, par exemple, des juifs à moitié nus et plutôt bien portants se voyaient contraints de participer à une course à pied des plus humiliante. Enfin, toutes les fenêtres extérieures des habitations étaient bouchées. Toutefois, les débordements les plus graves étaient sévèrement punis, car les juifs jouissaient de la protection de la République. Ils pouvaient d'ailleurs pratiquer leur religion en toute liberté.

Pour résoudre au mieux des problèmes d'espace évidents, on dut construire des immeubles de 6 étages (la moyenne à Venise était de 3), où les familles s'entassèrent dans des conditions d'existence très dures.

La population du Ghetto ne fut jamais très nombreuse (en grande partie à cause de l'espace réduit). Il ne compta guère plus de 5 000 habitants (pas si mal vu le périmètre !), pour tomber à 1 600 au moment de l'arrivée de Bonaparte. L'élimination des grilles et la reconnaissance des mêmes droits pour les juifs furent parmi les rares résultats positifs des expéditions françaises de l'époque. Un cinquième des 1 000 juifs vénitiens fut déporté lors de la Seconde Guerre mondiale. Une fresque discrète et émouvante leur rend hommage sur la place du *Ghetto Nuovo.* Aujourd'hui, la communauté juive de Venise ne compte plus guère que 300 personnes, et la grande majorité n'habite pas le Ghetto.

Petit tour du quartier

Le quartier se divise en 2 parties : le *Ghetto Vecchio* et le *Ghetto Nuovo.*

➢ ***Ghetto Vecchio* :** on y accède par la rue du même nom, à partir de la fondamenta Cannaregio (emprunter le porche situé entre les n°s 1249 et 1122). Au niveau de celui-ci, on peut encore voir, sur le côté, les marques des grilles. Dans la *calle Ghetto Vecchio,* en cas de faim d'après-midi, faites une pause au ***Panificio Volpe Giovanni*** *(Cannaregio, 1143 ; lun-sam 7h-18h, dim 8h30-12h),* réputé pour ses gâteaux secs traditionnels. Après quelques enjambées, on débouche sur une petite place, le *campiello delle Scuole,* où s'élèvent les ***2 synagogues principales*** : la *Scuola Spagnola* et la *Levantina.* Elles comptent parmi les plus anciennes d'Europe. Pour la visite (en italien ou en anglais uniquement), s'adresser au Musée juif (voir plus loin).

– ***Scuola Spagnola* :** la plus grande des synagogues de Venise, appelée aussi « synagogue d'été » (car ouverte uniquement l'été, pardi !). Construite au XVIe s par les juifs espagnols, elle présente une riche décoration intérieure d'inspiration

largement vénitienne. Mais l'extérieur est beaucoup plus sobre, pour ne pas concurrencer les églises catholiques ! Décor très théâtral, d'ailleurs, avec tous les ors, les rouges et les marbres.
– ***Scuola Levantina :*** plus petite. C'est la synagogue d'hiver qui possède la plus belle décoration. Plafond de bois sculpté, mais surtout, magnifique *bimah* (chaire). C'est un véritable travail d'orfèvre, que l'on attribue à Andrea Brustolon, fameux sculpteur sur bois (vers 1650). Il réalisa ici la fusion parfaite entre l'art juif et l'art vénitien. 2 escaliers en volute, abondamment sculptés, mènent à la chaire, soutenue par 2 colonnes torsadées. Extraordinaire richesse des motifs floraux, végétaux et de fruits.
➢ ***Ghetto Nuovo :*** accès depuis le Ghetto Vecchio en suivant la rue du même nom. Entièrement entouré de canaux. Paradoxalement, malgré son nom, il est antérieur au Ghetto Vecchio. C'est là que furent invités à s'entasser, en 1516, les 1ers juifs ashkénazes. Son *campo,* très grand espace ouvert, offre une vision typique du quartier. Rien ou presque n'a bougé. Seul un côté, le *Ghetto Nuovissimo,* fut démoli pour y construire la « Maison de repos israélite ». 3 autres synagogues s'élèvent sur le *campo* (les *Scuole Italiana, Canton* et *Grande Tedesca*).

Museo Ebraico *(Musée juif, plan détachable B2)* ***:*** *campo di Ghetto Nuovo, Cannaregio, 2902 B.* ☎ *041-71-53-59.* • *museoebraico.it* • Vaporetti *nos 4.1, 4.2, 5.1 ou 5.2, arrêt Guglie. Oct-mai, 10h-17h30 ; juin-sept, 10h-19h ; possibilité de fermeture anticipée ven. Fermé sam et j. de fêtes juives. Entrée pour le musée seulement : 8 € ; réduc. Entrée pour la visite libre du musée et la visite guidée (en anglais ou en italien) de 3 synagogues (on ne visite pas les mêmes selon l'époque), ttes les heures 10h30-16h30 (17h30 l'été) : 12 € ; réduc. Possibilité parfois de visite en français sur résa par tél. Carte* Rolling Venice *et* Venezia Unica City Card *acceptées.* Le musée expose une petite collection unique d'objets cultuels, orfèvrerie religieuse, tissus, manuscrits, etc. En particulier, des *parakhoth* (voiles très anciens), *tasim* (plaques d'ornement des rouleaux de la Torah), *ataroth* (couronnes d'argent), etc.
➢ Quitter le quartier en empruntant (à droite en sortant du musée) le *sottoportego di Ghetto Nuovo* et son pont de bois. Vous obtenez la vue la plus spectaculaire du Ghetto et de ses « gratte-ciels ». Après le pont, quelques rues avec de belles demeures rattachées au Ghetto au XVIIe s. Calle del Porton, certaines maisons portent encore des inscriptions hébraïques. Au bout de cette rue, on trouve là aussi des traces des grilles que l'on refermait chaque soir.

Chiesa di Sant'Alvise *(plan détachable C1)* ***:*** *campo Sant'Alvise, Cannaregio, 3282.* ☎ *041-275-04-62.* • *chorusvenezia.org* • Vaporetti *nos 4.1, 4.2, 5.1 ou 5.2, arrêt Sant'Alvise. Lun-sam 10h30-13h, 14h30-17h (dernier billet à 16h45). Entrée : 3 €. Accès avec le* Chorus Pass. Ce nom est la forme vénitienne du prénom Louis que portait l'évêque de Toulouse, auquel le sanctuaire est dédié. Ce petit-neveu de Saint Louis renonça à la couronne, entra chez les franciscains et mourut à l'âge de 23 ans, quelques mois après avoir été nommé évêque... L'église, construite en 1388, abrite 3 œuvres de Tiepolo : *Le Couronnement d'épines, La Flagellation* (1740) et, dans le chœur, *La Montée au Calvaire* (1743). Elles rappellent les 3 reliques du martyre du Christ qu'abrite l'église : une épine de sa couronne, un bout de colonne et un clou ! Mais elles ne sont pas visibles. Le mur de revers de la façade (sur la droite) est décoré de 8 peintures exceptionnelles illustrant des scènes bibliques, réalisées au XVe s. Elles seraient de Lazzaro Bastiani. Le plafond est peint de fresques en trompe l'œil étonnantes, exécutées au XVIIe s. On a l'impression que le plafond va s'écrouler !

Chiesa della Madonna dell'Orto *(plan détachable C1)* ***:*** *fondamenta Madonna dell'Orto, Cannaregio, 3511.* ☎ *041-71-99-33.* • *madonnadellorto.org* • Vaporetti *nos 4.1, 4.2, 5.1 ou 5.2, arrêt Orto. Lun-sam 10h-17h (dernier billet à 16h45). Entrée : 3 €.* Une des plus belles églises de Venise, autrefois dédiée à saint Christophe mais qui porte le nom de la Madonna dell'Orto du fait d'une vierge miraculeuse trônant jadis dans un jardin *(orto)* et placée depuis ici. Édifiée au XIVe s, en style gothique vénitien, tandis que le campanile, à côté, est roman. Sa coupole a été ajoutée en 1503. ***Le Tintoret*** avait un atelier à quelques rues de là, il y travailla plus de 30 ans, en toute logique c'est ici que le peintre *vénitio-vénitien* a sa sépulture.

La façade
Elle marie avec élégance brique rouge et pierre blanche sculptée. Une superbe frise de statues et de motifs gothiques court sur les versants latéraux et en haut de la façade. Remarquable ornementation du portail principal, encadré de l'ange Gabriel, de saint Christophe et de la Vierge de l'Annonciation (statues qui seraient l'œuvre du maître du *Jugement de Salomon* qu'on retrouve au palais des Doges).

L'intérieur
À l'intérieur, lignes d'une grande simplicité. Espace lumineux, découpé par des arches gothiques en brique rouge et parfois recouvertes de fresques d'origine. Là encore, l'église apparaît comme un véritable petit musée d'art.
- À l'entrée, tout de suite à droite, une belle œuvre de Cima da Conegliano : *Saint Jean-Baptiste entouré de Pierre, Marc, Jérôme et Paul.*
- Au-delà, le 5e autel offre le *Martyre de saint Laurent,* du Flamand Daniel van den Dyck (séduisant jeu de lumière sur les personnages). Juste après, au-dessus de la chapelle des Maures, dans la *Présentation au Temple* du Tintoret, notez le jeu subtil des ombres et des lumières, le dynamisme de la scène.
- Dans la chapelle Saint-Maur (sur la droite avant le chœur) est exposée la célèbre *Vierge* à l'origine du nom actuel de l'église.
- Dans la chapelle absidiale à droite du chœur, ***tombe du Tintoret*** (1519-1594), avec son buste de terre cuite.
- C'est dans le chœur que l'on peut voir ses œuvres les plus admirables : ***2 toiles immenses*** et 6 autres plus petites. À gauche, *L'Adoration du veau d'or.* Une curiosité : le Tintoret aurait représenté Giorgione, Titien et Véronèse sous les traits des porteurs de l'idole, et Michel-Ange serait celui qui ramasse l'or. Mais notre préféré, c'est *Le Jugement dernier,* à droite. Représentation tourmentée, voire terrifiante. Impossible de tout décrire, il y a tellement de symboles. Présence de 3 Maures dans le purgatoire. Titien aurait suggéré à Tintoret de ne pas peindre uniquement les Blancs, pour bien marquer l'universalité du Jugement dernier.
- Dans l'abside, *L'Apparition de la Croix à saint Pierre,* une autre toile du Tintoret. Là encore, l'effet de mouvement est prodigieux.
- Dans la salle des trésors : étoles, ostensoirs, reliquaires, calices...
- Viennent ensuite les chapelles dédiées aux grandes familles patriciennes de Venise : les Contarini (le *Miracle de sainte Agnès* du Tintoret qui capte toute la lumière), les Morosini (belle *Crucifixion,* de Palma le Jeune), les Vendramin (*L'Ange et Tobiolo* par Titien et le *Martyre de saint Vincent,* de Palma l'Ancien).
- Dans la dernière chapelle (la 1re à gauche, en entrant dans l'église, si vous avez tourné dans l'autre sens !), reproduction photographique de la *Vierge à l'Enfant,* de Giovanni Bellini, l'original ayant été volé en 1993.

En sortant de l'église, traversez le pont et continuez tout droit pour arriver aux *fondamente dei Mori.* L'ancienne ***maison du Tintoret*** se trouve au no 3398. Non loin, le ***campo dei Mori*** présente des sculptures assez impressionnantes de Maures en pierre, dans les murs, de la maison d'angle.

DU PONTE DELLE GUGLIE À LA CA' D'ORO

Chiesa di San Marcuola (zoom détachable C2) **:** *Cannaregio, 1763. ☎ 041-71-38-72. Horaires variables.* Son nom vient de la contraction des prénoms des saints *Ermagora* et *Fortunato* en vénitien. Construite entre 1728 et 1736 par Massari : c'est l'un des quelques édifices de Venise dont la façade est restée inachevée. Les autels sont entièrement décorés de sculptures en marbre. Sur le mur de gauche dans le chœur, très belle *Cène* réalisée par le Tintoret en 1547, à l'âge de 28 ans !

Chiesa Santi Apostoli *(zoom détachable D3)* **:** *campo dei S.S. Apostoli, au début de la strada Nova.* Déjà une église au IXe s, puis une autre au XIIe s dans ce quartier qui fut l'un des plus anciens de la ville. À l'intérieur, immense et inhabituel espace rectangulaire. Riche mobilier et nombreuses peintures dignes d'intérêt, comme la *Dernière Communion de sainte Lucie* de Tiepolo (1746) dans la chapelle Corner. Intéressants fonts baptismaux et chaire de Il Torretto, le maître de Canova. Sur le 1er autel, séduisante *Vierge à l'Enfant* de Gaspare Diziani. Ravissantes fresques du plafond de Fabio Canale. Impressionnant campanile au non moins impressionnant cadran solaire.

Palazzo Vendramin-Calergi (Casinò di Venezia) e Appartamento-Museo di Richard Wagner *(zoom détachable C2)* **:** *calle larga Vendramin. ☎ 041-529-71-11. • casinovenezia.it • Vaporetti nos 1 ou 2, arrêt San Marcuola. Casino : tlj 11h-2h45 du mat (3h15 sam). Fermé 24-25 déc. Entrée : 10 € ; réduc. Carte d'identité obligatoire. Tenue correcte exigée. Appartement-musée Wagner : visites gratuites (participation libre), sur rdv seulement, résa min 1 j. avt au ☎ 041-276-04-07.* Construit au début du XVIe s par les frères Lombardo sur des plans de Mauro Codussi, ce palais, qui abrite aujourd'hui le casino d'hiver (l'été, c'est le Lido qui attire les foules), fut la propriété des plus grandes familles vénitiennes. Wagner vint y habiter avec sa famille en septembre 1882 et y mourut d'une crise cardiaque le 13 février 1883, à l'âge de 69 ans. Sa dépouille fut portée en gondole à la gare puis mise dans un train spécial affrété par le roi Louis II de Bavière afin de la rapatrier à Bayreuth. Des 18 pièces du palais que loua le musicien, 4 (situées au dernier étage du casino) ont été conservées.

Ca' d'Oro e la Galleria Franchetti *(musée Franchetti ; zoom détachable C-D3)* **:** *calle della Ca' d'Oro, Cannaregio, 3933. ☎ 041-522-23-49. Résas au ☎ 041-520-03-45. • cadoro.org • Vaporetto no 1, arrêt Ca' d'Oro. Visite (rdc et 1er étage seulement) : lun 8h15-14h, mar-dim 8h15-19h15. Visite (musée en totalité) : mar-dim 10h-18h. Dernier billet 30 mn avt fermeture. Fermé 1er janv, 1er mai et 25 déc. Entrée : 10 € ; réduc ; gratuit pour les moins de 18 ans ressortissants de l'UE, pour les étudiants en histoire de l'art (justificatif demandé), et pour ts le 1er dim du mois. Audioguide en français : 4 €. Dépliants en anglais.*

Un peu d'histoire

Si l'entrée du musée est discrète, regardez la façade côté Grand Canal : c'est ***l'un des plus beaux palais gothiques de Venise.*** Il abrite de plus une très belle galerie d'art. Le nom de *Ca' d'Oro* vient du fait que la façade de marbre était à l'origine en partie décorée de 23 000 feuilles d'or et de lapis-lazuli (un des pigments de couleur les plus chers). Ce palais fut construit par Matteo Raverti et Bartolomeo Bon entre 1421 et 1434, sur ordre de Marino Contarini (procurateur de San Marco). Plusieurs propriétaires se succédèrent et opérèrent des transformations plus ou moins réussies. Maria Taglioni fit même abattre au XIXe s certaines parties du palais. Mais heureusement, Giorgio Franchetti, baron richissime, mit fin au désastre en rachetant le tout. Un musée ouvrit ses portes en 1927 après que le généreux bienfaiteur eut fait don du palais et de ses collections d'œuvres d'art principalement religieux en 1916.

Visite

– Le ***rez-de-chaussée*** offre une somptueuse ***cour intérieure,*** un bel escalier gothique et surtout un incroyable pavement, bigarré comme un tapis de mosaïques dans les tons orangés et verts. Repérez le niveau des marées depuis des centaines d'années sur l'un des piliers. Les détails décoratifs sont multiples comme ce motif torsadé repris à la fois sur les poutres en bois et les encadrements en pierre. Splendide. Le reste de la visite ne permet pas d'apprécier

l'édifice lui-même. En revanche, on se régalera des vues sur le Grand Canal depuis les tribunes et des collections bien sûr.
– Au 1er étage, dans le *portego* (hall des palais vénitiens) sont exposés hauts et bas-reliefs XIIe et XVe s. Ne pas rater le *Saint Sébastien* de Mantegna, une des œuvres majeures exposées au Ca d'Oro. En bas à droite, autour d'une bougie qui s'éteint, un papier porte la phrase « rien n'est éternel que le divin, le reste est fumée ». 2 autres tableaux de Mantegna sur ce même martyr sont exposés à Vienne et au Louvre.
– *Salle 1 :* admirez le tableau de la *Vierge à l'Enfant* de Michele Giambono. Richesse du décor du manteau, mais ce qui intrigue, c'est la représentation inhabituelle, pas coincée du tout de Jésus, bien vivant.
– *Salle 2 :* beau plafond doré et 3 œuvres de Carpaccio illustrant 3 tranches de la vie de la Vierge : *L'Annonciation, La Visitation* et *La Mort de la Vierge.* Dans la dernière œuvre, remarquez l'envol des *putti* écarlates vers les cieux. En fait, il manque 3 des panneaux de cette série dispersée ailleurs en Italie. Œuvres de jeunesse, le trait manque encore de finesse...
– *Salle 3 :* arrêtez-vous devant la *Madone* de Luca Antonio Busati. Intéressante scène : Jésus propose une araignée pour nourrir l'oiseau que lui tend saint Jean. Douces tonalités des visages, beau drapé de la Vierge. En vitrine, intéressante collection de petits bronzes.
Entre 2 salles, jetez un coup d'œil à l'animation du Grand Canal depuis le 1er étage de la ***loggia.***
– *Salle 4 :* elle abrite une série de peintures originaires du centre de l'Italie, essentiellement des Madones (dont une avec l'Enfant Jésus au sein, malheureusement assez abîmée). En revanche, la *Vierge et l'Enfant* de Francesco Botticini plaît pour sa touche élégante, le Jésus potelé et surtout la douce et suave expression de la Vierge. Voir aussi la ravissante miniature du Maître de San Miniato. Riche scène de bataille, jolis costumes rehaussés d'or. L'un des musts de la salle reste la remarquable B.D. de Biagio di Antonio Tucci. *L'Histoire de Lucrèce* dans des scènes animées, dans de belles couleurs et surtout des rouges éclatants. Menacée et violée par des soudards, elle se suicide... Et ça ornait un coffre de jeune mariée ! Le message se révélant clair : « Il faut défendre sa vertu contre le déshonneur »...
– *Salle 5 : Vierge à l'Enfant* de Luca Longhi dans d'étranges tons roses et un Jésus fort relax...
– Accès au ***2e étage*** par un bel escalier muni d'une antique rampe en bois, composée d'un délicat treillage sculpté.
– *Salle 6 :* une jolie *Madone à l'Enfant et saint Jean* de l'atelier d'Andrea del Sarto.
– *Salle 7 :* expo de superbes tapisseries flamandes. Intéressant *Portrait de procureur* du Tintoret, plus un Van Dyck à l'élégante facture traditionnelle.
À nouveau, petit tour sur la ***loggia*** avec vues superbes sur le marché aux poissons du Rialto et les toits du quartier de San Polo. Les salles 8-10 des céramiques sont souvent fermées par manque de personnel.
– *Salle 11 :* on y découvre la saisissante *Crucifixion* de Jan Van Eyck. Personnages finement détaillés, de même que la ville derrière. À noter également, une *Sainte Famille* d'Ambrosius Benson à la fascinante douceur du trait. Pour finir, célèbre *Tour de Babel* de Jan Van Scorel, aux chaudes tonalités jaunes et brunes (souvent en voyage).
– *Salles 12 et 13 :* beaux et romantiques paysages, dont une lumineuse représentation hivernale de Van Ostade. Quelques natures mortes de chasse. Ainsi qu'une paisible marine de Van de Velde le Jeune.
– Dans le hall, figure allégorique du *Nil,* ébauche en terre cuite du Bernin.

LE QUARTIER DU RIALTO RIVE GAUCHE

Chiesa di San Giovanni Crisostomo *(zoom détachable D3)* **:** *salizada San Giovanni Crisostomo. ☎ 041-522-71-55. Vaporetti nos 1 ou 2, arrêt Rialto. Tlj 8h15-12h15, 15h-19h.* Église construite par Codussi entre 1497 et 1525. Les amoureux de Giovanni Bellini s'y précipiteront pour l'une de ses œuvres admirables : *Saint Christophe, saint Jérôme et saint Louis.* Le Christ sur les épaules de saint Christophe a vraiment une allure de bambin craintif. Voir également le bas-relief de Tullio Lombardo (fils), avec des personnages plus ou moins en relief selon la perspective. Au-dessus du 1er autel de droite, préparez vos petites pièces pour les minuteries.

– Un peu après l'église, on arrive à la *corte Seconda del Milion.* On y trouve le ***théâtre Malibran*** (du nom d'une cantatrice du XIXe s). C'est là que se trouvait l'ancienne maison de ***Marco Polo,*** démolie depuis belle lurette. Les récits de voyage du célèbre aventurier parurent tellement extravagants que les Vénitiens, avec l'humour acide qui les caractérise, surnommèrent Marco Polo le *Messer Millione* (« l'Homme des millions de merveilles » !). Il ne reste aucune autre trace de Marco Polo à Venise, son tombeau qui se trouvait dans une église de Venise ayant été dispersé.

Chiesa Santa Maria dei Miracoli *ou* ***Santa Maria Nova*** *(zoom détachable D3)* **:** *campiello dei Miracoli. ☎ 041-275-04-62. • chorusvenezia.org • Lun-sam 10h30-16h30 (dernier billet à 16h20). Entrée : 3 €. Accès avec le* Chorus Pass.
L'église et la place forment l'un des plus surprenants ensembles architecturaux de Venise. Cette petite merveille de la Renaissance vénitienne, aux formes géométriques, fut construite par Lombardo à la fin du XVe s. À l'origine, une icône de la Vierge, dite miraculeuse, avait été transférée dans une chapelle en bois. L'église actuelle n'est en fait que l'extension de celle-ci. Cette image trône sur l'autel : il s'agit de *La Vierge et l'Enfant* de Niccolò di Pietro. La façade et l'intérieur sont couverts de marbres polychromes et de médaillons sculptés (le tout a un petit côté oriental assez original). Très belle voûte en berceau en bois sculpté, avec la représentation des prophètes et des patriarches. Avec son allure d'écrin précieux tout en or et en marbre, c'est l'église de Venise la plus prisée pour la célébration de mariages.

LES FONDAMENTE NOVE

De ces quais qui bordent Venise au nord, on a une vue dégagée sur la lagune et sur le cimetière San Michele, avec ses rangées de cyprès pointés vers le ciel. Vous serez impressionné par le trafic maritime le long du quai. Toutes les liaisons pour les îles du Nord partent d'ici. Tout au bout, on peut voir parfois s'entraîner les rameurs du club d'aviron *Querini,* qui ont remporté les courses les plus prestigieuses de Venise. Quartier calme qui contraste avec l'agitation de San Marco.

Chiesa dei Gesuiti *ou* ***Santa Maria Assunta*** *(plan détachable D2)* **:** *campo dei Gesuiti, Cannaregio, 4877. ☎ 041-523-16-10. Vaporetti nos 4.1, 4.2, 5.1 ou 5.2, arrêt Fondamente Nove. Tlj 10h-12h, 16h-18h (17h en hiver). Entrée : 1 €.* Financée par une riche famille vénitienne, cette église a été bâtie entre 1715 et 1728 à la demande des jésuites. Chassés en 1606 par les doges, il fallait bien qu'ils en imposent à la cité en y remettant les pieds. Ils confièrent la maîtrise d'ouvrage à Domenico Rossi en le contraignant à un plan strict pour en mettre plein la vue aux Vénitiens ! La façade baroque surmontée des statues des 12 apôtres en témoigne. L'intérieur obéit au plan en croix latine typique des églises jésuites : large nef flanquée de 6 chapelles de part et d'autre, et un chœur d'une folie baroque incroyable avec un dôme bardé d'angelots soutenu par 8 colonnes salomoniques. Pour le reste, remarquez l'élégante marqueterie de marbre vert et surtout la superbe chaire de Francesco Bonazza, placée comme il se doit « très près des fidèles », conformément aux préceptes de la Contre-Réforme. Notez avec quelle maestria l'artiste a réussi à donner au marbre l'allure d'une étoffe, époustouflant ! Côté « barbouille », l'église n'est pas en reste non plus, avec au plafond des fresques de Francesco Fontebasso et Louis Dorigny, tandis que les chapelles latérales accueillent Titien (*Le Martyre de saint Laurent,* œuvre qui passe pour être « la

1re nuit réelle de l'histoire de l'art » selon certains experts), ou encore Balestra *(Marie et le Saint-Esprit)* ; quant à la sacristie, elle abrite pas moins d'une vingtaine de tableaux de Palma le Jeune !

Oratorio dei Crociferi *(oratoire des Crociferi ; plan détachable D2)* **:** *campo dei Gesuiti, Cannaregio, 4905. ☎ 041-309-66-05. Vaporetti nos 4.1, 4.2, 5.1 ou 5.2, arrêt Fondamente Nove. Jeu-dim 10h-13h, 14h-17h (15h dim). Entrée : 3 € ; réduc. Dépliant explicatif en italien ou anglais.* Il s'agit de la chapelle d'un hospice, jadis dépendance de ce qui fut l'église des Crociferi (aujourd'hui église des Jésuites, juste en face). Totalement décoré par Palma le Jeune, il est considéré comme un exemple unique d'unité picturale du XVIe s à Venise. Cette « B.D. » raconte les liens entre la politique, le pouvoir et l'Église... ainsi que le sort de la congrégation des Crociferi (porteurs de croix). Notez les allusions faites à Rome (siège de la papauté) et les anachronismes (fréquents à cette époque), les Turcs martyrisant le Christ ou ce personnage qui traverse les siècles d'un tableau à l'autre et qui n'est autre que le commanditaire de l'œuvre, le doge Pasquale Cicogna (on le retrouve, entre autres, aux côtés d'un de ses prédécesseurs, doge 200 ans avant lui !).

CASTELLO

Codes postaux : 30122 et 30132

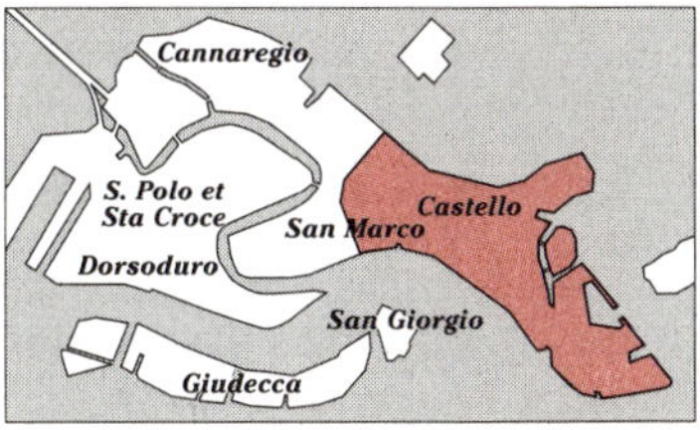

Castello est, avec le Cannaregio, l'un des quartiers les plus paisibles de la Sérénissime... si l'on prend le temps bien sûr de s'éloigner des circuits classiques. Ses ruelles désertes, ses petits commerces, ses placettes et ses grands espaces verts (jardins de Napoléon, ou encore Sant'Elena) constituent un quartier tout trouvé pour celles et ceux qui cherchent l'authenticité et la tranquillité.

À partir de la place Saint-Marc, la *riva degli Schiavoni* constitue une très belle entrée en matière. C'est ici, sur les quais, qu'arrivaient jadis les marchands de la côte dalmate, une des 1res colonies de Venise. Un peu plus au nord, on trouve le quartier de l'hôpital, avec l'église *Santi Giovanni e Paolo,* le panthéon des doges et des dignitaires de la République. Une Venise séculaire, formant un dédale de ruelles qu'il vous faudra traverser en diagonale pour rejoindre l'Arsenal, un quartier empreint de rigueur militaire, sur laquelle veille le lion de Corto Maltese (voir *Fable de Venise* dans la B.D. d'Hugo Pratt ; cette bande dessinée peut d'ailleurs vous servir de fil d'Ariane pour découvrir le quartier).

De là, descendez jusqu'au quai où se dresse le musée d'Histoire navale, avant d'emprunter l'artère la plus large de Venise, la via Garibaldi, dans une ambiance très authentique. Car oui, avec ses placettes commerçantes, ses quais, ses darses et ses *bricole* semblant flotter entre 2 eaux, Castello offre plus d'un visage !

Où dormir ?

Auberge de jeunesse et institutions religieuses

Foresteria Valdese Venezia *(plan détachable E3,* ***32****) : calle lunga Santa Maria Formosa, Castello, 5170. ☎ 041-528-67-97. • info@foresteriavenezia.it • foresteriavenezia.it • Vaporetti n°s 1 ou 2, arrêt Rialto, et 4.1, 4.2, 5.1 ou 5.2, arrêt Fondamente Nove. ♿ (prévenir avt). Réception téléphonique 9h-13h, 14h30-20h. Pas d'arrivée après 20h. Pas de couvre-feu. Double 140 € ; également des lits en dortoir 36 €/pers, petit déj et draps inclus. Les sdb sont à partager.* Située dans le palazzo Cavagnis, un énorme palais vénitien du XVIIIe s, c'est la maison d'accueil de l'Église vaudoise et méthodiste. Fidèle à sa tradition d'hospitalité, celle-ci propose des chambres. Des dortoirs de 2 à 10 lits sont réservés aux petits groupes (individuels acceptés seulement en cas de dispo « entre 2 »). La déco est sobre et dépouillée. Meubles en mélaminé, lits une place, TV... Même si les plafonds de certaines chambres sont ornés de quelques fresques d'époque, vous ne ferez pas de folies ici. Accueil aimable.

Patronato Salesiano Leone XIII *(plan détachable G4,* ***41****) : calle San Domenico, Castello, 1281. ☎ 041-523-07-96. • info@salesianivenezia.it • salesianivenezia.it • Vaporetti n°s 1, 2, 4.1, 4.2, 5.1 ou 5.2, arrêt Giardini. Doubles 75-110 €.* À côté des beaux jardins de la Biennale et de la maison natale du peintre Tiepolo, dans un quartier calme et verdoyant. Portrait de don Bosco dans les couloirs, on est chez les salésiens ! L'institut héberge des étudiants d'octobre à juin, mais une partie est toujours réservée pour les touristes. Pendant les vacances, c'est plus de 140 lits qui attendent les voyageurs. Pour le reste, c'est fonctionnel mais sans âme, avec des chambres très propres, toutes avec salle d'eau, clim et ventilo. Belle petite terrasse pour prendre son petit déj en été.

De prix moyens à chic

B & B San Marco *(plan détachable E-F3-4,* ***95****) : fondamente San Giorgio dei Schiavoni, Castello, 3385 L. ☎ 041-522-75-89. 📱 347-244-22-37 (Alice). • info@realvenice.it • realvenice.it • Vaporetti n°s 1, 2, 4.1, 4.2, 5.1 ou 5.2, arrêt San Zaccaria. Doubles 80-120 €. Appart 4 pers (2-3 nuits min requis).* Un vrai *B & B* qui n'usurpe pas son nom, puisque Alice, Marco et leur petite famille accueillent leurs hôtes sous leur propre toit. 3 grandes chambres et pas plus, façon déco à l'ancienne et parquet qui craque : celle « *del nono* », avec le mobilier de mariage du grand-père, celle « *dei genitori* » avec le mobilier de mariage... des parents, celle « *de l'artista* » où Marco a passé son enfance. La 1re a ses propres sanitaires, les 2 autres se partagent une salle de bains. Les 3 regardent le canal et offrent une belle vue en direction de l'Arsenal. Accueil jovial, en français, et plein de bons tuyaux sur la ville que vos hôtes connaissent comme leur poche.

Corte Campana B & B *(zoom détachable E4,* ***97****) : calle del Rimedio, Castello, 4410. ☎ 041-523-36-03. • info@cortecampana.com • cortecampana.com • Vaporetti n°s 1, 2, 4.1, 4.2, 5.1 ou 5.2, arrêt San Zaccaria. De San Marco, après la tour de l'Horloge, prendre la calle larga San Marco, puis avt le canal, tourner à gauche, petit pont à droite, vous y êtes. Congés : août. Doubles 75-125 €. CB refusées. Réduc de 10 € sur le prix de la chambre double sur présentation de ce guide si séjour min de 4 nuits.* Dans cette ruelle étroite, découvrez cette chambre d'hôtes abritée dans un élégant immeuble sur cour et au calme. Ascenseur. 3 chambres de style romantique vénitien (dont une avec un plafond peint), spacieuses et de bon confort. L'une d'entre elles possède sa salle de bains à l'extérieur *(10 € moins chère).* Accueil charmant de Ricardo, le patron francophone.

Alloggi Barbaria *(plan détachable E3,* ***89****) : calle delle Cappuccine, Castello, 6573. ☎ 041-522-27-50. • info@alloggibarbaria.it • alloggibarbaria.it • Doubles 50-130 €. Petite bouteille de prosecco offerte sur présentation de ce guide.* Maison d'hôtes à l'écart de la foule. Ce n'est pas le grand charme mais c'est pratique et relativement économique en basse saison. Abrite 6 chambres simples, propres et confortables. Petit déj sur la toute petite terrasse aux beaux jours. Bon accueil.

B & B Venice Hazel *(plan détachable E4,* ***88****) : fondamenta dell'Osmarin, Castello, 4977 A. 📱 389-280-50-25. • venicehazel@outlook.com • venicehazel.com • Vaporetti n°s 1, 2, 4.1, 4.2, 5.1 ou 5.2, arrêt San Zaccaria. Doubles 75-100 €.* Au cœur du Castello, une bonne adresse à prix sages (sauf en haute saison où ils s'envolent vraiment trop !). Vieille maison bien aménagée avec 3 chambres se partageant 2 salles de bains. Elles sont sobrement décorées dans des couleurs vives. Une grande cuisine pour préparer son frichti, un accueil très gentil.

Hotel Corte Contarina *(plan détachable G4,* ***92****) : via Garibaldi, Castello, 1931. ☎ 041-277-85-33. • info@hotelcortecontarina.com • hotelcortecontarina.com • Vaporetti n°s 1, 2, 4.1, 4.2, 5.1 ou 5.2, arrêt Giardini. ♿ Prendre la ruelle à gauche de l'église San Francesco di Paola, puis 1re à gauche. Doubles 60-150 € (ça peut monter jusqu'à 280 € en période de Carnaval).* Voici un hôtel aménagé dans l'ancienne demeure (1600), austère, du doge Contarini. Au total, une vingtaine de chambres doubles, triples ou quadruples et un appart. Refaites pour la plupart, avec une déco néo-vénitienne, elles sont de bon confort et calmes (vue sur rue ou sur cour). Un bon rapport qualité-prix. Accueil courtois.

Hotel Ca' Formenta *(plan détachable F-G4, **87**) : via Garibaldi, Castello, 1650. ☎ 041-528-54-94. • info@hotelcaformenta.it • hotelcaformenta.it • Vaporetti n° 5.1, arrêt Giardini, ou nos 1 ou 4.1, arrêt Arsenale. Doubles 65-200 €.* Petit hôtel traditionnel, bien situé, à l'entrée d'un quartier populaire peu touristique. Une quinzaine de chambres de style vénitien et de bon confort. Accueil affable.

De chic à très chic

Residence Ca' Foscolo *(zoom détachable D3, **73**) : campo della Fava, Castello, 5526. ☎ 041-241-37-20. • info@cafoscolo.it • cafoscolo.it • Vaporetti nos 1 ou 2, arrêt Rialto. ♿ Réception tlj 9h-16h (les clients sont attendus jusqu'à 20h). Congés : janv. Apparts 40 m² pour 2 pers 100-230 €, également des apparts familiaux. Petit déj inclus si résa directe. Une bouteille de prosecco offerte à l'arrivée sur présentation de ce guide.* Sur une placette au calme, dans une maison bourgeoise, voici un hébergement comprenant 9 apparts spacieux, chics et bien équipés : lave-vaisselle, lave-linge, TV, chauffage central et clim indépendants... Les petits (40 m² quand même !), destinés à 2 personnes, possèdent une chambre et un vrai séjour (canapé convertible). Les plus grands (80 à 100 m²), pour 4 personnes, renferment 2 grandes chambres avec séjour, ce qui fait qu'on peut y loger à 6. La déco allie élégamment contemporain et style Liberty, avec les fameux *terrazzo alla veneziana* incrustés de verre de Murano. Une adresse emprunte de classe. Très bon accueil.

Hotel La Residenza *(plan détachable F4, **77**) : campo Bandiera e Moro, Castello, 3608. ☎ 041-528-53-15. • info@venicelaresidenza.com • venicelaresidenza.com • Vaporetti nos 1, 4.1 ou 4.2, arrêt Arsenale. En hte saison, 2-3 nuits min. Doubles 70-245 €. Réduc de 5 % sur le prix de la chambre sur présentation de ce guide.* Dans l'ancien palais Gritti-Badoer, sur la place de l'église San Giovanni della Bragora où fut baptisé Vivaldi. De dehors, admirez la façade gothique du XVe s et son balcon central aux 5 fenêtres. Le 1er étage est occupé par un hôtel d'une quinzaine de chambres restaurées et confortables, pour 2 ou 4 personnes. Accueil remarquable. La réception se trouve dans un vaste salon lumineux, couvert de fresques du XVIIIe s. On y prend le petit déj près d'un piano à queue. Décoration superbe : tableaux d'époque, tentures et moulures au plafond, ravissants meubles peints. Demandez la n° 216 au demi-étage avec vue sur la place.

Albergo Al Piave *(plan détachable E3, **79**) : ruga Giuffa, Castello, 4838. ☎ 041-528-51-74. • info@hotelalpiave.com • hotelalpiave.com • Vaporetti nos 1 ou 2, arrêts San Zaccaria ou Vallaresso. Congés : 6 janv-6 fév. Doubles 100-180 € ; familiales et appartements. Réduc de 5 % sur le prix de la chambre sur présentation de ce guide.* Stores vénitiens, meubles vieillis en Inde, salle de bains en carreaux de pâte de verre... Ce petit hôtel allie style et caractère. La trentaine de chambres forme un ensemble à la fois confortable et agréable. La plus chère, au dernier étage, possède sa terrasse. D'autres sont installées dans des bâtiments annexes proches de l'hôtel.

Hotel Casa Verardo *(plan détachable E3-4, **52**) : calle Castagna, Castello, 4765. ☎ 041-528-61-38. • info@casaverardo.it • casaverardo.it • Vaporetti nos 1, 2, 4.1, 4.2, 5.1 ou 5.2, arrêt San Zaccaria. ♿ Doubles avec sdb 90-500 € selon saison ; familiales. Apéritif maison offert sur présentation de ce guide.* Cet ancien palais du XVIe s offre une vingtaine de chambres raffinées mais sans sophistication excessive. Elles ne sont pas grandes mais bien équipées (clim). Quant aux salles de bains, elles sont modernes et nickel. La courette à l'arrière, avec un puits et une colonne sculptée, apporte la touche finale à cette élégante adresse. La maison possède également une bonne douzaine de chambres supplémentaires dans une annexe toute proche. Accueil charmant, bien dans le ton.

Locanda Ca' del Console *(plan détachable E3, **49**) : calle Trevisan, Castello,*

6217. ☎ 041-523-31-64. • info@locandacadelconsole.com • locandacadelconsole.com • Vaporetti n°s 4.1, 4.2, 5.1 ou 5.2, arrêt Fondamente Nove. Doubles 120-240 € (2 nuits min demandées en saison). Une adresse confidentielle, dissimulée derrière une porte anodine, qui cache pourtant l'ancien hôtel particulier d'un consul d'Autriche au XIXe s. Les aimables propriétaires ont conservé le style de cette époque, avec un mobilier choisi (souvent en bois peint), des peintures, des miroirs... Tout est soigné, confortable et bien tenu. Chaque chambre est dédiée à un personnage historique ou à une ambiance. Un coup de cœur.

Locanda Silva *(zoom détachable E3,* ***69****) : fondamenta del Rimedio, Castello, 4423. ☎ 041-522-76-43. • info@locandasilva.it • locandasilva.it • Vaporetti n°s 1, 2, 4.1, 4.2, 5.1 ou 5.2, arrêt San Zaccaria. Congés : déc-janv. Doubles 70-190 € selon saison (10 € de moins avec sdb commune) ; familiales. Réduc de 10 % sur le prix de la chambre sur présentation de ce guide.* Cet hôtel d'une vingtaine de chambres devait être à la mode vers la fin des années *Cinecittà.* Il a gardé son style un peu rétro. Les chambres sont impeccables et suffisamment confortables (literie inégale toutefois), donnant ou non sur le canal. 2 petites terrasses sur le toit pour jouir de la vue. Accueil aimable, en français.

Hotel Bridge *(plan détachable E4,* ***83****) : calle della Sacrestia, Castello, 4498. ☎ 041-520-52-87. • info@hotelbridge.com • hotelbridge.com • Vaporetti n°s 1, 2, 4.1, 4.2, 5.1 ou 5.2, arrêt San Zaccaria. Doubles 50-250 €. Réduc de 10 % sur le prix de la chambre double sur présentation de ce guide.* Un immeuble du XVe s bien situé, entièrement restauré et modernisé. Hôtel tenu par la même famille depuis 4 générations, la continuité est souvent un gage de sérieux. La plupart des chambres sont au 1er étage. Certaines sont petites et plutôt réservées aux clients voyageant en solo. La déco est tantôt vénitienne, tantôt florentine, chacun ses goûts. Poutres apparentes, toiles tendues et lustres en verre de Murano, ça reste classique.

Où manger ?

De la place Saint-Marc à l'Arsenal

Sur le pouce

Farini *(zoom détachable D3,* ***127****) : calle Seconda de la Fava, Castello, 5602. ☎ 041-241-18-99. Tlj 7h-21h (22h ven-dim). Portions de pizza 3-5 €.* Excellente réputation pour cette petite chaîne de boulangerie, qui vous offre un bon choix de (bonne) pizza *al taglio* ou de *focaccia.* Dur de se frayer une place sur les comptoirs hauts où déguster sa prise. Simple arrêt au stand, donc, pour regonfler les muscles avant de reprendre son rallye urbain dans les rues de Venise.

Bon marché

Birreria Forst *(plan détachable E4,* ***143****) : calle delle Rasse, Castello, 4540. ☎ 041-523-05-57. • birreriaforst20xx@gmail.com • Tlj 10h-23h. Compter 10-15 € selon appétit.* Dans une ruelle près de San Marco, voici un petit snack plutôt agréable, illustré avec de vieilles photos de gondoles et de scènes de rues de Venise un peu décalées. Petits prix pour des *cicchetti, tramezzini, ambrogini,* sans oublier les pains au sésame garnis. L'accueil néanmoins ne vous fera pas tomber en pâmoison.

De prix moyens à chic

Al Vecio Canton *(plan détachable E4,* ***100****) : Castello, 4738. ☎ 041-528-71-43. • info@veciocanton.it • Tlj sauf mar 12h-15h, 18h30-22h (résa conseillée le soir). Menus 18-22 € ; repas 20-25 €.* Petite taverne, intime, réputée pour la qualité de ses *pizze* (renommée non usurpée), le risotto aux fruits de mer et autres seiches à la vénitienne. Tout y est :

bonne sélection de vins du Frioul, accueil, service sympa et carte en français.

Osteria Al Portego *(zoom détachable D3,* ***144****) : calle de la Malvasia, Castello, 6015. ☎ 041-522-90-38. • carlodemuran@yahoo.it • Tlj 11h-15h, 17h30-22h. Repas 25-35 €.* Les vitres miroir ne laissent rien paraître depuis la rue de cette gentille petite adresse de quartier. Une demi-douzaine de tables à partager avec qui veut bien, tout autant de *primi* et *secondi* (une carte courte, donc), et la gent locale qui se précipite ici comme un seul homme à l'heure des repas. Les habitués préfèrent se régaler debout ou sur un bout de comptoir de ce que leur propose la vitrine alléchante. Une cuisine pleine de saveur(s), amenée de façon enlevée par un service qui n'a pas trop le temps de socialiser avec la clientèle.

Osteria Alla Staffa *(plan détachable E3,* ***136****) : calle del Ospedaleto, Castello, 6397 A. ☎ 041-523-91-60. Tlj sauf mar, midi et soir jusqu'à 22h30 (résa conseillée). Congés : 15 j. en janv et en août. Repas 30-35 €.* Une discrète auberge vénitienne qui mijote une cuisine fraîche et sincère à des prix doux. Seulement 7 tables dans une salle attenante au bar à l'entrée. Raviolis, spaghettis, viandes et poissons. Excellente salade *caprese.* Également un plat végétarien unique. Bon service et accueil cordial.

Trattoria da Remigio *(plan détachable E4,* ***145****) : salizada dei Greci, Castello, 3416. ☎ 041-523-00-89. Tlj sauf lun soir et mar 12h30-14h30, 19h30-21h30. Repas 22-35 € (service 12 % en sus du couvert).* C'est le genre d'adresse où les tables nappées de clair jouent à touche-touche ; où les serveurs sont costumés de blanc et le chef de salle de noir ; où les habitués interpellent le personnel qui prend des airs d'importance ; où la cuisine bien troussée se conforme à la plus stricte tradition, pas mal orientée vers la mer sans que la terre soit oubliée ; où les tarifs restent cohérents malgré un supplément d'âme pour le service, compté en sus. L'ensemble se tient honorablement.

De chic à très chic

Antica Sacrestia *(plan détachable E4,* ***137****) : calle della Corona, Castello, 4463. ☎ 041-523-07-49. • info@anticasacrestia.it • Tlj sauf lun. Congés : 10 j. en déc. Menu du jour 26 € (servi aussi sam) ; carte 40-45 €. Pizze 8-19 €. Apéritif de la maison offert sur présentation de ce guide.* Une belle bâtisse vénitienne du XVIIIe s, avec une cour intérieure et des salles en brique, chaleureusement aménagées. Pino Calliandro, l'adorable patron francophone, vous reçoit avec jovialité. Ce Sicilien au faux air d'Al Pacino (ils sont nés dans le même village !) veille sur la destinée de la maison. Carte très dense avec mention spéciale au buffet savoureux d'*antipasti*. Et même quand il y a foule, les plats restent bien préparés. Belle cave également. Service souriant et efficace.

Alle Testiere *(zoom détachable E3,* ***114****) : calle del Mondo Novo, Castello, 5801. ☎ 041-522-72-20. • info@osterialletestiere.it • Tlj sauf dim-lun 12h-15h, 19h-minuit. Résa quasi obligatoire. Plats 25-30 €. Apéritif maison offert sur présentation de ce guide.* Un resto gastronomique dans un agréable décor de bistrot-resto. Le chef brille par sa virtuosité, et l'assiette est un régal pour les papilles. La carte ? Principalement à base de poisson et de spécialités vénitiennes. La maison édite même ses propres recettes en français ! Accueil pro avec moult conseils.

CoVino *(plan détachable F4,* ***111****) : calle del Pestrin, Castello, 3829/A. ☎ 041-241-27-05. • lorenzongood@gmail.com • Tlj sauf mar-mer. Congés : 10 j. en août et mars, 15 j. en déc. Menu unique 27-38 € le midi, 40 € le soir.* De la salle, on voit s'affairer en cuisine le chef qui prépare des plats savoureux et originaux à base de produits de qualité, dans l'esprit du *slow food.* Une adresse qui sait mettre en avant la cuisine vénitienne. Grand comme un mouchoir de poche, il est impératif de réserver !

Trattoria Corte Sconta *(plan détachable F4,* ***147****) : calle del Pestrin, Castello, 3886. ☎ 041-522-70-24. • cortescontavenezia@gmail.*

com ● ♿ Tlj sauf dim-lun. Résa obligatoire le soir. Fermé en janv et août. Repas 45-55 € ; formule dégustation d'antipasti 28 €. Un restaurant culte et un nom qui rappellera la fameuse « Cour secrète » aux fans d'Hugo Pratt. Cadre sans prétention mais agréable, avec la possibilité de bénéficier de la courette et sa pergola fleurie aux beaux jours. Cuisine à base de crustacés et de poisson. Les *antipasti* peuvent faire tout un repas dégustation. Délicieuses *sarde in saor*, et l'on vous souhaite de venir le jour du turbot à l'orange ! Pour les amateurs de pâtes, profitez-en, elles sont faites maison. On peut leur reprocher parfois leurs portions congrues, les prix ne le sont pas !

|●| ***L'Osteria di Santa Marina*** *(zoom détachable D3,* ***138****)* **:** *campo Santa Marina, Castello, 5911. ☎ 041-528-52-39. ● info@osteriadisantamarina.com ● Tlj sauf dim-lun midi. Fermé 2 sem en janv. Résa conseillée. Menu dégustation 50-65 € ; plats 25-30 €.* Une belle adresse gourmande, idéale pour un dîner en amoureux dans un cadre d'auberge chic. La carte suit les saisons et le marché et propose une cuisine classique de qualité, principalement axée sur le poisson. Service pro et convivial (à ce prix...). Attention, la cuisine ferme de bonne heure, n'y allez pas trop tard le soir.

De l'Arsenal à l'île San Pietro

De prix moyens à plus chic

|●| ***Trattoria Alla Rampa*** *(plan détachable G4,* ***148****)* **:** *via G. Garibaldi, Castello, 1135. Tlj sauf dim, le midi seulement. Fermé le soir. Carte 20-25 €.* Difficile de deviner que, derrière le bar, on peut déjeuner dans une grande salle aux murs lambrissés. Prix raisonnables et menu très simple, avec des spécialités locales comme la morue à la vénitienne, le foie de veau grillé et les spaghettis au noir de seiche. Bon vin de la *casa*. Un peu bruyant tout de même, et très apprécié des locaux comme des touristes. Mieux vaut arriver tôt pour avoir une place.

Où boire un verre ? Où grignoter à l'apéro ? Où sortir ?

🍷 ***Bacaro Risorto*** *(plan détachable E4,* ***180****)* **:** *campo San Provolo, Castello, 4700. 📱 340-301-70-47. ● bacarorisortovenezia@gmail.com ● Tlj 8h-1h.* Tout proche de la place Saint-Marc, *Risorto* est LA place idéale pour un apéro autour d'un *spritz* ou d'un bon verre de vin (beau choix et prix démocratiques). À agrémenter, évidemment, de *cicchetti* (beau choix et prix démocratique, bis). Pour un peu plus d'espace, on déborde volontiers de la microsalle dans la rue.

🍷 ***Osteria Al Ponte*** *(zoom détachable E3,* ***194****)* **:** *calle larga G. Gallina, Cannaregio, 6378. ☎ 041-520-27-47. Tlj 9h30-21h30 (plus tard ven-sam).* Bien que dans le Cannaregio, ce minuscule bar à vins sera plutôt sur votre chemin si vous visitez l'église San Giovanni e Paolo, voilà pourquoi nous le plaçons ici ! Au comptoir, quelques *cicchetti* bien fichus et pas chers, et dans les verres, de bons vins bien choisis, dont quelques crus bio intéressants. Simple et sympa.

🍷 ***Bar-gelateria Zanzibar*** *(zoom détachable E3,* ***191****)* **:** *campo di Santa Maria Formosa, Castello, 5840. Tlj 8h-23h (21h hors saison).* Pas d'enseigne, mais on ne peut manquer la jolie bicoque qui abrite ce kiosque-bar en bordure du rio. Les jours de pluie, ça ferme plus tôt car il n'y a pas de salle mais seulement des tables en terrasse.

🍷 ♪ ☕ ***Caffè La Serra*** *(plan détachable G5,* ***184****)* **:** *serra dei Giardini, viale Giuseppe Garibaldi, Castello, 1254. ☎ 041-296-03-60. Tlj 10h-20h (ferme plus tard les j. de concert).* Très bien situé, au début de la grande allée ombragée du jardin public. Dehors en terrasse ou sous la vaste serre, le cadre est verdoyant, enchanteur, et idéal pour siroter un thé bio ou un jus de fruits naturel. Possibilité de grignoter : toasts, *panini, focaccia...*

Les amateurs de vieux palaces légendaires casseront la tirelire autour d'un café au mythique et très classe ***Palazzo Danieli*** *(plan détachable E4 ; riva degli Schiavoni, 4196).* Lire plus loin « À voir. Le quartier de la riva degli Schiavoni ».

Où déguster une bonne pâtisserie, un bon café ou un bon chocolat ?

Pasticceria Rosa Salva *(zoom détachable E3,* ***273****) : campo San Giovanni e Paolo, Castello, 6779. Tlj 8h-20h.* Issue d'une vieille saga familiale débutée en 1870, cette pâtisserie vous ouvre ses tables bistrot où le chocolat chaud (excellent), le cappuccino et le café sont un prétexte pour se gourmander d'un bon petit choix de pâtisseries.

Pasticceria Chiusso *(plan détachable F4,* ***265****) : salizzada dei Greci, Castello, 3306. Tlj sauf mer 7h-20h.* Une pâtisserie-*enoteca* qui vend les *ossi da morto* (des biscuits à l'anis qu'on offrait jadis à la Toussaint) ou les *baci in gondola* (une petite douceur aux amandes). Les amateurs repartiront avec un sachet de *cantucci.* Prépare aussi des petits gâteaux salés.

Où déguster une glace ?

La Mela Verde *(plan détachable E4,* ***263****) : fondamenta dell'Osmarin, Castello, 4977. Tlj 11h-23h. Fermé déc-janv.* Avec ou sans GPS, nos pas dans Castello mènent vers ce glacier plus qu'appétissant. Produits choisis avec soin : pistaches de Bronte (les meilleures !) en morceaux, noisettes du Piémont, griottes qui font à peine rougir quand on en reprend... Et comme par hasard, le lendemain, on repasse encore devant !

Achats

Gourmandises

Vizio Virtù Cioccolateria *(zoom détachable D3,* ***318****) : calle del Forner, Castello, 5988. ☎ 041-275-01-49. • info@viziovertu.com • Tlj 10h-19h (fermé dim en été, quand il fait trop chaud, sic !).* Un chocolatier vraiment digne de ce nom. Mariangela compose des chocolats aux saveurs très originales : poivre, gingembre, piment... Également une délicieuse production plus classique. Assez cher.

Artisanat vénitien

Ca' del Sol *(plan détachable E4,* ***321****) : fondamenta dell'Osmarin, Castello, 4964. ☎ 041-528-55-49. • cadelsol@libero.it • Tlj 10h-22h.* C'est l'un des plus beaux magasins de masques de Venise. Dans cette caverne d'Ali Baba quelque peu encombrée, on tombe nez à nez avec des Jean qui pleurent ou qui rient ou les 2, des Casanova et des masques de médecin avec leur nez pointu, des lions à crinière ou de simples loups. Quasiment des pièces uniques à chaque fois et qui prennent vie rien qu'en les regardant. Prix encore abordables à condition de bien fureter. Hamid, l'heureux propriétaire des lieux, vous conseille et façonne ses masques en même temps. Son atelier est juste en face.

Alice in Wonderland *(plan détachable F4,* ***323****) : salizzada San Antonin, Castello, 3541 A. ☎ 041-528-76-16. Tlj 9h-13h, 14h30-19h30.* Belle boutique tenue par Ketty Parma, qui réalise des objets en mosaïque de verre multicolore. Elle y met du style et du cœur, le résultat est original et charmant, ça n'a rien de commun avec une classique boutique de verrerie. Miroirs, poissons, hippocampes, coccinelles, papillons, à fixer sur un mur. Une ***2de boutique*** *(via Garibaldi, Castello, 369)* propose d'autres objets de sa production.

Papier Mâché *(plan détachable E3,* ***302****)* **:** *calle lunga Santa Maria Formosa, Castello, 5174 B. ☎ 041-522-99-95. • papiermache@papiermache.it • Tlj 9h-19h30. À ts les prix, 10-650 € (compter 50-70 € pour un masque classique).* Cette boutique propose des masques originaux (certains figurant d'élégantes reproductions de tableaux), joliment présentés.

Livres

Libreria Acqua Alta *(plan détachable E3,* ***335****)* **:** *calle lunga Santa Maria Formosa, Castello, 5176. ☎ 041-296-08-41. Tlj 9h-20h.* Un invraisemblable capharnaüm et au centre, une authentique gondole remplie d'ouvrages... Outre les livres neufs ou d'occasion, vous trouverez votre bonheur dans les tas d'antiques cartes postales, estampes fripées, gravures anciennes, gadgets divers... Beaucoup de monde le week-end : c'est une véritable attraction.

Habillement

Banco Lotto nº 10 *(plan détachable F4,* ***324****)* **:** *salizada Sant'Antonin, Castello, 3478 A. ☎ 041-522-14-39. • bancolotto@ilcerchiovenezia.it • Lun-sam 8h30-19h30 (plus dim 10h30-17h en saison).* Cette boutique de vêtements féminins occupe l'ancien guichet (le nº 10) de billets de Loto (d'où le nom). Toutes les pièces vendues sont confectionnées par les détenues de la maison d'arrêt de la Giudecca. Vestes et manteaux en étoffes chatoyantes, sacs branchés. Voilà de quoi vous faire plaisir tout en accomplissant une bonne action.

Giovanna Zanella *(zoom détachable D3,* ***319****)* **:** *calle Carminati, Castello, 5641. ☎ 041-523-55-00. Tlj sauf dim 13h30-19h30h.* Giovanna a bien retenu la leçon de son maître Segalin, véritable sculpteur de chaussures. Il en résulte des créations de très belle facture (plus ou moins portables selon les extravagances de l'artiste). Prix à la hauteur de la qualité !

À voir

DE SANTA MARIA FORMOSA À L'ARSENAL

Campo Santa Maria Formosa *(zoom détachable E3)* **:** sur ce *campo,* de belles façades de palais, on célébrait chaque année la *fête des Marie.* Cette cérémonie remonte au Xe s, époque à laquelle quelques jeunes filles enlevées par des pirates furent par la suite libérées par des *casselleri* (artisans qui fabriquaient des coffres). Pour commémorer l'événement, le doge se rendait tous les ans à Santa Maria Formosa le jour de la Chandeleur. Il recevait pour l'occasion du vin et un chapeau de paille (une des coiffes est encore visible au musée Correr).

Chiesa Santa Maria Formosa *(plan et zoom détachables E3)* **:** *calle Seconda de la Fava, Castello, 5263. ☎ 041-275-04-62. Lun-sam 10h30-16h30 (dernier billet à 16h20). Entrée : 3 €. Accès avec le* Chorus Pass. L'édifice actuel remonte à la fin du XVe s. La famille Cappello a financé les travaux de la façade principale et de celle donnant sur le *campo,* sans oublier d'y adjoindre 3 bustes. La coupole a été reconstruite à 2 reprises, après le tremblement de terre de 1668 et après un bombardement de la Première Guerre mondiale. Le campanile date de 1688 (remarquez le mascaron, cette drôle de gueule tordue au-dessus de la porte, censée éloigner le diable). À l'intérieur, triptyque de Bartolomeo Vivarini, *Vierge de la miséricorde,* dans la 1re chapelle sur la droite en entrant par le côté. Dans le transept, une *Cène* bien sombre, en hauteur, peinte par Leandro Bassano (fin XVIe s). Et aussi le polyptyque de sainte Barbara de Palma l'Ancien. Organisation fréquente de concerts.

CASTELLO

Fondazione Querini Stampalia *(plan détachable E3) : campo Santa Maria Formosa, Castello, 5252. ☎ 041-271-14-11. • querinistampalia.it • Vaporetti nos 1, 2, 4.1, 4.2, 5.1 ou 5.2, arrêt San Zaccaria. À l'extrémité sud du campo, au sud de l'église. Tlj sauf lun 10h-18h. Entrée : 14 € ; réduc. Audioguide : 2 € ; 3 € pour 2. Carte* Rolling Venice *et* Venezia Unica City Pass *(y compris en version San Marco) acceptées. Fiches explicatives en français dans chaque salle. Consigne gratuite et obligatoire. Accès gratuit à la salle de médias de la bibliothèque (accès Internet). Une cafétéria et une boutique avec des bouquins pour enfants en français.*
Ce palais édifié au XVIe s a été légué par le comte Querini à la Ville de Venise en 1869. L'architecte Carlo Scarpa l'a réaménagé en 1960 et a dessiné le jardin. Le bâtiment abrite également une grande bibliothèque avec des rayonnages à l'ancienne.
– Au ***2e étage,*** le palais abrite une importante collection de toiles des plus grands peintres vénitiens depuis le XIVe s jusqu'au XVIIIe s. Le mobilier date du XVIIIe s.
– Dans la vaste *salle d'entrée (portego),* lustre polychrome réalisé par Briati (LA référence chez les maîtres verriers au XVIIIe s !).
– Dans une petite salle, on trouve le chef-d'œuvre du musée : *La Présentation de Jésus au Temple,* de Bellini réalisé en 1469. Le peintre se serait représenté à droite, sous les traits de l'homme au regard mystérieux, à côté, dit-on, d'une représentation d'Andrea Mantegna. Fantastique travail sur les ombres dans des subtiles tonalités rouges.
– ***Salle Pietro Longhi (XVIIIe s) :*** une vingtaine de tableaux un peu sombres, représentant des scènes de vie de la société vénitienne, comme de simples clichés. Riches, pauvres, nobles, paysans... tout ce petit monde se côtoie sur les mêmes toiles. Une démarche pas vraiment courante à cette époque !
– ***Salle Giuseppe Jappelli :*** dans la foisonnante scène de bataille, Mateo Stom (XVIIe s) utilise des couleurs froides pour mieux exprimer la violence des âpres combats. Également une très belle fête sur l'eau représentant le *bucintoro* (le navire officiel du doge).
– Nombreuses toiles de *Gabriel Bella* (XVIIIe s). Boudé par ses contemporains, ses tableaux représentent un véritable témoignage de la vie de la Sérénissime au XVIIIe s. Il faut scruter ses toiles, observer le moindre détail de certaines situations de la vie quotidienne, parfois curieuses ! Cherchez donc comment, lors des jeux populaires organisés entre quartiers, on rigolait follement en essayant de faire tomber ses adversaires des ponts (eh oui, ces derniers n'avaient pas encore de parapets...) !
– Dans la ***chambre à coucher,*** ne ratez surtout pas le splendide miroir dans le plus pur style rococo, réalisé à partir d'un mélange de verre soufflé et de verre incisé à la pointe de diamant.
– La famille Querini possédait 10 toiles de *Tiepolo,* mais elle a vendu 9 d'entre elles, ne pressentant pas que le peintre deviendrait célèbre. La seule toile restante représente le général des Mers dans une posture fière et noble. La toile qui lui fait face n'est pas de Tiepolo mais représente le même homme. La différence est visible : c'est beaucoup moins flatteur... Également quelques pièces de lutherie des XVIIe et XVIIIe s.
– Dans la ***salle des porcelaines,*** magnifique service acheté à Paris en 1795 par Alvise Maria Querini Stampalia, qui fut le dernier ambassadeur de la Sérénissime en France, de 1795 à 1797.
– Au ***3e étage,*** expos temporaires d'art contemporain.

Palazzo Grimani *(plan détachable E3) : ramo Grimani, Castello, 4858. ☎ 041-520-03-45 ou 241-15-07 (résas). • polomuseale.venezia.beniculturali.it • Vaporetti nos 1, 2, 4.1, 4.2, 5.1 ou 5.2, arrêt San Zaccaria. Tlj sauf lun 10h-19h (dernier billet à 18h30). Congés : 1er janv, 1er mai et 25 déc. Entrée : 14 €. Billet jumelé avec l'Accademia ou Ca' d'Oro selon expo en cours (tarif variable) ; réduc ; gratuit moins de 18 ans et pour ts le 1er dim du mois. Plus cher en cas d'expo temporaire.* Dans la

famille des palais vénitiens, celui-ci, un peu confidentiel, fait figure d'original. Avec son aspect antique inattendu et un péristyle central de style romain, on ne se sent presque plus à Venise ! Propriété de la grande famille des Grimani, dont plusieurs membres ont été doges, il avait été conçu au XVe s par Antonio pour accueillir sa riche collection de sculptures romaines. C'est désormais un musée un peu vide mais dont les seules décorations valent le détour.
La richesse de ce palais, ce sont les incroyables fresques naturalistes qui en ornent certains murs et plafonds, notamment la fresque au plafond de la *salle des feuillages,* chef-d'œuvre de Camillo Mantovani : une profusion de vignes, fruits, oiseaux exotiques perchés sur leurs plantes de prédilection... On est en 1560, en pleine période des grandes explorations : certains animaux ou plantes, comme le maïs ou le tabac, sont représentés pour la 1re fois.

Campo Santi Giovanni e Paolo *(zoom détachable E3)* **:** *autrement appelé campo San Zanipolo (contraction en dialecte vénitien des prénoms Giovanni et Paolo). Vaporetti nos 4.1, 4.2, 5.1 ou 5.2, arrêt Ospedale.* C'est l'un des *campi* les plus vastes de Venise, qui se distingue par ses jolies façades et ses petites maisons colorées. Il est bordé sur la gauche par le *rio dei Mendicanti.* Sur le *campo,* outre la *basilique Santi Giovanni e Paolo* et la *Scuola Grande di San Marco,* se trouve la fière ***statue équestre du condottiere Bartolomeo Colleoni*** par Andrea Verrocchio (voir aussi l'encadré). Cet emplacement n'est pas fortuit, puisque ce richissime mercenaire à la solde de Venise avait conditionné le legs de sa fortune à la Sérénissime. Cette dernière devait lui ériger une statue « à Saint-Marc ». La loi de la République l'interdisant strictement sur la piazza San Marco, on joua alors sur les mots en plaçant sa statue devant la *scuola* « di San Marco ».
Dans ses *Mémoires,* Casanova évoque cette place où il donna rendez-vous de nuit à une femme. Quelle ne fut pas sa surprise de voir descendre d'une gondole une créature affublée d'un masque d'homme ! Sur le point de s'en aller, il découvrit en fait qu'il s'agissait bien de « son ange déguisé en homme ».

UN MERCENAIRE QUI EN AVAIT !

Même si le mot n'apparaît pas dans notre lexique, colleoni, *ou plus précisément* coglioni, *signifie (âmes prudes, ne pas lire la suite !) « couilles ». Le Condottiere était si fier de son nom que son cri de ralliement à la bataille était « couille, couille ». D'ailleurs, ses armoiries, visibles au pied de sa statue équestre, reproduisent sans équivoque des attributs masculins...*

Scuola Grande di San Marco *(et* ***musée de la Médecine*** *; plan détachable E3)* **:** *grande salle du rdc accessible pour ts (pas de photos !). Au 1er étage, musée tlj sauf dim-lun 9h30-17h30. Entrée : 5 €, réduc.* Cette magnifique *scuola* abrite aujourd'hui l'hôpital de la ville. À l'origine, l'institution avait pour but, comme ses consœurs, l'assistance mutuelle entre ses membres et différentes activités caritatives. L'édifice a été construit à la fin du XVe s par Lombardo et Mauro Codussi, et la façade constitue l'un des meilleurs exemples d'architecture Renaissance. Noter les 4 compositions en trompe l'œil de Pietro Lombardo.
À l'intérieur, le ***musée de la Médecine*** renferme notamment de superbes collections d'instruments chirurgicaux. Installé au 1er étage dans l'immense chapelle au beau plafond ouvragé et doré. Longues vitrines présentant les mallettes des plus grands chirurgiens des XVIIIe et XIXe s. Impressionnant matériel pour trépaner et amputer (brrr !), collection de forceps et planches de dessins de démonstration... Ne pas manquer la bibliothèque. Superbe plafond là aussi et fascinante collection de fac-similés de livres d'heures enluminés ainsi que d'énormes bibles. Dans le chœur, toiles des frères Tintoret et au centre, un *Christ en gloire* de Palma l'Ancien. Sur les flancs de la salle, 2 immenses toiles, *Noces de Cana* et *Crucifixion* de Donato Veneziano.

Basilica Santi Giovanni e Paolo *(plan et zoom détachables E3)* **:** *campo Santi Giovanni e Paolo, Castello, 6363. ☎ 041-523-59-13. • basilicasantigiovanniepaolo.it • Lun-sam 9h-18h, dim 12h-18h. Entrée : 3,50 €.* Construite par les dominicains, cette église est une sorte de panthéon des doges, à juger par le nombre d'entre eux qui y ont une sépulture.

La ***façade*** se divise en 3 parties, une rosace centrale et 2 oculi latéraux. Par manque d'argent, elle n'a pas été recouverte de marbre comme cela était prévu, elle est donc en brique pur jus. Les niches dans les clochetons abritent, à partir de la droite, *saint Pierre martyr, saint Dominique* et *saint Thomas d'Aquin.* Les 4 reliefs entourant le portail sont des urnes funéraires. À l'extrémité gauche se tient celle de Jacopo Tiepolo et de son fils Lorenzo, qui avaient fait don de ce terrain aux dominicains pour édifier un couvent et une église.

À l'***intérieur,*** on est d'abord impressionné par les dimensions : 100 m de long et 30 m de large dans la nef (45 m au transept) ; 32 m de haut et une coupole de 40 m de diamètre ! Des chaînes en acier, cachées par des caissons en bois peint, relient les colonnes entre elles et stabilisent ainsi la construction.

– À droite en entrant, on peut voir aussi le ***tombeau de Marc Antonio Bragadin,*** défenseur de Famagouste (Chypre) qui fut écorché vivant par les Turcs le 15 août 1571, 2 mois avant la bataille de Lépante. Chateaubriand s'en émeut dans les *Mémoires d'outre-tombe* : « là aussi se trouve la peau d'Antoine Bragadino... à laquelle on peut appliquer l'expression de Tertullien : une peau vivante... »

– Le long du bas-côté droit, beau polyptyque de *Saint Vincent Ferrier* de Bellini, avec la représentation de la Vierge, de l'archange Gabriel et du Christ.

– Suivent la monumentale ***chapelle du nom de Dieu*** puis celle bien plus intime, quoique très ornementée, de la ***Vierge de la paix*** (médaillons au plafond de Palma le Jeune). Notez le mur particulièrement ouvragé à l'entrée de cette chapelle.

– La chapelle Saint-Dominique, juste après, est dédiée au fondateur de l'ordre. Au centre du plafond, la *Gloire de saint Dominique* par Piazzetta, au milieu d'une décoration très chargée.

– Dans la partie droite du transept, le vitrail gothique de la façade est un chef-d'œuvre sorti des ateliers de Murano. Il mesure 17,50 m de haut et 6,30 m de large.

– Les ***tombes et monuments funéraires les plus intéressants*** se trouvent dans le chœur : tombeau d'une vingtaine de doges, dont Michele Morosini, Leonardo Loredan, Andrea Vendramin et Marco Corner (de droite à gauche). À noter aussi, celui du doge Pietro Mocenigo sur la partie gauche du revers de la façade.

– Sur la gauche du chœur, monument funéraire de Sebastiano Venier, capitaine de la flotte vénitienne lors de la bataille navale de Lépante (octobre 1571), qui se termina par une victoire de la coalition occidentale sur les Turcs. En remerciement à la Vierge après cet événement, on édifia la *chapelle du Rosaire,* aussi appelée *chapelle de Lépante,* située aussi à gauche du chœur. Notez les bas-côtés couverts de superbes panneaux en bois mêlant sculptures et bas-reliefs. L'autel est surplombé d'une coupole très orientale, et une ***Annonciation*** de ***Véronèse,*** peinte sur toile au plafond, couronne le tout.

– Dans la ***sacristie,*** richement décorée, des œuvres de Vivarini, Palma le Jeune, Bassano...

– Avant de sortir, à voir des ***enfeus*** richement décorés sur le bas-côté gauche de la nef, ainsi que le ***trône dogal*** de Francesco Bernardoni (XVIIe-XVIIIe s).

Chiesa Santa Maria dei Derelitti *(plan détachable E3)* **:** *calle della Barbaria delle Tole, Castello, 6691. ☎ 041-309-66-05. • booking@fondazioneveneziaservizi.it • Jeu-sam 15h30-18h30, en principe.* Également appelée *chiesa dell'Ospedaletto.* Édifiée en 1674, elle se distingue par l'une des plus monumentales et théâtrales façades baroco-Renaissance de la ville. Œuvre de Baldassare Longhena. D'une blancheur immaculée, extrêmement travaillée, d'où se détachent d'imposants atlantes. Suite à un incendie, elle fut longtemps fermée. On y trouve des peintures de Palma le Jeune et de Tiepolo. Se renseigner sur les possibilités de visite de l'adorable salle de musique de l'orphelinat attenant. Aujourd'hui, parfois ouverte également pour des concerts. Belle cour intérieure également.

Chiesa e convento (couvent) **San Francesco della Vigna** *(plan détachable F3)* **:** *campo della Confraternita, Castello, 2786. ☎ 041-523-53-41. Tlj 10h-12h, 15h-16h. Dim horaires variables selon les offices religieux.* Le lieu tire son nom des vignes dont était planté le terrain offert aux franciscains pour y construire leur église et leur monastère. Le campanile, l'un des plus élevés de la ville, a été construit en 1581. La façade a été réalisée par Palladio (l'architecte, entre autres, du *Redentore* et de *San Giorgio Maggiore,* d'où une certaine ressemblance). L'architecture est sobre mais réserve quelques belles surprises : la coupole de la 2e chapelle à gauche est décorée par Tiepolo, un Véronèse dans la 4e, et au fond à droite, une madone de Fra Antonio da Negroponte.
Sortez de l'église en direction du ***cloître*** pour voir, dans la Sainte-Chapelle, un tableau de Giovanni Bellini (pour mieux l'apprécier, mettez un sou dans l'appareil, *per favore !*). S'ils sont ouverts, jetez aussi un coup d'œil sur les 2 cloîtres en enfilade avant de sortir.

Arsenale *(Arsenal ; plan détachable F-G3-4)* **:** *ne se visite pas en temps ordinaire, mais partiellement ouv au public lors du Salon nautique (généralement en juin) ou des expositions de la Biennale ; quelques pièces de théâtre également en été. Rens auprès de l'office de tourisme.* Cet ancien chantier de constructions navales de Venise fut fondé en 1104 et connut de nombreuses modifications aux XIVe et XVe s. On réalisait les pièces détachées dans les ateliers qui longent le plan d'eau, avant de les numéroter une par une pour en faciliter l'assemblage. Les ouvriers (appelés *arsenalotti)* devaient promettre de ne pas révéler les secrets de fabrication, sous peine de représailles sévères. On construisit ainsi des centaines de navires marchands et des bateaux de guerre pour résister aux invasions. La puissance de l'Arsenal était telle que les doges le nationalisèrent à la fin du XIIe s (1re nationalisation connue !). L'activité de construction cessa complètement après la Première Guerre mondiale. Les deux tiers de l'Arsenal sont toujours la propriété de l'armée (elle y entretient encore certains bateaux de guerre), le reste appartient à la commune.
Pour se rendre compte de ses dimensions, prendre les *vaporetti* nos 4.1, 4.2, 5.1 ou 5.2 qui contournent les bassins de l'ouest (malheureusement, ils ne s'arrêtent pas). Se rendre aussi sur le ***campo dell'Arsenale*** *(plan détachable F4)* pour y admirer l'entrée : 2 tours encadrant le canal et une magnifique ***porte monumentale,*** surmontée de l'emblème de la ville. Les 2 énormes lions qui trônent fièrement à gauche et à droite du portail ont été rapportés d'Athènes au XVIIe s. Le lion symbolisait tellement Venise qu'à la fin de la République, en 1797, un décret imposa de les détruire tous. Les lions de l'Arsenal, entre autres, échappèrent aux coups de burin, mais pas aux ravages du temps ni aux dégradations de leurs admirateurs. Nombreux sont ceux qui, comme Corto Maltese en son temps, viennent leur rendre visite aux heures calmes : la statue à gauche de l'entrée est en effet celle à qui Corto Maltese parle dans *Fable de Venise,* la B.D. d'Hugo Pratt.
– Une balade originale consiste ensuite à longer le plus possible les hauts remparts à créneaux, en suivant le rio delle Gorne jusqu'à la station Celestia. Quelques occasions de se retrouver dans un cul-de-sac, mais surtout, le plaisir de parcourir placettes et ruelles un peu loin de tout. C'est le quartier où habitaient les ouvriers qui travaillaient à l'Arsenal.

LA PLUS GRANDE USINE DU MONDE

À la fin du XVIe s, l'Arsenal faisait travailler 16 000 ouvriers et permettait de construire un bateau par jour. Chacun avait une tâche précise et bien définie. Pour augmenter les cadences, les Vénitiens y inventèrent le travail à la chaîne.

LE QUARTIER DE LA RIVA DEGLI SCHIAVONI

Riva degli Schiavoni *(plan détachable E-F4)* **:** *vaporetti nos 1, 2, 4.1, 4.2, 5.1 ou 5.2, arrêts San Zaccaria ou Arsenale.* La *riva degli Schiavoni* est le début du grand quai qui s'étend du Molo (devant la piazzetta San Marco) jusqu'aux jardins publics (à l'est). À la grande époque du commerce à Venise, c'était l'endroit où accostaient les grands navires des marchands de la mer Adriatique et d'ailleurs. Aujourd'hui, c'est l'un des lieux les plus fréquentés de la ville. Les touristes s'y agglutinent pour voir le pont des Soupirs *(ponte dei Sospiri)* ou pour prendre une glace à la terrasse d'un café hors de prix.
Devant les hôtels aux noms prestigieux, les gondoliers discutent entre eux, et les caricaturistes s'affairent pour vous croquer le portrait. Pendant la journée, c'est vite intenable (sachez tout de même qu'à partir de l'arrêt Arsenale, l'agitation s'évapore comme par magie) ; en revanche, allez-y en fin d'après-midi, quand la foule est moins dense, pour faire une promenade au bord du bassin de Saint-Marc, au moment où le soleil se couche.

Palazzo Danieli *(hôtel ; plan détachable E4)* **:** *riva degli Schiavoni, Castello, 4196. Devant l'arrêt des vaporetti San Zaccaria. Entrée par une porte à tambour.* Allez discrètement faire un petit tour dans le hall de ce somptueux palace, histoire de voir l'escalier monumental et les peintures au plafond. Ce palace de légende a hébergé de nombreux artistes et écrivains au fil du temps, c'est l'hôtel le plus littéraire de Venise : George Sand et Alfred de Musset en 1833-1834 (ils s'y aimèrent et s'y disputèrent, chambre nº 13), John Ruskin en 1835 et 1841, Balzac en 1837, Charles Dickens en 1844 et 1853, Émile Zola (son grand-père était vénitien) en 1894, Proust en 1900, Maurice Barrès en 1904... sans oublier Tourgueniev, Valery Larbaud, D'Annunzio, Truman Capote et bien d'autres. Le palace apparaît aussi dans des films et notamment dans la série des *James Bond.* L'agent 007 y loge à chaque fois qu'il passe à Venise. Ou dans *Le Guignolo* avec notre Bébel national. À défaut d'y dormir, on peut toujours prendre un verre au bar, à gauche après l'entrée. En revanche, on ne peut pas dire que les dépendances soient une franche réussite architecturale.

Chiesa Santa Maria della Pietà *(plan détachable E4)* **:** *riva degli Schiavoni. ☎ 041-522-21-71. ● pietavenezia.org ● Jeu-dim 10h15-13h, 14h-17h ; ainsi que pour les offices et les concerts. Entrée : 3 €. Visite guidée : 10 €.* À l'origine, cette église recueillait des orphelins. Elle dépendait de l'hôpital de la Pietà et était subventionnée par le gouvernement pour élever les jeunes pensionnaires. On leur enseignait la musique et le chant (Vivaldi y fut d'ailleurs professeur de violon pendant de nombreuses années !). Au XVIIIe s, l'église de la Pietà fut l'une des salles de concert les plus fréquentées et était particulièrement réputée pour son acoustique. À l'intérieur, belles fresques de Tiepolo : entre autres, *Le Triomphe de la foi* et *Le Couronnement de la Vierge* (au plafond).

Chiesa San Zaccaria *(plan détachable E4)* **:** *campo San Zaccaria, Castello, 4693. ☎ 041-522-12-57. Lun-sam 10h-12h, 16h-18h ; dim, l'ap-m seulement. Pour la crypte et la sacristie, une obole est bienvenue.* Édifiée au IXe s, cette église fut modifiée à plusieurs reprises au moment de la Renaissance. L'ouvrage faisait partie, à l'origine, d'un ensemble religieux qui abritait des nonnes. Celles-ci étaient issues des plus riches familles vénitiennes, qui finançaient largement les travaux de construction et d'ornementation. Les doges venaient s'y recueillir une fois par an (le jour de Pâques), pour remercier les nonnes de leur avoir gentiment cédé une parcelle d'un petit jardin qui avait permis à leurs ancêtres d'agrandir la place Saint-Marc.
La façade à 3 étages (surmontés d'un fronton) est absolument magnifique. À droite, l'ancien cloître avec une tour-clocher de style vénéto-byzantin. À gauche, c'est l'ancien cimetière.

À l'intérieur, sur le côté gauche de la nef, très beau tableau de Bellini avec une ingénieuse entourloupe pour donner l'illusion de perspective : les piliers de l'autel sont reproduits sur le tableau, en plus petit. En fait, il faut surtout visiter la ***chapelle du chœur*** (accès payant mais symbolique ; entrée au fond à droite de la nef), qui contient un superbe Tintoret et un Tiepolo. On accède ensuite à la chapelle San Tarasio (ou chapelle d'Or), qui possède une voûte décorée de fresques du XVe s et de superbes triptyques de Vivarini. Remarquez la mosaïque du IXe s, qui correspond au pavement originel de l'église. Accès ensuite à la crypte du Xe s, située au-dessous du niveau de la mer. Vous serez chanceux si le sol n'est recouvert que de quelques centimètres d'eau : le niveau atteint parfois 1 m !

Chiesa San Giorgio dei Greci *(plan détachable E4)* **:** *calle dei Greci, Castello, 3412. Ne se visite normalement pas.* Cette très belle église orthodoxe témoigne de la présence des Grecs à Venise. Cette communauté a toujours fait partie de l'histoire de la Sérénissime, notamment dans les échanges commerciaux. Avec la chute de Constantinople en 1453 et celle de l'Empire byzantin, de nombreux réfugiés grecs sont arrivés à Venise. On les autorisa alors à bâtir une église et une *scuola.* Le campanile, érigé à la fin du XVIe s, rivalise dangereusement avec la tour de Pise...
– À côté de l'église, les passionnés pourront visiter le *museo delle Icone,* de l'Institut hellénique : ☎ *041-522-65-81.* • *www.istitutoellenico.org/museo* •. *Sam-lun 9h-17h (dernier billet à 16h30). Entrée : 5 € ; réduc. Carte* Rolling Venice *acceptée.* 2 salles qui exposent une belle collection d'icônes datant de la fin du XIIIe s jusqu'au XVIIe s.

Campo Bandiera e Moro *ou* ***San Giovanni della Bragora*** *(plan détachable F4)* **:** un bel exemple de place vénitienne, tout proche des quais et pourtant encore tranquille. L'été, les enfants s'y amusent innocemment sans se douter que leur aire de jeux porte le nom de républicains vénitiens nés dans l'une des maisons de la place et fusillés en 1846. On y trouve également l'église San Giovanni della Bragora où fut baptisé Vivaldi (son acte de baptême y est d'ailleurs exposé).

Scuola Dalmata di Santi Giorgio e Trifone *(Confrérie dalmate ; plan détachable F3)* **:** *fondamenta Furlani, Castello, 3259 A.* ☎ *041-522-88-28.* • *scuoladalmatavenezia.com* • Vaporetti *n°s 1, 2, 4.1, 4.2, 5.1 ou 5.2, arrêt San Zaccaria. Ven-lun 11h-16h (horaires post-Covid). Entrée : 6 € ; réduc. Carte* Rolling Venice *acceptée.* Au XVe s, les Schiavoni, marchands originaires de Dalmatie, décident d'installer ici leur confrérie. La Dalmatie est une province côtière aujourd'hui en Croatie, mais elle fut sous contrôle de Venise de 1420 à 1797. La décoration intérieure de la *scuola* a été confiée notamment à **Carpaccio,** qui illustre merveilleusement, à travers ses toiles, la ***vie des saints protecteurs des Dalmates*** (saint Georges, saint Jérôme et saint Tryphon, surtout connu des lecteurs de *Tintin*). Il s'agit d'un cycle plus court que celui de la *Légende de sainte Ursule* exposé à l'Accademia. Les 9 tableaux occupent la salle inférieure qui servait d'oratoire. Le récit va de gauche à droite en commençant par *Saint Georges et le dragon* et finissant par l'histoire de saint Jérôme et du lion blessé.
Dans le 1er tableau, d'un réalisme extraordinaire, notez la lance comme un « pont » entre le cavalier et le dragon, ainsi que le bateau aux voiles dépliées (symbole du vent de la foi) s'opposant à celui qui coule (les mécréants). Sublime travail sur les couleurs : ciel orageux, dégradé de verts pour les reptiles et superbe mouvement du cheval. Les crapauds, les serpents et les cadavres victimes du monstre, une sorte de dragon-caméléon au regard mélancolique, font penser aux tableaux de Jérôme Bosch. L'influence des peintres flamands est aussi à chercher dans la toile qui clôt le cycle, notamment par le traitement minutieux des objets (le petit chien était en fait le griffon de Carpaccio). Cette toile splendide dévoile l'intérieur typique d'un érudit de l'époque, avec ses livres et ses instruments scientifiques.

À l'étage (remarquez aux 1res marches de l'escalier le bénitier soutenu par une main de femme), chapelle richement ornée, dans les tons verts et or. Retable en bois polychrome reprenant le thème de saint Georges (XVᵉ s) et, au plafond, le même saint entouré des 4 évangélistes.

Museo Storico Navale *(musée d'Histoire navale ; plan détachable F4) : campo San Biagio, Castello, 2148. ☎ 041-244-13-99. Tlj 10h-18h (17h nov-mars) ; dernier billet 1h avt fermeture. Fermé 1er janv, 1er mai et 25 déc. Entrée : 10 € (donne aussi accès au Padiglione delle Navi, rio della Tana Castello, 2162 C, qui abrite une autre partie de la collection du musée) ; réduc.* Le musée rassemble sur 4 étages des dizaines de splendides maquettes de bateaux et retrace l'histoire de la marine vénitienne. C'est une visite qui intéressera les petits comme les grands. Le ***rez-de-chaussée*** passionnera les amateurs d'artillerie, avec quelques fines lames et sabres d'abordage. S'arrêter absolument dans la salle 17, au 1ᵉʳ étage, pour voir la ***maquette du Bucentaure.*** C'était la galère d'apparat des doges, qui servait en particulier pour la cérémonie des noces symboliques de Venise et de la mer (se reporter au texte sur la *Sensa* dans la rubrique « Fêtes et jours fériés » dans le chapitre « Venise utile » en début de guide). Elle fut détruite par Napoléon, décidément fin poète, et l'or qu'elle contenait récupéré. Notez également le plan de Venise de Jacopo de' Barbari (1500), ainsi que quelques embarcations typiquement vénitiennes, fustes, frégates et brigantines d'exploration côtière notamment. Autre détail qui vaut la peine, une double carène que l'on venait accoler à la coque des navires afin d'améliorer leur tirant d'eau pour leur éviter de rester en rade dans la lagune (XVIIIᵉ s).
Au ***2ᵉ étage,*** les amateurs bicheront devant les uniformes de tous grades. Le plus vieux date de 1780. Au ***3ᵉ étage,*** des jonques en veux-tu en voilà cédées à la Ville de Venise par un collectionneur français passionné de Marco Polo. Également une belle collection d'ex-voto, la gondole privée de Peggy Guggenheim et, pour finir, une expo de coquillages.

DE LA VIA GARIBALDI AUX JARDINS PUBLICS

Via Garibaldi *(plan détachable G4) : vaporetti nᵒˢ 1, 4.1 ou 4.2, arrêts Arsenale ou Giardini.* La seule artère appelée *via* (avec celle du *XXII Marzo*). En fait, un canal qui a été comblé mais pas sur toute sa longueur. Loin de la foule, profitez des belles journées pour faire une balade le long de cette grande artère (la plus large de la ville avec ses 17,50 m). Marché aux fruits et légumes tous les matins en saison *(7h-14h).* Dans la même rubrique, voir ce marchand des 4 saisons qui a amarré son chaland juste à la naissance du canal. Enfoncez-vous ensuite dans les ruelles tortueuses. Ce quartier populaire révèle une facette méconnue de la ville. Ici, le linge sèche entre les fenêtres, savamment disposé sur des fils qui relient les maisons entre elles, par-dessus la rue ; là, quelques vieilles dames discutent tranquillement sur un pas-de-porte ou de balcon à balcon.

Isola San Pietro di Castello *(hors plan détachable par G4) :* au bout de la via Garibaldi, en s'enfonçant dans le dédale des ruelles, on franchit le canal di San Pietro. On pénètre alors dans l'un des quartiers les plus authentiques de Venise. Quel calme ! On se croirait vraiment dans un petit village de province, bien loin du centre du pouvoir vénitien, avec ses places minuscules et ses bateaux de pêche sagement rangés.

Chiesa San Francesco di Paola *(plan détachable G4) : via Garibaldi, Castello, 1310. ☎ 041-528-46-33. Tlj 8h30-12h, 17h-19h.* Construite à la fin du XVIᵉ s. Façade de style classique, assez sobre. De plan rectangulaire, elle présente à l'intérieur une abondante décoration baroque, surtout des peintures. Une dizaine de chapelles sont ainsi joliment ornées. Côté droit, 3ᵉ autel, *Vierge et saint Jean,* de Palma le Jeune ; et dans la 5ᵉ, 4 toiles de Francesco Zanchi. Dans la chapelle absidiale, à gauche du chœur, *Il Santo guarisce un Ossesso,* de Tiepolo (né à 2 pas de là). Nef de gauche, 4e chapelle, *Sainte Catherine et autres saints,* de Palma le Jeune... Voûte par un élève de Titien.

Chiesa San Pietro di Castello *(hors plan détachable par G4)* **:** *campo San Pietro, Castello, 70. ☎ 041-275-04-62. • chorusvenezia.org • Lun-sam 10h30-16h30 (dernier billet à 16h20). Entrée : 3 €. Accès avec le* Chorus Pass. Elle se trouve sur l'ancienne île d'Olivolo, 1er habitat et centre religieux, politique et commercial de la ville dès le VIIIe s. Ce fut la cathédrale de Venise de 1451 jusqu'à la chute de la République en 1797 (en 1807, la basilique Saint-Marc prit le statut de cathédrale de la ville). San Pietro n'est pas la plus exceptionnelle des églises vénitiennes mais elle a du caractère. On remarquera son élégant campanile penché en pierre d'Istrie (XVe s), sa façade dessinée par Palladio, plutôt austère, et quelques peintures du XVIIe s. À l'intérieur, on peut voir un trône en marbre du XIIe s (sur le côté droit, entre la 2e et la 3e chapelle) provenant d'Antioche et appelé « ***Trône de saint Pierre*** ». Son dossier est constitué d'une stèle funéraire portant des versets du Coran. Et si vous avez fait, comme nous, toute cette balade dans Venise en pensant souvent à Corto Maltese, celle-ci doit vous rappeler qu'elle est au départ de l'album d'Hugo Pratt, la *Fable de Venise...*

Isola Sant'Elena *(hors plan détachable par G4)* **:** *juste au sud de San Pietro. Vaporetti nos 1, 4.1, 4.2, 5.1 ou 5.2, arrêt Sant'Elena.* Une petite oasis de fraîcheur en été (l'hiver, c'est plutôt tristounet). Pour s'y rendre, emprunter la via Garibaldi pour « redescendre » ensuite à travers les *jardins publics,* qui furent créés par Napoléon. Petite halte au *Caffè La Serra* (voir plus haut « Où boire un verre ? Où grignoter à l'apéro ? Où sortir ? »), avant de poursuivre le long des quais en longeant les jardins de la Biennale. Enfin un peu de verdure et d'oiseaux ! Un peu plus loin, vous trouverez des jeux pour les enfants et un peu de ce vert qui manque tant à Venise.

LES ÎLES DU BASSIN DE SAINT-MARC

Elles marquent l'horizon au sud de la Sérénissime et méritent toutes 2 le déplacement : San Giorgio pour son église dessinée par Palladio, et la Giudecca pour son calme et son authenticité. En outre, on y profite des plus jolies vues sur la place Saint-Marc et les quais de Dorsoduro. Ne prévoyez pas un pique-nique pour la journée, ces îles sont seulement à quelques minutes de la place Saint-Marc et l'on peut s'y restaurer.

LA GIUDECCA

(code postal : 30133)

Sa forme géographique dessine une sorte de corne élancée et incurvée, on dirait presque le symétrique de Dorsoduro. Il y a des milliers d'années, Giudecca et Dorsoduro devaient être une même terre, l'eau et le temps les ont séparées. Cette île tranquille, de 300 m de large, se compose de 8 petits îlots séparés par de larges canaux. Contrairement à ce que l'on dit souvent, la Giudecca n'est pas une cité-dortoir pour les Vénitiens. C'est un quartier typique de Venise, une sorte de Cannaregio en plus populaire. Moins visité que le centre historique de la Sérénissime, il mérite néanmoins une promenade le long des quais, jusqu'à l'ancien moulin Stucky transformé en hôtel *(Hilton)* ; la vue sur Venise et sur le grand bassin est superbe, elle vous donnera l'idée de ce qu'éprouvaient jadis les voyageurs lorsqu'ils arrivaient par voie de mer.

UN PEU D'HISTOIRE

Anciennement appelée la *spina lunga* (« longue épine ») en raison de sa forme allongée, cette île tirerait son nom d'une communauté juive *(giudea)* qui s'y installa au XIVe s. Une hypothèse plus vraisemblable voudrait que des nobles du IXe s qui passaient en jugement pour avoir entravé la bonne marche de la République aient été contraints de s'exiler dans l'île : le mot *zudegà* signifie « les jugés ». Dante y situait l'un des cercles de son *Enfer.* Dans les années 1920-1930, du fait des nombreuses inondations, les Vénitiens l'appelaient avec malice « l'île des Phoques ».
C'est sur cette île que se trouve le plus fantasmatique (et le plus cher) des hôtels de Venise, le *Cipriani,* qui a les faveurs de l'acteur Georges Clooney lorsqu'il vient à Venise.

Comment y aller ?

➢ *Vaporetti (ttes les 5-10 mn env)* nos 2 ou 4.2 depuis Zattere (Dorsoduro) et vers San Marco ; nos 2 ou 4.1 depuis San Marco et vers Zattere (Dorsoduro) ; ligne N la nuit. 4 arrêts desservent la Giudecca : Zitelle, Redentore, Palanca et Sacca Fisola.

Adresses utiles

■ ***Distributeur de billets*** *(plan détachable C6)* **:** *fondamenta Sant'Eufemia, 430. Entre les arrêts Palanca et Redentore.* Au bureau de poste.

■ ***Supermercato*** *(plan détachable C6)* **:** *fondamenta San Giácomo, 203 A. Près de l'église de Redentore. Lun-sam 8h30-20h30, dim 9h-13h.*

Où dormir en auberge de jeunesse ?

Generator – Ostello Venezia *(plan détachable D6,* ***30****)* **:** *fondamenta delle Zitelle, Giudecca, 86. ☎ 041-877-82-88. • ask.venice@staygenerator.com • staygenerator.com • Vaporetti nos 2, 4.1 ou 4.2, N la nuit, arrêt Zitelle. En sortant de la gare ferroviaire Santa Lucia, l'embarcadère se trouve en face. Pas de couvre-feu. Attention, il est conseillé de réserver longtemps à l'avance ! Lits en dortoir (5-16 pers) 17-45 € ; doubles avec sdb 40-130 € ; familiales. Tarif avec carte des AJ (vendue sur place et valable 1 an). Réduc avec la carte* Rolling Venice *si résa en ligne.* Installée dans d'anciens entrepôts de céréales, cette auberge moderne a été entièrement repensée par des designers soucieux du confort de nos jeunes routards. À peine la porte franchie, on est sous le charme... Grandes tables en bois pour des repas fraternels, un canapé Chesterfield par-ci, des fauteuils vintage par-là, un énorme lustre façon Murano, des grandes lattes de parquet pour encore plus de chaleur... Prête à accueillir 260 pensionnaires, cette AJ propose différentes catégories de chambres, dont des doubles et des dortoirs de 5 à 16 personnes, mixtes ou non. Salles de bains privées ou pas, couleurs acidulées... et propreté irréprochable. Certains soirs, karaoké, programmation d'artistes et de DJs... Pour peu, on aurait presque du mal à la quitter, cette grande bâtisse en brique ! Et quelle vue sur la Sérénissime, à 5 mn seulement en *vaporetto* ! Un vrai coup de cœur !

Où manger ?

De bon marché à prix moyens

La Palanca *(plan détachable B-C6,* ***158****)* **:** *fondamenta Sant'Eufemia, Giudecca, 448. ☎ 041-528-77-19. Tlj sauf dim, le midi seulement. Menu 13 € ; repas 15-25 €. Congés : 10 j. en août et 10 j. en déc.* Plein cadre sur le canal et le sud de Dorsoduro, la *Palanca* accueille chaque midi des palanquées (facile, on sait !) d'ouvriers. D'où l'avantageux menu et le vin à prix cassé. Mais les plats (roboratifs ce qu'il faut) de la carte n'iront pas vous ruiner non plus. Service enlevé, jovial et confus quand les clients arrivent comme une marée haute !

Al Storico da Crea *(plan détachable C6,* ***157****)* **:** *fondamenta San Giácomo, Giudecca, 212 A. ☎ 041-296-03-73. • ristorante.al.storico@hotmail.com • Accès par le porche des chantiers navals, côté canal della Giudecca, fléché. Tlj midi et soir sauf lun. Repas 25-30 € (attention, couvert 3 € !).* Ce resto, au 1er étage d'un entrepôt, est intéressant pour son emplacement (belle terrasse mais sans vue sur Venise). Le midi, l'endroit est surtout fréquenté par les ouvriers des chantiers navals. À la carte, des plats simples, orientés vers la mer. Le soir, c'est l'occasion de goûter une cuisine plus raffinée, avec quelques plats typiques de la *cucina giudecchina,* là aussi majoritairement à base de poisson.

Chic

Trattoria Altanella *(plan détachable C6,* ***153****)* **:** *calle delle Erbe, Giudecca, 268. ☎ 041-522-77-80. Tlj sauf lun-mar. Congés : dans le*

LES ÎLES DU BASSIN DE SAINT-MARC

courant de l'hiver et une dizaine de j. en août. Résa fortement conseillée. Menu 35 € ; carte 30-45 €. Gérée par la même famille depuis 1902, cette petite *osteria,* bien connue des hommes politiques français (François Mitterrand y avait ses habitudes), sert une cuisine raffinée où le poisson et autres produits de la lagune occupent presque toute la carte. L'été, on choisit la petite terrasse gravillonnée, à l'arrière, en bordure du canal, l'hiver, les quelques tables bien au chaud. L'ambiance n'est pas guindée pour un sou, c'est l'occasion de se laisser tenter par les gnocchis maison.

Où boire un verre ou un café ?

Al Pontil Dea Giudecca *(plan détachable C6,* ***200****)* **:** *fondamenta San Giácomo, Giudecca, 197. ☎ 041-528-69-85. Tlj sauf dim. Congés : 15 j. fin déc.* Petit troquet typique, idéal pour boire un canon ou un café au milieu des habitués bien d'ici.

À voir

La balade que l'on vous propose débute à la pointe est de l'île (près de San Giorgio Maggiore) pour s'achever à la pointe ouest.

Casa dei Tre Oci *(plan détachable D-E6)* **:** *fondamenta delle Zitelle, 43. ☎ 041-241-23-32. • treoci.org • Vaporetti n°s 2, 4.1 ou 4.2, arrêt Zitelle. Tlj sauf lun-mar 10h-19h. Entrée : 13 € ; réduc.* Témoin de l'architecture néogothique du XXe s, cette demeure à la magnifique façade, achevée en 1913, a été pensée et habitée par le peintre et pionnier de la photographie Mario de Maria (alias Marius Pictor). Elle abrite depuis 2012 un centre d'exposition dédié à la photographie.

Chiesa Santa Maria della Presentazione *ou* ***delle Zitelle*** *(plan détachable E6)* **:** *☎ 041-521-74-11. Vaporetti n°s 2, 4.1 ou 4.2, arrêt Zitelle. Ouv seulement pour la messe du dim (10h30) et lors d'expos estivales.* Cette église, (presque) toujours fermée, a été dessinée à la fin du XVIe s par Palladio ; elle était la propriété d'un couvent qui accueillait de jeunes orphelines (d'où le nom, *zitelle* signifiant « vieilles filles »). À l'intérieur, peintures de Bassano et de Palma le Jeune. L'ancien couvent attenant est aujourd'hui occupé par un hôtel de luxe, le *Bauer Palladio.*

Chiesa del Redentore *(plan détachable C-D6)* **:** *☎ 041-275-04-62. Vaporetti n°s 2, 4.1 ou 4.2, arrêt Redentore. Lun-sam 10h30-13h30 et 14h30-17h (dernier billet à 16h45). Entrée : 3 €. Accès avec le Chorus Pass. Notice en français à demander au guichet.* Cette église fut construite après la peste qui sévit vers la fin du XVIe s et qui fit près de 50 000 victimes. À l'époque, le doge fit ériger ce sanctuaire dédié au Christ Rédempteur, qui aurait sorti Venise de l'effroyable épidémie. Palladio s'inspira de l'église San Giorgio Maggiore pour dessiner les plans et supervisa les travaux de 1577 jusqu'à sa mort (1580). Da Ponte reprit le flambeau et acheva la construction en 1592. Depuis cette époque, une grande fête populaire (la *festa del Redentore*) a lieu chaque année, le 3e week-end de juillet. Voir la rubrique « Fêtes et jours fériés » dans le chapitre « Venise utile » en début de guide. Un pont fait de bateaux mis côte à côte relie la Giudecca aux *Zattere* (de l'autre côté du canal). Le samedi soir, les habitants dressent des tables sur le quai pour partager un immense repas traditionnellement à base de sardines *in saor,* d'escargots de mer à l'huile et à l'ail, et de canard rôti, suivi d'un feu d'artifice. Le dimanche, place à la célébration religieuse.
À l'intérieur de l'église, la grande luminosité caractérisant les constructions de Palladio est due à la blancheur des murs recouverts de poudre de marbre. Sur les côtés, certains retables sont attribués à l'école du Tintoret. Imposants autels en marbre sculpté de chaque côté. Si elle est ouverte, n'hésitez pas à jeter un œil à la

sacristie. Un vrai petit bijou ! Sur quelques mètres carrés sont réunis des tableaux de Véronèse, Vivarini, Palma le Jeune, Bassano... impossible de tous les citer. Également les reliques de Giuseppe Briati, grand maître verrier de Murano du XVIIIe s, contenues dans 2 châsses en verre, la 3e étant exposée au Metropolitan Museum de New York, tout simplement !

SAN GIORGIO MAGGIORE (code postal : 30124)

Par sa situation privilégiée (face au palais des Doges et à la piazzetta San Marco), l'île San Giorgio Maggiore a connu à la grande époque de la république de Venise une importance stratégique pour le contrôle des navires qui entraient et sortaient de la ville. Dès 790 s'élevait sur cette île une église, à côté de laquelle un monastère bénédictin fut construit au Xe s. Les 2 bâtiments furent détruits après un tremblement de terre et reconstruits à la fin du XVIe s. En 1806, le vieux couvent, fermé sur ordre de Napoléon et transformé en caserne, abritait l'état-major de l'artillerie.
Après la Seconde Guerre mondiale, un entrepreneur italien finança la rénovation du site. Aujourd'hui, la Fondation Giorgio Cini abrite le Centre international d'art et de culture et finance une école des métiers de la marine ainsi qu'une école des arts et métiers. Certains font la traversée uniquement pour monter au campanile et profiter d'une vue privilégiée sur Venise.
➢ *Vaporetto* n° 2, depuis San Zaccaria (près de la place Saint-Marc) et vers la Giudecca, arrêt San Giorgio.

À voir

👁👁 Ⓒ ***Chiesa San Giorgio Maggiore*** *(plan détachable E5)* **:** ☎ *041-522-78-27. Tlj 10h-18h avr-oct, jusqu'au crépuscule le reste de l'année.* L'église constitue esthétiquement le pendant idéal à la place Saint-Marc. Elle est l'un des rares chefs-d'œuvre entièrement dessinés par Palladio, avec le Redentore (sur la Giudecca). Sa construction commença en 1565 et fut achevée une quarantaine d'années plus tard par l'un des élèves du célèbre architecte. La façade est en pierre d'Istrie et comporte 3 parties séparées par des colonnes de style corinthien. L'ensemble synthétise remarquablement toutes les références à l'Antiquité. Aux extrémités gauche et droite se trouvent 2 statues de doges qui subventionnèrent généreusement le monastère (leurs dons valaient bien une petite récompense). À l'intérieur, lumière et simplicité s'imposent immédiatement, non sans une certaine majesté et une dose d'austérité. Chœur des moines (accès en contournant le chœur par la gauche) garni de superbes ***stalles*** et 2 œuvres du ***Tintoret,*** une *Cène* et une *Récolte de la manne.*

👁👁 ***Le campanile de San Giorgio Maggiore*** *(plan détachable E5)* **:** *accès par le transept gauche dans l'église. Tlj 10h-18h. Billet : 6 € ; réduc. Ascenseur.* Vaut vraiment la visite, surtout par beau temps. Il est beaucoup plus tranquille (car il y a moins de monde) que le campanile de la place Saint-Marc. Il date du XVIIIe s et a remplacé celui du XVe s. Une fois arrivé au sommet (63 m), magnifique panorama sur l'ancien monastère, la Giudecca, le palais des Doges... On vibre encore plus si les cloches viennent à carillonner !

👁 ***Fondazione Giorgio Cini et l'ancien monastère*** *(plan détachable E-F5)* **:** *📱 366-420-21-81. • info@visitcini.com • cini.it • Billets à gauche de la façade de l'église, visites à droite ! Visites guidées par petits groupes de 25 pers max (audioguide en français). De fin mars à fin oct, tlj sauf mercredi, ttes les heures 10h-18h.*

Entrée : 14€ ; réduc. Compter 1h pour le parcours complet. Attention, certains w-e, le monastère est réservé à des événements privés (vérifier avt sur son site). Cet ancien monastère bénédictin est l'un des endroits les plus calmes de Venise. La visite commence par 2 ouvrages dessinés par l'architecte Palladio : le *cloître des Cyprès* (*chiostro dei Cipressi*, 1578-1614), de style Renaissance, et le *Réfectoire (Cenacolo Palladiano)*, qui abritait autrefois les gigantesques *Noces de Cana* de Véronèse avant que le tableau ne soit volé et emporté au Louvre par Napoléon. Pour en faciliter le transport, les Français coupèrent la toile en 7 (sacrilège !). La copie effectuée en 2007 (voir l'encadré) a repris la place de jadis.

UN ÉTRANGE RETOUR DE NOCES

Les Noces de Cana *de Véronèse semblent avoir retrouvé leur emplacement à San Giorgio Maggiore sans avoir pour autant quitté le Louvre. Auraient-elles le don d'ubiquité ? 210 ans après le pillage par les armées de Napoléon, cette toile grandiose réalisée pour le monastère a retrouvé sa place grâce au miracle... de la technologie. En 2007, une équipe de photographes a créé un fac-similé de l'œuvre plus vrai que l'original, en effectuant plus de 1 500 photos numériques au Louvre. Et tout ça sous le regard rieur de la voisine de salle des* Noces de Cana*... La Joconde !*

On passe ensuite dans le *cloître des Lauriers* (1520-1526), édifié à la place de l'ancienne bibliothèque et bordé par les anciennes cellules des moines. La visite permet également de découvrir la bibliothèque (très riche fonds, n'oublions pas que la Fondation est le siège de 8 instituts culturels), à laquelle on accède par l'escalier monumental construit en 1643-1645 par Longhena. Enfin, le labyrinthe Borges (en hommage au célèbre écrivain argentin) mérite aussi le coup d'œil.

***Le port de plaisance** (plan détachable F5) :* à gauche de l'église, ce petit port abrite les bateaux de quelques Vénitiens ou de touristes de passage. Construit pendant l'occupation napoléonienne, il fut agrémenté de 2 petits phares en 1813.

LES ÎLES DU NORD

C'est un must ! D'abord, cette visite permet de s'offrir à moindre coût une virée en bateau pour découvrir un autre aspect de la Sérénissime : villages de pêcheurs, paysages plus aérés et plus verts, ambiance beaucoup plus détendue, voire bucolique... Ensuite, elle réserve de belles surprises, comme les ateliers des souffleurs de verre de Murano, les façades colorées des maisons de Burano ou l'ensemble religieux de Torcello. Une excursion faisable en une journée. On vous conseille de commencer par Murano, pour jeter un coup d'œil aux ateliers des verriers (plutôt ouverts le matin), avant de poursuivre vers Burano. L'après-midi, ne vous privez pas d'un aller-retour sur Torcello avant de rentrer au bercail. Bref, une excursion réjouissante qui permet de comprendre combien la lagune est grande et diverse.

– ***Conseils d'ami :*** cette balade est très facile à organiser par soi-même. Selon le nombre d'îles visitées, un *pass* journalier *ACTV* est vite amorti. En revanche, évitez les tours organisés proposés par les rabatteurs qui sévissent aux abords de la place Saint-Marc. Leur seul objectif est de vous emmener dans une boutique pour toucher leur commission.

SAN MICHELE

(code postal : 30100)

L'île de San Michele est reconnaissable à son mur d'enceinte piqueté de chapelles, d'où pointent des dizaines d'élégants cyprès. Ce fut initialement une *cavana* (lieu d'ancrage des bateaux), puis au XIIIe s un monastère et, enfin, au XVe s une prison. Elle abrite aujourd'hui la 1re église de facture Renaissance de Venise ainsi qu'un cimetière. Ce dernier fut aménagé au XIXe s, après l'interdiction des sépultures dans le centre historique. En un mot, c'est donc moins une attraction touristique qu'un lieu de recueillement dédié à ceux qui y reposent.

Sous le nom d'« île des Morts », ce site étrange fut l'un des motifs populaires de la peinture romantique et symboliste. C'est l'un des seuls cimetières au monde où les morts arrivent par bateau. Autrefois, les gondoles funéraires transportaient les défunts selon un cérémonial très particulier : le prêtre se tenait à l'arrière, derrière le gondolier de poupe, et le convoi glissait doucement dans une atmosphère de recueillement. Aujourd'hui, les gondoles ont été remplacées par des bateaux à moteur. La place étant limitée et très chère, seules les familles aisées peuvent s'y faire inhumer.

Comment y aller ?

➢ Pour s'y rendre, prendre le *vaporetto* n° 4.1 (4.2 au retour) à partir de l'arrêt Fondamente Nove *(plan détachable D2)*. Le trajet ne dure que quelques minutes, jusqu'à l'arrêt Cimitero. Quelques minutes de plus avec la même ligne, et on arrive à Murano.

À voir

Le cimetière *(plan détachable E-F1)* **:** ☎ *041-729-28-41. Tlj 7h30-18h (16h en hiver).* ***Les photos sont interdites et on rappelle que la discrétion est***

de mise. On trouve, à l'entrée, auprès du gardien, un plan sur lequel sont indiquées les tombes les plus célèbres. Sont enterrés là, entre autres, dans le carré réservé aux étrangers, le compositeur ***Igor Stravinski*** (1882-1971), « l'inventeur » des Ballets russes ***Serge de Diaghilev*** (1872-1929 ; remarquez les chaussons de danse sur la tombe), le poète américain ***Ezra Pound*** (1885-1972, il vécut les 12 dernières années de sa vie à Venise) et le poète russe ***Joseph Brodsky*** (1940-1996). Pour trouver les tombes de Stravinski et de Diaghilev, aller tout droit depuis l'entrée. On peut aussi voir les sépultures des Tramontin, parmi les derniers fabricants de gondoles à Venise. Ce qui est le plus frappant, ce sont les columbariums et les petits bouquets en plastique qui colorent la plupart des tombes.

MURANO

(code postal : 30141)

• Plan *p. 189*

Proche de Venise par la distance, mais si différente par sa modestie et son histoire, Murano est l'une des plus grandes îles de la lagune. Difficile à imaginer en débarquant, mais Murano compte plus de 4 000 habitants. Comme Venise, elle vit au rythme des canaux et, sans posséder le fabuleux patrimoine de la Sérénissime, elle a néanmoins de la personnalité. Très appréciée depuis toujours pour sa douceur de vivre (Casanova y avait ses habitudes pour ses parties fines !), elle est aujourd'hui surtout célèbre pour son industrie verrière très ancienne et toujours active. Elle abrite d'ailleurs un musée du Verre intéressant. Murano se parcourt très facilement à pied et on y passe aisément une demi-journée à musarder sans se presser. En fin d'après-midi, quand les touristes ont regagné Venise, la ville retrouve sa simplicité et son authenticité. On peut choisir d'y loger si l'on recherche la tranquillité.

UN PEU D'HISTOIRE : LE VERRE DE MURANO

L'industrie verrière de Murano remonte au XIIIe s. Au départ implantée à Venise, elle fut transférée sur cette île à la fin du XIIIe s par crainte des incendies... et pour protéger les secrets de fabrication des artisans ! Au XIVe s, le Grand Conseil de Venise commanda aux maîtres verriers de Murano des centaines de milliers de petits cubes de verre colorés pour décorer la basilique Saint-Marc. Cette commande publique stimula la production.

À quoi tient la qualité du verre de Murano ? La 1re raison est chimique et géologique : le sable de la lagune utilisé pour fabriquer ce verre-là contient un pourcentage élevé de silice. La 2de raison vient des plantes à haute teneur en sodium (salicornes, algues, fougères) qui entrent dans la composition du carbonate de sodium indispensable à la réalisation du verre.

On colore la pâte en y ajoutant des oxydes métalliques (fer pour le jaune, nickel pour le violet). Les ateliers, autrefois florissants, travaillent aujourd'hui pour l'industrie touristique. On y crée encore de beaux objets à prix raisonnables, ainsi que de véritables œuvres d'art signées par de grands maîtres verriers, mais elles sont destinées à de riches particuliers, à des musées ou à des collections, et leur prix est très élevé. Nous ne recommandons aucun atelier de fabrication de verre en particulier, simplement parce que toutes les adresses se ressemblent plus ou moins : visite guidée des forges, avec leurs souffleurs de verre, et passage obligé ensuite par le magasin d'exposition... et de vente.

Arriver – Quitter

Bon à savoir : ceux qui logent à Venise et jouent les prolongations au resto à Murano (ou vice versa) n'auront pas besoin de rentrer à la nage. Il existe un service nocturne ttes les 30 mn ! Sinon :

➢ ***De l'aéroport Marco-Polo*** *(Venise)* **:** possibilité de gagner directement Murano avec les bateaux de la ligne *Alilaguna Blu (● alilaguna.it ●)*. Descendre au 1er arrêt : Murano-Colonna. Départ ttes les 30 mn 9h-20h30, ttes les heures 6h15-8h15 et 20h30-0h30. Durée : 30 mn. Billet aller : 8 € (15 € l'A/R). Les horaires restreints en raison de l'actualité sanitaire. Se renseigner.

➢ ***De Venise,*** prendre un *vaporetto* à Fondamente Nove *(plan détachable D-E2)* en env 10-15 mn de trajet. Plusieurs lignes. Les lignes nos 4.1 (à l'aller) et 4.2 (au retour) s'arrêtent aux 6 débarcadères de l'île, dont Faro ou Colonna (pour les boutiques) et Museo (pour le musée du Verre). La ligne n° 13 ne s'arrête qu'à Faro. La ligne n° 12 ne dessert que Faro, puis continue sur Mazzorbo, Torcello, Burano... Départ ttes les 30 mn 4h30-22h35.

➢ ***Du piazzale Roma*** (terminus des bus) ou de la gare ferroviaire, la ligne n° 3 (directe) dessert Colonna (1er arrêt au sud de Murano) et fait le tour de l'île en en desservant ts les arrêts, puis retourne vers Venise.

➢ ***De San Zaccaria :*** tte l'année, les *vaporetti* nos 4.1 (à l'aller) et 4.2 (au retour) y passent, mais la traversée est bien plus longue que depuis Fondamente Nove. La ligne n° 7 (avr-oct seulement) dessert aussi Murano (Colonna, Faro et Navagero).

➢ ***De Murano à Burano :*** compter 40 mn de trajet. En hte saison, un départ ttes les 20-40 mn 4h20-22h25. Les *vaporetti* de la ligne n° 12 s'arrêtent et repartent de la station Faro. Ils desservent Burano, et Treporti (Punta Sabbioni). Dès votre arrivée à Murano, consultez les horaires des prochains départs de cette ligne (ils changent souvent) et planifiez votre visite en conséquence.

Adresse utile

■ ***Distributeur automatique :*** ***Cassa di Risparmio di Venezia*** *(plan B1-2,* ***1****), fondamenta dei Vetrai, 130.*

Où dormir ?

🏠 **Hotel Conterie** *(plan B1,* ***5****)* **:** *calle Conterie, 21. ☎ 041-527-50-03. ● info@hotelconterie.com ● hotelconterie.com ●* Vaporetti *nos 4.1 ou 4.2, arrêt Museo. Doubles 70-150 €.* Dans une ruelle étroite entre le campo Bernardo et l'église San Donato, voici un petit hôtel tenu avec soin par une équipe sympathique. Le bâtiment, divisé en 2 parties, abrite une trentaine de chambres. Elles ne sont pas toujours bien grandes mais toutes joliment décorées dans un style très classique : murs tendus de tissu, portes peintes, lustres en verre local. L'ensemble est coquet et donne sur la ruelle ou le jardin. Une courette et une terrasse couverte pour le petit déj (pas terrible d'ailleurs).

🏠 **Murano Palace** *(plan A2,* ***6****)* **:** *fondamenta dei Vetrai, 77. ☎ 041-73-96-55. 📱 348-355-15-13. ● info@muranopalace.com ● muranopalace.com ●* Vaporetti *nos 4.1, 4.2, 12 ou 13, arrêt Faro. Entrée par la ruelle coincée entre 2 boutiques. Congés : janv-fév. Doubles 160-215 €. Réduc de 10 % sur la chambre double sur présentation de ce guide.* « Ô temps, suspends ton vol. » Voilà comment résumer ce petit hôtel de charme niché dans une maison du XVIIIe s, où l'on est reçu par le jovial Cesare, francophone, descendant d'une lignée de maîtres verriers. La demeure n'abrite qu'une poignée de jolies chambres aux couleurs chatoyantes, très cosy, décorées de beaux tissus et dotées d'un mobilier classique et élégant de style XVIIIe s vénitien. Plutôt intime donc ! Pour la vue, demandez-en une orientée vers le canal (avec petite terrasse privée pour celles du 1er étage). Un cocon idéal pour un petit week-end en amoureux !

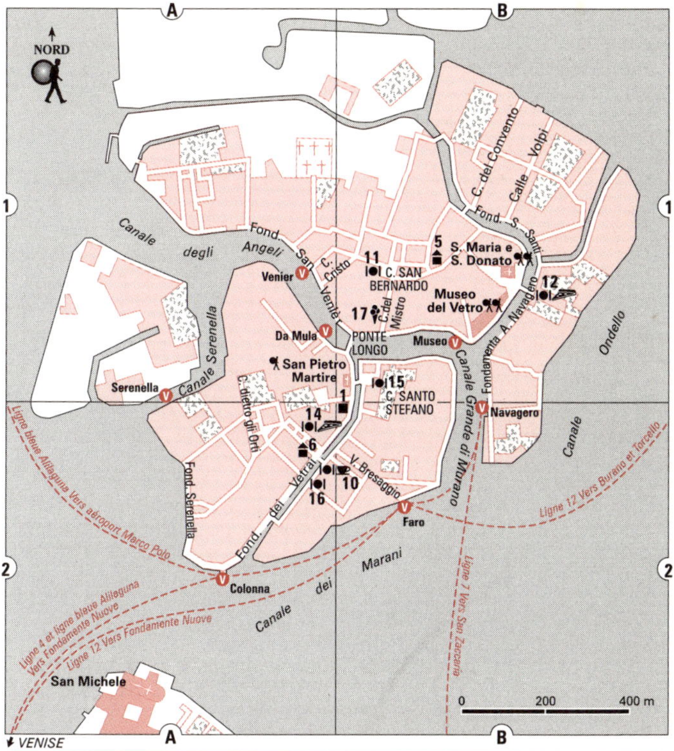

MURANO

■ **Adresse utile**

1 Cassa di Risparmio di Venezia (B1-2)

Où dormir ?

5 Hotel Conterie (B1)
6 Murano Palace (A2)

Où manger ?
Où prendre le petit déjeuner ?

10 Osteria Acqua Stanca (A-B2)
11 Ai Bisatei (B1)
12 Osteria Al Duomo (B1)
14 B Restaurant Alla Vecchia Pescheria (A2)
15 Trattoria Busa Alla Torre (B1)
16 Trattoria Ai Vetrai (A2)

Où déguster une bonne glace ?

17 Gelateria Artigianale Murano (B1)

Où manger ? Où prendre le petit déjeuner ?

Attention aux restaurants fermés le soir.

De bon marché à prix moyens

Ai Bisatei *(plan B1,* ***11****) : campo San Bernardo, 6.* ☎ *041-73-95-28. Tlj sauf mer 11h30-15h (fermé le soir). Résa indispensable le w-e. Plats 6-12 €. CB refusées.* On peut être très discret et néanmoins excellent à l'ouvrage. C'est le cas ici. Dans un quartier peu touristique, cette *osteria* (sans enseigne extérieure !) attire beaucoup d'Italiens, c'est bon signe ! Cuisine sans complication, sincère et authentique. *Cicchetti* au comptoir, mais aussi et surtout des plats familiaux bien mitonnés à des prix imbattables. On peut manger dans la 1re salle, proche du comptoir, ou au fond sous une sorte de véranda. Vraiment bien, à l'image d'un service tout sourire.

Osteria Al Duomo *(plan B1,* ***12****) : fondamenta Maschio, 20-21. ☎ 041-527-43-03. • info@osteriaal duomo.com • Tlj 11h-22h. Pizze et pâtes 10-16 € ; viandes et poissons 15-25 €.* C'était à l'origine, en 1903, une coopérative de nourriture. Ça dépote aujourd'hui au *Duomo* ! Il faut dire qu'en voyant la devanture bien modeste, on ne s'attend pas à découvrir une vaste salle tout au fond et une terrasse dans une cour intérieure. Et comme les horaires élastiques riment avec « pratique », cette adresse est très populaire auprès des locaux comme des touristes, qui s'y retrouvent dans la bonne humeur pour faire un sort aux *pizze* ou à un plat de pâtes très corrects, le tout à prix raisonnable. Spécialité de *tagliolini* à la langouste.

Trattoria Ai Vetrai *(plan A2,* ***16****) : fondamenta Daniele Manin, 29. ☎ 041-73-92-93. • fish.1@hotmail.it • Tlj sauf dim soir. Plats 12-16 € ; menu 15 €.* Au bord du canal. Une adresse aux murs blanc immaculé, aux poutres apparentes et quelques tableaux pour la couleur. Accueil affable, service souriant. Cuisine d'une belle fraîcheur et bon choix à la carte. Terrasse agréable aux beaux jours.

Osteria Acqua Stanca *(plan A-B2,* ***10****) : fondamenta Daniele Manin, 48, ponte de Mezo. ☎ 041-319-51-25. 📱 348-810-41-16. • info@acquastanca.it • Tlj sauf dim 9h-20h (23h lun et ven) ; fermé ts les soirs hors saison. Repas 25-30 €.* Au pied d'un petit pont sur le canal... et un poisson en bois accroché nous attend dehors au-dessus d'un banc ! Une salle spacieuse, soigneusement décorée mais sans excès, l'accueil aimable, le service attentif et la cuisine bien maîtrisée, voilà autant de raisons pour s'y attabler. La carte est courte car tout est frais (poissons, viandes...). Bien aussi pour un petit café et un croissant le matin ou une (bonne) pâtisserie maison en journée.

De prix moyens à chic

Trattoria Busa Alla Torre *(plan B1,* ***15****) : campo San Stefano, 3. ☎ 041-73-96-62. • busa.dalele@gmail.com • Tlj, le midi seulement. Repas 20-30 € ; menu 15,50 €. Taxe 12 % en plus du couvert.* Sur une placette au pied d'une tour en brique, cette auberge patinée par les ans est tenue par Lele, un personnage local : comédien, barbe blanche et bonne humeur en prime. Beaucoup de monde en terrasse lorsqu'il fait beau. Si le temps ne le permet pas, 2 salles vous attendent, évidemment tapissées de photos à la gloire de Lele ! Mais comme on vient pour la cuisine, celle-ci a l'avantage d'avoir fait ses preuves et maintient sa qualité avec les ans (spécialités vénitiennes de poisson, bons gnocchis, *tiramisù* maison...). Pas mal du tout donc, même si c'est un peu crispant de devoir ajouter au service le prix du couvert.

B Restaurant Alla Vecchia Pescheria *(plan A2,* ***14****) : campiello Pescheria, 4 (accès à la placette par la fondamenta dei Vetrai, entre les nos 85 et 87). ☎ 041-527-49-57. • ristorarte@gmail.com • Ts les midis, plus jeu-sam soir. Congés : 8-30 janv. Pizze 9-16 € ; repas 25-35 € (attention, couvert 3 € !).* Limoncello *offert sur présentation de ce guide.* C'est l'adresse un brin chic et branchée du coin, installée dans une vaste salle lumineuse et décorée de peintures et de verreries modernes. Agréable, plaisant design, mais l'été, sur cette place au calme, c'est évidemment la belle terrasse protégée qui fait le plein ! Quant à la cuisine, elle est fraîche et soignée, dans un registre vénitien parfois revisité avec talent. On peut aussi se contenter d'une pizza ou d'une salade pour un repas rapide. Accueil très sympa.

Où déguster une bonne glace ?

Gelateria Artigianale Murano (plan B1, **17**) **:** *calle del Mistro, 3. En saison, tlj 10h30-19h ; en basse saison, ven-dim 10h30-17h.* Que des ingrédients naturels, glaces aux fruits de saison. Goûter absolument à la *bussola* avec biscuits. On y trouve même une « *choco vegan* » !

À voir

Museo del Vetro *(musée du Verre ; plan B1)* **:** *fondamenta Giustinian, 8. ☎ 041-527-47-18. • museovetro.visitmuve.it • Vaporetti nos 4.1 ou 4.2, arrêt Museo. Tlj 10h30-18h (16h30 nov-mars) ; la billetterie ferme 30 mn avt. Fermé 1er janv et 25 déc. Entrée : 12 € ; réduc. Accès avec le* Museum Pass. *Audioguide : 4 €. Billet cumulé avec le musée de la Dentelle de Burano, valable 3 mois. Carte* Rolling Venice *acceptée. Boutique.* Installé dans un beau palais du XVIIe s où l'évêque de Torcello avait ses appartements, le *museo del Vetro* n'est sans doute pas le plus grand dans sa catégorie. Mais sa conception lumineuse, moderne et bien pensée, est à la hauteur de la réputation de l'industrie verrière de Murano ! La visite, chronologique, permet de retracer en détail l'histoire et l'évolution des styles de cet emblématique artisanat vénitien, avec, en introduction, une section intéressante sur les techniques de fabrication. Vidéos et fiches (en français) dévoilent quelques subtilités, comme l'emploi de l'arsenic dans la composition du verre ! Mieux vaut ne pas se louper lors du mélange...

ESPIONNAGE INDUSTRIEL

Louis XIV était fondu de miroirs. On en compte 357 dans la galerie des Glaces ! Seuls les maîtres verriers de Murano connaissaient les techniques pour les rendre si lisses et si purs. Colbert envoya des espions à Venise qui permirent l'ouverture de la Manufacture royale. Ce fut l'origine de Saint-Gobain (1693). Un espionnage limpide comme du verre !

Puis, à l'étage, plusieurs salles présentent des centaines de pièces qui illustrent la richesse de cet art du feu.

À tout seigneur, tout honneur, on attaque par la ***section archéologique*** où sont évoquées les origines du travail du verre dans le Bassin méditerranéen, qui connut un essor considérable grâce aux Romains (très belles pièces de verre coloré, déjà !). On enchaîne avec le ***verre ancien,*** dont les collections exposées couvrent la période du XVe au XIXe s. Lourd ou léger, figuratif ou stylisé... on constate que cet art si particulier a su s'adapter en permanence aux modes et besoins de chaque époque, en développant notamment l'imitation des pierres semi-précieuses. Une salle est d'ailleurs consacrée à une autre technique géniale, celle des verres multicolores *(milleflori)* obtenus en compressant les verres en forme d'étoile avant de les insérer dans la pièce définitive. Enfin, la ***verrerie moderne et contemporaine*** présente des pièces parfois insolites, curieuses, poétiques, ou bien de forme classique quand il s'agit de vaisselle mais originale dans l'utilisation des couleurs. Il y en a assurément pour tous les goûts !

Chaque section propose de vrais chefs-d'œuvre, mais l'une des pièces les plus étonnantes du musée reste le *Trionfo da Tavola,* en réalité un fascinant jardin à l'italienne tout en verre, avec fontaines et parterres de fleurs.

Pour terminer, après un petit détour par le jardin, direction les salles dédiées aux expositions temporaires où sont présentées les réalisations des verriers actuels. Ça décoiffe !

Basilica dei Santi Maria e Donato (plan B1) **:** *campo San Donato. ☎ 041-73-90-56. Tlj 9h-18h (dim, l'ap-m seulement) ; j. fériés 12h30-18h. Brochure en*

français (1 €). À elle seule, cette église justifierait la balade à Murano ! Construite au début du XIIe s, elle repose sur des fondations du VIIe s. Avant de pénétrer dans l'église, admirer la magnifique abside extérieure qui donne sur le rio di San Donato, avec ses 2 rangées d'arcades superposées. La pierre blanche d'Istrie est bien mise en valeur et se détache sur les murs de brique rouge. Richesse du décor, subtile polychromie de la brique, notez les niches triangulaires finement ciselées. Tout est d'une harmonie sans pareille.
À l'intérieur, le superbe ***pavement en mosaïques*** polychromes du XIIe s rivalise de beauté avec celui de la basilique Saint-Marc. On y distingue quelques motifs d'animaux fantastiques, des aigles, des paons et toutes sortes de volatiles intégrés à des figures géométriques. La coupole de l'abside, derrière le chœur, est tapissée de mosaïques dorées. Remarquez la « ***Vierge orante*** » caractéristique des maîtres verriers du début du XIIIe s : silhouette longiligne, presque abstraite, regard en coin, geste de ses mains à plat et drapé de son manteau bleu, tout évoque un art influencé par Byzance. Détaché de l'église, impressionnant clocher.

Chiesa di San Pietro Martire *(plan B1)* **:** *fondamenta dei Vetrai. Tlj sauf sam 9h-17h30 ; j. fériés 12h-17h.* Consacrée en 1417, détruite par un incendie, reconstruite, elle vaut néanmoins la visite pour les œuvres qu'elle renferme de Giacomo Palma, du Tintoret, à droite du chœur, à côté de l'entrée latérale *(Baptême de Jésus)* et de Giovanni Bellini. Dans le chœur, allez voir les très grandes toiles de Bartolomeo Latterini (1669-1748) : les *Noces de Cana* et la *Multiplication des pains* (un thème inépuisable !). Notez les vitraux en fond de bouteille et ses 10 lustres monumentaux. Jetez un œil aux spectaculaires boiseries de la ***sacristie*** *(sacristie et musée : 2 €),* porte discrète à gauche du chœur. Elles datent de la 2de moitié du XVIIe s et furent installées ici pour éviter qu'elles finissent en France lors de l'occupation napoléonienne en 1815. Il s'agit de 33 bustes masculins tous différents et grimaçants, avec une profusion de fruits, animaux et angelots. Moult détails anatomiques rendent le tout très expressif. On y reconnaît le musicien, l'esclave, le prisonnier de guerre, l'ivrogne couvert de pampre... C'est la seule œuvre connue du sculpteur Morando. Dans le prolongement de la sacristie, ne manquez pas l'intéressant petit ***musée d'art religieux.*** Au rez-de-chaussée, bâtons sculptés de procession, *Vierge à l'Enfant* de Francesco da Santa Croce de belle facture et 2 remarquables peintures d'ange. À l'étage, mobilier ancien, reliquaires en argent, crosses d'évêque, orfèvrerie religieuse, vêtements liturgiques.

BURANO

(code postal : 30012)

• Plan *p. 185*

Même si son éloignement (la traversée depuis Murano prend 40 mn) la rend plus paisible et plus attachante que Murano, la petite île de Burano est souvent assaillie par les visiteurs d'un jour. D'ailleurs, les boutiques de babioles touristiques ont colonisé la rue principale ! Beaucoup y apprécient néanmoins l'atmosphère qui attira des artistes locaux. C'est indéniable, Burano a beaucoup de charme avec ses petites maisons modestes aux façades ornées d'un magnifique patchwork de couleurs. La tradition populaire raconte que les pêcheurs, rentrant par temps de brume, pouvaient ainsi repérer plus facilement leurs maisons.
Un conseil : n'hésitez pas à vous éloigner de la très commerçante via Galuppi (du nom du compositeur vénitien du XVIIIe s). On découvre tout de suite des ruelles beaucoup plus calmes...

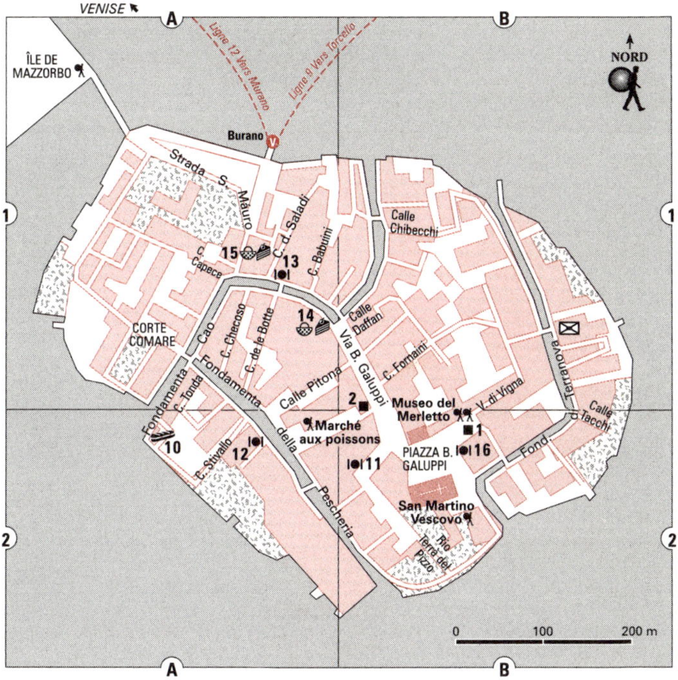

BURANO

Adresses utiles 1 Crédit Agricole (B2) 2 Banco San Marco (B1-2) **Où manger ?** 10 In Pescaria Vecia (A2) 11 Bar Sport (B2) 12 Trattoria Al Gatto Nero (da Ruggero ; A2)	13 Al Vecio Pipa (A1) 16 Osteria Al Museo (B2) **Où acheter une bonne pâtisserie ?** 14 Panificio Palmisano Luigi (A1) 15 Panificio Garbo (A1)

Pensez à bien noter l'heure du dernier bateau, s'il vous prend l'envie de faire un saut à Torcello pour voir la basilique.

UN POINT SUR LA DENTELLE

Le village de Burano est principalement connu pour sa dentelle à l'aiguille. Née au XVIe s en Italie, elle s'inspire des motifs du gothique fleuri. Le travail et le *punto in aria* (point en l'air) devinrent la spécialité de l'île. La finesse des dentelles de Burano était autrefois célèbre dans l'Europe entière. La république de Venise offrit à Louis XIV des collerettes en dentelle de cheveux blancs.
Par la suite, Colbert fit venir en Normandie des ouvrières vénitiennes afin de transmettre leur savoir-faire. Ainsi naquit le point d'Alençon. Le « point de Burano » a bien failli disparaître au début du XXe s, alors qu'il ne restait plus qu'une vieille

dentellière, mais l'administration dépêcha des jeunes filles pour prendre la relève de manière à pérenniser cet art à part entière. Une dentelle qui est aujourd'hui, on s'en doute, d'un luxe souvent inabordable.

Comment y aller ?

➢ ***Depuis Venise :*** prendre la ligne nº 12 à l'embarcadère Fondamente Nove *(plan détachable D-E2)*. Il marque l'arrêt à Murano (Faro). Compter 50 mn à partir du centre historique ou 40 mn à partir de Murano. Un *vaporetto* ttes les 20-40 mn, 4h20-22h25.

➢ ***En venant de Murano :*** on peut descendre à l'arrêt Mazzorbo (juste avt Burano ; se reporter à la rubrique « À voir ») et continuer à pied. En 5 mn, un petit itinéraire bucolique très sympa vous fera arriver à Burano.

➢ ***Pour l'île de Torcello :*** la ligne nº 9 relie les 2 îles en boucle. Départ ttes les 15 mn 9h30-17h45. Durée du trajet : 5 mn.

Adresses utiles

■ ***Distributeurs automatiques :*** *au* ***Crédit Agricole*** *(plan B2,* ***1****), piazza Galuppi, 135. Également à la* ***Banco San Marco*** *(plan B1-2,* ***2****), via Galuppi, 310.*

Où manger ?

|●| ▭ 𝐘 Beaucoup de choix, peu de belles tables à Burano, et des prix pas très démocratiques. On vous indique plus bas les deux seuls établissements qui aient reçu nos suffrages. Et s'ils sont fermés ou complets (pas de chance !), voici 3 bouées de sauvetage. ***In Pescaria Vecia*** *(plan A2,* ***10*** *; fondamenta di Cao Moleca, 143 ; tlj sauf mar 11h-16h)* pour un sandwich ou une pizza *al taglio*, tout juste sortie du four, à déguster sur le pouce un peu à l'écart des foules, face à la lagune ; bien aussi pour boire un verre. Le ***Bar Sport*** *(plan B2,* ***11*** *; rio terrà del Pizzo ; tlj sauf mer 8h30-18h30)* où vous préférerez la terrasse à la salle aveugle et étriquée ; nourriture standard à prix moyens, et service itou ; bien pour boire un verre aussi. ***Al Vecio Pipa*** *(plan A1,* ***13*** *; via San Mauro, 397 ; tlj ; le midi seulement en hiver)*, qui sort la tête du *vulgus restorum* de l'axe principal du village avec son jardin intérieur.

– Sinon, il reste le ***pique-nique*** : il suffit de s'éloigner un peu en direction de l'île de Mazzorbo et de ses vergers. On se retrouve alors à la campagne et... au calme.

Chic

|●| ⛱ ***Osteria al Museo*** *(plan B2,* ***16****)* ***:*** *piazza Galuppi, 113-115. ☎ 041-73-50-12. ● reservations@osteriaalmuseo.com ● ♿ Repas 35-40 €.* Enfin, un resto digne de ce nom à l'excellent rapport qualité-prix, une terrasse à faire pâlir d'envie tous les restaurateurs du coin ! Installé à la place d'un magasin de dentelles, vous ne pourrez qu'apprécier cette cuisine généreuse tournée vers la mer et d'une qualité et d'une fraîcheur exceptionnelles. Et en plus, le service est adorable.

|●| ***Trattoria Al Gatto Nero (da Ruggero*** *; plan A2,* ***12****)* ***:*** *fondamenta della Giudecca, 88. ☎ 041-73-01-20. ● info@gattonero.com ● ♿ Lundi midi et soir 12h30-15h et 19h30-21h, dimanche et mer seulement le soir. Congés : 2 sem fin nov. Plats 15-35 € (couvert 4 €) ; menu du jour 15 €. Résa conseillée.* Ce n'est pas donné, mais cette petite maison bleue le long du canal est l'adresse de référence sur l'île. En salle (élégante, avec de nombreux tableaux aux murs) ou en terrasse, on s'y régale d'excellentes

spécialités locales, sans chichis, fraîches et bien maîtrisées, mitonnées avec les meilleurs ingrédients du coin (coquillages ramassés du jour, poisson du marché...). Service au top.

Où acheter une bonne pâtisserie ?

L'île est connue pour ses biscuits secs. Les plus appréciés sont les *bussolai,* ou *buranei,* qui sont ronds, et les *essi,* en forme de S, à tremper dans un verre de *vin santo* ou de *fragolino,* bien sûr !

Panificio Garbo *(plan A1,* ***15*** *; via S. Mauro, 336),* une petite échoppe vieillie dans son jus, posée sur le quai. Les gâteaux sont préparés à l'ancienne, on s'en doute : strudel au miel, tarte à la coco ou aux amandes, meringues. Sinon, au ***Panificio Palmisano Luigi*** *(plan A1,* ***14*** *; via Galuppi, 670).*

À voir

Museo del Merletto (musée de la Dentelle ; plan B2) **:** *piazza Galuppi, 187. ☎ 041-73-00-34. ● museomerletto.visitmuve.it ● Tlj sauf lun 10h30-17h (16h30 nov-mars) ; billetterie close 30 mn avt fermeture. Fermé 1er janv et 25 déc. Entrée : 5 € ; réduc (billet combiné avec le musée du Verre à Murano : 12 €). Accès avec le* Museum Pass*. Carte* Rolling Venice *acceptée. Notice en français dans chaque pièce.* C'est tout petit, mais si vous avez le *Museum Pass,* le détour vaut la peine pour en apprendre un peu plus sur l'histoire de la dentelle à Burano. La visite commence par une série de vêtements de baptême et se poursuit dans diverses salles avec de beaux napperons, nappes et ouvrages de grands-mères... mais pas le moindre centimètre carré de lingerie fine !

On apprend que les motifs créés puisent largement dans l'histoire de Venise. Au commencement, les artisans brodaient des motifs déjà présents sur les mosaïques byzantines dès les XIe et XIIe s. À la Renaissance se développe le travail à l'aiguille. Géométriques d'abord, les motifs évolueront vers des formes animales et florales, plus rondes. Cette activité de la dentelle se développa principalement dans la noblesse, puis elle sera relayée dès les XVIe et XVIIe s par les mères supérieures gérantes d'établissements religieux accueillant à l'époque les filles de l'aristocratie.

Avec l'avènement des révolutions (française et américaine) et la concurrence des nouvelles matières, la dentelle déclinera progressivement au XIXe s. Napoléon tentera de freiner sa disparition en introduisant la dentelle dans l'habit cérémonial de la cour, redonnant ainsi ses lettres de noblesse à cet art. Promue par le pouvoir politique, elle devient alors un objet de prosélytisme, et avec les voyages des missionnaires, la dentelle a fini par essaimer jusqu'en Chine (où elle est encore très pratiquée, d'ailleurs). Séduite, et initiée par une vieille dentellière de Burano, Marguerite de Savoie fonda en 1872 l'école de Burano.

Chiesa San Martino Vescovo (plan B2) **:** *piazza Galuppi. Tlj 8h-12h, 15h-19h.* Impossible de rater son campanile de guingois ! La faute à un tremblement de terre féroce qui sapa les fondations de l'édifice. Mais pas de panique, on peut visiter sans inquiétude cette église du XVIe s (à l'intérieur, sur la gauche, poignante toile de Giambattista Tiepolo : *La Crucifixion)...* et puis ça vaut la photo !

Le marché aux poissons (plan A-B2) **:** *fondamenta Pescheria. Mar-sam, mat seulement.* Pour découvrir un aspect de l'activité ancestrale de l'île, la pêche : étalages de poissons en tout genre, de l'anguille (pêchée dans le coin de Torcello) à la daurade, en passant par la seiche.

L'île de Mazzorbo (plan A1) **:** *à 5 mn à pied.* Il s'agit d'une petite île reliée à Burano par un pont piéton en bois, depuis le quai. On peut y descendre de bateau avant d'arriver à Burano et de continuer à pied, ou le reprendre à partir de là en repartant vers Murano et Venise. Environnement paisible et verdoyant, avec des champs, des prés et des vergers, ainsi qu'un jardin public.

TORCELLO

(code postal : 30142)

À 2 km à peine au nord de Burano, Torcello fut la 1re île de la lagune à être habitée. C'est ici que tout a commencé, elle constitua le cœur historique et religieux de la lagune. Difficile d'imaginer sur cet îlot quasi désertique (une vingtaine d'habitants aujourd'hui) une population atteignant les 20 000 âmes au milieu du XVIIe s ! Vous pouvez aisément faire le tour des lieux en 1h et reprendre le bateau suivant.

UN PEU D'HISTOIRE

Au Moyen Âge, on comptait jusqu'à 10 églises et même un siège épiscopal, qui subsista jusqu'au début du XVIe s. La malaria (autrement dit le paludisme) fit des ravages sur ce terrain plat composé de marécages et de roseaux infestés de moustiques... Amorcé au milieu du XVIIe s, le déclin de l'île poussa ses habitants vers Venise. Palais et églises furent démantelés, les pierres (dont le marbre) de Torcello servirent aux entrepreneurs vénitiens, et à la décoration des palais.

Arriver – Quitter

➢ ***De Burano :*** le *vaporetto* de la ligne nº 9 relie en boucle Burano à Torcello en 5 mn. Départ ttes les 15 mn 9h30-17h45. Et n'oubliez pas de vérifier les horaires pour retourner au centre de Venise depuis Burano.

➢ ***De Venise via Murano et vers Burano :*** le *vaporetto* de la ligne nº 12 vient de Venise (Fondamente Nove), marque l'arrêt à Murano (Faro), passe à Torcello avt de filer vers Burano puis Treporti et Punta Sabbioni (voir le chapitre « La terre ferme, de Mestre à Punta Sabbioni »). Un départ ttes les 20-40 mn 4h20-22h25.

Où manger ?

Quelques restos sur l'île situés les uns à la suite des autres sur le quai du canal, entre le débarcadère et la cathédrale. *Al Trono da Attila, Villa 600, Al Ponte del Diavolo...* autant de styles différents, autant de variété dans les prix. Il y en a pour tous les budgets (de moins de 10 € à 30-40 €). Les plus fortunés choisiront l'adresse mythique de l'île :

🏠 |●| ***Locanda Cipriani :*** *piazza Santa Fosca, 29. ☎ 041-73-01-50. ● info@locandacipriani.com ● locandacipriani.com ● Au niveau du petit pont, avt d'arriver à la cathédrale. Congés : janv-fév. Resto fermé mar. Résa impérative. Doubles 240-400 €. Menus 55-65 €.* Fondée en 1935 par Giuseppe Cipriani, cette auberge villageoise est devenue au fil des ans une adresse légendaire, grâce aux ribambelles de célébrités d'Hollywood, écrivains, artistes et têtes couronnées qui y sont passés. Hemingway y séjourna en 1948 puis en 1954, logeant au 1er étage. Et aussi Charlie Chaplin (1959 et 1970), Fellini, Roberto Rossellini, Al Pacino, Tom Cruise, Julia Roberts, Spielberg, Polanski, Elton John... sans oublier la famille royale d'Angleterre, Queen Elizabeth et Lady Di. La longue liste des stars figure sur leur site. Cette auberge « rustique-chic », prolongée par un adorable jardin, affiche des prix de palace 5 étoiles... Drôle de destinée quand même pour cette demeure si modeste à ses débuts ! Si ses murs pouvaient parler, ils raconteraient une incroyable chronique des *beautiful people...*

À voir

Cattedrale Santa Maria Assunta : *☎ 041-73-01-19. Accès par le quai longeant le canal depuis le débarcadère en 10 mn. Mars-oct, tlj 10h30-18h ; nov-fév, 10h-17h ; dernier billet 30 mn avt fermeture. Entrée : 5 € ; 12 € pour le billet combiné avec le campanile et le musée (fermé lun et j. fériés). Audioguide : 2 €.* Santa Maria Assunta fut fondée en 639, ce qui en fait l'un des édifices de style vénéto-byzantin les plus anciens de toute l'Adriatique. Elle fut remaniée à plusieurs reprises aux IXe, XIe, puis XIVe s, et est flanquée d'un campanile commencé au XIe s (sévèrement touché par la foudre en 2008). À l'intérieur, superbe pavement en mosaïques polychromes, dans le goût et le style de Byzance.

Le plus spectaculaire chef-d'œuvre de Torcello, c'est l'***immense mosaïque du Jugement dernier*** qui couvre la hauteur d'un mur. Exécutée par des maîtres verriers vénéto-byzantins aux XIIe et XIIIe s, elle raconte des scènes de l'histoire sainte sur 6 rangées superposées. Au sommet, le Christ « saisit » Adam. Juste derrière, dans le rôle de la figurante avec la robe rouge, vous aurez certainement reconnu Ève ! À remarquer, à droite, en bas, les damnés et les anges déchus avec l'Antéchrist sur les genoux de Lucifer. À gauche, en bas sur la 1re rangée, les heureux élus partent au Paradis. Entre le chœur et l'abside, une iconostase (cloison) composée de 4 panneaux de marbre surmontés de colonnettes.

Les icônes du XVe s représentent la Vierge et les apôtres, le tout surmonté d'un Christ en Croix du même siècle et de têtes de mort.

- Au sol du transept gauche, entre 2 piliers sous la chaire en marbre, remarquez la vitre révélant les différentes couches de tesselles qui ont été recouvertes au fil du temps.
- Dans l'abside centrale, très belle mosaïque dorée de l'école vénéto-byzantine du XIe s. Celle-ci représente une Vierge hiératique, toute nimbée d'or et vêtue de bleu, tenant l'Enfant Jésus dans ses bras. En dessous, on retrouve les 12 apôtres. À gauche du chœur, un fragment de fresque.
- Dans la chapelle absidiale de droite, belle mosaïque représentant un *Christ en majesté.*

Chiesa Santa Fosca : *juste à côté, à droite.* Mérite aussi une visite. Cette petite église du XIe s au plan en croix grecque est inscrite dans une structure octogonale et reliée à la cathédrale par un portique. À l'intérieur, belles colonnes de marbre grec avec des chapiteaux à feuillage.

Museo di Torcello : *☎ 041-73-07-61. Mars-oct, jeu-dim 10h30-17h30 ; nov-fév, 10h-16h30 ; dernier billet 30 mn avt fermeture. Entrée : billet combiné avec la cathédrale (s'y rendre d'abord) ou entrée 3€, réduc.* La ***section archéologie*** installée dans le *palazzo dell'Archivio* présente des pièces trouvées dans la lagune, datant du Paléolithique à la fin de l'Empire romain. La ***section médiévale et moderne*** se trouve dans le *palazzo del Consiglio* et présente des tableaux et des sculptures provenant des anciennes églises de l'île avant son déclin au milieu du XVIIe s. À l'étage, entre autres, belle *Adoration des Mages* du XVIe s, attribuée à Véronèse. Le siège en pierre conservé à l'extérieur (devant le musée), surnommé « le trône d'Attila » (il traversa l'Italie en l'an 452 si vite qu'il n'a pas dû prendre le temps de s'y asseoir), servait en fait à annoncer les édits publics.

SANT'ERASMO

(code postal : 30141)

Entre le Lido et Burano, cette île de Sant'Erasmo s'étire sur une dizaine de kilomètres. Elle est l'une des plus fertiles et des plus paisibles de la lagune. Véritable potager de Venise, ses jeunes artichauts *(castraure)* et ses asperges blanches s'arrachent sur tous les marchés de la région. La plupart des légumes et des fruits du marché du Rialto viennent d'ici ; d'ailleurs, les cageots sont marqués du label de qualité « San Rasmo ». Quant aux habitants de Sant'Erasmo, filles de roses et fils de choux, ils vivent aussi de la pêche.

En été, beaucoup de moustiques. Si vous souhaitez vous baigner, il y a une petite plage à l'est de l'île, au pied de la *torre Massimiliana* construite par les Autrichiens au XIXe s.

Comment y aller ?

➢ ***De Venise :*** ligne n° 13 du *vaporetto* à partir de Fondamente Nove *(plan détachable D-E2).* Départ ttes les 30 mn-1h, 4h25-22h40. Compter 30 mn de traversée. Le bateau s'arrête à Murano Faro, à Vignole, puis à San Erasmo (l'arrêt à San Erasmo-Capannone est marqué 10h-16h seulement, ts les bateaux desservent San Erasmo-Chiesa et San Erasmo-Punta Vela).

Où dormir ? Où manger ?

Il Lato Azzurro : *via Forti, 13. ☎ 041-523-06-42. • info@latoazzurro.it • latoazzurro.it • Descendre du bateau à l'arrêt Capannone puis marcher 20 mn sur un chemin bitumé et étroit entre marais et jardins. Doubles 50-88 € selon saison ; également des triples et quadruples. Panier pique-nique sur demande avec des spécialités de l'île (les végétariens vont être ravis !).* Au milieu des champs et des prés, ce centre de vacances peut intéresser les familles plus que les couples d'amoureux. L'ensemble est très bien tenu, avec des chambres propres et équipées, donnant sur le parc. Pas du tout moche, ce n'est pas carcéral mais coquet et bien arrangé. Fait aussi resto : prix sages et cuisine naturelle avec une touche de créativité. Forfaits très intéressants pour les familles, location de vélos (gratuit pour ceux qui y séjournent). Compter 1h pour parcourir l'île à vélo et environ 3h pour une découverte à pied. Le centre propose des stages et activités de type alternatif.

DANS LES ENVIRONS DE SANT'ERASMO

LAZZARETTO NUOVO

Le Lazzaretto Nuovo (le Lazaret Nouveau), situé à environ à 3 km au nord-est de Venise, face à l'île de Sant'Erasmo, fut édifié dans la 2de moitié du XVe s, car le Lazzaretto Vecchio ne suffisait plus pour accueillir tous les hommes et les marchandises revenant des pays méditerranéens. Le nouveau lazaret fut ensuite utilisé à des fins militaires et intégré dans le système de défense de la lagune pendant le XIXe s.

UN PEU D'HISTOIRE

Créé en 1468 par un décret de la Sérénissime, ce lazaret fut appelé « nouveau » pour le distinguer de celui qui existait déjà près du Lido (voir plus loin la partie « Lido » le Lazzaretto Vecchio), où à l'inverse étaient traités les cas avérés de peste. L'île devint un lieu de quarantaine pour les cas suspects arrivant des ports méditerranéens et, pour des raisons d'efficacité, plusieurs bâtiments y furent construits, chaque bâtiment ayant des fonctions propres. Dans les espaces intérieurs, également des grands hangars destinés à la décontamination des marchandises.

Comment y aller ?

➢ ***De Venise :*** compter env 30 mn par le *vaporetto* ligne n° 13 depuis Fondamenta Nuove. Attention : il faut demander au conducteur du *vaporetto* de s'y arrêter.

À voir

☎ *041-244-40-11.* • *lazzarettonuovo.com* • *Avr-oct, 2 visites guidées sam-dim, à 9h45 et 16h30. Les visites durent env 2h : elles comprennent un parcours historique-archéologique à l'intérieur de l'enceinte et une balade naturaliste le long des* barene *(petits îlots immergés). Une contribution de 5 € est requise pour l'aide à la sauvegarde de l'île.* L'édifice principal de l'île est le grand *Teson* du XVIe s. Long de plus de 100 m, ce bâtiment conserve de nombreux graffitis et dessins de l'époque, témoignant de la présence de marchands, d'esclaves et de gardiens de la Magistrature de la Santé. Outre le *musée de la Peste,* le grand Teson abrite des expos temporaires et permanentes qui rassemblent des céramiques, des sceaux, des pierres tombales, des verreries et d'autres objets liés à la navigation et à la pêche provenant de la lagune.
En parcourant l'ancien chemin de ronde, on découvre également des paysages naturalistes de toute beauté, avec un panorama à 360° sur la faune et la flore de la lagune vénitienne.

SAN FRANCESCO DEL DESERTO

Au nord-ouest de l'île de Sant'Erasmo, à plus de 1 km au large de Burano, cet îlot solitaire est plus un lieu de prière et de retraite qu'un site touristique. Néanmoins, les touristes peuvent la visiter (y compris le couvent). Elle est habitée toute l'année par une dizaine de moines franciscains qui vivent dans un couvent niché à l'abri d'un bouquet de cyprès. Ne l'a-t-on pas surnommée d'ailleurs « l'île aux Cyprès » ? Loin du tohu-bohu, San Francesco del Deserto, bijou solitaire de la lagune, reste la plus belle, la plus calme, la plus simple de cet archipel d'îles éparpillées autour de Venise. Pour vivre heureux, vivons cachés, d'où la difficulté d'accès (les moines veulent vivre en paix).

UN PEU D'HISTOIRE

Saint François d'Assise (1182-1226) y débarqua en 1220 (ou 1224) en revenant de Syrie, salué par le gazouillement des oiseaux : « Il y construisit une cabane et y planta un bâton de cyprès coupé en Albanie qui prit aussitôt racine, bourgeonna et devint un arbre dont on conserve encore les restes... » L'ordre des Franciscains fut ainsi fondé, et l'île occupée dès le XIIIe s par les moines de cet ordre à la recherche de solitude. Ceux-ci furent contraints de l'évacuer au XVe s en raison d'une épidémie de paludisme. Si le paludisme a heureusement disparu, les moustiques n'ont pas déserté leur île...

Comment y aller ?

➢ L'île n'est desservie par aucun bateau public. À Burano ou à Sant'-Erasmo, ***louer un bateau*** revient cher : à plusieurs, c'est mieux, pour rentabiliser le trajet, mais il faut être une dizaine pour obtenir des prix abordables ramenés au passager (un bateau 9-12 pers privatisé revient à 400-500 €).
Autant s'intégrer dans une ***visite en groupe*** (qui peut aller jusqu'à 45 pers !). *Infos : ☎ 041-887-74-41 ou sur • isoladiburano.insidecom.it • Départs de Burano tlj sauf lun à 13h (vers l'embarcadère des vaporetti). Tarifs/pers : 51 €. Visites en italien et anglais. Compter 3h.* La prestation inclut la visite de Burano avant de filer par bateau privatisé vers San Francesco del Deserto dont on visite le monastère.

À voir

☎ 041-528-68-63. • sanfrancescodeldeserto.it • On peut visiter l'île (en italien seulement) tlj sauf lun 9h-11h, 15h-17h. Fermé mat 17 sept et 4 oct. La visite est gratuite, mais les dons sont les bienvenus. Les frères vous font volontiers visiter leur couvent : cloîtres paisibles, nature magnifique (cyprès, plantes verdoyantes).

LES ÎLES DU SUD

Les îles du Sud possèdent chacune leur particularité. Le Lido, bien desservi et rapidement accessible, s'avère un intéressant point de chute pour l'hébergement, surtout en été. Station balnéaire avec ses villas Liberty, ses plages et son festival du cinéma (la célèbre *Mostra* de Venise), il est très apprécié des Italiens. San Lazzaro, c'est tout l'inverse. À 2 brasses de la place Saint-Marc, l'île abrite des moines arméniens dans une agréable ambiance méditative. Chioggia, notre préférée mais aussi nettement la plus éloignée, a gardé intact le charme d'un village de pêcheurs. Un chapelet d'îles qui forme en quelque sorte une « extension » à votre séjour à Venise.

LIDO

(code postal : 30126)

• Carte *p. 195* • Plan *p. 197*

Un nom évocateur qui sonne comme le symbole du farniente et de la Belle Époque des vacances aux bains de mer en Italie. Le Lido mesure une douzaine de kilomètres de long mais à peine 500 m de large par endroits. Véritable barrière naturelle face à l'Adriatique, cette lande de sable offre, depuis l'avènement du tourisme balnéaire au début du XXe s, un panorama de l'architecture Liberty. Metteurs en scène, stars internationales et jet-set italienne viennent régulièrement y séjourner, notamment à l'*Excelsior,* un vénérable et luxueux palace. En hiver, l'atmosphère y est plutôt nostalgique, mais en été, pas moyen d'y étendre sa serviette. En septembre, à l'occasion de la *Mostra,* le célèbre festival de cinéma de Venise, le Lido est littéralement pris d'assaut.

L'île possède un charme certain. Aux beaux jours, c'est l'occasion d'une balade à vélo jusqu'à Malamocco, le tout petit village où Hugo Pratt avait élu domicile. Il y plane encore un sentiment de bout du monde, une atmosphère à la Visconti, qui y tourna *Mort à Venise* au *Grand Hôtel des Bains* (fermé).

Arriver – Quitter

➢ De Venise, compter env 15 mn. Au départ de l'embarcadère San Marco-San Zaccaria, *vaporetti* nos 1 (terminus au Lido), 14, 2 (seulement en été), 5.1 et 5.2, arrêt Lido.

➢ Pour rejoindre le Lido en voiture, se rendre à Venise et suivre les panneaux *Tronchetto.* De là, emprunter le bac no 17 (ttes les 50 mn 5h-1h30 ; 13 €/véhicule et 7,50 € pour chacun de ses occupants) jusqu'au débarcadère Lido-San Nicolò.

Adresses et infos utiles

■ ***Lidoonbike*** *(location de bicyclettes ; plan A1,* ***1****)* **:** *Gran Viale S.M. Elisabetta, 21 B, au fond de l'impasse.* ☎ *041-526-80-19.* • *lidoonbike.it* • *Ouv 15 mars-fin sept, tlj 9h-19h. 5 € pour 1h30, 9€ pour 4h et 10 € pour 1 j.* Magasin de location de bicyclettes tenu par le dynamique et francophone

Stefano. VTT ou bicyclettes classiques, tandem ou Rosalie, le matériel est en très bon état. Il y a aussi des vélos pour enfants. Carte du Lido avec le tracé des promenades cyclistes les plus intéressantes offerte. Très bonne adresse.

Où dormir ?

Pour ceux qui aiment le calme, les balades à vélo, avec le gros avantage de séjourner à seulement 15 mn en *vaporetto* du centre de Venise. En janvier-février, c'est morne plaine : bien des établissements ferment. Durant la *Mostra* de Venise, les prix grimpent vertigineusement, et les hôtels sont réservés plusieurs mois à l'avance. En plein été, c'est le rush. En dehors de ces 3 périodes, on trouve facilement maison d'hôtes ou hôtels pour se loger. En outre, ceux qui viennent en voiture peuvent dormir ici, pour économiser le prix du stationnement (à Mestre ou Tronchetto) : bien vérifier que son hébergement propose un parking gratuit (les rues sont à horodateurs).

Camping

⛺ ***Camping San Nicolò** (hors plan par B1, **10**) : via dei San Micheli, 14. ☎ 041-526-74-15. • info@campingsannicolo.com • campingsannicolo.com • À 2 km au nord-est de l'arrêt de vaporetto Lido ; bien fléché. Bus A ou B à la sortie du vaporetto. Ouv mai-fin sept. Forfait tente pour 2, 37 €/j. Mobile home 2-4 pers 55 €/j.* Un petit camping très ombragé, très calme et fonctionnel, chaleureusement recommandé par les habitués ! 50 emplacements sur un espace d'un demi-hectare. Des fleurs, des bananiers, des chèvrefeuilles, des vignes... partout, des tables et bancs en bois pour le petit déj, une grande tente pour pouvoir préparer sa cuisine et manger au sec en cas d'orage. Prix sages pour la qualité de l'environnement.

De prix moyens à chic

🏠 ***Villa delle Palme** (plan A1, **11**) : via Enrico Dandolo, 12. ☎ 041-242-02-36. • info@hotelvilladellepalme.com • hotelvilladellepalme.com • Ouv fév-nov. Doubles 60-220 €. Parking gratuit sur résa. Réduc de 10 % sur le prix de la chambre double pour les résas en direct avec le code « GuideRoutard ».* Voilà un hôtel de charme, installé dans une belle villa blanche du début du XXe s, à l'architecture Liberty originale. Toutes les chambres sont parfaitement équipées. Murs recouverts de très beaux tissus, recréant l'atmosphère des palais vénitiens. Quelques-unes disposent d'une petite terrasse donnant sur le jardinet planté de palmiers et de magnolias. Également des familiales à l'entresol (petites fenêtres). Que dire enfin du belvédère offrant une vue imprenable sur le Lido et, au loin, Venise (à ne pas rater au coucher du soleil) ?

🏠 ***Hotel Villa Cipro** (plan B1, **12**) : via Zara, 2. ☎ 041-73-15-38. • info@hotelvillacipro.com • hotelvillacipro.com • Doubles 50-160 €.* Jolie villa restaurée, dans son écrin de verdure. Une vingtaine de chambres doubles, agréables et confortables, aménageables en triples. Celles sur l'avant sont très lumineuses, celles sur l'arrière plus au calme, et certaines chambres du 2e étage bénéficient même d'un balcon. Délicieux petit déj, servi dans le jardin aux beaux jours. Accueil souriant, en français le plus souvent. Conseils avisés pour les promenades et les plages.

🏠 ***Villa Casanova** (plan A1, **13**) : via Orso Partecipazio, 9. ☎ 041-526-28-57. • info@casanovavenice.com • casanovavenice.com • Fermé déc-janv. Doubles 50-190 €. Parking gratuit sur résa.* Dans une rue calme d'un quartier résidentiel. Petit hôtel à taille humaine occupant une villa des années 1930 au fond d'un jardin où Casanova n'est jamais venu. Une douzaine de chambres (certaines mansardées) confortables aménagées selon les principes combinés de la

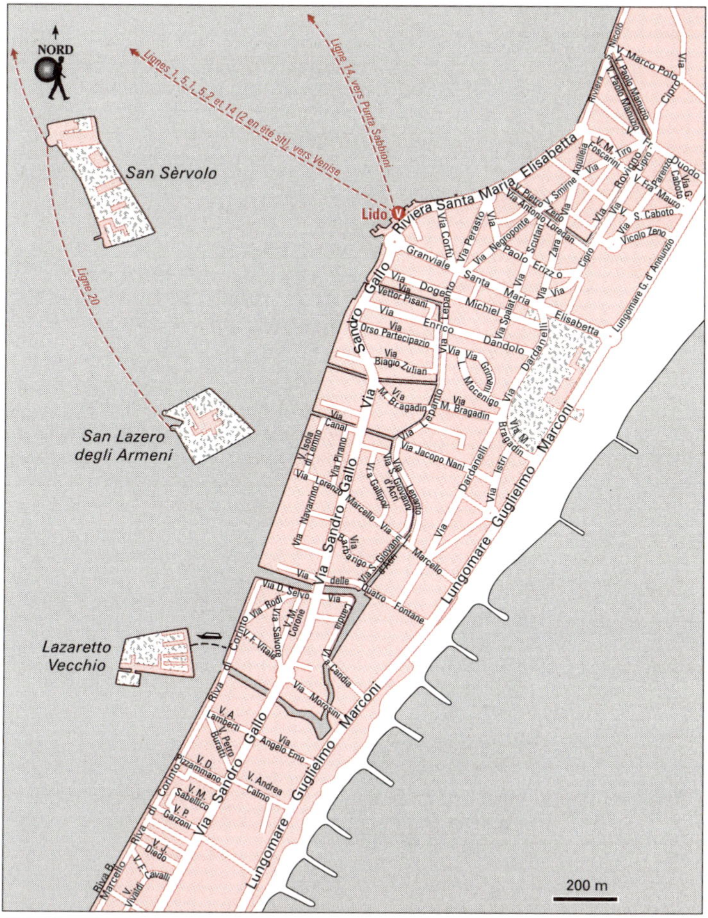

LIDO ET SES ENVIRONS

bio-architecture et du feng shui, preuve que les propriétaires, soucieux d'écologie et d'environnement, ont bien voyagé ! Accueil attentionné et petit déj bio.

Grande Albergo Ausonia & Hungaria *(plan B1,* ***14****) : Gran Viale S.M. Elisabetta, 28. ☎ 041-242-00-60. • hello@ausoniahungaria.com • ausoniahungaria.com • Doubles 150-400 (plus de 500€ pendant la période de la Mostra de Venise) €. Parking gratuit.* Encore un palace de légende (1907) chargé d'histoire ! La magnifique façade est classée en raison de la beauté et de la rareté de ses majoliques polychromes. Elle a été réalisée en 1913 par le célèbre céramiste Luigi Fabris. Il s'agit d'un exemple unique du style Liberty. L'hôtel fut un haut lieu de la période faste du Lido. Aujourd'hui restauré avec le meilleur goût, il abrite des chambres de luxe très confortables.

Où manger ?

Bon marché

Bar Maleti *(plan A1, **20**) : Gran Viale S.M. Elisabetta, 43/47. ☎ 041-242-81-33. Tlj sauf mer 7h-2h du mat.* Très bien situé, au cœur de l'animation, ce café-resto-bar à vins est l'endroit idéal pour croquer des *tramezzini,* des sandwichs et des *panini* à petits prix. On mange debout au comptoir ou assis dans la salle aux sièges confortables. Vend aussi des glaces. Bonne adresse économique.

De prix moyens à chic

Trattoria Andri *(plan A2, **21**) : via Lepanto, 21. ☎ 041-526-54-82. Emprunter Gran Viale et prendre la 1re rue à droite ; suivre la rive gauche du canal sur 500 m. Ts les soirs et dim midi, fermé lun Repas 25-35 €.* Au rez-de-chaussée d'une villa de caractère dotée d'une façade avec de jolis balcons en pierre. Attention, ne venez pas trop tard, car le resto est bondé en été. Quelques tables dehors et 2 salles joliment colorées, façon verrerie de Murano. L'accueil est chaleureux et le service souriant. Spécialités de poisson.

La Cucina *(plan A2, **22**) : via Sandro Gallo, 57 AB. ☎ 041-309-27-15. • info@lacucinaristorante.it • Tlj sauf mer (fermé les midis en hiver)11h-23h. Fermé en janv. Repas 20-30 €.* La grande salle claire et lumineuse ouvre sur la cuisine. La maison verse dans la nourriture et des *pizze* d'obédience *slow food.* Produits locaux et frais, donc, pour des recettes mi-classiques mi-originales, mi-terre mi-mer et minutieusement parfumées. Et si vous êtes conquis, copiez-les, elles sont détaillées aux murs.

Ristorante Africa *(plan A2, **23**) : via Lazzaro Mocenigo, 9. ☎ 041-77-01-23. Tlj ; fermé les midis en hiver. Repas 25-35 €.* Dans un quartier tranquille, résidentiel, chic et verdoyant. Authentique et savoureuse cuisine italienne (et pas africaine !) ; le chef met en vedette le poisson : turbot, sole, bar... Tout est frais et soigneusement préparé. Grande salle et tables dehors en été.

Où déguster une glace ?

Magiche Voglie *(plan A-B1, **30**) : Gran Viale, 47 G.* La *gelateria* préférée des locaux parmi celles du Gran Viale. On la repère vite à la file d'attente sur le trottoir ! Délicieuses glaces !

À voir. À faire

La plage publique *(mais payante)* la plus proche du débarcadère est celle de ***Blue Moon*** *(plan B2).* On peut toutefois poser sa serviette le long du rivage avant les parasols, où c'est encore gratuit. Ce n'est pas la plus isolée : il y a autant de monde que sur la place Saint-Marc ! Pour un peu plus de tranquillité, on monte au nord-est à la plage de ***San Nicolò*** *(hors plan par B1).* Tentez aussi celle d'***Alberoni*** *(hors plan par A2),* 10 km plus au sud-ouest... mais vous ne serez jamais seul. Sinon, la plupart des autres plages sont privées et payantes. Les abonnés y louent une cabane de bains durant la belle saison (cher).

➢ ***Promenades à vélo :*** le Lido est une île plate et aérée, où la circulation est facile. À la différence de Venise, on y croise des voitures mais la pression automobile reste très supportable. Le vélo est donc un moyen idéal pour explorer le l'île. Les fans d'Hugo Pratt pousseront par exemple jusqu'à ***Malamocco,*** où vivait le célèbre dessinateur. On trouve sur place un savoureux petit bar-*trattoria* à l'ambiance festive, ***Al Ponte di Borgo*** *(calle Le Merceria, 27 ; ☎ 041-77-00-90 ; mar-sam 9h-23h, dim 9h-18h).* Les plus sportifs poursuivront jusqu'à Chioggia

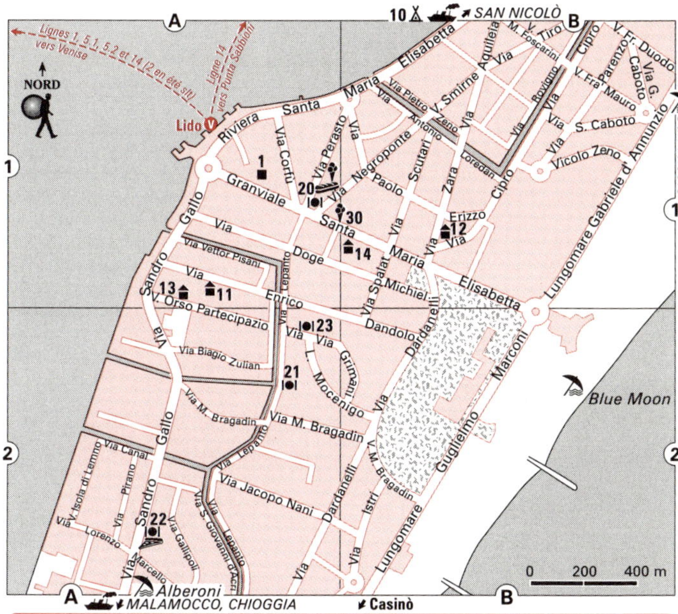

LE LIDO

■ **Adresse utile**

1 Lidoonbike (A1)

Où dormir ?

10 Camping San Nicoló (hors plan par B1)
11 Villa delle Palme (A1)
12 Hotel Villa Cipro (B1)
13 Villa Casanova (A1)
14 Grande Albergo Ausonia & Hungaria (B1)

Où manger ?

20 Bar Maleti (A1)
21 Trattoria Andri (A2)
22 La Cucina (A2)
23 Ristorante Africa (A2)

Où déguster une glace ?

30 Magiche Voglie (A-B1)

(80 km aller-retour, dont une partie à faire en ferry !). Plus raisonnablement, poussez jusqu'à l'agréable ***pinède d'Alberoni*** (10 km au sud-ouest), à la pointe de l'île. Au passage, vous jetterez bien un œil au *palais du Festival* ou au *Casino...*

SAN LAZZARO DEGLI ARMENI ET SAN SERVOLO

Cette île minuscule se situe à moins de 400 m au large du Lido du côté qui regarde Venise. Il n'y a pas de village mais un monastère habité par une dizaine de moines qui conservent la tradition et font rayonner la culture arménienne à Venise et dans le monde. San Lazzaro reste en plein XXIe s une concentration du savoir et de la connaissance. Est-ce un hasard si Lord Byron y venait se ressourcer et apprendre l'arménien ? Petite île, grand rayonnement !

UN PEU D'HISTOIRE

Les Arméniens occupèrent à Venise une place de choix. Autrefois composée de grands commerçants et de banquiers, leur communauté s'est peu à peu éparpillée. Du XIIe au XVIIe s, l'île abritait une léproserie. En 1717, l'île abandonnée est offerte par la république de Venise au père catholique arménien Mékhitar de Sébaste (1676-1749), fuyant Istanbul (Constantinople) et les persécutions par les Turcs. Il fuyait aussi, dit-on, les tracasseries du patriarche arménien de Constantinople... Personne ne voulait de cette île Saint-Lazare qui avait accueilli les lépreux. Mékhitar y recréa son paradis perdu, fondant un monastère et installant une congrégation de linguistes et de savants. Celle-ci acquit très vite une grande notoriété. Contrairement aux autres ordres monastiques, les pères mékhitaristes ne vouent leur existence qu'au travail intellectuel et scientifique et ne s'occupent pas de travaux agricoles ou manuels (il n'y a rien à cultiver sur cet îlot minuscule).

Arriver – Quitter

➢ Prendre le bateau n° 20 de l'embarcadère San Zaccaria (riva degli Schiavoni) et descendre à l'arrêt San Servolo ou San Lazzaro. Le bateau partant vers 15h25 permet de faire la visite guidée du monastère de San Lazzaro. Retour par le *vaporetto* de 17h15. Sinon, partir plus tôt et faire une halte à l'île de San Servolo. Notez que le trajet simple coûte 4 € et non 7,50 € comme les autres billets de *vaporetto.*

À voir

➢ En se rendant à San Lazzaro, pourquoi ne pas faire une halte à l'***île de San Servolo,*** juste avant en venant de Venise par le bateau ? Cet ancien asile (on la surnommait « l'île des fous ») a été reconverti en centre de congrès et en université. Très agréable parc, cantine pas chère sur place et un ***musée de la folie*** *(museo del manicomio)* assez déconcertant *(☎ 041-862-71-67 ; • museomanicomio.servizimetropolitani.ve.it • ; visite guidée en anglais et italien, lun-ven à 10h et 14h ; sur résa 10h-17h le w-e ; tarif 6 €, réduc, gratuit moins de 14 ans accompagnés).* Un endroit reposant, loin de la folie urbaine. Possibilité de reprendre tranquillement le bateau pour continuer sur San Lazzaro.

★★ Ⓒ ***Monastero Mechitarista :*** *à San Lazzaro. ☎ 041-526-01-04. Visite guidée (possible en français), par des moines, seulement 9h45, 13h45, 15h45. Entrée : 8€.* Un des hauts lieux de la spiritualité de Venise, qui inspire la paix et l'harmonie. L'église est très belle (superbes mosaïques de Murano de 1753). Elle abrite le tombeau de Mékhitar de Sébaste, fondateur de l'ordre des mékhitaristes, considéré aussi comme le pionnier de la renaissance de la littérature arménienne classique.

Le plus intéressant est sans conteste le monastère. Les moines y conservent de véritables pièces de musée, léguées notamment par de généreux donateurs. Importante collection de tableaux arméniens depuis le XVIIIe s jusqu'au début du XXe s. Une pièce est d'ailleurs entièrement consacrée à la culture arménienne. Nombreux objets insolites ou surprenants, comme ce morceau de pain (presque intact !) de 1848, cette momie égyptienne qui repose au monastère depuis 1825 (c'est l'une des mieux conservées d'Europe !), une sculpture de Canova représentant le fils de Napoléon, etc.

Le monastère possède aussi plus de 100 000 ouvrages arméniens. Le plus ancien date du VIIIe s ! En 1797, Napoléon, impressionné par le travail scientifique et littéraire des moines, leur laissa une totale indépendance. Il signa en leur

faveur un manuscrit reconnaissant leurs droits et assurant leur liberté. Celui-ci est toujours conservé dans les archives du monastère.
Les ***jardins*** qui entourent le monastère vous permettront de faire une balade bien agréable. On y produit aussi de la confiture de roses faite à partir des nombreux rosiers de l'île. San Lazzaro est surnommée « l'île verte et rose » en raison de sa verdure et de ses fleurs.

LAZZARETTO VECCHIO

Situé près du Lido et datant du XVe s, le Lazzaretto Vecchio (le Lazaret Vieux) représente le 1er exemple historique de structure destinée au traitement de la peste. Provenant des différents ports méditerranéens, les cas avérés étaient ici isolés et traités, afin d'éviter les risques de contagion avec la population.
À partir du XVIIIe s, l'île perdit sa fonction sanitaire et, pendant les dominations napoléonienne et autrichienne, elle fut intégrée dans le système militaire de la lagune.

UN PEU D'HISTOIRE

C'est en 1423, dans ce petit hôpital militaire, que la République de Venise décide de construire le 1er lazaret de l'Histoire en concevant le principe de la « quarantaine » pour l'isolement des personnes, des animaux et des marchandises arrivant principalement des mers du Levant. Le « Lazzaretto Vecchio » – appelé ainsi suite à la construction du Lazzaretto Nuovo en 1468 (voir précédemment la partie « Dans les environs de Sant'Erasmo. Le Lazzaretto Nuovo ») – fut surtout utilisé pendant l'épidémie de peste de 1630-1631, et les récentes fouilles ont permis de découvrir d'immenses fosses communes.

Comment y aller ?

L'île n'est pas desservie par le *vaporetto*.
➢ ***De Venise :*** *vaporetto* lignes 5.1 ou 5.2 depuis la gare Venezia Santa Lucia, arrêt Lido-SME, puis bus *ACTV* lignes A/B/C (même billet que le *vaporetto*) le long de via Sandro Gallo à destination de Faro Rocchetta/Malamocco, arrêt Sandro Gallo-Sant'Antonio. De là, rejoindre à pied la Riva di Corinto, en face de l'île. Puis plusieurs trajets prévus pour rejoindre le Lazzaretto Vecchio grâce à de petites embarcations.

À voir

☎ 041-244-40-11. • lazzarettovecchio.it • On peut visiter l'île lors d'ouvertures extraordinaires d'avr à oct, dim 10h-13h, 15h-18h (résa internet et visite guidée obligatoires). Une contribution de 5 € est requise pour l'aide à la restauration de l'île. Le Lazzaretto Vecchio a connu entre 2004 et 2008 une grande opération de réhabilitation et de restauration, dans l'espoir de créer le siège du musée national d'Archéologie de la ville et de la lagune de Venise. Ce projet est mené en collaboration avec les membres et bénévoles de l'*Archeoclub di Venezia* (le club d'archéologie de Venise). C'est grâce à eux que l'on peut visiter l'île aujourd'hui.

CHIOGGIA

10 000 hab. (code postal : 30015)

Chioggia, à 25 km à vol d'oiseau au sud de Venise, est encore préservé une partie de l'année de l'invasion touristique. Ici, point de gondoles mais des bateaux de pêche, très typiques et colorés, qui placent la ville au 2e rang des ports de pêche d'Italie. Chioggia a su préserver, dans son centre-ville historique du moins, sa douce atmosphère de petite ville méditerranéenne. On y croise beaucoup de monde l'après-midi sur l'artère principale, le corso del Popolo, un *fritto misto* de pêcheurs et de touristes.

BAROUF D'HONNEUR !

Il n'y a pas plus querelleurs que les Chioggiotti (habitants de Chioggia) ! Un tempérament immortalisé par Goldoni, un habitué des lieux, dans une comédie écrite en 1762 et qui fait la fierté de la ville : Le Baruffe chiozzotte. *D'ailleurs, le terme italien* baruffa, *que l'on pourrait traduire par « querelle confuse », a donné en français le mot... « barouf ».*

Inutile de passer le pont pour aller à *Sottomarina,* une île sans intérêt. Hôtels en béton, enseignes fluo, campings surpeuplés et hordes de touristes composent le décor de cette station balnéaire quelconque.

– Pour voir les bateaux multicolores parader fièrement toutes voiles dehors, venez donc le 3e dimanche de juin, pour le ***Palio della Marciliana,*** quand les *sestieri* de la ville s'opposent dans le plus grand respect des traditions ; ou mi-juillet, pour la ***fête du Poisson*** (elle dure 10 jours).

Comment y aller ?

On peut y accéder par bateau ou par la terre ferme.

➢ ***Par la terre ferme*** *(50 km)* **:** en voiture, prendre à Marghera, au sud de Mestre, la SS 309 qui longe la lagune en direction de Ravenne. On peut aussi emprunter un bus à l'arrêt Piazzale Roma à Venise. Compter largement 1h et beaucoup de circulation. De Padoue, bus direct (le n° E005) ou prendre la SS 516. Compter 1h de trajet là encore.

➢ ***Par le Lido*** *(40 km)* **:** de Venise, gagner le Lido et là, prendre le bus n° 11 (ttes les 30 mn env ; billet : 1,50 €) au terminal des *vaporetti.* Le bus passe (en bac) par l'île de Pellestrina, puis il faut prendre le *motonave* n° 11 (ttes les heures env ; 5 €) jusqu'à Chioggia. Total, un trajet depuis Venise de 1h30 hors attente pour 14 € l'aller simple (pour un A/R dans la journée, un *pass* journalier *ACTV* est plus avantageux). Une balade très sympathique, que les Vénitiens vous recommanderont aux beaux jours, consiste à louer un vélo au Lido et à pédaler jusqu'à Chioggia, en empruntant les bacs successifs (mais attention, le transport des vélos à bord est limité en nombre et vous parcourrez 80 km A/R !).

Adresse et infos utiles

ℹ ***Ufficio del turismo (IAT) :*** *sur la plage, Sottomarina. ☎ 041-40-36-52. • ufficio.iat@chioggia.org • Juin-août, tlj 9h30-13h, 16h30-20h ; le reste de l'année il peut y avoir des changements d'horaires, à vérifier lors de votre visite (en période hivernale slt le matin).*

– **Grand marché :** *jeu mat.*

🅿 ***Parking :*** grand parking payant à l'entrée de la ville. Pas de stationnement dans Chioggia.

Où dormir ?

B & B Palazzo Carlo Goldoni : *calle Rosalba Carriera, 307. ☎ 041-40-56-48. • imm.c.goldoni@immobiliarecarlogoldoni.com • palazzocarlogoldoni.com • À l'angle du corso del Popolo. Congés : de mi-nov à janv. Doubles 80-100 €.* 3 chambres au rez-de-chaussée, très propres et équipées d'un frigo, avec entrée indépendante et une baie vitrée donnant sur une cour. Cette villa cossue vit naître Rosalba Carriera, une artiste peintre du XVIIIe s, et Carlo Goldoni la fréquenta (on parle de la villa) pour échapper au joug paternel. Les lustres et les marbres baroques auront beaucoup d'histoires à vous raconter. Accueil charmant.

Où manger ?

Prix moyens

Bella Venezia : *calle Corona, 51. ☎ 041-40-05-00. • info@ristorantebellavenezia.com • Dans une ruelle étroite qui part du corso, en face d'Antico Toro. Tlj sauf jeu. Résa conseillée dim. Menu 20 € ; carte 25-35 €.* Ambiance un peu froide en salle. Préférez la jolie cour intérieure, surmontée de statuettes représentant les saisons. Réputé pour ses excellentes spécialités vénitiennes, à base de légumes locaux. Au nombre desquels pas mal de plats qui regardent la mer, dont de l'anguille, à des prix tout à fait démocratiques.

Antico Toro : *corso del Popolo, 1306. ☎ 041-40-05-60. • anticotoro@gmail.com • Juste avt l'hôtel de ville, à gauche en venant du débarcadère. Tlj sauf mar. Congés : janv. Carte env 25 €. Café offert sur présentation de ce guide.* Une carte variée à des prix raisonnables de spécialités de la mer. L'accueil est chaleureux, la cuisine ordinaire mais correcte. Agréable terrasse sur le *corso.*

Ristorante Al Porto : *riva Canal Lombardo, 1414. ☎ 041-40-14-14. Tlj (sauf mer en hiver). Repas 15-25 €.* Bien à l'écart de la rue principale, ce petit resto sans prétention s'est amarré au quai, face aux bateaux de pêche. Ça tombe bien, outre une litanie de *pizze,* la maison propose des produits de la mer à tous les étages. Pas forcément très apprêtés, le gril étant la principale source de cuisson. Service sympa, en salle décorée d'une fresque colorée ou sur la terrasse attenante.

À voir

Museo civico della Laguna Sud : *dans l'ancienne église San Francesco Fuori le Mura. Sept-début juin, tlj sauf lun 9h-13h, plus 15h-18h sam-dim ; début juin-août, tlj sauf lun 9h-13h, plus 21h-23h jeu-dim. Entrée : 4 € ; réduc.* Joli petit musée consacré à l'histoire de la marine et à la vie dans la lagune depuis la Préhistoire. La construction sur pilotis est très bien expliquée. On peut aussi y admirer quelques tableaux montrant, au fil des siècles, la vie sur l'île, l'exploitation des salines, les fêtes populaires ou religieuses. Quelques barques (les *bragozzi*) avec leurs voiles chamarrées, chargées de symboles ésotériques... Ne pas manquer non plus la superbe représentation sur bois doré de la *Justice trônant avec saint Felice et saint Fortunato,* datant de 1436. Felice et Fortunato sont les 2 saints protecteurs de la ville.

Corso del Popolo : Chioggia s'organise en arêtes de poisson autour d'une large artère centrale, le *corso del Popolo.* Passé la *porta Garibaldi* (du XVIe s), la ville lance des dizaines de petites rues. De part et d'autre du *corso,* une rangée d'arcades abrite des commerces en tout genre, dont une flopée de cafés. Voir au passage la cathédrale et ses peintures très réalistes représentant le martyre de certains saints (on dit que les artistes eurent beaucoup de mal à achever l'œuvre, tant elle les effrayait !). Ou encore l'église Saint-Jacques et ses émouvants *tolele*, des ex-voto en forme de tableaux naïfs peints sur du bois par les pêcheurs eux-mêmes. Avant d'aboutir à la mer, remarquer la colonne surmontée du lion de Venise.

Empruntez le pont à droite de l'embarcadère. Belle vue sur le ***canale della Vena,*** souvent utilisé pour le tournage de films sur Venise. On pénètre alors dans le vieux quartier populaire. Façades colorées, conserveries de poisson, linge suspendu aux fenêtres... En continuant tout droit, on rejoint le canal San Domenico et ses chalutiers. Petit coup d'œil dans l'***église*** du même nom, qui abrite un tableau de Carpaccio et un Christ en Croix sculpté, défiguré par la souffrance, longtemps objet de procession. Pour l'anecdote, ses côtes sont faites de corde peinte, et si on l'observe depuis l'arrière de l'autel (accès possible), l'expression de son visage change en fonction de l'angle d'observation !

Le marché aux poissons : *tlj sauf lun 8h-12h. Il se trouve près du corso, derrière le resto* Antico Toro. Installé dans un ancien entrepôt à grains, c'est le plus pittoresque de la lagune. La salle de vente se trouve le long du canal della Vena. Les petits bateaux y accostent juste après la pêche pour vendre au plus offrant. L'entrée du marché est surmontée d'un superbe portique en pierre sculptée.

LA TERRE FERME, DE MESTRE À PUNTA SABBIONI

Soyons franc, cette immense agglomération tressée de nœuds autoroutiers, de voies rapides et d'improbables zones industrielles n'a rien de glamour ! Hors saison, on préférera loger dans la Sérénissime, encore accessible. En revanche, en saison Mestre est un lieu pratique pour établir le camp à moins cher qu'à Venise même, moyennant 30 mn de transports en commun matin et soir (tout de même !). Par ailleurs, c'est une bonne base arrière pour visiter le canal du Brenta (voir le chapitre suivant).

Les adeptes du camping trouveront ici terrain à leur tente ou contourneront la lagune pour gagner le *litorale del Cavallino,* une presqu'île d'une vingtaine de kilomètres, en partie dans la pinède et longée par une plage. La pointe (*Punta Sabbioni* et *Treporti*) est reliée à Venise. En *vaporetto,* il faut compter entre 35 mn et 1h30. Une bonne option pour profiter à la fois des plaisirs de la plage tout en se ménageant des excursions en ville !

Comment se rendre à Venise ?

➢ ***De Mestre :*** compter env 30 mn de trajet en train ou en bus (le n° 2) depuis la gare ferroviaire de Mestre pour la modique somme de 1,25 € le trajet en train, et env 1,70 € en bus. Autant laisser sa voiture sur la terre ferme, de nombreux parkings sont prévus pour cela (voir plus haut le chapitre « Infos pratiques sur place »).

➢ ***De Fusina :*** à 5 km au sud de Mestre. Vedettes (ligne n° 16) ttes les heures en été pour Venise (Zattere), 8h-21h (18h hors saison). Traversée : 25 mn, 13 € A/R (les forfaits *vaporetti* ne fonctionnent pas sur cette ligne, il faut acheter un billet spécial). Infos au ☎ *041-547-01-60.* • *terminalfusina.it* • et • *actv.avmspa.it* • Parking env 10 € les 12h et 15 € les 24h.

➢ ***De Treporti :*** accès facile par les *vaporetti* des lignes *ACTV.* 2 embarcadères sur la presqu'île : Punta Sabbioni (lignes n°s 12, 14 et 15) et Treporti (lignes n°s 12, 13 et 14). Les n°s 12 et 13 rejoignent Fondamente Nove, en respectivement 1h30 et 1h10 de traversée. La ligne n° 14 rejoint le Lido. La ligne n° 15 relie San Zaccaria (pl. Saint-Marc) en 35 mn, mais service seulement en début de matinée et fin d'ap-m. La ligne N (de nuit) fonctionne également jusqu'à env 3h du mat (mais certains *vaporetti* s'arrêtent à Treporti). Des bus relient Jesolo à Punta Sabbioni et à Treporti.

Où camper ?

À Mestre et à Fusina

Les campings situés sur la commune de Mestre se trouvent principalement sur la S 14 qui relie Mestre à l'aéroport (quartiers Campalto ou Tessera). Pratiques mais sans aucun charme et bruyants, surtout pour les plus proches de l'aéroport. En revanche, il est facile et rapide de rejoindre Venise en bus *(piazzale Roma ; plan détachable A3).* L'inconvénient, c'est qu'on est tributaire des horaires de bus, notamment le soir pour rentrer.

⛺ ***Camping Venezia Village :*** *via Orlanda, 8/C, 30173* ***Campalto-Mestre.*** ☎ *041-531-28-28.* • *info@*

veneziavillage.it • veneziavillage.it • Bus pour Venise (nos 5 et 19) ttes les 15 mn, le no 5 reliant aussi l'aéroport Marco-Polo ; arrêt à 150 m du camping. Le plus proche de Venise, sur la S 14 (direction aéroport ou Trieste), entre San Giulano et Campalto. Ouv tte l'année (excepté du 6 janv au 14 fev). Résa à l'avance conseillée. Forfait tente pour 2, 24-33 € ; mobile homes 2-5 pers 50-115 €. Doubles avec sdb 50-55 € ; familiales 82-115 €. Camping 3 étoiles qui occupe une position stratégique : proche des axes routiers, pas loin de l'aéroport, et surtout à moins de 15 mn en bus de Venise. De loin la solution la moins chère pour loger dans le secteur. Bien tenu, bien équipé (piscine, jacuzzi, resto, épicerie), c'est une bonne option dans sa catégorie, d'autant que l'accueil est sympa.

⛺ ***Camping Fusina :*** *via Moranzani, 93, 30176* ***Fusina.*** *☎ 041-547-00-55. • info@campingfusina.com • campingfusina.com • ♿ Dans un cul-de-sac, tt au bout de la SP 23 (bien fléché depuis la SS 309). Forfait tente pour 2, 32,50-35 € ; bungalows 2-6 pers 70-145 €.* On parle de ce camping 3 étoiles parce que les tarifs sont corrects, et parce qu'il est à côté de l'embarcadère pour Venise. Hyper pratique. Pour le reste, il faudra faire abstraction d'un environnement nul (près de la zone industrielle de Marghera, et si le vent est mal orienté...) et colonisé par des moustiques voraces.

Sur le litorale del Cavallino

Plus de 20 campings se succèdent tout le long du *litorale del Cavallino,* plus éloigné que Mestre mais plus réjouissant et facile d'accès par les *vaporetti* des lignes *ACTV.* Cette région reçoit toutefois 6 millions de touristes en saison ! Le ton est donné... Aux heures de pointe, le *vaporetto* n'a rien à envier au métro ! Les campings sont grands, voire gigantesques pour certains, avec tous les services nécessaires, évidemment. Certains proposent des navettes gratuites jusqu'aux arrêts de *vaporetto.*

⛺ ***Camping San Marco :*** *via del Faro, 10, 30013* ***Cavallino-Treporti.*** *☎ 041-96-81-63. • info@campingsanmarco.it • campingsanmarco.it • À 12 km au nord de Punta Sabbioni. Ouv de début mai à mi-sept. Forfait tente pour 2, 27-55 € ; maxi caravanes 4-6 pers et apparts 5 pers 70-138 €.* Un camping 4 étoiles qui ne manque pas d'atouts : situé au bout d'une impasse, il est tranquille, pas trop grand (du moins pour le coin : 100 emplacements quand même !), profite d'un accès direct à la plage et a un bon niveau de confort (piscine, resto, épicerie...). Beaucoup d'arbres, donc beaucoup d'ombre. Mais c'est le plus éloigné des campings de Cavallino.

⛺ ***Camping Miramare :*** *via lungomare Dante Alighieri, 29, Punta Sabbioni, 30013* ***Cavallino-Treporti.*** *☎ 041-96-61-50. • info@camping-miramare.it • miramarevenezia.it • Vaporetto (Punta Sabbioni) à 600 m. Ouv avr-oct. Forfait tente pour 2, 25-42 € selon saison (l'été, séjour min de 2 nuits exigé). Bungalows 4 pers 34-85 €.* Pas trop grand : environ 150 emplacements et une trentaine de bungalows. Pas au bord de la plage (elle est à 1,5 km), mais navette gratuite pour s'y rendre. Sinon, il y a la piscine ! Accueillant et familial... et à 800 m du bateau pour Venise ! À ne pas confondre avec un camping du même nom à Sottomarina, près de Chioggia.

⛺ ***Camping Marina di Venezia :*** *via Montello, 6, Treporti, 30013* ***Punta Sabbioni.*** *☎ 041-530-25-11. • camping@marinadivenezia.it • marinadivenezia.it • Vaporetto (Punta Sabbioni) à 1 km. Ouv de mi-mai à début oct. Forfait tente pour 2, 28-69,50 €. Séjour min de 2 nuits mai-juin, 7 nuits juil-août au camping et 4 nuits en bungalow.* Les chiffres parlent d'eux-mêmes : plus de 300 bungalows, des restos, marchés, une dizaine de bars, tennis, 7 piscines dont une olympique (plusieurs sont chauffées), un cinéma et même 2 églises... c'est du délire ! Ce 5-étoiles s'étend sur 550 000 m^2 et propose 3 000 emplacements ! Très belle plage « privée ». Évidemment, plus grand, la gestion impose des règles (bracelets, horaires...). Belles prestations donc, mais pas franchement intime.

⛺ ***Camping Al Boschetto :*** *via delle Batterie, 18, Ca' Savio, 30013* ***Cavallino-Treporti.*** *☎ 041-96-61-45. • info@alboschetto.it • alboschetto.it • À 4,5 km de Punta Sabbioni. Ouv* *de mai à fin-sept. Forfait tente pour 2, 20€-48€ €. Séjour min de 2 ou 3 nuits hors saison et de 5 nuits au plus fort de l'été.* Un 3-étoiles de « seulement » 70 000 m² pour 320 emplacements. Intimité relative, mais dans l'ensemble, c'est convenable et bien équipé. Une soixantaine de bungalows. Resto, plage privée, supermarché, terrains de foot et de tennis.

Où dormir ? Où manger ?

À Mestre

Hotel Adria : *via Cappucina, 34. ☎ 041-98-97-55. • info@hoteladriavenice.it • hoteladriavenice.it • Bus (lignes 4L et 7L) à proximité pour Venise. ♿ De la gare ferroviaire, prendre à droite, puis la grande avenue à gauche (15 mn à pied). Doubles 60-85 € selon saison. Parking payant.* Une adresse au charme fonctionnel. Une trentaine de chambres comme il faut, sans mauvaise surprise et vraiment confortables. Accueil charmant, et très attentionné. Un bon point de chute.

Hotel Aaron : *via Felesati, 187. ☎ 041-53-58-68. • info@hotelaaron.com • hotelaaron.com • À 300 m de la gare, par l'avenue qui part juste en face. Doubles 50-145 €.* Derrière les murs de ce bâtiment très début XXe s se cache un petit hôtel très au goût du jour et bien agréable. Dans les chambres, décor moderne, tantôt d'un blanc hospitalier, tantôt foncé et rehaussé de têtes de lit tendues de tissus néobaroques, le tout fort bien équipé. Au bout du compte, une bonne aubaine pour s'offrir un séjour dans un écrin chic à des prix encore abordables.

Hotel Villa Costanza : *via Monte Nero, 25. ☎ 041-93-26-24. • info@hotelvillacostanza.com • hotelvillacostanza.com • À moins de 10 mn de la gare, dans une petite rue perpendiculaire à la via Piave (qui part presque en face de la gare). Doubles 65-110 €. Parking.* Tout pour plaire : idéalement situé à 2 pas des transports (le bus n° 2 pour Venise est à l'angle), tenu par une équipe charmante, et décoré avec soin dans un style contemporain élégant et chaleureux.

Hotel Paris : *viale Venezia, 11. ☎ 041-92-60-37. • info@hotelparis.it • hotelparis.it • À 100 m de la gare : dans une petite rue tranquille, juste à gauche en sortant. Fermé quelques j. à Noël. Doubles 60-165 €. Parking payant (15 €/j.).* Hôtel parfaitement tenu, proposant une vingtaine de chambres modernes et élégantes, desservies par un ascenseur. Assez cher en haute saison mais tellement pratique car à 2 pas de la gare. Accueil efficace et souriant.

Ristorante Moro : *via Piave, 192. ☎ 338-714-47-76. • info@ristorantemoro.it • À 100 m de la gare, par l'avenue qui prend naissance pile en face. Tlj sauf sam midi et dim. Repas 25-32 €.* La salle est totalement occultée de l'extérieur par des rideaux opaques. Pas plus mal, les rues de Mestre n'ayant rien de bien appétissant. Ça permet de se concentrer sur la carte diversifiée ce qu'il faut, côté terre ferme et côté lagune. Certains plats sont même dans la mouvance *slow food* (canard désossé, *baccalà a la vincentina*...). C'est bon, à des prix plus que réfléchis, et servi efficacement mais sans effusions.

À Marghera

Antica Villa Graziella : *via Luigi Coletti, 6, 30175. ☎ 041-92-16-55. • villa@villagraziella.com • villagraziella.com • À 800 m au sud de la gare de Mestre ; accès à Venise en train, ou par le bus nos 6 ou 6L (2 lignes différentes). Dès l'arrivée à Marghera, c'est bien indiqué ; au pied du château d'eau. Fermé en déc et en janv. Doubles 45-100 € selon saison. Parking gratuit.* Dans une maison bourgeoise précédée par un jardinet fleuri, une quinzaine de chambres claires, à la déco simple (façon frises au pochoir et couvre-lits à l'ancienne) mais nickel et de bon confort. Quelques familiales avec un grand lit et un lit superposé. Petit déj servi dans le jardin en été. Quant à l'accueil, il est aux petits soins !

À Favaro

Locanda Al Convento : *via Ca' Colombara, 41, 30030. ☎ 041-501-07-03. • info@agriturismoalconvento.com • agriturismoalconvento.com • Double 80 €. Repas (copieux) 30-35 €. Parking gratuit.* À 2 pas de la ville mais déjà à la campagne, cet *agriturismo* est un point de chute original qui conviendra aux amateurs de calme, pourvus d'un véhicule. Chambres confortables et champêtres, au diapason d'une bonne cuisine de terroir préparée à base de produits de la ferme. Bon accueil.

Sur le litorale del Cavallino

Agriturismo Dolce Acqua : *via Baracca, 102 A,* ***Cavallino-Treporti.*** *☎ 041-96-81-29. • agri.dolceacqua@alice.it • agriturismodolceacqua.it • À une dizaine de km de l'embarcadère de Punta Sabbioni. En camping (avr-oct seulement), forfait tente pour 2, 20-30 €. Doubles avec sdb 100-140 € (et avec le parasol sur la plage !).* Cette coquette ferme reconvertie propose une petite douzaine de chambres confortables, très bien tenues, et joliment arrangées dans un style balnéaire. Certaines avec en plus des lits superposés pour les enfants. Quant aux campeurs, ils se partagent un espace tranquille ouvert sur la verdure, équipé de tout le nécessaire (sanitaires propres). Petit, familial et convivial : on est loin des énormes structures habituelles ! Et comme il reste encore quelques poules dans la cour, les œufs frais servent à concocter un délicieux petit déj... qu'on peut encore améliorer en achetant les confitures maison ! Prêt de vélos et resto de la même famille à 300 m.

Hotel La Rondine : *via Fausta, 60, Punta Sabbioni, 30010* ***Cavallino-Treporti.*** *☎ 041-96-61-72 ou 62-84. • info@hotellarondine.it • hotellarondine.it • ♿ À 1 km du débarcadère de Punta Sabbioni. Doubles 90-100 € ; possibilité de ½ pens (si 3 nuits min).* Environnement extérieur pas très attirant, en bordure de la route qui traverse le *litorale del Cavallino.* Mais des chambres pour 2 ou 3 personnes correctes quoiqu'assez petites. Bref, ça dépanne. Quant au resto, c'est la cantine des employés du coin. Une cuisine pas vraiment fine, mais copieuse et pas chère. Bon accueil.

Hotel-ristorante Il Ghebo : *via Fausta, 41, Punta Sabbioni, 30010* ***Cavallino-Treporti.*** *☎ 041-65-82-70. • info@ilghebo.it • ilghebo.it • À 1 km de l'embarcadère de Punta Sabbioni. Doubles 90-115 € (2 nuits min).* Une maison de taille moyenne dans les pins, un peu en retrait de la route principale et dans un environnement plaisant. Seulement une petite dizaine de chambres assez exiguës, avant tout fonctionnelles et bien propres. L'avantage, c'est le parking gratuit à l'hôtel et sa situation proche de l'embarcadère pour Venise. Quant à la plage, elle est à 2 km, mais la maison prête des vélos ! Restaurant-pizzeria sur place.

À voir. À faire

Museo M9 : *via Giovanni Pascoli, 11, Mestre. ☎ 041-238-72-30. • m9museum.it • Oct-avr, tlj sauf mar 9h-18h (10h-19h w-e et j. fériés) ; mai-sept, tlj sauf mar 10h-19h (11h-22h w-e et j. fériés). Derniers billets 1h avt fermeture. Entrée : 14 € ; 16 € expo permanente + expo temporaire ; réduc.* Conçu par l'agence allemande Sauerbruch Hutton, le M9 naît d'un défi bien ambitieux : attirer les flux des touristes qui se rendent à Venise et redonner du blason à la ville de Mestre réputée comme ville-dortoir. Inscrit officiellement à l'ICOM, le musée se consacre au patrimoine historique et culturel du XXe s, reposant sur le multimédia et une expérience tout à fait immersive. Le plus surprenant, c'est que ce projet de revitalisation urbaine est misé sur une architecture durable, inspirée par une interprétation innovante et en même temps respectueuse de l'environnement de la ville de Mestre. Il est désormais impossible de ne pas remarquer cet imposant complexe, dont les tout nouveaux bâtiments se caractérisent par 20 000 modules de céramique aux

différentes couleurs ! À l'intérieur du musée, en revanche, c'est le béton qui règne et accompagne les visiteurs dans un incontournable voyage dans le temps : à travers 8 sections thématiques, on retrace ainsi les principales évolutions sociales, politiques, économiques et technologiques que l'Italie a connues au XXe s, dans une atmosphère brutaliste authentique.
– *Bon à savoir :* l'offre culturelle du M9 prévoit également un grand espace réservé aux expos temporaires (3e étage) et une salle de cinéma douée d'écran 4K et de 200 places pour des projections collectives de réalités virtuelles (rez-de-chaussée).

➢ La ***presqu'île de Treporti*** se prête à merveille à la découverte de la nature à pied, à vélo et en bateau, surtout au printemps, lors de la floraison du *limonium* (la lavande de mer), une fleur qui couvre les marécages de sa couleur violette.

LE CANALE DEL BRENTA (CANAL DU BRENTA)

Le canal du Brenta, entre Mestre et jusqu'au nord de *Padoue,* est jalonné d'une cinquantaine de villas, construites du XVIe au XVIIIe s pour de richissimes Vénitiens. Pour clore une balade dans la Vénétie ou simplement un séjour à Venise, nous aurions aimé vous faire rêver d'une fabuleuse balade dans le temps, le long d'un canal propice aux promenades à pied, aux virées à vélo. Mais les rêveurs éveillés vont devoir, ici comme dans toute la Vénétie, s'inquiéter plus des flux automobiles et des radars avant de s'arrêter près des rares lieux encore ouverts à la visite : si un certain nombre de villas construites par Palladio et ses successeurs sont désormais progressivement restaurées, la magie n'opère vraiment qu'avec un minimum d'imagination. Espérons que ce beau et précieux patrimoine ne cédera pas devant ce qui semble être une incompressible poussée urbaine. Car aujourd'hui le paysage est très urbanisé, même autour de Spra, Dolo et Mira, qui restent les points incontournables.

De luxueuses fêtes nocturnes étaient autrefois organisées dans ces villas, avec concerts, bals et feux d'artifice. Les orchestres, dissimulés dans les bosquets, jouaient des airs de Pergolèse et de Vivaldi. Il existait même au XVIIIe s un bateau, nommé *Il Burchiello,* qui reliait Padoue à Venise et transportait seigneurs, marchands, artistes, comédiens, aventuriers et femmes légères. Il fut notamment célébré par Casanova et cité par Byron. Rien à voir évidemment avec ceux qui parcourent le *canale del Brenta* et proposent des croisières sur les traces de ce faste passé.

Cette microrégion reste un passage obligatoire pour tous ceux qui souhaitent rallier Venise à Padoue, évitant ainsi l'autoroute et profitant, tout de même, d'un reste de magie. Elle peut constituer aussi un point de chute intéressant (car autrement plus glamour que Mestre !) pour visiter Venise. Des lignes de bus directes passant par le canal desservent en effet la cité. Autre solution : rejoindre en voiture l'embarcadère de Fusina et prendre le *vaporetto.* Dans tous les cas, compter de 45 mn à 1h en tout pour rejoindre Venise.

UN PEU D'HISTOIRE

Le Brenta prend sa source dans des lacs d'altitude près de Trente et traverse Bassano del Grappa et la plaine de la Vénétie, via Padoue, pour aller se jeter dans la lagune de Venise près de Fusina. L'histoire du Brenta est une longue suite d'inondations et de changements de lits. En 1152, les digues cédèrent, et elle se déversa violemment dans la lagune, provoquant une épidémie de paludisme. Les Vénitiens commencèrent alors de grands travaux pour la canaliser. Jusqu'à la fin du XIXe s, on creusa 4 canaux pour faire s'écouler plus paisiblement ses eaux tumultueuses, dont l'un se dirige vers Chioggia. Écluses et ponts mobiles la rendirent alors navigable. La visite qu'on vous propose suit les villas les plus belles installées le long du cours principal du Brenta. L'une d'entre elles, et pas la moindre puisqu'il s'agit de la Villa Contarini à Piazzola sul Brenta, est assez isolée des autres, puisqu'au nord de Padoue (mais toujours au bord du Brenta !).

Adresse utile

Point info touristique : *via Nazionale, 420, 30034* ***Mira.*** *À la billetterie de la villa Widmann Foscari (mêmes horaires).* ● *rivieradelbrenta.com* ● À défaut d'un vrai office de tourisme, vous y trouverez quelques brochures.

Croisières en bateau

Basées à Padoue, plusieurs compagnies de navigation se partagent le marché avec des navires panoramiques (jusqu'à 200 personnes !) ou des péniches traditionnelles moins chargées (50 personnes max). Croisières à la journée ou à la demi-journée, de mars à début novembre, au départ de Padoue ou de Venise, avec passage des écluses et visite guidée de villas. Le repas et le retour au point de départ en bus ou train sont souvent en option. Du coup cette excursion est chère : compter au moins 55 à 99 € par personne selon le jour et le trajet ! Évidemment, le temps passé dans chaque villa est limité. Mais tout le plaisir réside dans la balade au fil de l'eau !

– Pour les infos pratiques, le détail des parcours et la réservation : ● *battellidelbrenta.it* ● *booking-on-line.com* ●

En voiture, en bus

– ***En voiture :*** vous pouvez suivre le parcours du bateau en longeant le canal par la route nationale 11, qui relie Venise à Padoue via Marghera, Mira, Dolo et Stra. Vous pourrez ainsi visiter les villas à votre rythme. C'est la meilleure solution.

– ***En bus :*** la liaison Padoue-Venise est assurée par les nombreux bus de la compagnie *ACTV* Bus 53E *(● actv.it ●),* qui dessert Mira, Dolo et Stra. Si le temps est de la fête, pourquoi pas ? Arrêts bien signalés.

À vélo

– ***Attention :*** il y a beau avoir une piste cyclable, ce n'est pas l'idéal. On peut certes longer la rivière de Padoue à Venise, mais il faudra la plupart du temps partager la route nationale 11 avec les innombrables voitures et bus. Pas terrible ! 2 itinéraires ont toutefois été balisés sur la rive sud, à travers la plate (et morne) campagne.

Où dormir ? Où manger au fil du canal ?

À Mira (30034)

Hotel Riviera dei Dogi : *via Don Minzoni, 33.* ☎ *041-42-44-66.* ● *info@rivieradeidogi.com* ● *rivieradeidogi.com* ● ♿ *À 17 km de Venise et à l'écart de la route nationale SS 11. Congés : janv. Doubles 65-100 € ; familiales. Parking gratuit. Apéritif maison ou digestif offert sur présentation de ce guide.* Au cœur du village et donnant sur un gentil méandre du Brenta, c'est un hôtel confortable, construit en partie sur les restes d'une ancienne villa vénitienne du XVIe s. Une quarantaine de chambres agréables (meubles anciens, vieilles poutres pour certaines...), bien équipées et calmes, dont plusieurs avec vue sur le canal. Les plus fonctionnelles sont réparties sur 2 annexes ; elles ont l'avantage de donner sur l'arrière et d'être un peu plus calmes. Excellent accueil, en français. Une bonne adresse.

Trattoria Alla Vida : *via Don Minzoni, 31.* ☎ *041-42-21-43.* ● *trattoriaallavida@libero.it* ● *Au cœur du village, juste à côté de l'hôtel* Riviera dei Dogi.

Fermé lun et sam midi. Repas 20-30 €. Une auberge coquette et accueillante le long du canal, où les bonnes adresses sont rares. Cuisine familiale, à base de produits locaux et de saison. Cadre agréable et terrasse aux beaux jours. On se contenterait de moins !

À Dolo (30031)

Hotel Villa Alberti : *via E. Tito, 90. ☎ 041-426-65-12. • info@villalberti.com • villalberti.com • ♿ À 2,5 km du centre de Dolo et à 15 km de Venise, dans une rue parallèle à la route SS 11, de l'autre côté du canal. Doubles 80-115 €. Loc de vélos. Parking gratuit.* Certes, les grandes heures de cette villa sont définitivement révolues et la déco des chambres dans la villa (les plus chères) est pour le moins passée. Cependant, le joli coin dans lequel elle est nichée, bucolique et à l'écart des foules, ainsi que son très joli parc, lui confère un charme indéniable. Par ailleurs, si les chambres dans la *Barchessa,* l'annexe du jardin, sont plus standard, elles sont aussi plus confortables et leur déco plus fraîche.

Hotel Villa Gasparini : *riviera Martiri della Libertà, 37. ☎ 041-560-81-56. • info@villagasparini.it • villagasparini.com • À 17 km de Venise centre, à l'entrée de Dolo, le long de la route nationale SS 11. Doubles 90-150 €.* Face au canal, cette belle demeure bourgeoise du XVIIIe s propose des chambres de charme, dans un style vénitien avec poutres apparentes et jacuzzi pour les plus chères ou plus design néobaroque (et un poil kitsch !) pour d'autres. La majeure partie des *standard* sont dans l'annexe accolée à la maison principale. Accueil soigné et de qualité.

I Molini del Dolo : *via Garibaldi, 3. ☎ 041-510-10-12. • info@molinidolo.com • ♿ En plein centre du village, au bord de l'eau. Tlj sauf lun. Snacks et plats 10-16 €.* Pas loin du campanile, on repère facilement cette *enoteca-caffetteria* installée dans un moulin à eau du XVIe s, toujours pimpant. Un cachet rustique et authentique, tandis que l'on est bercé par les cliquetis du mécanisme ancestral. Agréable terrasse à l'arrière, bordée de part et d'autre par le canal. Pâtes, charcuterie, fromages, salades, *tramezzini...* de belles assiettes du pays, il y en a pour tous les goûts et tous les appétits. En cas d'affluence, le service mouline un peu, mais on a tout loisir d'admirer les produits locaux sur les étagères de ce vénérable établissement qui fait aussi épicerie fine. Pour une bonne pizza, on ira au resto d'à côté, *Al Cristo,* du même propriétaire.

Les villas

Villa Contarini – Camerini : *35016* ***Piazzola sul Brenta.*** *☎ 049-559-03-47. • villacontarini.eu • ♿ Tlj sauf mer : mars-oct 9h-19h ; nov-fév 10h-16h ; dernière entrée 1h avt fermeture. Visite guidée seulement (50 mn ; en anglais ou italien selon composition du groupe) : 10 € ; réduc (famille 20 €).* Située à une quinzaine de kilomètres au nord de Padoue, cette magnifique villa est à l'écart de celles que vous pourrez admirer autour de Stra et Mira, mais elle mérite largement le détour. On l'attribue à Palladio, même si le doute persiste. Il l'aurait conçue en 1546 pour une famille de diplomates vénitiens. Elle surprend d'abord par sa taille et l'ensemble qu'elle forme avec la place principale de la bourgade : le bâtiment principal est en effet relié par une aile à une série d'arcades doubles, en quart de cercle, où sont aujourd'hui installés des commerces.

À l'intérieur, on ne visitera pas les 155 pièces, mais les salons ouverts au public renferment les fresques les plus belles et les trompe-l'œil les plus remarquables. Parmi les curiosités, la salle de musique à l'excellente acoustique. Sa conception permettait aux musiciens de jouer depuis les balcons des étages supérieurs une musique qui résonnait merveilleusement jusque dans l'auditorium au rez-de-chaussée. Également une étonnante galerie décorée de mosaïques en coquillages.

Pour terminer, balade romantique dans le vaste parc, certes vieillissant, mais dont les allées arborées conduisent à un étang habité par des cygnes.

Villa Pisani : *via Doge Pisani, 7, 30039* ***Stra.*** *☎ 049-50-20-74. • villapisani.beniculturali.it • À 15 km du centre de Padoue. Tlj sauf lun (ouv lun fériés) 9h-17h (18h mars et oct, 20h avr-sept ; dernière entrée 1h avt). Entrée : 10 € ; 7,50 € parc seul ; réduc ; gratuit jusqu'à 18 ans et pour ts le 1er dim du mois. Audioguide en français : 4 €. Visites gratuites (1h env) de la villa mer-dim à 10h et 12h (plus 14h le w-e).* Cette immense bâtisse – la plus célèbre de toutes celles du bord du Brenta – fut construite au XVIIIe s par l'architecte Preti, dans un style grandiose et fastueux qui se voulait un hommage au château de Versailles. Il faut dire aussi que son proprio d'alors, le doge Pisani, était ambassadeur de Venise en France... Des gens célèbres en furent les hôtes, tels que les grands-ducs de Russie, Gustave III de Suède, Ferdinand d'Autriche, Maximilien de Habsbourg... Cette villa est aussi connue pour avoir été le lieu de la 1re rencontre entre Hitler et Mussolini, mais on en parle moins. On doit la décoration actuelle à son plus célèbre occupant, Napoléon, toujours aussi désireux de laisser son empreinte partout où il passait. L'essentiel du mobilier et des tapisseries est donc de style Empire et souvent frappé du « N » impérial ! Un style finalement très frais car fortement métissé et revu à la sauce italienne, voire pompéienne.
La visite comprend de nombreux salons et plusieurs chambres en enfilade, qui peuvent engendrer à la longue une impression de tristesse, car ici on n'a pas vraiment cherché à créer une muséographie originale. Le véritable clou du spectacle est sans aucun doute l'ensemble harmonieux formé par les fresques et les trompe-l'œil vertigineux de la salle de bal, peints par Tiepolo à la gloire de la famille Pisani.
On peut aussi très bien se contenter de prendre l'air du temps côté jardins. Dans le beau parc de 10 ha, qui s'ordonne autour d'une grande pièce d'eau dans laquelle se reflètent de grandioses et majestueuses écuries, ne pas manquer (en saison) le célèbre labyrinthe décrit par D'Annunzio dans son roman *Le Feu.* Charmant et très ludique !
|●| Près de l'Orangerie, pause gourmande possible au ***Museum Cafe,*** joliment aménagé, à l'écart des flux touristiques.

Villa Foscarini Rossi – Museo Rossimoda della Calzatura *(musée Rossimoda de la Chaussure)* **:** *via Doge Pisani, 12, à côté de la précédente. ☎ 049-980-10-91. • museodellacalzatura.it • Lun-ven 9h-13h, 14h-18h ; avr-oct, ouv aussi sam 14h30-18h, plus dim et j. fériés 11h-17h. Fermé dim en août et le w-e nov-mars. Entrée : 7 € ; réduc.* Les environs de Venise sont depuis le XIIIe s une région de production de chaussures de qualité. Au XVIIIe s, nombre d'artisans s'installèrent le long du Brenta et, avec le temps, les maisons se spécialisèrent dans les chaussures de luxe pour femmes. C'est le cas de Narciso Rossi qui, en 1947, lance la célèbre entreprise de luxe Rossimoda, reprise par son fils Luigino en 1956. En 1990, il rachète la villa Foscarini. Avant que son entreprise et la villa ne passent entre les mains de LVMH (groupe d'entreprises dans l'industrie du luxe) en 2003.
Vous comprenez maintenant pourquoi cette superbe et sobre villa du XVIIe s (transformée aux XVIIIe et XIXe s) abrite un musée de la Chaussure et aussi pourquoi, parmi les 1 500 pièces de créateur présentées, une salle entière est consacrée à Yves Saint Laurent et quelques autres grands noms de LVMH. L'ensemble est très simplement présenté, mais c'est avec un certain plaisir que l'on déambule librement, de pièce en pièce, au milieu des vitrines qui, çà et là, vous réservent quelques surprises. Comme ce modèle de chaussures né d'une collaboration entre Rossimoda et Porsche, et dont la forme reprend celle de la Porsche 911 (sans parler des motifs de la semelle semblables à ceux des pneus Pirelli utilisés pour cette même voiture !).

POMPE ART

Dans les années 1950, alors qu'il commençait une carrière de graphiste publicitaire à New York, Andy Warhol dessinait aussi des chaussures pour Rossi, le grand fabricant de luxe italien qui possédait la villa Foscarini au bord du canal du Brenta. Un éclectisme artistique qui le propulsa bientôt au sommet du pop art, dont il demeure à jamais la figure emblématique.

Si elle n'est pas louée pour un quelconque événement, possibilité aussi d'aller jeter un œil à *foresteria* (la maison dans laquelle, à l'époque, étaient logés les hôtes).

Villa Widmann Rezzonico Foscari : *via Nazionale, 420, 30034* ***Mira.*** *☎ 041-42-49-73. À la sortie de Mira, sur la gauche de la route en allant vers Venise. Tlj sauf lun 10h-13h, 13h30-16h30 (ouv certains lun fériés, dont lun de Pâques). Entrée : 6 € ; réduc ; billet jumelé avec la Barchessa Valmarana 9,50 € ; réduc.* Villa du XVIIIe s beaucoup plus modeste que les autres en taille, on a l'impression qu'elle a été conçue dans une logique intimiste et non ostentatoire. Seules quelques petites pièces sont visibles ; peu meublées, elles sont organisées autour du salon principal et sa galerie. Le hall, quant à lui, est orné d'un lustre de Murano. Son principal intérêt réside dans ses fresques peintes par des élèves de Piazzetta. Des personnalités comme Stravinsky, Goldoni ou D'Annunzio y ont séjourné, ainsi que quelques papes... Petit parc à l'arrière, avec quelques carrosses et voitures anciennes...

Barchessa Valmarana : *via Valmara, 11, 30034* ***Mira.*** *☎ 041-426-63-87. • villavalmarana.net • À la sortie de Mira, face à la villa Widmann, de l'autre côté du canal. Pâques-oct, tlj sauf lun 10h-16h. Entrée : 6 € ; billet jumelé avec la Villa Widmann Rezzonico Foscari : 9,50 € ; réduc.* Cette *barchessa,* seul espace ouvert à la visite, ne donne qu'une petite idée de la majestueuse villa centrale abattue par la famille Valmarana... pour éviter de payer les taxes sur la fortune, eh oui ! Rappelons, en effet, que les *barchesse* servaient à l'origine à ranger le matériel agricole et stocker la nourriture. Mais celle-ci vira à l'agrotourisme avant l'heure en devenant une maison d'amis lors des grandes soirées données ici.
La maison est d'abord remarquable pour sa façade embellie de colonnes doriques. On retrouve ces symboles de richesse et de luxe à l'intérieur (quelque peu abîmé), dans la salle principale, avec ses fresques peintes par un élève de Tiepolo, dédiées à la glorification de la famille. De part et d'autre, du même acabit, la *salle des Arts,* dont certaines fresques sont en partie effacées, et la *salle des Caprices* avec ses monochromes représentant les caprices du canal du Brenta au XVIIe s.
Petit parc romantique à l'arrière, plutôt bien entretenu car le reste de la maison est encore habité par les descendants de la famille Valmarana. Et petite curiosité : sur le côté gauche de la maison (quand on lui fait face), il y a une petite fontaine. Regardez bien la dalle d'où coule l'eau... et les inscriptions dessus. Oui, c'est ce qu'on appelle du recyclage ! Sauf qu'ici c'est une pierre tombale que l'on a probablement récupérée.

Villa Foscari – La Malcontenta : *via dei Turisti, 9, 30034* ***Malcontenta di Mira.*** *☎ 041-520-39-66. • lamalcontenta.com • Pâques-oct seulement, tlj sauf lun 9h-12h. Entrée : 10 €.* Construite par Palladio vers 1560, cette villa affiche une très belle architecture extérieure et contient des fresques de Zelotti. Son nom viendrait du mécontentement des paysans locaux qui s'étaient alors soulevés contre des mesures relatives à la propriété. Une autre légende, appuyée par une fresque peinte à droite en entrant, prétend qu'un mari jaloux y aurait enfermé sa femme, la rendant du coup... plutôt mécontente !

QUE C'EST TRISTE VENISE...

Parmi les villas célèbres, la Malcontenta revêt un aspect tristounet. Elle appartenait à un Foscari qui, d'après la légende, jaloux de sa femme, un peu trop coquine à son goût, l'assigna à résidence dans cette villa jusqu'à la fin de ses jours. Elle y aurait passé les 30 dernières années de sa vie, sans jamais sortir ni même apparaître aux fenêtres, dans la solitude la plus totale ! Le parc était à l'image de cette femme énigmatique : triste et à l'abandon. D'où le nom de la villa signifiant « mécontente ».

HOMMES, CULTURE, ENVIRONNEMENT

BOISSONS

Vins

On ne pouvait rêver mieux que le vin pour inaugurer cette rubrique « Hommes, culture, environnement ». Les Italiens en général, et les Vénitiens en particulier, passent pour être de grands amateurs de vin. En Italie, on les boit plutôt jeunes et, contrairement à la France, on n'attache donc qu'une importance toute relative au millésime. Amateurs de bons petits crus, vous serez donc comblés en poussant la porte d'un ***bacaro,*** un de ces bars à vins où l'on boit l'*ombra* accompagné de *cicchetti* : comme les habitués qui, debout, grignotent un petit en-cas, demandez un verre d'une des cuvées proposées à l'ardoise...

Histoire de vous guider, voici quelques rudiments de la culture viticole en Vénétie. Sachez ainsi, avant de vous lancer, qu'un vin blanc doux se dit *amabile,* nouveau *novello,* âpre *aspro...*

TOURNÉE GÉNÉRALE !

On doit l'une des plus belles expressions vénitiennes aux vendeurs qui servaient autrefois du vin sur les places de la ville. Ceux de la place Saint-Marc auraient pris l'habitude d'installer leur étalage à l'ombre du campanile. Au fur et à mesure que la journée avançait, ils tournaient avec le soleil pour garder le vin au frais. À l'époque, on buvait donc all'ombra *(« à l'ombre »). Le langage évoluant, l'*ombra *est devenue le petit verre que l'on prend à l'apéritif. Qu'importe, à l'heure où certains commencent à faire un* giro di ombre *(« le tour des bistrots ! »), le soleil tape déjà moins fort.*

Lexique de l'œnologue averti

– ***A*** comme ***Amarone*** : vin rouge de bonne garde, semblable, en plus sec, au *recioto della Valpolicella.* Un vin très alcoolisé pas si lointain du porto. Remporte régulièrement les faveurs du guide *Gambero Rosso* des vins italiens, publié tous les ans.

– ***B*** comme ***Bardolino*** : vin rouge léger provenant de la région du lac de Garde. Se boit jeune et frais. Accompagne très bien le risotto ou l'incontournable polenta.

... ou comme ***Bianco di Custoza*** : provenant de vignes poussant au bord du lac de Garde, c'est un vin blanc sec et rond sentant... les fleurs fraîches.

LE CLINTON NE SE FAIT PAS DE BILE

Le clinton est un cépage hybride, introduit au XIXe s en Europe depuis les États-Unis, car il résistait bien au phylloxéra. La France (dès 1935) puis l'Union européenne ont interdit la commercialisation du vin qu'on en tire (nommé clinton aussi), qui rendrait fou et aveugle. Un argument à l'origine plus politique que scientifique. En Vénétie et dans le Frioul, on continue toutefois la production de ce vin-là... Un certain Bill reçut d'ailleurs plusieurs caisses de clinton généreusement offertes par les producteurs, après son accession à la présidence des États-Unis.

– ***C*** comme ***Clinton*** : faiblement alcoolisé, il est doté d'un arôme dit « foxé » (un goût d'urine de renard, en somme !). Vin illégal (voir l'encadré), il aurait des effets semblables à l'absinthe. Ne poussons pas trop le bouchon...
– ***D*** comme ***DOC*** *(denominazione di origine controllata)* et ***DOCG*** *(denominazione di origine controllata e garantita)* : ce sont les 2 qualités qui correspondent à nos appellations contrôlées. Les vins estampillés DOCG sont souvent les meilleurs, mais aussi, bien entendu, les plus chers.
– ***F*** comme ***Fragolino*** : ressemble comme 2 gouttes d'eau au clinton. Vin tout aussi illégal au regard des règlements européens, que vous trouverez, cependant, dans les *osterie* et autres *bacari.* Un petit délice qui, au nez, évoque la fraise – d'où son nom – et se décline tantôt en rouge, tantôt en blanc (notre préféré). Se boit comme digestif, accompagné de *biscottini* comme les *bussolai, buranei* et autres *croccantini.*
– ***M*** comme ***Maraschino*** : liqueur à base de cerises sauvages et acidulées.
– ***P*** comme ***Prosecco*** : appelé tantôt *prosecco di Conegliano,* tantôt *prosecco di Valdobbiadene,* c'est un vin sec très fruité ou un vin qui appartient alors à la famille des *spumanti* (mousseux). Décliné de mille façons, on le retrouve partout.
– ***S*** comme ***Soave*** : vin blanc de qualité variable. Aussi est-il préférable de privilégier le *soave classico* (sous appellation) et plus encore le *recioto di soave.*
– ***V*** comme ***Valpolicella*** : vin de Vénétie (région de Vérone). D'un rouge rubis, odorant, fruité, il est capable du pire comme du meilleur.

Apéritifs et cocktails

Depuis des centaines d'années, certains Vénitiens font la tournée des *bacari* et rentrent chez eux légèrement *rosti* (ivres morts, en fait !). C'est une tradition qui existe encore aujourd'hui, surtout à l'époque du Carnaval. Allez-y mollo quand même !

– ***Spritz :*** une véritable institution à Venise. Il tire son nom de la période d'occupation autrichienne de Venise au XIXe s. Apéritif vénitien à base de vin blanc, plutôt amer avec du Campari, doux avec de l'Aperol et de l'eau pétillante, accompagné d'une olive ou bien d'une rondelle d'orange. À boire en terrasse, de préférence, pour prolonger le plaisir du moment. Le meilleur se confectionne avec du *prosecco.*
– ***Bellini :*** il doit son nom au peintre vénitien Giovanni Bellini et fut inventé par le célèbre Arrigo Cipriani qui sévissait au *Harry's Bar.* Hemingway en était un fidèle amateur ! Ce qui ne signifie pas, comme vous le lirez ou entendrez dire un peu partout, que le meilleur *bellini* se boit forcément dans ce lieu mythique (vu les prix pratiqués, ce serait logique, pourtant). À base de *prosecco* et de jus de pêche blanche fraîchement pressée, selon la tradition. Quand ce n'est pas la saison, le *bellini* est servi à la fraise. Un must qu'on peut trouver en bouteille toute l'année, mais question goût, ça change.

SPRITZ

Le célèbre apéritif est une invention autrichienne (spritzen = éclabousser). En effet, quand l'armée autrichienne occupait Venise, leurs soldats avaient pris l'habitude de rajouter 1/3 d'eau gazeuse pour ne pas être trop pompettes. Pour le reste, une bonne rasade de prosecco (vin blanc pétillant) sans oublier une lichette d'Aperol (alcool amer). Napoléon a chassé les Autrichiens mais le spritz *est resté.*

HARRY'S BAR

Hemingway y composa la recette du Montgomery à 15 contre 1 : 15 mesures de gin contre une de Martini (détonant...). C'est aussi dans ce bar mythique que fut inventé le carpaccio du maître de ces lieux, en son temps, le célèbre Cipriani.

– ***Sgroppino :*** c'est un digestif. L'essayer, c'est l'adopter. À base de sorbet au citron, et de vodka. Très apprécié à la fin d'un repas copieux, car il est très rafraîchissant. Dans les mariages, on le sert entre les *primi* et les *secondi.*

Café

Les 1res graines de caféier auraient été introduites en Europe par des marchands vénitiens, et le 1er *caffè* aurait ouvert ses portes dans la cité des Doges, dès 1640. Ce qui est sûr, c'est que les Italiens sont imbattables pour sa préparation. La faible quantité dans la tasse étonne toujours les non-Italiens... mais le goût l'emporte sur le volume.
Rares sont les Italiens qui, au bar, demandent tout simplement un ***espresso.*** Certains le souhaitent ***ristretto*** (serré), ***lungo*** (allongé) ou encore ***macchiato*** (« taché » d'une goutte de lait). À Venise, si on le souhaite « normal », on demande alors un ***liscio.***
Le café au lait se dit ***caffè latte.*** À ne pas confondre avec le fameux ***cappuccino,*** avec de la mousse de lait et parfois saupoudré d'une pincée de poudre de cacao, qu'on boit généralement le matin (seuls les touristes le boivent l'après-midi).
En hiver, certains se laisseront tenter par le ***caffè corretto,*** c'est-à-dire « corrigé » d'une petite *grappa,* une eau-de-vie de raisin que les Vénitiens réservent aux jours de grand froid. Un nom inventé par des fonctionnaires désireux de ne pas évoquer cet alcool, paraît-il (on veut bien le croire).

Uva alla grappa

Spécialité de Venise. À la fin d'un repas, on vous proposera peut-être des raisins secs gonflés dans la grappa d'*uva,* une eau-de-vie maison qui peut titrer jusqu'à 70° et qui devient alors une vraie bombe ! La grappa se décline elle aussi sur plusieurs modes, selon la distillation ou les parfums incorporés. Les plus aventureux pourront tenter la grappa *alla liquirizia* (réglisse). Dévastateur !

Chocolat

La *cioccolata calda* est pour certains meilleure que le cappuccino qui, dans bien des endroits touristiques, se transforme de plus en plus en un banal... café au lait. Ce chocolat chaud réalisé dans les règles de l'art est extrêmement onctueux, voire très épais (la cuillère tient quasiment toute seule !). Un vrai régal à déguster doucement sans oublier les calories qu'il faut ensuite dépenser ! Si vous pouvez vous le permettre, l'indéboulonnable chocolat du *Florian* est une pure merveille.

Eau

Dans les restaurants, on vous proposera toujours de l'eau minérale. Précisez *acqua naturale* ou *acqua liscia* si vous souhaitez de l'eau plate ; sinon, pour de l'eau gazeuse, c'est *acqua frizzante.*

CAFÉS ET BARS

On boit plutôt le blanc pendant la journée, dans les nombreux ***bacari*** (bars à vins) de la ville, en grignotant un petit morceau *(cicchetto),* devant le comptoir. Mais on y va aussi pour boire un café ou une *spremuta,* jus de fruits frais, accompagné de petites douceurs, et ce à toute heure de la journée. Les Vénitiens sont encore très attachés à cette vieille tradition. Le plus souvent, les consommations se prennent au comptoir, car s'asseoir à l'intérieur ou en terrasse a pour fâcheuse conséquence de doubler le prix.

Autre option : s'offrir un coup de blanc sur les comptoirs usés des *vinarie*. Il en reste moins d'une dizaine à Venise. C'est là que les Vénitiens viennent encore s'approvisionner en vin par « capillarité » à partir de grosses bonbonnes (à 2-3 € le litre !). Certaines *vinarie* très anciennes offrent cadre et atmosphère bien dans leur jus !

Mais avec la flambée des coûts des loyers qui fait fuir les jeunes, et une population dont la moyenne d'âge dépasse les 50 ans, les rues sont souvent désertes après 22h. Aux beaux jours, la ville reprend quand même vie dans certains quartiers. Il existe quelques endroits animés les vendredi et samedi soir. Les jeunes Vénitiens se retrouvent notamment autour du campo Santa Margherita dans le Dorsoduro, un des endroits les plus vivants de la ville, et dans le quartier de Cannaregio. Dans le quartier San Polo, tout se passe autour du marché de Rialto.

CARNAVAL

Grandeur et décadence

Le Carnaval commence traditionnellement ***12 jours avant le Mardi gras*** (février). Cette fête vient des cultes païens romains et fut récupérée par le christianisme. D'ailleurs, son étymologie est latine : *carnis levare*, qui signifie « ôter, retirer la viande », annonçant les 40 jours de jeûne avant Pâques. D'où le mot carême. Durant le Carnaval, les codes sont inversés. On vit une période de libération vis-à-vis des autorités religieuses et royales. On nomme un roi de fantaisie, souvent simple d'esprit. Un âne, symbole de Satan, est vêtu des habits épiscopaux.

On porte un masque pour préserver l'anonymat... afin d'éviter les représailles. Au temps de sa gloire au XVIIIe s, avant de disparaître provisoirement avec la chute de la République, ***le Carnaval s'étalait sur 6 mois,*** du 1er dimanche d'octobre au carême. Pendant toute sa durée, les Vénitiens, quelle que soit leur condition sociale, se déplaçaient revêtus d'un ***tabarro*** (sorte de longue cape) et le visage masqué par la ***bauta*** (masque blanc pourvu d'un voile noir surmonté d'un petit tricorne).

ŒUFS INTERDITS

À partir du XIIIe s, les mattaccini (jeunes gens déguisés en clowns) avaient l'habitude de s'adonner au célèbre « jeu des œufs ». Il consistait à lancer avec une fronde des œufs remplis d'eau de rose à toutes les femmes qu'ils trouvaient belles. Mais celles qui ne leur plaisaient pas recevaient sur leurs costumes des œufs pourris. Ce jeu devint tellement populaire que le gouvernement – après plusieurs interventions sans effet – décida de protéger le passage des femmes sur la place Saint-Marc en tendant des filets le long des Procuratie.

Tout devenait permis, chacun étant l'égal de son voisin. Le petit marchand pouvait s'introduire dans la conversation des aristocrates, et vice versa. Il n'y avait plus d'autorité, plus de soumission. Progressivement, le masque ne suffit plus ; vint alors le temps du travestissement. Chacun pouvait s'inventer un personnage, en recourant aux trésors de la *commedia dell'arte.* La folie gagnait lentement la place Saint-Marc et les quartiers environnants. Toute la ville se transformait en une gigantesque scène de théâtre où l'on dansait et chantait. Venise était alors la ville de toutes les séductions.

Il existait – à son âge d'or – plusieurs sortes de déguisements bien codifiés. Le costume le plus connu était celui du ***mattaccino.*** Il se composait d'une robe simple, blanche ou colorée, et d'un chapeau à plumes.

Mais l'occupation française de Venise par les troupes de Bonaparte en 1797 (l'année de tous les malheurs pour la ville) marqua la fin des festivités. Le dernier carnaval sombra dans la débauche et les dépenses fastueuses.

Le renouveau

À la fin des années 1970, le Carnaval fut soudainement remis à l'honneur. Les 1res éditions renouèrent avec la spontanéité et la magie de jadis. Le succès fut immédiat. Mais très vite, la fête est devenue aussi un enjeu économique pour les commerçants. Le Carnaval y a perdu de son caractère et de son éclat, mais il s'affiche comme ***l'un des plus populaires au monde*** (avec celui de Rio de Janeiro). En fait, c'est à chacun d'apporter sa touche de magie à la fête... en se déguisant ! Il ne tient qu'à vous de participer à la réussite de ce phénomène touristique. Aux fastueux costumes magnifiquement ouvragés dans le style XVIIIe s s'ajoutent les plus délirantes panoplies. Laissez libre cours à votre imagination, parfois un bout de carton et un peu de tissu suffisent (et ça coûte moins cher !), voire un simple loup pour les plus timides.
Les enfants tirent évidemment leur épingle du jeu ! L'après-midi et le soir, des spectacles se déroulent sur la place Saint-Marc, parfois très impressionnants, dans une ambiance folle. Mais autant l'accepter d'emblée, quitte à écorner un peu l'esprit de la fête : la fréquentation touristique atteint des records à cette période, et on vient voir le Carnaval, pas la ville ! Les prix explosent, les chambres libres se comptent sur les doigts de la main et on les paie à prix d'or. Qui plus est, l'accueil est moins attentif que d'habitude. La ville est saturée, les restaurants débordent et ne sont plus guère fréquentés par les Vénitiens. L'approvisionnement en matières premières, la gestion du personnel... tout devient compliqué, en flux tendu, avec des résultats parfois hasardeux. Bref, armez-vous de patience, d'humour et de « positive attitude » !
Pour plus d'infos : ● *carnevale.venezia.it* ● En anglais ou en italien. Le site officiel du Carnaval de Venise avec le programme de l'édition à venir et les archives des éditions passées.

Où louer un costume de carnaval ?

Pour chacune de ces adresses, se reporter à la rubrique « Achats » de chaque *sestiere.*

Atelier Flavia *(zoom détachable D3,* ***333****) : corte Spechiera, Castello, 6010. ☎ 041-528-74-29. ● veniceatelier.com ● Tlj sauf dim 10h-17h30.* Propose des costumes d'occasion.

Max Art Shop *(zoom détachable D4,* ***300****) : frezzeria San Marco, San Marco, 1286. ☎ 041-241-38-02. ● ilballodeldoge.com ● Tlj 10h-20h.* Des costumes et masques de toutes les époques, dans la plus pure tradition vénitienne, et l'un des bals les plus huppés du Carnaval. Tout est dit !

Tragicomica *(zoom détachable C4,* ***312****) : calle dei Nomboli, San Polo, 2800. ☎ 041-72-11-02. ● tragicomica.it ● Tlj sauf dim 8h-19h.* Belle boutique, juste en face de la maison de Goldoni, un hasard ?

Atelier Nicolao *(plan détachable C2,* ***325****) : Cannaregio, 2590. ☎ 041-520-70-51. ● nicolao.com ●* Très bel atelier. Tout pour jouer les riches Vénitiens du XVIIIe s.

... Et si jamais vous vous trouvez à Venise pendant le carnaval, ne ratez pas le ***mercato delle maschere e dei costumi veneziani*** (marché des masques et des costumes vénitiens), organisé chaque année par l'association Artisans de Venise au campo Santo Stefano. L'initiative prévoit des spectacles de *commedia dell'arte* vénitienne, aussi bien que des démonstrations pratiques de fabrication artisanale. Les produits d'exposition sont en vente. Pour plus d'infos sur les exposants : ● *carnevale.venezia.it* ●

CINÉMA

Ah ! Venise ! Ses petits ponts, ses gondoliers, ses pigeons, son carnaval, vous la connaissez déjà par cœur, pour l'avoir rêvée depuis le fond d'un fauteuil, non ? Alors, flash-back ! Palme d'or en 1952, l'***Othello*** d'Orson Welles (où il joue lui-même le rôle du Maure) dévoile quelques images de la lagune, même si elle n'en est pas le sujet principal. 2 ans plus tard (1954), Luchino Visconti tourne ***Senso,*** sur la décadence de sa propre classe, l'aristocratie. Une histoire de passion humaine et de conflits sociaux à la fin du XIXe s, alors que les Autrichiens occupent la Sérénissime. Il récidive à Venise en adaptant superbement le court roman de Thomas Mann, ***Mort à Venise,*** filmé dans l'*Hôtel des Bains,* un luxueux palace du Lido, une magnifique histoire de passion, de désir et une réflexion sur l'âge et la beauté dans une société sur le déclin, son thème de prédilection. Visconti n'a-t-il pas été traité de cinéaste « décadentiste » ? Sa décadence est magnifiquement filmée !

Dans le genre comédie dramatique, ne pas manquer ***Vacances à Venise*** (1955) de David Lean. En vacances au Lido, Katharine Hepburn, solitaire et célibataire, tombe amoureuse d'un bel antiquaire vénitien, malheureusement il est marié... Dans ***Venise, la lune et toi*** (1958), Dino Risi raconte l'histoire d'un gondolier amoureux (joué par Alberto Sordi, drôle et émouvant). En 1962, c'est au tour de Joseph Losey d'entrer dans la légende. Dans ***Eva,*** il met en scène un écrivain qui rencontre à Venise une courtisane dont il tombe amoureux. Jeanne Moreau et Virna Lisi sont captivantes de beauté. Superbe scène tournée à la terrasse du café *Lavena* sur la place Saint-Marc. L'année suivante, changement de ton et d'époque : Gianfranco di Bosi tourne ***Le Terroriste,*** qui se passe pendant l'hiver 1943. Dans une Venise sombre, aux ruelles désertes, à l'opposé des clichés touristiques, des résistants s'opposent à propos d'otages retenus par l'occupant allemand pour faire cesser les sabotages. Plus drôle et plus léger, le couple dansant Fred Astaire-Ginger Rogers s'aime, se sépare et se retrouve dans ***Top Hat*** avec, à la fin, une Venise de carton-pâte d'un kitsch remarquable. L'un de nos films préférés est ***Ne vous retournez pas*** *(Don't look now),* de Nicolas Roeg, avec Donald Sutherland et Julie Christie (1974). Suite à la mort tragique de leur fille, un couple américain part à Venise pour oublier le drame. Rencontres étranges et situations terribles après qu'une voyante leur eut révélé que leur fille était toujours vivante... Leur séjour va alors se transformer en cauchemar dans une Venise mortifère à souhait.

Pour tourner un des grands films du « maître de Cinecittà », que l'affiche présentera sous le double titre ***Casanova-Fellini,*** Donald Sutherland s'est même fait limer les dents. Personnage enlaidi, mythomane, marionnette vide et froide, il devient sous la caméra de Federico Fellini le « héros » du « sperme froid », selon les propres mots du maître ! Dans des décors reconstitués en studio à Cinecittà, un film visionnaire très impressionnant. Le célèbre coureur de jupons avait déjà fait l'objet, en 1969, d'un film réalisé par Luigi Comencini qui, tout au contraire, avait reconstitué fidèlement la vie (dissolue) en Italie au XVIIIe s. Dans son film ***Casanova, un adolescent à Venise,*** il narre en effet l'enfance du séducteur et prédit au jeune homme libertin un monde décevant et factice où tout est théâtre et comédie des apparences. En 1976, c'est Joseph Losey, avec l'opéra filmé ***Don Giovanni,*** interprété divinement par Ruggero Raimondi, qui fait une large place à la Sérénissime.

N'oublions pas, côté séducteurs en plus ou moins grande forme, ***Le Guignolo,*** dans lequel Belmondo, sous la direction de Georges Lautner, survole Venise suspendu à un hélicoptère, habillé d'un sexy caleçon à pois. Plus tard, il enjambe les balcons du *Danieli* ! Michelangelo Antonioni tourne en 1982 ***Identification d'une femme,*** une histoire de quête et de passion sur fond de Grand Canal. Au passage de la gondole, belles images du palais Gritti. En 1988, l'église Saint-Barnabé cache une crypte où est enterré un chevalier à l'occasion d'***Indiana Jones et la dernière croisade.*** Action garantie sous et sur les canaux.

Dans un genre on ne peut plus différent, ***La Courtisane,*** film américain de Marshall Herskovitz tourné en 1998. Cette histoire inspirée de la vie de Veronica Franco, une célèbre courtisane, nous plonge dans la Venise du XVIe s. Un fait réel qui donne lieu à une très belle reconstitution historique. Déjà, Mauro Bolognini avait filmé cette période avec Laura Antonelli dans ***La Vénitienne*** (1986), dont quelques scènes mirent en émoi la censure italienne.

VOIR BOND À VENISE... ET MOURIR !

En 1963, dans Bons baisers de Russie, *Sean Connery embrasse Daniela Bianchi sous le pont des Soupirs. Lewis Gilbert, en 1979, fait frémir la Sérénissime avec Roger Moore dans le rôle du célèbre agent 007 qui revient cheveux au vent pour* Moonraker. *Belle course-poursuite à bord d'un bateau-taxi dépassant largement la limitation des 8 km/h autorisés dans la lagune. Mais le clou, c'est quand même l'effondrement du palazzo Pisani dans* Casino Royale, *avec Daniel Craig, en 2006 !*

Dans la tradition des comédies anglaises, ***Blame it on the Bellboy*** (1992), où un agent immobilier, un tueur à gages et un homme s'offrant une aventure extra-conjugale sont logés dans le même hôtel à Venise. Le réceptionniste, pas très doué avec les patronymes anglais, se mélange les pinceaux en leur donnant leurs messages. Quiproquo et tutti quanti s'ensuivent. Une comédie menée tambour battant par Mark Herman, surtout connu pour avoir réalisé *Les Virtuoses.* Dans ***Pain, tulipe et comédie,*** une petite comédie attachante, on assiste avec jubilation à l'escapade vénitienne d'une ménagère modèle qui n'arrive plus à quitter la ville...

Ne passons surtout pas à côté de ***Tout le monde dit « I love you »,*** où la poursuite de Julia Roberts par Woody Allen dans le dédale des canaux vaut le coup d'œil à elle seule. Mais parmi les productions du nouveau millénaire, on retiendra surtout l'adaptation du ***Marchand de Venise*** par Michael Radford, avec Al Pacino, Lynn Collins, Jeremy Irons et Joseph Fiennes. Ou encore le film sur la vie du grand compositeur baroque, ***Antonio Vivaldi, un prince à Venise,*** réalisé en 2006 par Jean-Louis Guillermou avec Michel Serrault, Michel Galabru et Stefano Dionisi dans le rôle de Vivaldi. Pour les amateurs de romance, ***Dix hivers à Venise,*** sorti en 2009, nous emporte dans une histoire d'amour enneigée qui se partage entre Venise et Moscou ; son réalisateur, Valerio Mieli, ne passe plus inaperçu en Italie. Le tournage de ***The Tourist*** (sorti en 2010) avec Johnny Depp et Angelina Jolie a suscité une vive curiosité chez les Vénitiens, même si ce film ne restera pas dans les annales cinématographiques.

En 2011, le film ***La Petite Venise,*** présenté à la *Mostra*, a remporté de nombreux prix en Italie. Un joli film qui raconte la rencontre entre un pêcheur vénitien et une jeune immigrée chinoise. Outre l'histoire, la lagune est superbement filmée. Enfin, pour ceux qui préfèrent l'action, vous pouvez toujours opter pour un combat au fleuret dans ***Les Trois Mousquetaires*** de Paul W. S. Anderson.

La *Mostra* de Venise

1er festival de cinéma international, la *Mostra* voit le jour en août 1932 sous l'impulsion combinée du comte Giuseppe Volpi di Misurata, homme politique vénitien, et de Luciano De Feo (fondateur de l'Institut international pour le cinéma éducatif). Prenant ses quartiers sur l'île du Lido, la *Mostra* connaît un fort engouement populaire grâce à la qualité des films sélectionnés. Elle permet également de révéler des talents aux yeux du grand public, comme Jean Gabin, Marlène Dietrich, Sophia Loren... Mais rapidement, ce festival passe sous le joug de l'autorité fasciste, qui impose un contrôle strict sur les choix du jury (le meilleur film italien se voit décerner la coupe *Mussolini*). Après la chute du régime fasciste et la fin de la guerre, le festival renaît de ses cendres (notamment avec l'avènement du courant néoréaliste) et s'ouvre aux cinémas du monde entier, en primant des films japonais, indiens... Tout au long de son histoire, le festival a récompensé des réalisateurs tels que Luchino Visconti, John Cassavetes, Jean-Luc Godard, Ingmar Bergman, du fameux Lion d'or désignant le meilleur film du festival. Aujourd'hui encore, cette « vieille dame » continue de fasciner. Et, signe de bonne santé, les acteurs et autres starlettes y viennent toujours se pavaner devant l'objectif énamouré des paparazzis !

LE CHOC DES PHOTOS

En 1959, Fellini sortit son chef-d'œuvre, La Dolce Vita, *avec Marcello Mastroianni. On y voyait un photographe de vedettes, plutôt sans foi ni loi. Il s'appelait, dans le film, Paparazzo. Ce qui donne, au pluriel...* paparazzi ! *Une antonomase (un nom propre devenu un nom commun, quoi !) aujourd'hui bien ancrée dans le langage courant.*

COMMEDIA DELL'ARTE

L'origine de la *commedia dell'arte* remonte au Moyen Âge, où les farces se jouaient dans divers dialectes italiens. Le genre n'apparaît qu'au milieu du XVIe s, dans la région de Padoue. Il s'agit de théâtre improvisé mais, pour la 1re fois, professionnel. Les comédiens doivent broder autour de thèmes récurrents : mariages contrariés, conflits de générations, poursuites, bastonnades, rendez-vous secrets... où l'amour finit toujours par triompher. Ils virevoltent, gambadent, dansent, se travestissent, et les scènes sont entrecoupées d'intermèdes comiques qui n'ont rien à voir avec l'intrigue (les *lazzi*). Jouées à l'origine sur les places des marchés, les pièces deviennent si populaires qu'elles ont bientôt accès à des théâtres, puis aux cours d'Europe. En effet, nul besoin de comprendre ce qui est dit ! Louis XIV finit par chasser les « comédiens italiens » parce qu'ils se seraient moqués de madame de Maintenon dans la comédie de Michel Baron, *La Coquette et la Fausse Prude.* Dès la Régence, ils font naturellement leur réapparition. Les visages, cachés par des demi-masques en cuir, hormis des rôles d'amoureux, sont simplement maquillés. Important : les femmes sont jouées par... des femmes, à une époque où elles étaient pourtant interdites sur scène. Les troupes sont généralement composées de 6 à 12 comédiens incarnant des stéréotypes.

– ***Arlequin :*** le valet rusé, roublard, coureur de jupons (parfois au langage obscène) et bon vivant. Au départ, son costume est grisâtre et rapiécé, pour devenir peu à peu l'ensemble de losanges colorés qu'on lui connaît.

– ***Brighella :*** fait aussi partie de la catégorie des *zanni,* les serviteurs. Il cherche à régenter la maison en en faisant le moins possible. Son nom viendrait de *briga* qui signifie « querelle » en italien.

– ***Pulcinella*** *(Polichinelle)* ***:*** a un masque noir avec un nez crochu. Il possède la gestuelle vive, caractéristique des origines napolitaines du personnage. Véritable caméléon, il ne sait pas garder un secret... de Polichinelle !

– ***Colombine :*** soubrette maligne à la langue bien pendue, intelligente, coquette, mais surtout entremetteuse de rêve, elle favorise les amours de sa maîtresse.

– ***Pantalone :*** le type même du vieux marchand vénitien (dont il parle le dialecte) ; riche et avare, il s'amourache de jeunes filles. Alors qu'il représente le pouvoir et la richesse. Il peine à vraiment porter le pantalon car tous se jouent de lui, ce qui en fait un grincheux amer.

– ***Le Docteur :*** ami de Pantalone, médecin, il emploie des mots savants toujours hors de propos (et souvent en latin farfelu). Originaire de la riche Bologne, pédant, orgueilleux et obèse, il est représenté par un habit noir avec une fraise. Son masque est pourvu d'un nez charnu et d'un énorme poireau.

– ***Le Capitaine :*** vantard, alors que c'est en fait un couard et un piètre amant. Son costume est aussi entièrement noir et son masque est caractérisé par d'imposantes moustaches.

PANTALONADES EN PANTALON

Pantalone, vieux, beau, libertin et avare, avait la particularité de porter une culotte longue, munie d'une proéminente braguette ! Au XVIe s, quand les Italiens vinrent jouer la comédie en France, on remarqua vite cet habit inhabituel. Et on donna au vêtement le nom du personnage.

La *commedia dell'arte* reflétait en les exagérant les particularités locales, importantes dans une Italie très régionalisée. Les dialectes en particulier étaient objets de moquerie d'une ville à l'autre : l'accent vénitien à Florence, l'accent bolognais à Venise, l'accent de Bergame des serviteurs, etc.

Devenu vulgaire et répétitif après 2 siècles, le théâtre italien fut réformé en 20 ans, à grand-peine, par ***Goldoni*** (1707-1793), les acteurs refusant d'apprendre du texte. En 1750, il expose sa théorie du théâtre dans *Il Teatro comico.* L'auteur vénitien (voir plus loin « Littérature ») parvint finalement à imposer des pièces avec une approche plus psychologique des personnages *(La Locandiera, Les Rustres)* et fit peu à peu tomber les masques tout en gardant une certaine légèreté (la trilogie de *La Villégiature*). C'est la fin de la *commedia dell'arte* qui influença à jamais le théâtre européen, jusqu'au cinéma d'un certain Charlie Chaplin.

CUISINE

Comment manger à l'italienne... et à la vénitienne ?

La cuisine vénitienne peut s'enorgueillir d'une tradition ancestrale, à la fois orientée vers la mer et vers les horizons lointains. C'est pourquoi on retrouve dans la gastronomie vénitienne des saveurs et des goûts orientaux, que l'on rencontre rarement ailleurs en Italie. En 1er lieu, il s'agit d'une cuisine de marins, nécessitant de jouer aussi bien sur la conservation que sur l'économie : on ne jetait rien. Le poisson et les coquillages prennent leurs aises sur les tables de la Sérénissime, des *antipasti* au *primo* et *secondo piatto.*

MORUE À VENISE

Au XVe s, le navigateur vénitien Querini affréta un bateau vers la mer du Nord. Affrontant une terrible tempête, il se réfugia aux îles Lofoten en Norvège. Il fut sauvé par les pêcheurs qui lui apprirent la technique de la morue séchée. Un excellent moyen pour conserver le poisson et naviguer plus loin. Depuis, on déguste la morue à Venise alors qu'elle ne se pêche pas en Méditerranée.

Pour alimenter les tables, poissons et crustacés, fruits et légumes arrivent chaque matin par la mer, soit en provenance des fermes piscicoles de la lagune, les *valli da pesca,* soit des îles voisines comme Sant'Erasmo, appelée le potager de Venise.

Antipasti (entrées)

L'*antipasto* est un bel assortiment, que l'on partage généralement. Charcuteries (***salumi, prosciutto, bresaola,*** etc.), légumes de saison comme les artichauts ou les asperges, poivrons, aubergines et courgettes grillés, fruits de mer et ***sarde in saor*** (sardines macérées avec des petits oignons, des raisins secs et des pignons), ou encore la ***granseola sott'olio*** (araignée de mer), servie avec une fine sauce huile d'olive-citron... À moins que vous aussi ne succombiez devant les ***moleche,*** ces petits crabes mous frits entiers, pour n'en faire qu'une bouchée. Ces mises en bouche (qui s'avèrent parfois de véritables plats) varient selon les établissements et en fonction du marché, mais ce sont les hors-d'œuvre à base de poisson qui restent la grande spécialité de Venise.

QUI L'EÛT CRU ?

Parmi les restaurateurs de renom à Venise, Giuseppe Cipriani, le fondateur du Harry's Bar *et de la* Locanda Cipriani, *reste le plus connu. En 1950, pour faire plaisir à une comtesse au régime, il eut l'idée du filet de bœuf cru taillé en tranches fines, arrosé d'une sauce aussi colorée que savoureuse et saupoudré de parmesan. Il n'hésita pas à baptiser son plat du nom du peintre vénitien Carpaccio, connu pour ses rouges si... tranchés !*

Il primo (premier plat)

La place d'honneur revient à la *pasta.* C'est pourquoi nous lui avons consacré une rubrique spéciale (voir plus loin). Le *risotto* est plus répandu que la *pasta* dans le Nord, et vous devriez vous régaler à Venise (sachez toutefois qu'il est souvent proposé pour 2 personnes minimum et demande un long temps de préparation d'au moins 20 mn). C'est le plat emblématique, celui dont le ratage ou la réussite fait la réputation de l'établissement. Le riz *(riso)* est cuisiné avec des fruits de mer, des petits légumes, des champignons, et agrémenté d'un peu de crème fraîche ou d'une pointe de safran qui rappelle son origine exotique, ou, mieux encore, à l'encre de seiche ***(al nero di seppia).***

Les ***minestre*** (soupes), souvent faites suivant d'anciennes recettes du terroir, sont excellentes. La plus célèbre est le *minestrone,* à base de céréales, mais on vous en proposera bien d'autres à Venise : la ***pasta e fagioli,*** reconstituante l'hiver (haricots rouges, lard et tagliatelles, entre autres), qu'on vous servira froide en été, mais aussi des soupes de poisson, sans parler du bouillon de riz aux petits pois et lardons ***(risi e bisi).*** Ce dernier était le plat d'ouverture du repas du doge lors de la fête de Saint-Marc. Si vous n'êtes pas un fana du riz, goûtez plutôt au ***pasticcio*** de poisson, une sorte de lasagne aux fruits de mer et crustacés !

Les vrais gnocchis à la vénitienne, apportés par les envahisseurs venus d'Europe centrale, restent ceux confectionnés à base de pommes de terre ***(gnocchi di patate).*** Mais vous trouverez nombre de variantes, dont certains gnocchis occasionnels à base de fromage *(di ricotta)* et d'épinards *(verdi),* ou de semoule *(alla romana).* C'est un plat consistant, comme la *pasta.*

Il secondo (second plat)

Étant donné l'importance du *primo,* le plat de viande ou de poisson ne joue pas le même rôle que dans les menus non italiens. Le veau ***(vitello)*** apparaît sur bien des cartes et dans des préparations très variées : en paupiettes ***(involtini),*** en escalope ***(scaloppina)*** ou bouilli.

Le foie (***fegato alla veneziana,*** avec des oignons), les tripes ***(trippa),*** les côtes de porc ***(costoletta),*** le lapin ***(coniglio),*** le lièvre ***(lepre)*** figurent eux aussi souvent sur les cartes. Au rayon volaille, le canard ***(anatra)*** est fréquent à la carte.

Le poisson reste une des principales « attractions » du marché du Rialto (sur la façade de la ***pescheria,*** une plaque mentionne toujours les longueurs minimales des poissons vendus au détail)... Aux alentours du marché, goûtez donc le ***fritto misto*** (une friture de calamars, anchois, lotte, crevettes...). L'encre de seiche *(nero di seppia)* est fréquemment utilisée comme sauce pour accompagner les plats de pâtes et le poisson, et le résultat peut être somptueux. À l'instar des très locales *seppie in nero* (seiches dans leur propre noir), le ***baccala mantecato,*** spécialité vénitienne à base de morue, est une vraie institution familiale. Elle offre autant de préparations qu'il y avait autrefois de villages : tout dépendait de la durée de la macération des filets de poisson sec dans l'huile d'olive, et des petits secrets de chaque mère de famille ou de chaque cuisinier...
À Venise, comme dans toute la Vénétie, on vous servira souvent, avec la viande, la fameuse ***polenta*** : autrefois plat du pauvre, elle est devenue un des incontournables locaux. À noter que ladite polenta, d'habitude jaune, se démarque ici par sa blancheur (car à base de maïs blanc).

I contorni (la garniture)

Les *secondi* sont toujours servis sans garniture. Il faut donc commander celle-ci à part et la payer en supplément. On vous proposera, selon la saison, des pommes de terre, des légumes ou des salades. Mais, très souvent, il s'agit de légumes grillés (poivrons, aubergines, courgettes). Quant à la *verdura cotta,* il ne s'agit pas de salade mais de légumes cuits, servis avec de l'huile d'olive et du citron ou *sott'olii* (baignant dans l'huile, en fait !). Dans le même registre des faux amis, les *legumi* sont des légumes secs exclusivement (lentilles, pois, pois chiches...).
Si vous vous demandez pourquoi les Vénitiens se ruent sur le ***radicchio trevigiano,*** les ***spareselle,*** asperges miniatures, ou les ***castraure,*** pousses d'artichauts printaniers, goûtez-les au restaurant et vous comprendrez !

POURQUOI « TOMATE » SE TRADUIT PAR POMODORO ?

Les grands navigateurs découvrirent la tomate chez les Aztèques, au Mexique. Elle avait bien la forme d'une pomme et valait le prix de l'or parce qu'elle était particulièrement difficile à conserver. Le nom est resté. Assez fade, il fallut plus d'un demi-siècle pour savoir l'utiliser en cuisine.

I dolci (desserts)

Les Italiens ne mangent pas beaucoup de sucreries en fin de repas, mais les préfèrent faites à la maison, ou alors ils les mangent dans l'après-midi. Ne manquez pas les ***buranei,*** petits sablés que l'on trempe dans le ***vin santo*** ou le ***fragolino,*** ou encore les ***pan dei dogi*** (pain des doges). Quant au ***tiramisù,*** ce gâteau à base de mascarpone (crème épaisse), avec ses biscuits imbibés de café, qu'on sert saupoudré de cacao, on le donnait aux femmes de Trévise qui venaient d'accoucher pour les remettre sur pied. D'autres prétendent que les courtisanes vénitiennes en mangeaient avec leurs amants en guise de puissant aphrodisiaque (moins moral tout ça !). *Tiramisù* signifie « tire-moi vers le haut » ou « remonte-moi le moral », en référence, évidemment, à sa teneur en café et son haut pouvoir calorique !

Gelati (les glaces)

Pas d'Italie sans glaces... Dégustation de ***cornetto*** ou ***coppetta*** aux parfums comme ***alla straciatella,*** au ***mustazzolo, al caffè con panna, al pasticcio...*** Les variations sont innombrables et s'enrichissent de succulents sorbets aux fruits de saison.

Pizza

Les bonnes *pizze* sont cuites au feu de bois uniquement et préparées par un pizzaiolo qui fabrique lui-même sa pâte (les meilleures lèvent jusqu'à une trentaine d'heures), apprête ses ingrédients avec la précision d'un chimiste et veille à la cuisson du tout avec l'attention d'une mère poule. Tout un art ! Dans la rue, snacks et boulangeries proposent la pizza *al taglio* ou *al pezzo,* c'est-à-dire à la coupe, au poids ou au morceau. Pratique pour un repas sur le pouce.

PIZZA ROYALE !

C'est en l'honneur de la reine Marguerite de Savoie, l'épouse d'Umbert Ier (fin XIXe s), lors d'une réception à Naples, que l'on prépara une pizza spéciale. Sans ail évidemment, rapport à l'haleine ! On décida alors de rendre hommage à la nation nouvellement unifiée en évoquant le drapeau italien : tomate pour le rouge, mozzarella pour le blanc et basilic pour le vert. La margherita *était née.*

Pasta (les pâtes)

Sur la carte, la *pasta* fait toujours fonction de *primo piatto* (entre les *antipasti* et le second plat) mais depuis bien longtemps, elle est consommée comme plat de résistance. En tout cas, jamais comme accompagnement. *Madonna !*
On ne va pas énumérer les 245 sortes de pâtes recensées. D'autant que leurs formes et la façon de les préparer varient selon les innombrables sauces qui les accompagnent. La préparation la plus simple est *al burro* (au beurre, quand on est indisposé...) ou *al pomodoro* (sauce tomate) ; mais il y a surtout, à Venise, les ***spaghetti alle vongole*** (aux palourdes, un délice !) ou ***al nero di seppia*** (au noir de seiche), ou encore, les ***bigoli in salsa,*** de gros spaghettis accompagnés d'une sauce à base de sardines et d'oignons.

Pasta e basta !

« Plus qu'un peuple, le nôtre est une mosaïque. Et pourtant, quand l'heure du déjeuner a sonné, bien assis face à un plat de spaghetti, les habitants de la péninsule se reconnaissent italiens. (...) L'Unité italienne, si rêvée par les pères du Risorgimento, s'appelle *pastasciutta* aujourd'hui. » *Quando siamo a tavola* (Quand on est à table), Cesare Marchi.

Petit lexique culinaire

Acciughe	Anchois
Baccalà	Morue
Brodetto	Soupe de poisson
Casalinga	Comme à la maison, « ménagère »
Contorno	Garniture
Dolci	Desserts
Fegatini di pollo	Foies de volaille
Gamberi	Crevettes
Gamberoni	Gambas
Ortaggi ou *verdure*	Légumes
Pane	Pain
Pasticceria	Pâtisserie
Pesce	Poisson
Riso	Riz
Sarde	Sardines
Scampi	Langoustines
Seppia	Seiche
Spumone	Glace légère aux blancs d'œufs

Tiramisù	Gâteau à base de mascarpone et de biscuits imbibés de café
Torta	Gâteau
Vitello	Veau
Vongole	Palourdes ou clovisses
Zuppa	Soupe

LES PÂTES COURTES		LES PÂTES LONGUES	LES PÂTES FARCIES
Gnocchi : pâtes courtes de forme oblongue. Préparées avec un mélange de farine et de pomme de terre. 	**Conchiglie** : pâtes concaves et striées en forme de coquillage. 	**Spaghetti** : Longues et fines, elles raffolent des sauces à base d'huile, tomate ou crème… 	**Ravioli** : carré de pâte poché et farci de viande, de fromage ou de légumes. 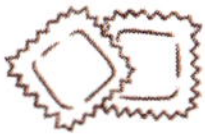
Rigatoni : courtes et creuses. Tubes striés, légèrement courbés. 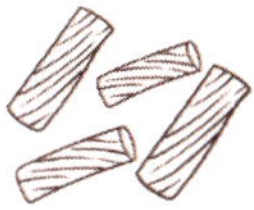	**Farfalle** : en forme de nœud papillon, d'où leur nom (*farfalle* signifiant papillon). 	**Tagliatelle** : larges et plates, à utiliser de préférence avec des sauces au beurre, à la crème et aux légumes. 	**Tortellini** : plus grands que les raviolis, ils sont farcis avec un mélange de viande et de parmesan. *Tortellini* est le pluriel de *tortellino*, signifiant petite tarte. 
Orecchiette : pâtes courtes et grosses, typiques des Pouilles. Elles ont la forme de petites oreilles. 	**Fusilli** : pâtes en spirale, originaires de Campanie. 	**Pappardelle** : 2 fois plus larges que les *tagliatelle*. 	**Cappelletti** : « petits chapeaux » en italien, raviolis farcis, traditionnellement à la viande, et servis dans un bouillon. 
Penne rigate : version moderne de *maccheroni*, en forme de tubes striés aux extrémités biseautées. Elles représentent ¼ du marché, juste derrière les *spaghetti*. 	**Trofie** : préparées comme les *gnocchi* avec farine et pommes de terre, ces pâtes très fines sont originaires de Ligurie. À consommer avec du pesto, comme le veut la tradition locale. 	**Lasagne** : très célèbres, que l'on fait cuire au four (connues comme *lagane* dans le Sud). 	**Cannelloni** : en forme de larges tubes farcis de viande de 7 à 10 cm de long et de 2 à 3 cm de diamètre. 

Le succès du *slow food*

De plus en plus de restaurants vénitiens affichent l'autocollant *slow food* (reconnaissable à son petit escargot), comme un gage de qualité. Ce mouvement

culinaire, né dans le village de Bra (Piémont) en 1986, défend les valeurs de la cuisine traditionnelle, et notamment celle des petites *trattorie* de terroir.
Le retour du « bien manger » et la volonté de préserver la biodiversité ne sont pas contradictoires avec une certaine forme de modernisation, à condition qu'elle soit au service du goût. L'idée, c'est de respecter la nature et d'attendre le bon moment pour apprécier un légume ou un fruit.
Les restaurants estampillés *Slow Food* (on en a sélectionné certains dans ces pages) ne sont pas forcément chers.
Pour plus d'informations sur ce mouvement : ● *slowfood.fr* ● *slowfood.it* ●

Les interdits dans la cuisine italienne

– Le ***capuccino*** représente une source de fierté pour les Italiens Attention, il ne se boit que pendant le petit déjeuner, accompagné le plus souvent d'un croissant ou d'un petit gâteau... On ne verra JAMAIS un Italien siroter du cappuccino pendant ou après les repas ou, pire, en plein après-midi !
– Servir des pâtes avec d'autres plats, c'est un sacrilège en Italie : considérée comme ***LE 1er plat principal, la pasta*** se déguste uniquement seule, en sauce (pas de ketchup !), ou avec de la viande, comme dans le cas des *tagliatelle al ragù.*
– La ***pasta doit se manger al dente*** : il n'y a pas d'excuses, sa cuisson est bien indiquée sur le paquet. Bon à savoir : il est même possible de la retirer une minute avant, la chaleur finira sa cuisson !
– ***Jamais de crème sur la carbonara !*** De quoi faire chavirer le cœur des *nonne* (grand-mères). Cette institution de nos cousins transalpins ne se prépare qu'avec des pâtes, une petite émulsion d'œuf battu et de pecorino, et du *guanciale* (joue de cochon non fumée).
– ***Rien de meilleur que le parmesan...*** Et pourtant, les italiens verront d'un mauvais œil les touristes saupoudrer de parmesan à tout va sur les pâtes au poisson ou, pire encore, sur la pizza. *Mamma mia !*

Caffè ? Trattoria ? Enoteca ? Ristorante ? Comment s'y retrouver ?

Le routard risque d'être désorienté les 1ers jours devant la variété des enseignes.
– ***Le bacaro :*** bar très spécifique à Venise qui propose une belle carte de vins au verre à accompagner de *cicchetti* (voir la rubrique dédiée à l'*aperitivo* juste après). Le *bacaro* est généralement basique et propose peu de solutions pour s'asseoir : on déguste debout, ou bien accoudé à un comptoir, au mieux une fesse posée sur un tabouret haut.
– Le ***café*** et la ***paninoteca*** ; petit déjeuner simple qu'affectionnent les Vénitiens : *cappuccino* ou *caffè* et *cornetto* (un croissant qui peut être fourré au chocolat, à la crème ou à la confiture) sur un bout de comptoir. On y vend aussi des gâteaux, des *panini* (sandwichs et non ce pain blanchâtre passé au gril qui porte le nom de *panini* en France) et des *tramezzini* (sandwichs triangulaires au pain de mie). Modique au comptoir, le prix du café grimpe si vous vous asseyez en salle, sans parler des terrasses stratégiques...
– La ***rosticceria,*** c'est un traiteur qui vend des plats soit à emporter, soit à consommer sur place (quelques tables). Il y en a très peu à Venise.
– La ***tavola calda*** (une sorte de cantine ou self) est un endroit où l'on sert une restauration rapide, offrant un nombre assez limité de plats cuisinés à un prix très abordable.
– La ***pizzeria,*** pour manger... des *pizze,* voyons ! À noter aussi que l'on peut acheter des parts de pizza dans certaines boulangeries (*panetterie* ou *panifici*).
– Les ***enoteche*** sont des bars à vins, qui proposent également de bons produits régionaux à déguster sur place. Le cadre est souvent très soigné, et les prix sont plutôt raisonnables, sauf pour les vins.

– La ***trattoria*** est un restaurant à gestion (théoriquement) familiale. Comparable au bistrot du coin français, la *trattoria* propose une carte courte de cuisine faite maison (*casareccia* ou *casalinga*). Tendance depuis quelques années : la *trattoria* chic à la déco recherchée.
– L'***osteria,*** elle, était à l'origine un endroit modeste où l'on allait pour boire et qui proposait 1 ou 2 plats pour accompagner la boisson... L'appellation a été reprise par des restaurateurs (parfois en ajoutant un *h* et en remplaçant le *e* par un *a*, « *hostaria* », pour faire plus chic) pour donner un goût d'antan tout en appliquant des tarifs bien d'aujourd'hui... On peut la comparer à notre brasserie.
– Enfin, le ***ristorante*** correspond au resto gastronomique. Dans cette catégorie, on trouve tout et son contraire, mais surtout une note salée en fin de repas.

Et l'*aperitivo* ?

Originaire de Turin, c'est une formule magique pour marier tous les plaisirs à moindres frais ! À l'heure fatidique de l'*aperitivo* (entre 18h et 21h environ), certains établissements, plus particulièrement les *bacari,* proposent *spritz* ou verre de vin... qu'importe le flacon. Pour accompagner votre boisson favorite, les ***cicchetti*** sont des toasts agrémentés de délicieuses garnitures, à déguster au comptoir. Typiques et savoureux, il y en a pour tous les goûts : charcuterie locale, *crostini di baccalà mantecato* (pain grillé avec une fameuse crème de morue dont chaque établissement garde la recette), et bien sûr de croustillantes croquettes de thon, de riz et de viande. Très convivial, nourrissant et nettement meilleur qu'un bol de cacahuètes ; bref, une formule qui remporte un beau succès !

Marchés alimentaires

Véritable institution, le *mercato* a lieu une ou plusieurs fois par semaine. Le marché du Rialto est le plus grand et le plus célèbre, mais il y en a d'autres installés quotidiennement dans tous les quartiers de Venise. On y trouve les excellents produits du terroir local : charcuterie, fromages, vins, huile d'olive, miel, fruits, légumes, etc., mais aussi des petits traiteurs qui étalent d'alléchants *antipasti.* Idéal pour se constituer un excellent pique-nique à prix doux.

CURIEUX, NON ?

– Pour le petit déj, les Italiens ont l'habitude le matin de se contenter d'un café et d'un croissant dans leur bistro préféré, au coude à coude sur le zinc.
– Si vous voulez prendre un petit café au comptoir comme de nombreux Italiens, il vous faudra le plus souvent d'abord payer à la caisse avant de consommer.
– Vous passerez pour un touriste si vous commandez un cappuccino après 11h.
– La bouteille d'eau minérale est souvent apportée d'office sur la table, entraînant un supplément de 1 à 3 €.
– L'addition est traditionnellement majorée du *pane e coperto* (de 1 à 3 € par personne).

VENISE DANS UN MIROIR

Casser un miroir apporte 7 ans de malheur ! La sentence est dite. Jadis, les miroirs consistaient en une solide lame de métal polie pas vraiment cassable. Puis vinrent les 1res glaces, produites à Venise, faites d'une fine couche d'argent protégée par une vitre, et d'un coût exorbitant. Les riches possesseurs de ces miroirs auraient inventé cette malédiction pour effrayer les domestiques et les obliger à manipuler cet objet coûteux avec la plus grande précaution. On raconte ça histoire de briser la glace !

– Dans une grande majorité de restos et de bars, l'addition ne se règle qu'à la caisse (même si vous êtes en terrasse).
– Dans les églises, les sacristains sont souvent remplacés par des tirelires électriques (en général 1 €) pour éclairer les chefs-d'œuvre sans forcer la main.
– Dans tous les hôtels, un cordon – signalé par un discret panneau – pend le long du mur de la douche ou de la baignoire. Un dispositif de sécurité imposé par la loi, en cas de malaise : une traction déclenche une sonnerie à la réception. Mais vu le nombre de clients qui pensent que c'est le cordon de la ventilation, voire une corde à linge... il est plutôt rare que quelqu'un prenne la peine de se déplacer !
– En limite de la place Saint-Marc, à proximité du Grand Canal, 2 colonnes monumentales portent les statues du lion de Saint-Marc d'une part et de Saint-Théodore par ailleurs. Du temps de la République, les exécutions capitales avaient lieu entre ces 2 colonnes. Aujourd'hui encore, les Vénitiens pure souche évitent de passer dans cet espace. La superstition a la mémoire longue !

ÉCONOMIE

La Vénétie fait partie des régions les plus riches d'Italie, et même d'Europe. Au moment de son expansion maximale, entre le XIIIe et le XVe s, Venise fut un carrefour marchand d'envergure internationale, grâce à son autorité sur une grande partie de la Méditerranée orientale. Le quartier du Rialto qui, à l'époque, incarnait la plaque tournante du commerce, s'est transformé depuis l'avènement du tourisme en un formidable « marché à souvenirs ». Un ***secteur touristique*** qui emploie aujourd'hui près de la moitié de la population – hôtellerie, restauration, agences de voyages, banques... 25 millions de touristes en moyenne par an, cela fait une source de revenus considérable pour Venise !

ORIGINE DE LA BANQUE

Au Moyen Âge, les prêteurs sur gages travaillaient sur un comptoir (il banco). *C'est l'origine de ces établissements financiers. Quand ils faisaient faillite, ils étaient obligés de casser, de rompre ce comptoir* (banco rotto). *D'où le mot « banqueroute ».*

Mais l'enrichissement de Venise n'est pas tant dû à l'argent laissé par les touristes qu'à l'appétit des spéculateurs qui n'ont de cesse d'augmenter le prix des loyers. Et, quand bien même quelques restaurateurs arrivent à tirer leur épingle du jeu, l'augmentation des prix des locations a forcé certains d'entre eux à se replier dans des quartiers moins fréquentés pour céder leur place aux inévitables grosses enseignes, les seules à pouvoir honorer les loyers exigés par les proprios...
En dehors de ce secteur, la région vit grâce à la présence du port de Marghera et des zones industrielles qui l'entourent. Pétrochimie, métallurgie, construction navale et industrie mécanique sont la base de l'économie régionale. On doit y ajouter les dentelles de Burano et la verrerie de Murano, connues dans le monde entier, qui emploient à elles seules près de 6 000 personnes.

Le tourisme, une arme à double tranchant

Si d'un côté le secteur touristique représente depuis toujours une ressource fondamentale pour Venise, de l'autre côté la croissante pression touristique menace de plus en plus le bien-être des résidents et l'intégrité de la ville elle-même. D'abord, les transformations fonctionnelles des structures centrales ont amené à un dépeuplement progressif du centre historique, qui a provoqué à son tour une réduction drastique des activités artisanales traditionnelles : la ville est ainsi en train de perdre son identité.
Or, en tant que bien du patrimoine Unesco, Venise doit répondre à certaines exigences d'authenticité. Au cours des dernières années, le Comité pour le

Patrimoine mondial a signalé, à plusieurs reprises, l'urgence d'élaborer de mesures de protection concrètes surtout en ce qui concerne le passage des grands paquebots dans la lagune, faute de quoi Venise serait inscrite sur la liste des sites du Patrimoine mondial en péril. Résultats : l'adoption d'un plan de développement pour soutenir le tourisme de croisière sans laisser pourtant les grands navires s'approcher de la place San Marco (à partir de 2019, ils accosteront aux coûteux terminaux aux abords de la ville et les plus grands à Marghera, où un terminal passagers sera installé). Plan plus qu'urgent, lorsqu'on pense aussi à l'accident du 2 juin 2019, qui a vu un paquebot de 60 000 t heurter le quai à l'extrémité des Zattere après avoir éperonné un autre bateau de taille plus modeste. L'introduction d'un ticket d'entrée est envisageable, soit une « contribution d'accès » pouvant aller de 3 à 10 € selon la saison.

Une offre touristique alternative

Aujourd'hui, de plus en plus d'agences, associations et coopératives se battent contre le tourisme de masse et ses impacts négatifs sur la ville. Parmi celles-ci, on compte Limosa/*SlowVenice,* agence de voyages et tour-opérateur créé par des guides naturalistes qui vise à la valorisation de l'identité et de la tradition vénitiennes. Authenticité, développement durable et interaction avec les éléments de la culture locale sont en effet les piliers sur lesquels Limosa/*SlowVenice* base son offre, permettant aux visiteurs d'entrer en contact avec Venise et son environnement de façon alternative et responsable. Par une approche éthique et éducative, Limosa/*SlowVenice* donne la possibilité de découvrir une Venise « autre », aussi bien que la nature extraordinaire de son ensemble lagunaire. Les itinéraires étant personnalisés, leurs tarifs sont très variables. Pour en savoir plus sur les offres de *SlowVenice* ou demander un devis : ☎ *041-93-20-03.* • *info@slowvenice.it* • *slowvenice.it* •

Et pour ceux qui veulent avoir un impact positif sur la ville, l'association Les Ailes de Venise propose de créer de nouveau un lien direct entre les touristes et les Vénitiens, permettant de participer concrètement aux projets consacrés au bien-être de la ville. Pour en savoir plus : • *lesailesdevenise@gmail.com* • *lesailesdevenise.com* •

ENVIRONNEMENT

Pollutions en tout genre

– Paradoxalement, on a laissé s'installer l'un des ***plus grands complexes industriels d'Italie*** dans l'un des sites les plus fragiles sur le plan écologique. Complètement aberrant : les grandes industries chimiques de Mestre-Marghera sont à l'origine d'une partie importante de la pollution aquatique de la lagune et de la dégradation des bâtiments.

– Les ***pigeons*** contribuent à dégrader les édifices, leurs déjections acides abîment la pierre déjà fragilisée. Attention, il est désormais interdit de les nourrir, comme il est également interdit aux marchands de graines de vendre leurs sachets place Saint-Marc. Ces derniers vendent désormais des souvenirs en tout (mauvais !) genre. Et des pigeons pour en acheter, il y en aura toujours !

– Par ailleurs, ***le sel et l'humidité ambiante,*** ainsi que les vagues des bateaux à moteur qui viennent mourir contre les murs agressent en permanence les façades et soubassements des palais et abîment toutes les sculptures extérieures.

D'un autre côté, on a tous entendu et lu beaucoup de choses sur l'***enfoncement de Venise*** (25 cm depuis le début du XXe s) : ***tectonique des plaques, appauvrissement de la nappe phréatique*** située sous la lagune par excès de pompage créant un affaissement des strates, piétinement de la vingtaine de millions de touristes qui chaque année la visitent, etc.

Mais force est de constater que les énormes quantités de ***rejets toxiques*** dues à la proximité des zones industrielles de Mestre sont les 1res incriminées. Un phénomène aggravé par le développement de la navigation à moteur (*vaporetti, lancioni* – bateaux privés grand tourisme pour transport de groupes –, mais aussi bateaux d'approvisionnement de la ville, taxis, ambulances et bateaux de la police). Pour tenter de remédier à cela, la coque des bateaux publics a même été spécialement étudiée pour la navigation dans Venise et leur vitesse limitée à 5 km/h. Enfin, que penser des énormes paquebots qui accostent carrément aux portes de la ville ? Pour les laisser entrer dans la lagune, il a fallu rogner les bandes de terre qui protégeaient la lagune... ce qui a contribué à accentuer le phénomène d'*acqua alta* (voir ci-après) !

Acqua alta (grandes marées)

Venise a régulièrement les pieds dans l'eau. Sous l'action conjuguée des grandes marées, de la pression atmosphérique, des courants et du vent, la mer pénètre dans la lagune et inonde certains quartiers de la ville. On appelle cela une *acqua alta*. Ce phénomène, qui se produit en moyenne 100 fois par an (de manière plus ou moins prononcée) et qui se déroule généralement ***de début novembre à fin avril,*** est très spectaculaire (surtout place Saint-Marc, le point le plus bas de Venise). Il fait le bonheur des photographes et des voyagistes japonais, qui enregistrent leurs plus forts taux de réservation pendant cette période !

La place Saint-Marc se retrouve la 1re sous les eaux quand la lagune déborde. Ce qui peut paraître amusant pour les touristes l'est beaucoup moins à la longue pour les Vénitiens au rez-de-chaussée, régulièrement envahi par les eaux... Mais pas de panique : ***l'acqua alta ne dure que quelques heures*** (le temps d'une marée), des passerelles sont installées pour faciliter la circulation et de nombreux marchands improvisés proposent des paires de bottes.

Malheureusement, l'agrandissement des 3 passes de la lagune (pour laisser entrer les gros bateaux) facilite la marée et augmente chaque année la fréquence et l'importance du phénomène.

Même si elles sont souhaitables pour brasser et « purifier » l'eau des canaux, ces marées endommagent les fondations des maisons et peuvent même paralyser la ville. Ainsi, le 4 novembre 1966, la place Saint-Marc s'est retrouvée sous plus de 1,94 m d'eau (un record !), et toute la cité a connu une panne générale d'électricité. Plus récemment, à l'automne 2018, Venise a été victime de précipitations persistantes et de fortes marées, qui ont provoqué un des plus importants épisodes d'*acqua alta* depuis un siècle : un quasi record, si l'on considère qu'il s'agit de la 5e fois dans l'histoire récente de la ville que l'eau dépasse les 150 cm (156 cm le 29 octobre !). Depuis, les Vénitiens sont avertis du danger par une sirène un peu lugubre qui retentit 6h avant les grands débordements (le nombre de sonneries indique la hauteur d'eau attendue).

La dernière *acqua alta* historique remonte à novembre 2019. Elle a marqué les Vénitiens, et surtout les touristes, qui ont déserté pendant quelques mois la Sérénissime. La montée record des eaux à 1,87 m hante encore les esprits des Vénitiens, avec des images de bateaux échoués sur le trottoir ou encore des habitants obligés de rentrer chez eux par les fenêtres.

UNE CHOPINE POUR LA ROUTE

Rien à voir avec la bière. On appelait ainsi les chaussures hautes qui furent inventées à Venise, dès le XVIe s, afin de franchir les flaques d'eau. Ces plateformes en bois pouvaient atteindre 60 cm. Et puis la hauteur est devenue plus raisonnable, et, surtout, on abaissa le devant. Résultat, il ne resta qu'un talon de quelques centimètres. Louis XIV, qui ne mesurait que 1,62 m, lança la mode des chaussures à talons. D'autres chefs d'État l'ont imité.

Depuis des dizaines d'années, on ne compte plus les études et les projets émis par les spécialistes du monde entier pour sauver Venise. Le projet le plus raisonnable a consisté à surélever les sols des parties les plus basses de la ville et à rehausser les quais, comme à San Marco, mais ces travaux sont désormais interrompus en vue d'un projet plus ambitieux.

En 2017, à l'occasion de la Biennale, l'artiste Lorenzo Quinn a fait émerger 2 mains géantes du Grand Canal, posées sur l'angle de la Ca' Sagredo comme pour supporter cette maison historique. L'œuvre, nommée *Support,* se veut être une sensibilisation aux dangers que la montée des eaux fait courir à la Sérénissime et à son patrimoine architectural.

– En réponse aux lecteurs prévoyants qui nous demandent les coordonnées des magasins vendant des bottes appropriées pour l'*acqua alta,* voici 2 adresses près du pont du Rialto : *Amorino* (chausseur qui se trouve sur le pont même), et *La Friulana* (Rialto 86), une fois passé le pont en allant vers le piazzale Roma. On y trouve toutes les pointures et même... 3 hauteurs différentes !

Faut-il sauver Moïse ?

D'un coût de plus de 5 milliards d'euros, ce projet « pharaonique », baptisé *Mose* (Moïse, bien connu pour se tirer d'affaire quand il s'agit d'eau !), consiste en rien de moins qu'ériger un barrage (constitué de 78 parois mobiles) sur les 3 portes d'accès à la lagune : les passes du Lido, de Malamocco et de Chioggia. La dernière paroi a été installée mercredi 30 janvier 2019 – soit 16 ans après le début des travaux. Ce système de digues mobiles ne devrait fonctionner qu'en cas de montée des eaux menaçante, disparaissant dans les profondeurs le reste du temps. Or, les écologistes et de nombreux Vénitiens de tous bords sont contre : selon certains, dont des scientifiques indépendants, cette solution n'est valable que sur du court terme (50 ans au plus), elle menace sérieusement tout l'écosystème de la lagune et surtout, en cas de ratage, elle mettrait définitivement en péril le site historique de Venise. Au printemps 2019, les 1ers essais techniques du système ont été effectués, alors que sa mise en fonctionnement est envisagée pour 2021. Les intérêts politiques sont aujourd'hui encore plus que divergents, alors que les intérêts financiers ont pris le dessus (comme par hasard), et la polémique est loin d'être apaisée.

En août 2020, les essais techniques du Mose ont été concluants puisque pour la première fois les 78 digues mobiles se sont toutes soulevées et ont isolé la Lagune de la mer. Le gouvernement Conte a également annoncé la création d'une autorité pour la gestion de la Lagune et du Mose, comprenant les acteurs régionaux et nationaux (gouvernement).

Le Mose devrait être désormais opérationnel en cas de marée haute dépassant les 130 cm (contre 110cm prévus dans le projet initial). Or de nombreux problèmes techniques sont toujours présents tels que le problème du sable accumulé au fond empêchant la fermeture des caissons sous l'eau ou la vétusté de certaines pièces qu'il faut remplacer...Pour en savoir plus sur ce projet *Mose* déjà bien entamé, vous pouvez vous rendre au ***centre d'information Punto Laguna*** : *San Marco, 2949, sur le campo Santo Stefano. Pour plus d'infos : • mosevenezia.eu •*

La gestion des déchets

C'est un problème qui (per)dure. Au XVIIIe s déjà, les immondices étaient déposées à même le sol et enlevées par les habitants des îles voisines quand ils avaient besoin de fumier ! Aujourd'hui, les éboueurs font tous les matins du porte-à-porte pour collecter les sacs-poubelle chez les particuliers, les déposent dans des chariots dont le contenu est ensuite déversé dans une barge. Les ordures sont finalement incinérées à l'extrême ouest de l'île de la Giudecca. Bien que son coût soit très élevé (de l'ordre de 4 000 € par an pour un restaurant), cette collecte a permis à Venise de s'affirmer comme une excellence nationale en matière de tri sélectif. Il reste que ce système n'a pas résolu un autre problème, qui peut être risible aux yeux de certains. En effet, bien connu des habitants de la *Serenissima* et désormais de ses visiteurs, le cauchemar des mouettes voraces semble en effet persister : ne pouvant plus se nourrir des restes et des déchets trouvés dans la rue, ces oiseaux sont devenus si affamés et agressifs qu'ils attaquent les gens... Plus affreux que les oiseaux d'Hitchcock !

GÉOGRAPHIE ET URBANISME

Situation

Venise se trouve au centre d'une lagune de 50 km de long environ et de 15 km de large. La commune est un ensemble très compact : elle regroupe près de ***118 îlots très rapprochés, reliés par 160 canaux.*** Elle est séparée de la mer Adriatique par une bande sableuse. On y accède par 3 passes : le *porto del Lido,* le *porto di Malamocco* et le *porto di Chioggia.* Des chenaux profonds, naturels et artificiels, permettent la navigation. Des *bricole* (piliers de bois assemblés 3 par 3) balisent le passage. En dehors de Venise et des îles avoisinantes, il existe de nombreux îlots non habités. À chaque île de la lagune correspondait une des fonctions de la cité. Cette organisation permettait ainsi d'isoler et donc de maîtriser chaque secteur d'activité : San Servolo et son hôpital psychiatrique (fermé en 1979) ; San Michele, l'île-cimetière où repose, entre autres, Igor Stravinski ; Sant'Erasmo, le « potager de Venise » ; Murano où, en 1297, s'installèrent les verriers pour éviter les incendies dans le centre-ville (en fait, une autre raison était sans doute d'isoler la production pour éviter la fuite des secrets de fabrication dans une Venise déjà très visitée à l'époque) ; Burano, haut lieu de la pêche et de la dentelle ; San Francesco del Deserto, l'île-monastère...

LA TENTATION DE VENISE

Si Paris a inspiré leur sobriquet à une dizaine de villes de par le monde, la Sérénissime est de loin number one *avec une quarantaine de déclinaisons, dont une grosse moitié en France. 1 ou 2 canaux et hop, on entre dans la famille nombreuse des « Petite Venise » ! Adieu Venise provençale (Martigues ou Port-Grimaud), bonjour Venise du Nord (Amsterdam, Bruges ou Stockholm), de l'Est (Ljubljana en Slovénie), mexicaine (Mexaltitàn), de l'Extrême-Orient (Bangkok en Thaïlande) ou d'Asie (Suzhou en Chine), américaine (Fort Lauderdale en Floride) ou du Texas (San Antonio), de la Baltique (Saint-Pétersbourg en Russie), de l'Inde (Srinagar), brésilienne (Recife), malienne (Mopti), polonaise (Wroclaw) ou Venise du Portugal (Aveiro). Mais attention, n'est pas Venise qui veut !*

Les constructions sur pilotis

À l'origine, la ville s'est constituée avec la venue, sur des terres émergées, de colonies fuyant les Barbares. Puis, avec la concentration des populations, le centre de la ville s'est développé. Mais la surface marécageuse rendait les constructions difficiles. Il était donc nécessaire de consolider le terrain afin qu'il puisse supporter le poids des bâtiments. ***La ville de Venise repose ainsi en***

VAGUES DE PROTESTATION !

On accuse les bateaux à moteur de faire des vagues qui découvrent régulièrement les pilotis des maisons, alors qu'ils doivent normalement rester immergés pour ne pas pourrir au contact de l'air. L'arrivée des grands bateaux de croisières accélère cette catastrophe.

partie sur ces pilotis. La technique consistait à enfoncer dans le sol des troncs d'arbres (chêne rouvre, aulne et mélèze) pour y construire par-dessus une plate-forme, avant d'entamer les travaux du bâtiment proprement dits.
On peut voir ainsi sur le Grand Canal plusieurs fenêtres et balcons qui s'affaissent. En effet, les pieux qui les soutenaient étaient enfoncés seulement sous les murs porteurs. Au fil des travaux intérieurs, la répartition des masses s'est trouvée modifiée alors que les soubassements n'avaient pas été conçus à cet effet.

Une histoire d'eau !

Historiquement, toute la vie de la cité s'organise autour de l'eau. Aujourd'hui encore, le Grand Canal reste l'artère principale. Quelque 45 petits canaux y débouchent, et toutes les embarcations le parcourent pour passer d'un point de la ville à un autre.
Venise est divisée en 6 sestieri (quartiers administratifs). Ce partage remonterait au XIIe s, pour faciliter la levée des impôts nécessaires à la guerre contre Byzance. Mais cette division n'a pas eu de véritable répercussion sur l'urbanisme. En fait, la ville s'organise autour des *campi,* ces places qui constituent les vrais centres de la vie communautaire. La fonction 1re du *campo* était de fournir les maisons avoisinantes en eau potable. Venise a beau être la ville la plus « aquatique » du monde, elle ne possède pas de sources naturelles. Le *campo* abritait donc une gigantesque citerne souterraine qui servait à recueillir les eaux de pluie.
Les curieux remarqueront qu'une poulie est accrochée en haut des maisons qui bordent les places : celle-ci permettait de remonter l'eau directement du puits vers la cuisine, située au dernier étage pour éviter les odeurs (il fallait y penser !). Ce système ingénieux perdit son utilité dès la fin du XIXe s, avec la mise en place des 1res canalisations d'eau potable reliées à la terre ferme. Aujourd'hui, les margelles des puits (fermés hermétiquement) constituent un témoignage fidèle de l'art vénitien ; elles ressemblent à des chapiteaux de colonnes romaines. Il en existe d'autres de style gothique ou byzantin.

Et la lumière fut...

L'éclairage public fut mis en place dès 1732, mais les lanternes étaient trop espacées pour avoir une réelle utilité. C'était du pain béni pour les truands et autres coupe-jarrets ! Aussi, un corps de guides nocturnes, munis de chandelles, avait été créé pour protéger les nobles et rendre la ville plus sûre. Puis l'électricité a permis de rendre l'éclairage performant. Certes, les lampes à huile et leur lumière ambrée devaient ajouter au mystère de la ville, mais on ne peut pas tout avoir !

HISTOIRE

Dès 1300 av. J.-C., les ***Vénètes,*** un peuple indo-européen, sont installés dans les îlots de la lagune et vivent tranquillement en petites communautés.
Après s'être repliés sur la terre ferme, peut-être pour échapper au paludisme qui sévissait à l'époque, les Vénètes sont contraints d'y revenir sous la pression des invasions barbares. Nous sommes au Ve s, l'Empire romain, christianisé depuis la

VENISE ET LA BRETAGNE, PARENTES ?

Du temps de César, une tribu appelée les Vénètes vivait autour de Vannes. Ces pêcheurs du Morbihan seraient les descendants d'une colonie de pêcheurs de Vénétie. Comme dit Chateaubriand : « Je regarde donc les Vénitiens comme des Bretons... les gondoliers et moi sommes cousins... »

conversion de Constantin en 315, commence à battre de l'aile. L'instabilité règne. Du coup, les habitants de la Vénétie trouvent tout naturellement refuge sur ces lagunes, pas spécialement hospitalières mais sur lesquelles ils se sentent à l'abri. Ils vont s'y installer progressivement. Ils choisissent 2 sites stratégiques : ***Torcello,*** au nord, et ***Malamocco,*** au sud. Malamocco connaîtra l'avènement du 1er doge et deviendra le siège de l'évêché 2 siècles plus tard, tandis qu'à Torcello est édifiée la *cattedrale Santa Maria Assunta.* Dans le même temps, les ***Byzantins,*** qui avaient réussi à prendre le contrôle de toute l'Italie dès 563, reconnaissent en eux des alliés de confiance. Du coup, la situation se stabilise et les églises fleurissent un peu partout. Un site appelé le Rivo Alto (le Rialto), facilement accessible, est élu comme centre d'échanges. Il préfigurera l'actuelle Venise qui, elle, verra le jour au seuil du IXe s alors que les armées de Charlemagne débouleront dans la région.
À partir de cet embryon de ville, une cité marchande se développe rapidement, tirant profit de sa situation, ***entre les empires franc et byzantin, entre Occident et Orient.*** Habiles diplomates, les Vénitiens, bien qu'inféodés à Byzance, ne tardent pas à affirmer leur autonomie. Enrichis grâce à l'exploitation du sel des salines de Chioggia (au sud de la lagune), ils établissent des comptoirs un peu partout autour de la Méditerranée, mais aussi en Europe occidentale, et s'affirment, à l'instar des Génois et des Pisans, comme les ***1ers marchands d'Europe.*** Mais l'empire de Byzance commence à s'effriter, les Normands sont en pleine expansion ; peu sûre et difficile à tenir, la terre ferme n'offre aucune perspective de conquête. C'est donc tout naturellement vers la mer que se tournent les Vénitiens. Idéalement placés sur l'Adriatique, ils dopent leur flotte marchande au cours du XIIe s en créant l'Arsenal. Ce dernier alimentera la machine de guerre économique pendant plusieurs siècles.

La quatrième croisade (1201-1204)

Le passage d'une dimension régionale à la dimension mondiale (du moins à l'échelle du monde connu au Moyen Âge) se fait par un véritable hold-up : la 4e croisade. Les Vénitiens feront des affaires en or : moyennant un paiement d'avance, ils vont louer leur flotte aux croisés afin qu'ils puissent se rendre en Terre sainte. Le seul problème, c'est que les soldats du Christ n'ont pas un sou en poche. Qu'à cela ne tienne ! Sous la gouverne d'Enrico Dandolo, un doge rusé comme un renard, Venise intime l'ordre aux croisés d'aller piller Byzance, rien que ça ! Et non sans s'être fait la main auparavant sur la ville croate de Zara (l'actuelle Zadar). Les croisés en oublieront même la Palestine, c'est tout dire... ***La rupture est désormais consommée entre l'Orient et l'Occident chrétien.***
Du coup, avec ses nouvelles possessions (la côte dalmate – actuelle Croatie –, la plupart des îles grecques, dont la Crète qui sera, avec Chypre plus tard, son grenier à blé), Venise s'impose sur le commerce mondial de l'époque. Et cela va durer 3 ou 4 siècles... !

Une puissance mondiale au XVe siècle

Oui, mais voilà, devant tant d'enjeux, Venise doit adapter ses institutions. Le système complexe qui régule l'administration de la cité, avec la ***place prépondérante du Grand Conseil*** (émanation de l'aristocratie vénitienne), est amélioré au XIIIe s. La cause ? L'importance que prend Venise sur le plan international. La Sérénissime est devenue quasiment un empire colonial et donc militaire, même s'il n'y a pas eu de vraies colonies de peuplement. Politiquement, ce n'est pas une monarchie ni un royaume mais une ***république aristocratique dotée d'un pouvoir collégial.*** Le doge est élu par ses pairs (démocratie) et sa place ne s'hérite pas. Il est au service de Venise.

Au XVe s, la puissance vénitienne est à son apogée. Les Vénitiens ont à la fois un empire maritime unique qui s'étend jusqu'à Chypre (annexée en 1488) et des possessions terrestres qui vont jusqu'à la basse vallée du Pô. La mer Méditerranée est leur mère ! « Cultiver la mer et laisser la terre en friche », cette devise leur a permis de s'enrichir et de gagner le 1er rang parmi les nations ! L'ensemble de ses revenus annuels la place au même rang que le duché de Bourgogne ou encore des royaumes de France et d'Angleterre. On estime alors à quelque 6 000 les vaisseaux marchands en exercice pour son compte, galères mises à part. Venise est enviée et honnie par ses voisins.

LE STORE VÉNITIEN

Ce sont les navigateurs vénitiens qui découvrirent cet ingénieux système... en Perse. Non seulement il protège du soleil, mais aussi préserve l'intimité. Il permet d'observer sans être vu (à l'époque, tout le monde était un peu espion). Quand l'objet arriva en France, on préféra rappeler son origine ancienne puisqu'on le nomma « persienne ».

Le commerce et la finance sont florissants, les Vénitiens sont les ***1ers banquiers du monde*** et ils attirent un grand nombre de nationalités, ce qui fait de la République un carrefour culturel. Le commerce des épices du Levant (Moyen-Orient) fait vivre 4 000 familles vénitiennes entre Damas et Alep (Syrie), Bagdad (Irak) et Le Caire (Égypte). Mais le vent va tourner. L'arrivée, en provenance de Chine, de la boussole et du gouvernail va permettre aux Portugais de révolutionner leur marine à voile. Du coup, sous l'impulsion d'Henri le navigateur, les Portugais entament leur circumnavigation de l'Afrique et finissent par ouvrir de nouveaux comptoirs en Asie. La donne change... Après la découverte par Vasco de Gama de la route des Indes, plus facile, moins onéreuse, la route terrestre des épices (ouverte au XIIIe s, du temps de Marco Polo) échappe désormais au contrôle de Venise. C'est une perte énorme ! Dans le même temps, les Espagnols découvrent le Nouveau Monde (1492), tandis que l'Empire ottoman s'empare de presque la totalité des possessions vénitiennes. Bref, ça va mal...

Le déclin dans la splendeur (XVIe et XVIIe siècles)

L'expansion ottomane porte un coup sévère à la grandeur de la Sérénissime qui va littéralement s'épuiser à batailler sur tous les fronts. Les marchands doivent se faire guerriers, ce n'est pas vraiment leur métier... Curieusement, la vie intellectuelle de la cité est de plus en plus brillante, les arts sont à leur sommet et son prestige culturel fascine l'Europe entière. Le XVIe s est celui des grands maîtres de la peinture vénitienne : Titien, Tintoret, Véronèse. Dans le même temps, on redistribue les cartes en Méditerranée. Sous le règne de ***Charles Quint,*** l'Europe est dominée par la dynastie des Habsbourg d'Espagne. L'empereur du Saint Empire reprend le contrôle du commerce en consolidant son protectorat dans la Botte italienne. Venise doit s'allier avec la France pour se battre à Marignan en 1515 contre les impériaux. La Sérénissime a des ennemis sur la terre ferme, mais aussi sur mer. Elle doit affronter une force redoutable : les Turcs. Depuis la chute de Constantinople en 1452, les Ottomans n'ont cessé d'accroître leur empire. Ils viennent d'achever leur mainmise sur le Moyen-Orient,

DU POISON SUR LE VISAGE

Dès le XVIe s, le beau monde exige d'avoir le visage pâle. On utilisait la céruse, inventée à Venise, cet onguent à base de plomb. On mit 200 ans pour se rendre compte que ce maquillage corrodait la peau et accentuait les rides, les transformant en crevasses et plombant le plus beau des teints de lys.

et étendent leur influence vers les Balkans et l'Europe centrale. La guerre est déclarée entre la chrétienté et le monde musulman. Venise se tourne alors vers le pape pour former une Sainte Ligue et s'allier aux Espagnols dans le but d'enrayer la poussée ottomane.
Néanmoins, les dangers militaires en Méditerranée, les menaces extérieures n'empêchent pas Venise de briller de sa glorieuse flamme. Comme l'écrit le Toscan L'Arétin en 1537 : « Plus qu'aucune autre ville, elle brille pour sa noblesse, sa magnificence, sa puissance... ses richesses... Silence, Rome ! Personne ici n'a en tête de pouvoir ou vouloir tyranniser la liberté... Je prétends que le bon Dieu y passe avec plaisir onze mois sur douze. Ici pas le moindre mal de tête, pas de pensée de la mort... La liberté s'y promène jupes relevées sans trouver personne pour lui dire "baissez-les". » C'est l'esprit vénitien dans la splendeur du XVIe s !

La bataille de Lépante en 1571

Après le chant, le déchant ! Après les rires, les larmes. L'année 1565 sème la mort à Venise où la peste fait des ravages. Un malheur n'arrivant jamais seul, les Turcs prennent Nicosie et Famagouste. Chypre est bientôt perdue. Le ***7 octobre 1571,*** les Vénitiens et la coalition européenne affrontent les Turcs. C'est la fameuse ***bataille de Lépante*** (aujourd'hui Naupacte, au nord-est de Patras, en Grèce). Ce sera la bataille navale la plus sanglante et la plus meurtrière que la Méditerranée n'ait jamais connue. Avec plus de 120 000 marins engagés de part et d'autre. Venise fournit plus de la moitié des 200 galères de la coalition chrétienne, forte de 35 000 rameurs et de 40 000 soldats. Les Turcs, battus, perdent 116 navires. Mais, après cette défaite, ils en reconstruisent pas moins du double. Cependant, cette bataille de Lépante ne débouche sur aucune conquête territoriale. Et quand bien même les Ottomans consolident leurs positions, raflant à Venise quelques belles possessions comme la Crète (on l'appelait Candie), ils perdent leur suprématie sur la mer. Désormais, la porte de la Méditerranée est ouverte aux navires de commerce anglais, français et scandinave. L'Espagne et le Portugal, quant à eux, sont définitivement tournés vers le Nouveau Monde.

À BON CHAT, BON RAT !

Pourquoi cet animal est-il si souvent représenté à Venise dans les magasins de souvenirs sous forme de chat botté ou même en costume de doge ? La raison est historique et pratique. En période de peste, les chats mangeaient les rats venant des navires qui transmettaient l'épidémie... Depuis cette époque, les Vénitiens aiment beaucoup les chats.

XVIIIe siècle : la capitale galante de l'Europe

Retour de la peste à Venise en 1630-1631 avec 46 490 morts, soit le quart de la population ! Un désastre. Le 22 août 1645, les Turcs prennent La Canée (Crète) et en 1650 tous les Vénitiens de Constantinople (Istanbul) sont expulsés par le sultan. Après des années de combat en Méditerranée pour consolider ses positions, Venise finit par céder la Crète (elle fut vénitienne pendant 450 ans) à l'Empire ottoman victorieux (1668). L'orgueil des Vénitiens est atteint. La richesse de Venise n'est plus qu'une façade car la ville s'endette pour maintenir son train de vie fastueux.
Pourtant, malgré l'adversité, les vicissitudes et les malheurs, Venise insouciante et heureuse reste la capitale européenne des plaisirs. Elle continue à faire la fête ! Au XVIIIe s, le Carnaval peut durer jusqu'à 6 mois ! Venise ne cesse de rayonner à travers toute l'Europe. La cité n'a jamais été aussi belle, aussi joyeuse, on n'y a jamais connu une telle douceur de vivre. Malgré la présence du tribunal

de l'Inquisition, aucune cité au monde ne jouit d'une telle liberté. Résolument tournée vers les plaisirs, la Sérénissime affirme ses tendances pour le libertinage. À tel point que le doge doit prendre des mesures (façon de parler) pour enrayer la pratique de la sodomie, très appréciée à l'époque. Les fils des grandes familles restent célibataires et vivent avec des courtisanes. Seuls les héritiers les moins avantagés se marient et font des enfants. La démographie vénitienne est menacée par la vie facile. ***Casanova*** et ***Goldoni*** épanouissent leur génie, l'un dans le libertinage, l'autre dans la comédie, au cœur de cette Venise pétillante, galante, voluptueuse et raffinée. Mais force est de constater qu'en tournant le dos au monde de la sorte, l'aristocratie vénitienne se coupe des réalités qui l'entourent. Le monde change, elle va s'en apercevoir, mais trop tard...

UN MARI QUI ADORE L'AMANT DE SA FEMME !

Dans la noblesse vénitienne, les mariages étaient de raison, sinon d'affaires et de nombreux nobles veufs épousaient en 2de ou 3e noces des femmes bien plus jeunes. Mais dans cette cité libertine en diable, on admettait que l'amour trouve aussi sa place. Si bien que l'amant (voire pas qu'un !) de Madame était-il officiellement admis au palais. Mieux... il était présenté à Monsieur qui donnait (ou pas) son accord au choix fait par son épouse. Une fois adoubé, le jules pouvait sortir en ville au bras de sa conquête adultérine... et même la mener au bal...

Qui a dit que Venise n'était pas en Italie ?

Le dernier doge, 120e de la série, Ludovico Manin, démissionne quand Bonaparte déclare la guerre à Venise. Finie, l'indépendance que les Vénitiens avaient toujours connue. Le traité de Campo-Formio (1797) donne Venise à l'Autriche qui, à l'exception des années 1805-1814 (retour de Napoléon qui puise dans les trésors de la cité) et 1848-1849 (insurrection conduisant à la création éphémère de la 2de république de Venise), met la ville au pas. Celle-ci n'est plus alors que l'ombre de ce qu'elle fut.

Petit à petit, les Vénitiens se tournent, non sans difficultés, vers l'avenir : le train relie bientôt Venise au reste de l'Italie. Grâce à Napoléon III, qui organise une consultation en 1866, les Vénitiens choisissent le rattachement au nouvel État italien. Nouveau port (la *Marittima*), nouveau pont routier, travaux visant à rendre la ville plus salubre, tout est fait pour que la Sérénissime retrouve une nouvelle jeunesse. Le tourisme va réveiller la belle endormie.

Principales dates historiques

– ***450 environ :*** devant l'incursion des Barbares, les Vénètes se réfugient dans la lagune.
– ***697 :*** changement de régime, celui des maîtres de la lagune est remplacé par celui des doges. Élection du 1er doge, Paoluccio Anafesto.
– ***1000 :*** Venise prend ses distances avec Byzance et commence à bâtir son propre empire. C'est vers cette époque que l'on institue la fête des noces symboliques de Venise et de la mer.
– ***1172 :*** alors que les 1res croisades ont commencé, la République conforte ses institutions avec la création du Grand Conseil qui affaiblit le pouvoir du doge.
– ***1204 :*** prise et sac de Constantinople à l'occasion de la 4e croisade. Les Vénitiens, dans le partage entre croisés, obtiennent le monopole du commerce et rapportent chez eux un trésor fabuleux.
– ***1271-1295 :*** voyage du plus célèbre des marchands vénitiens, Marco Polo, jusqu'en Asie.

– ***1348 :*** la peste noire débarque en juin. Elle exterminera près de 75 % des Vénitiens.
– ***1378-1381 :*** Chioggia (au sud de la lagune) est occupée par la flotte génoise. Venise sort victorieuse des combats et devient la plaque tournante du commerce mondial.
– ***1453 :*** prise de Constantinople par les Turcs (Mehmet II). Certaines possessions vénitiennes passent aux mains des Ottomans.
– ***1463 :*** la Sérénissime attaque les Turcs, dont l'expansion menace ses intérêts.
– ***1476 :*** devant les succès de l'ennemi, Venise décide de demander la paix au sultan turc, mais perd en contrepartie certains de ses territoires.
– ***1492 :*** découverte de l'Amérique par Christophe Colomb au service du roi d'Espagne.
– ***1500 :*** l'expédition de Vasco de Gama ouvre la route maritime des Indes. Cette période marque le début d'une dure concurrence sur le commerce des épices avec l'Orient. Le monopole des marchands vénitiens est gravement menacé.
– ***1508 :*** ligue de Cambrai ; le pape, l'Empire germanique, l'Espagne et Louis XII (pour la France) s'unissent pour diviser l'Empire vénitien. La ville parvient à préserver ses possessions mais ressort très affaiblie du complot.
– ***1537 :*** après plus de 60 ans de paix avec les Turcs, le combat reprend.
– ***1570 :*** les Turcs s'emparent de Chypre, possession vénitienne depuis près d'un siècle.
– ***7 octobre 1571 :*** victoire navale de Lépante. Une alliance conclue avec le pape et l'Espagne permet d'infliger une sévère défaite aux Turcs. À Venise, on fête cette victoire pendant 3 jours.
– ***1575-1576 :*** la peste fait près de 50 000 victimes.
– ***1606 :*** conflit avec la politique de l'Église. La République est excommuniée par le pape.
– ***1640 :*** reprise des hostilités avec l'Empire ottoman. La Crète tombe finalement aux mains des Turcs en 1669.
– ***1684 :*** Venise recouvre le Péloponnèse, qu'elle perd en 1718. L'économie de la ville reste cependant forte, soutenue par une intense activité des comptoirs de change et des banques.
– ***1789 :*** élection de Ludovico Manin, dernier des 120 doges qui se sont succédé à la tête de la Sérénissime.
– ***1797 :*** fin de la République. Le 12 mai, Bonaparte entre en vainqueur à Venise. Le dernier doge abdique. Bonaparte livre la ville à l'Autriche par le traité de Campo-Formio et partage avec elle les possessions de la Sérénissime.
– ***1805 :*** annexion de la Vénétie à l'Empire napoléonien.
– ***1815 :*** Venise repasse sous domination autrichienne.
– ***1848-1849 :*** soulèvement contre les Autrichiens. Daniele Manin tente d'instaurer une république indépendante.
– ***1866 :*** la Vénétie est rattachée par plébiscite au royaume d'Italie.
– ***1966 :*** *acqua alta* (inondation) qui plonge Venise sous presque 2 m d'eau. L'Unesco prend en charge la sauvegarde de la ville. Création d'associations dans le monde entier pour participer financièrement aux restaurations des palais et des œuvres d'art.
– ***1996 :*** le théâtre La Fenice est ravagé par un incendie. Un drame lyrique, salué avec émotion dans le monde entier.
– ***2003 :*** c'est au tour du moulin Stucky (sur l'île de la Giudecca) d'être ravagé par les flammes alors qu'il était en pleine restauration. Inauguration officielle en revanche du nouveau théâtre La Fenice après 8 ans de fermeture.
– ***2008 :*** inauguration du pont de la Constitution, le 4e sur le Grand Canal et surtout le plus controversé.
– ***2012 :*** en novembre, Venise connaît l'une de ses plus grosses *acqua alta* depuis 1872. L'eau recouvre plus de 70 % de la ville.
– ***2014 :*** démission du maire Orsini soupçonné de corruption.

– ***2016-2017 :*** montée des mobilisations populaires contre la désertification de la ville. La cité est passée en 40 ans de 100 000 à... 55 000 habitants. Hémorragie dénoncée désormais de façon militante à cause des loyers scandaleusement élevés et des milliers de logements vides que des propriétaires rapaces préfèrent louer aux touristes à prix d'or !

– ***2019 :*** problème croissant des paquebots dans la lagune ; le heurt d'un bateau a provoqué manifestation et protestation dans la ville. *Acqua alta* historique de 1,87 m, du jamais vu depuis 50 ans !

– ***2020 :*** la crise de la Covid-19 plonge Venise dans un chaos touristique et économique.

LITTÉRATURE

Depuis le XVIe s (et jusqu'au XVIIIe s), Venise est le plus important centre éditorial italien, en promouvant sa production en Italie tout en important de la littérature étrangère.

L'activité théâtrale reste des plus productive : ***Carlo Goldoni*** (1707-1793) transformera le théâtre (inspiré principalement de la *commedia dell'arte*) grâce à ses comédies comme ***La Locandiera*** (1753), ***Il Campiello*** (1756) et ***Baroufe à Chioggia*** (1762). À la *commedia dell'arte,* il préfère la comédie de caractère ; à la fiction, il oppose la vie. Sur scène, il fait jouer des personnages tirés de la réalité dans les décors du quotidien. Il mélange les genres, le tragique et le comique. Son souhait est de toucher à l'intimité et à la complexité de la vie. Il ne laisse pas de place à l'improvisation et proscrit le masque qui nuit à l'action. Cela lui a finalement valu l'hostilité de ses compatriotes, qui préféraient la *commedia dell'arte* ! Son œuvre est considérable (150 pièces, dont 11 en dialecte vénitien). Installé à Paris, il y meurt dans l'indifférence et l'indigence.

C'est à Venise que voit le jour une des figures qui a beaucoup marqué l'imaginaire européen : ***Giacomo Casanova*** (1725-1798). C'est à la fois un grand voyageur, un espion et l'archétype du séducteur (un James Bond avant l'heure ?), ce qui lui a valu, dénoncé par un mari jaloux, de séjourner dans les « plombs » (anciennes prisons) du palais ducal. Cela dit, il est un des rares à s'en être évadé. C'est en français qu'il rédigea ses *Mémoires,* à la fois libertines et politiques, exilé en Bohême au château de Dux (Duchkov).

Venise, c'est aussi une ville qui a attiré et inspiré de tout temps nombre d'écrivains : Montaigne, Montesquieu, Balzac, Ruskin, Lord Byron, Goethe, Chateaubriand, Dickens, Émile Zola, Proust, Hemingway... Pour mieux connaître la bibliographie liée à la Sérénissime, se reporter à la rubrique « Livres de route » dans « Venise utile » en début de guide.

MÉDIAS

VOTRE TV EN FRANÇAIS : TV5MONDE la première chaîne culturelle francophone mondiale

Avec ses 10 chaînes et ses 14 langues de sous-titrage et sa nouvelle plateforme numérique TV5MONDEplus, TV5MONDE s'adresse à 353 millions de foyers dans 198 pays du monde par câble, satellite et sur IPTV est présent dans plus de 3 millions de chambres d'hôtels. Vous y retrouverez de l'information, du cinéma, du divertissement, du sport, du documentaire… Préparez votre séjour grâce à son site voyage ● *voyage.tv5monde.com* ● et en voyage, restez connecté avec les applications et le site ● *tv5monde.com* ● Demandez à votre hôtel le canal de diffusion de TV5MONDE et contactez ● *tv5monde.com/contact* ● pour toutes remarques.

Journaux et livres

Comme tout bon Vénitien, lisez le matin votre journal en terrasse, dans un café. 2 grands quotidiens nationaux se partagent le marché : *Il Corriere della Sera* et *La Repubblica.* Mais il existe une pléiade de journaux locaux, concernant aussi bien toute la grande région *(La Stampa)* que la ville elle-même. À Venise, *Il Gazzettino* et la *Nuova Venezia* ont trouvé chacun leurs lecteurs. La presse spécialisée talonne de près ces journaux généralistes puisque *La Gazzetta dello sport* arrive en 3e position des ventes (sur près de 90 titres pour un lectorat qui oscille entre 5 et 6 millions), avec plus de 450 000 exemplaires.

Radio

La *Rai* reste le principal groupe audiovisuel public, regroupant plusieurs chaînes de style différent. • *raiplayradio.it* •
Radio Italia est une chaîne de radio nationale privée. C'est la 3e plus écoutée en Italie, spécialisée dans la musique italienne *(solamusicaitaliana* est son slogan) dans la diffusion de concerts et autres festivals musicaux. • *radioitalia.it* •

Télévision

Le groupe de la *Rai* pour la télévision et la radio d'État est tout-puissant, mais connaît une sérieuse compétition de la part des chaînes privées, comme le *Groupe Mediaset.* Notez que *Mediaset* est un groupe associé à la Fininvest, l'empire actionnaire de Silvio Berlusconi...
La *Sky Italia* est une plateforme télévisuelle privée, un peu comme Canal+ ou SFR Play en France, à laquelle on paie un abonnement mensuel contre un large choix de séries, films, chaînes sportives, culinaires, etc. Un bon nombre des moins de 25 ans ne jure que par cette plateforme.

PATRIMOINE CULTUREL

De l'église *Santa Maria Assunta* de Torcello, dont les fondations remontent au VIIe s, aux œuvres contemporaines et futuristes exposées lors de la Biennale, Venise constitue une sorte de résumé des grandes influences artistiques à travers le temps. D'un point de vue architectural, une vraie harmonie entre les styles et peu de verrues en fin de compte, ce qui contribue grandement au charme de la ville. Au niveau des arts plastiques, outre le riche passé pictural de la ville, pour lequel on vient de loin (voir nos explications un peu plus loin), Venise a résolument mis un pied, et c'est déjà plus inattendu, dans l'art moderne et contemporain : les 2 musées de la Fondation Pinault (le palazzo Grassi et la Punta della Dogana), le musée Guggenheim, la Ca' Pesaro, la Biennale d'art contemporain de Venise... sont tous des références internationales.

ARCHITECTURE

L'influence byzantine

Après la chute de Rome, la ville se peuple progressivement, et c'est l'Empire byzantin qui influence les 1res constructions. Pas étonnant donc que la basilique Saint-Marc *(basilica di San Marco),* édifiée au IXe s à la gloire du saint patron de la ville, rappelle l'architecture de Sainte-Sophie à Istanbul. Les fameux chevaux de Saint-Marc ont même été volés à Constantinople ! Mais Venise ne se contente pas des influences extérieures et réinvente elle-même le style byzantin. On parle alors de la ***période vénéto-byzantine*** (jusqu'à la fin du XIIIe s). C'est à cette époque que sont construits les 1ers palais et maisons patriciennes sur le Grand Canal. Si le fond du dessin des demeures reste byzantin, les riches marchands décorent fastueusement les façades et l'intérieur (palais *Farsetti* et *Loredan*). Ce même mélange architectural se retrouve dans d'autres édifices de l'époque comme l'église *Santa Maria e San Donato* de Murano.

Le gothique et l'ouverture au monde

La période gothique qui commence alors va mettre Venise sous influence nord-européenne. Historiquement, c'est le début du déclin de Byzance. Les églises conventuelles des *Frari* et de *Santi Giovanni e Paolo* sont, avec le palais des Doges, les œuvres gothiques les plus magistrales. Les petites fenêtres à arcades cèdent la place aux rosaces, corniches et portails découpés comme de la précieuse dentelle. Les façades sont recouvertes de marbre aux teintes variées et parfois en partie d'or (d'où le nom de *Ca' d'Oro* donné à l'un des palais du Grand Canal). Toutes ces constructions illustrent l'enrichissement des marchands vénitiens, mais aussi l'ouverture et l'importance que prend Venise sur la scène internationale : ses façades ne témoignent plus d'une attitude renfermée mais, au contraire, d'une disposition presque conquérante.

Palladio et la Renaissance

La Renaissance atteint enfin la ville au milieu du XVe s. Les architectes Lombardo, Sansovino et bien sûr Palladio, à qui l'on doit les fameuses villas... palladiennes, donnent à Venise un nouveau visage, à la hauteur d'une des villes les plus peuplées du monde à l'époque. Là encore, la Sérénissime ne se contente pas d'une simple greffe architecturale et apporte sa touche au style Renaissance.

Classicisme et décadence

Enfin, au XVIIIe s se développent le baroque et le néoclassicisme. Au même moment, la République, après les siècles d'or (XVIe et XVIIe s), a de plus en plus de difficultés à préserver sa suprématie. Menacée, appauvrie par des guerres, elle décide quand même de s'embellir à nouveau. Les plus grandes familles font construire des palais grandioses et en confient la décoration à de grands artistes comme Tiepolo. L'élégance rococo s'impose au travers des églises de *San Stae,* de la *Pietà* ou des *Gesuati.* La république de Venise s'éteint en 1797, avec l'arrivée de Napoléon (*scusate,* il s'appelait encore Bonaparte à l'époque !). Les constructions postérieures ne seront plus que de malheureux pastiches des édifices anciens, sans véritable originalité. Toutefois, elles s'intègrent bien dans le décor existant.

PEINTURE

Pour les amoureux de la peinture, Venise regorge de magnifiques trésors. Si beaucoup de tableaux sont conservés dans les musées, on en trouve aussi sur leur lieu d'origine : dans les ***églises*** (chapelles, sacristies), les ***palais*** et les ***scuole.*** Ces institutions essentielles de la vie vénitienne, placées sous la protection d'un saint patron, étaient à l'origine des associations laïques de bienfaisance et d'assistance aux pauvres, créées par de riches Vénitiens qui prenaient en charge la charité. Ces *scuole* ont profondément marqué la peinture vénitienne. En effet, afin d'assurer cette charité (nourrir les pauvres, prendre en charge les orphelins et soigner les handicapés), elles recevaient des dons, et certaines sont devenues très riches.
En s'installant dans les plus beaux bâtiments de la ville, les *scuole* se sont lancées dans le mécénat d'artistes. Des peintres devenus célèbres comme Véronèse, Carpaccio ou Titien vont, grâce à leurs mécènes, exercer leur talent à Venise. Ils décorent les *scuole,* les églises et les palais. Ils vont imposer de nouvelles techniques, notamment dans l'emploi des couleurs, et devenir des références pour toute la Renaissance italienne. Venise ne comptera pas moins de 200 *scuole* au XVIe s.

La peinture vénitienne a subi une double influence : celle des mosaïques, d'une part, qui constituent une des 1res formes d'art plastique ; et celle de la ville même, qui donne à la peinture sa douceur. Au XVe s, 2 familles de peintres, les Vivarini et les Bellini, rompent avec le style gothique (tons contrastés et lignes décoratives) et forment le début de l'école vénitienne. On représente désormais des sujets et plus seulement des idées. La peinture vénitienne atteint son apogée au XVIe s avec 3 peintres majeurs : Titien (vers 1490-1576), le Tintoret (1518-1594) et Véronèse (1528-1588), qui auront un grand nombre d'élèves. Ces peintres innovent en jouant sur les effets d'optique et sur les réductions d'objets. Désormais, le personnage et l'espace forment un tout indissociable. Au même moment se développe la technique du portrait, qui constitue un genre à part : l'homme devient un sujet d'étude, et on lui préfère une position de trois quarts plutôt que de profil. Les peintres de toute l'Europe, de Rubens à Van Dyck, du Greco à Vélasquez, de Poussin à Fragonard, seront influencés par ces maîtres vénitiens (notamment Titien et ses élèves).
Alors que sa suprématie politique décline, Venise rivalise avec Florence et Rome dans le domaine des arts. Puis la plupart des peintres vénitiens du XVIIe s manquant d'inspiration, sa peinture s'affadit. Dans un dernier élan artistique, le XVIIIe s renoue avec la beauté : Tiepolo (1696-1770) peindra de magnifiques plafonds et Il Canaletto (Antonio Canal, 1697-1768) représentera admirablement les scènes de la vie quotidienne à Venise.

Quelques noms de la peinture vénitienne

On ne peut citer tous les grands noms de la peinture vénitienne, mais vous trouverez ci-après les incontournables qui nous ont particulièrement touchés. Prenez le temps de voir au moins l'essentiel, en évitant l'overdose de *Vierge à l'Enfant,* toujours possible à Venise.

Gentile Bellini (1429-1507)

Frère de Giovanni, il fut sans doute plus influencé que ce dernier par Mantegna. C'est le portraitiste et le peintre des grandes fêtes de Venise, celui des grandes peintures-récits, commandées par les *scuole,* qui rivalisaient entre elles pour obtenir le meilleur artiste capable de retracer la vie de leurs saints patrons. Il est aussi le plus orientaliste des peintres de l'école vénitienne, ayant travaillé à Constantinople.

Giovanni Bellini (1430-1516)

Ayant subi la double influence de Mantegna (son beau-frère) et d'Antonello de Messine, Giovanni Bellini est célèbre pour ses nombreuses *Vierge à l'Enfant* et pour ses *Pietà* qui transmettent un réel sentiment de mélancolie. Ami de Dürer, fondateur, avec son frère Gentile, de la peinture vénitienne du XVIe s, par un nouveau langage centré sur la couleur et la lumière, il dirigea un atelier d'où sortirent 2 peintres parmi les plus célèbres du Cinquecento : Giorgione et Titien. Giovanni Bellini introduit la tradition des grands formats, les *teleri,* qui vont à Venise remplacer les grandes fresques. Il est enterré au cimetière des moines de San Giovanni e Paolo (Castello).

Vittore Carpaccio (vers 1465-1525)

C'est un de nos peintres préférés, celui que les ouvrages de référence sur Venise ont souvent occulté. Il est renommé pour ses grandes représentations de Venise, où le jeu des couleurs et la liberté l'emportent sur le souci du détail de Gentile Bellini. Son œuvre la plus célèbre reste le cycle de *La Légende de sainte Ursule* (musée de l'Accademia), composé de 9 toiles, qui connut et connaît toujours un très grand succès. Il est le 1er peintre à juxtaposer des épisodes d'une légende sacrée à la vie quotidienne du peuple de Venise. Il exécutera de nombreuses toiles pour les *scuole.*

Giorgione (vers 1477-1510)

Même si l'on dispose de très peu de documents sur sa vie, ce peintre, né à Castelfranco Veneto, a toujours été encensé, malgré le petit nombre d'œuvres que l'on peut lui attribuer avec certitude (il mourut très jeune de la peste, et une trentaine de tableaux seulement ont pu être authentifiés). Les historiens d'art considèrent qu'aucun autre artiste de sa génération n'eut une telle influence. Il fut, comme Titien, un élève de Giovanni Bellini. Quelles sont les caractéristiques de son œuvre ? Une tendance réaliste transmise par les écoles allemande et flamande, celle-ci étant très prisée au début du XVIe s (le passage de Dürer à Venise vers 1494 a beaucoup marqué les peintres de l'époque) ; un intérêt prononcé pour la nature, les paysages qui ne sont plus un arrière-plan mais font intrinsèquement partie de la peinture ; enfin, une nouvelle approche de la couleur. Elle devient, avec ce peintre, un moyen d'expression fondamental. Ses glacis à la luminosité mystérieuse lui ont valu le surnom de « Vermeer de la Renaissance ».
La Tempête, un des chefs-d'œuvre de l'art vénitien, attire à l'Accademia tous les amoureux de Giorgione. C'est une de ses peintures les plus énigmatiques. Aucun critique d'art n'a vraiment réussi à en trouver la signification... Triste fin de vie : l'artiste meurt à 34 ans de la peste que sa femme lui avait transmise.

Titien (vers 1490-1576)

Contrairement à Giorgione, Titien (Tiziano) a vécu très âgé, ce qui lui permit de réaliser une œuvre importante et de parvenir à une gloire qui égala presque celle de Michel-Ange. Il honora les commandes des plus grands, du pape Paul III, qui le reçut à Rome, à François Ier et à Charles Quint.
Né en Vénétie, à Pieve di Cadore, au pied des Alpes, Tiziano Vecellio, connu sous le nom de Titien, fut l'élève de Giovanni Bellini. Sa peinture des fresques (hélas disparue) du *Fondaco dei Tedeschi,* exécutée avec Giorgione, le rendit célèbre. Il imposa ensuite sa marque en substituant au fondu de Giorgione des masses équilibrées, en alliant sens du concret et somptuosité : à l'atmosphère rêveuse du 1er, il oppose une interprétation plus directe de la réalité.
Vient ensuite la série des chefs-d'œuvre religieux : l'*Assomption* (église des Frari), la *Présentation de la Vierge au Temple* (Accademia), la *Madonna di Ca' Pesaro* (Frari)... Déjà, dans ce dernier tableau, il se permet d'ignorer les règles traditionnelles de la composition : la Vierge n'est plus au centre, comme c'était toujours le cas, mais sur le côté, et les 2 saints intercesseurs ne sont pas placés de façon symétrique ; par ailleurs, la Vierge et les saints ont les mêmes proportions que les membres de la famille Pesaro. L'homme a une si haute conscience de lui-même qu'il ose côtoyer les figures divines sans craindre de profaner la représentation sacrée. De cette disposition originale naît un ensemble particulièrement vivant.
Peu à peu, au milieu du siècle, Titien est gagné par le maniérisme, le goût des couleurs fortes et des formes étirées. Il privilégiera la couleur à la forme. À la fin de sa vie, Titien s'oriente vers une exaltation intérieure que l'on ressent grâce à des couleurs assourdies. Devant ses dernières œuvres, comme l'*Annonciation* (église San Salvatore), le *Martyre de saint Laurent* (aux Gesuiti) et surtout la *Déposition* (à l'Accademia), à laquelle il songeait pour sa sépulture et qui fut terminée par Palma le Jeune, on est saisi par une gravité plus profonde. L'imposant décor architectural de cette œuvre ultime apporte une sérénité solide, un peu hors du temps. Titien exerça une influence sur les plus grands peintres, de Véronèse à Rubens et à Vélasquez... Goethe écrira de lui : « À la fin de sa vie, il s'était mis à peindre symboliquement ce qu'il peignait autrefois concrètement, il ne représentait plus le velours, mais l'idée du velours. » Sa sépulture se trouve dans l'église de Santa Maria dei Frari (San Polo) en face de celle du sculpteur Canova.

Le Tintoret (1518-1594)

Fils d'un teinturier vénitien, d'où son surnom, il est probable qu'il fut quelque temps l'élève de Titien. Après avoir reçu la révélation de Michel-Ange et des maniéristes, il orientera définitivement son art vers l'expression dramatique et les grands effets lumineux. Toute sa carrière se déroule à Venise. Pendant 23 ans, il va peindre pour la *Scuola Grande di San Rocco,* où fougue et lyrisme trouvent leur apothéose dans la *Crucifixion* (voir le chapitre « San Paolo et Santa Croce »). Autre ensemble de chefs-d'œuvre : au palais des Doges, où il décore la salle du Sénat, la salle du Grand Conseil. *La Gloire du Paradis* est sa dernière œuvre la plus importante, où il s'est lui-même représenté, vieillard au regard angoissé.

Il Tintoretto, comme on dit ici, peignait avec une rapidité étonnante, si bien que l'on est tenté parfois de croire certaines toiles inachevées. Il utilise les apports du maniérisme et affectionne les figures sinueuses et tourmentées. Le visage est toujours clair sur un fond toujours sombre. Le Tintoret influença de nombreux peintres, en particulier le Greco qui adoptera sa façon d'allonger les lignes. Il est enterré dans la belle église Madonna dell'Orto au Cannaregio, ce quartier où il est né, où il a vécu et où il est mort. Destinée sédentaire mais géniale !

Véronèse (1528-1588)

Paolo Caliari, dit Véronèse, se forme dans un milieu fidèle à la tradition de Bellini tout en étant sensible à la peinture du Corrège. Il quitte Vérone et s'installe à Venise en 1555, où il travaille d'abord pour le palais ducal. Il décore ensuite l'église San Sebastiano qui est pour lui l'équivalent de la *Scuola San Rocco* pour le Tintoret. Après s'être attelé aux plafonds de la bibliothèque de la Marciana, Véronèse séjourne à Rome où il découvre Raphaël.

Véronèse montre une prédilection pour les grandes compositions religieuses, non par conviction chrétienne, mais parce qu'elles permettent de disposer des foules bigarrées avec des compositions étonnantes, abondantes et fastueuses par le rythme des colonnades et des vastes portiques. Ainsi se place-t-il lui-même dans les *Noces de Cana* (actuellement au Louvre) dans un *concertino* avec ses confrères : Titien (à la contrebasse), le Tintoret (au violoncelle) et Bassano (à la flûte). Pour la commande *Le Repas chez Levi,* qui représente une Cène, tableau central de toute visite à l'Accademia, il place également son autoportrait au milieu de chiens, de bouffons et d'Allemands faisant partie de la suite de Jésus. Une telle inconvenance provoquera d'ailleurs sa comparution devant le tribunal de l'Inquisition pour outrage. À la mort de Titien, Véronèse devient le peintre officiel de la République, ce qui lui permet de donner libre cours à de grandes scénographies.

Il travaille de nouveau pour le palais des Doges ; sa virtuosité brillante excelle dans l'*Apothéose de Venise,* œuvre pleine d'imagination et de lumière. Véronèse n'est pas un peintre dramatique mais un contemplatif dont les œuvres dégagent une impression de luminosité et d'harmonie. On a dit qu'il fut le 1er peintre « pur », c'est-à-dire indifférent à la réalité de ce qu'il peint. C'est le dernier peintre de la Venise du XVIe s, somptueuse et encore glorieuse. On peut voir sa tombe dans l'église San Sebastiano (Dorsoduro).

Palma le Jeune (1548-1628)

Jacopo di Antonio Negretti est un enfant de Venise (où il est né et mort) et de la peinture. Son père (Antonio Negretti) et son grand-père (Palma le Vieux) ayant tous 2 exercé leurs pinceaux avant lui. On trouve de Palma le Jeune de nombreuses œuvres maniéristes dans les églises vénitiennes (Madonna del Orto, San Giacomo dall Orio...), mais aussi au palais des Doges dont il contribuera à l'ornementation, après l'incendie de 1574, aux côtés entre autres du Tintoret et de Véronèse. On lui doit *Venise couronnée par la victoire.* Il a également décoré l'oratoire dei Crociferi, qui constitue un point d'orgue de son parcours artistique.

Rosalba Carriera (1675-1757)

Née à Venise d'une mère dentellière, la jeune Rosalba apprend l'art de la miniature (travail de peinture sur ivoire utilisé comme accessoire de mode). Passant au pastel, elle conserve son sens du détail et de la finesse. Sans prédessiner son sujet, elle obtient une grande légèreté. Le portrait devient sa spécialité. Déjà célèbre comme miniaturiste, elle est très sollicitée par des « touristes » aristocrates européens. Et c'est l'explosion. Reconnue par le marchand français Crozat, elle se déplace à Paris. Elle y tire alors le portrait du jeune dauphin, Louis XV, d'une bonne partie de la cour et de Watteau. Elle diffuse sa technique auprès des peintres français et influence largement Quentin de La Tour. Elle est admise à l'Académie royale de peinture avant de retourner définitivement à Venise. Sa vue décroit jusqu'à la cécité totale. Elle meurt à Venise laissant une œuvre prolixe et bien visible à la Ca' Rezzonico.

Giambattista Piazzetta (1682-1754)

Caractéristique de sa peinture : son intérêt pour la vie populaire et le retour au clair-obscur dont il sait aussi s'affranchir pour retrouver la transparence des couleurs vives. Son chef-d'œuvre est sans doute *La Gloire de saint Dominique* à l'église *Santi Giovanni e Paolo.* L'élan extatique de ses personnages est mis en valeur par une heureuse orchestration des couleurs. Il fut nommé directeur de l'école de nu de l'Académie vénitienne.

Giambattista Tiepolo (1696-1770)

Contemporain de Vivaldi, il a peint le ciel comme aucun autre artiste de son temps. Ses plafonds peints sont les plus beaux qui soient. Tiepolo a une âme d'ange ailé. Il fut le chef de file de la peinture italienne du XVIIIe s, maître du baroque. Il a subi l'influence de Piazzetta (à qui il doit la structuration de ses compositions), de Véronèse et de Sebastiano Ricci. Il était lui aussi doté d'un sens formidable de la couleur, peignant avec une facilité extraordinaire. Il réalisa d'importants travaux à Milan, à Würzburg en Bavière (sa plus grande fresque connue) et à Madrid, où le roi Charles III fit de lui son peintre attitré. C'est sans doute le dernier survivant des grandes écoles italiennes. Il décora également de nombreux palais, dont la villa Pisani à Stra, au bord du canal du Brenta, et orna plafonds et murs d'allégories parfois assez délirantes, où évoluent divinités, anges et amours. La vitalité ornementale et chromatique de la tradition vénitienne atteint ici son apogée. La peinture de Tiepolo est pleine de volupté et de joie de vivre. Ainsi, le *Martyre de saint Barthélemy,* réalisé vers 1720 pour l'église San Stae, ressemble, en dépit des préparatifs sinistres, à une scène de ballet...

La maîtrise de la lumière est la composante de toute son œuvre. Elle se traduit par des ciels clairs, parcourus de nuages blancs... Cette caractéristique n'est pas sans rappeler Véronèse, mais ici le dessin est plus nerveux, léger comme l'air. Tiepolo est mort à Madrid.

Son fils, élève et collaborateur, ***Giandomenico,*** vécut dans l'ombre de son père et réalisa pourtant des œuvres bien dans son temps.

Canaletto (1697-1768)

Ah ! Les *vedute* (littéralement, les « vues de Venise ») de Canaletto, qui restituent si bien l'atmosphère de la ville au XVIIIe s, véritable témoignage historique de la cité à cette époque, par leur souci du détail, la minutie de leurs compositions ! Ses peintures sont d'une grande minutie et d'un réalisme précis. On dirait des photos de l'époque. Sa particularité : il vécut 10 ans en Angleterre avant de revenir à Venise en 1755. Il faut dire que les Anglais affectionnaient beaucoup ses peintures, qu'ils achetaient en grand nombre (ce qui explique le peu de tableaux de Canaletto conservés à Venise). La plupart de ses œuvres se trouvent dans les grands musées de Londres. On pense que sa tombe serait dans l'église San Lio (Castello).

Francesco Guardi (1712-1793)

C'était le beau-frère de Tiepolo. Considéré comme l'élève de Canaletto, Guardi est le précurseur de l'impressionnisme, qui utilise toutes les variations de la lumière. Son *Départ du Bucentaure pour le Lido de Venise* (1766) a été très souvent reproduit comme s'il s'agissait d'un Canaletto. Il nous charme aussi par ses *Caprices,* véritable interprétation de la vie vénitienne, où les gondoliers ne sont suggérés que par des touches colorées. Un charme aérien, une légèreté incomparable se dégagent de ses peintures.

SCULPTURE

Antonio Canova (1757-1822)

Même si sa carrière a atteint son apogée dans la ville de Rome, le sculpteur est originaire de la Vénétie, et c'est à Venise qu'il s'éteint. De son enfant prodige de la sculpture, Venise ne garde que quelques œuvres, dont le *Dédale et Icare* au musée Correr et l'*Hector* au palais Treves. Le sculpteur a été une des plus importantes figures du néoclassicisme italien et étranger (pour l'anecdote, il était le favori de Napoléon...). Son tombeau en forme de pyramide, dans l'église Santa Maria dei Frari, est la sépulture la plus insolite de Venise.

Andrea Brustolon (1662-1732)

Né en Vénétie, Andrea se forme dans l'atelier de son père, sculpteur, auprès de Filippo Parodi et à Rome. Très influencé par le Bernin, il adopte les lignes baroques de son temps. Il réalise des décors d'autels, avant d'être demandé par les plus grandes familles de Venise pour dessiner du mobilier aux boiseries à la fois fines, torses et chargées. Le bois (buis et ébène) étant plus léger que le marbre, un atout à Venise, il réalise dans la Sérénissime des statues d'ornement de toute beauté (comme celles visibles à la Ca' Rezzonico), certains détails allant jusqu'à imiter l'acier. Considéré comme l'un des plus grands sculpteurs baroques, Balzac le qualifia de « Michel-Ange du bois ».

PETITE CHRONOLOGIE ARTISTIQUE

– ***828 apr. J.-C. :*** 1re phase de construction de la basilique Saint-Marc, les Vénitiens y déplacent le corps du saint, d'Alexandrie en Égypte.
– ***976 apr. J.-C. :*** destruction de l'église Saint-Marc lors d'un grand incendie qui s'étend du palais des Doges à l'église.
– ***1063 :*** reconstruction de la basilique Saint-Marc.
– ***1430 :*** naissance de Giovanni Bellini.
– ***Vers 1465 :*** naissance de Carpaccio.
– ***1488 :*** le *Triptyque* de Bellini à l'église Santa Maria dei Frari.
– ***Vers 1490 :*** naissance de Titien à Pieve di Candore.
– ***1516 :*** mort de Giovanni Bellini.
– ***1518 :*** *L'Assomption de la Vierge* de Titien, à l'église Santa Maria Gloriosa dei Frari. Naissance de Jacopo Robusti, dit (le) Tintoret.
– ***1539 :*** la *Présentation de la Vierge au Temple* de Titien à l'Accademia.
– ***1555 :*** Véronèse arrive à Venise.
– ***1562 :*** l'*Annonciation* de Titien à l'église San Salvatore.
– ***1562-1563 :*** toile des *Noces de Cana* (Véronèse) commanditée pour le réfectoire du couvent bénédictin de San Giorgio Maggiore.
– ***1565 :*** la *Crucifixion* du Tintoret à l'école de San Rocco.
– ***1576 :*** mort de Titien.
– ***1577 :*** un incendie détruit une partie du palais des Doges et de ses peintures (de Bellini, Pordenone, Titien...).
– ***1588 :*** mort de Véronèse.
– ***1594 :*** mort du Tintoret.
– ***1649 :*** la famille Bon commande la construction de la Ca' Rezzonico à l'architecte baroque Baldassare Longhena.
– ***1675 :*** naissance de Rosalba Carriera.
– ***1682 :*** naissance de Giambattista Piazzetta.

– ***1696 :*** naissance de Giambattista Tiepolo.
– ***1697 :*** naissance d'Antonio Canal (dit Il Canaletto).
– ***1712 :*** naissance de Francisco Guardi. Réalisation du portrait du jeune Louis XV par Rosalba Carriera.
– ***1722 :*** le *Martyre de saint Barthélemy* de Tiepolo exposé à l'église de San Stae.
– ***1751 :*** Giambattista Rezzonico rachète la Ca' Rezzonico et charge Giorgio Massari de la fin des travaux.
– ***1754 :*** mort de Giambattista Piazzetta.
– ***1756 :*** les travaux du palais Ca' Rezzonico se terminent.
– ***1757 :*** naissance d'Antonio Canova à Passago ; mort de Rosalba Carriera.
– ***1768 :*** mort de Canaletto.
– ***1770 :*** mort de Tiepolo à Madrid.
– ***1792 :*** mort de Francisco Guardi.
– ***1793 :*** *Amour et Psyché* de Canova, actuellement au Louvre.
– ***1812 :*** Canova imagine Pauline Borghese en *Vénus sortant du bain.*
– ***1822 :*** mort de Canova à Venise.
– ***1895 :*** création de la Biennale de Venise.
– ***14 juillet 1902 :*** le campanile de la place Saint-Marc s'écroule.
– ***1949 :*** acquisition du *palazzo Venier dei Leoni* par Peggy Guggenheim pour accueillir sa collection de peintures modernes.
– ***2006 :*** ouverture du *palazzo Grassi,* qui expose la collection d'art contemporain de François Pinault, par roulement.
– ***2008 :*** inauguration du *pont de la Constitution,* le 4e sur le Grand Canal.
– ***2009 :*** ouverture de la *Punta della Dogana,* 2d lieu d'exposition de la collection privée de François Pinault.

VENISE RESTAURÉE

Face aux périls qui menacent Venise, de nombreuses associations se sont créées dans le monde entier afin de financer la préservation de ce patrimoine universel. Grâce à elles, plusieurs dizaines de palais et d'églises ont déjà été « sauvés des eaux » et des centaines de tableaux ont été restaurés. Parmi ces institutions figure le Comité français pour la sauvegarde de Venise. Malgré cela, la ville continue de se dégrader.
À Venise, il y a toujours des musées ou des églises fermés pour cause de restauration. Le problème, c'est que seules les grandes entreprises sont à même de financer de tels investissements. D'où cette mode récente des échafaudages géants recouverts de pubs. Imaginez l'impact visuel sur la place Saint-Marc, photographiée par des centaines, voire des milliers de visiteurs à chaque seconde. Une véritable poule aux œufs d'or pour les publicitaires ! C'est malheureusement le prix à payer pour sauver des monuments. Il nous est impossible d'indiquer les restaurations en cours (sauf quand elles durent très longtemps). Soyez indulgent.

PERSONNAGES CÉLÈBRES

– ***Saint Marc ou san Marco*** *(Ier s)* **:** un des 4 évangélistes. Il a fondé l'Église d'Alexandrie. Sa dépouille aurait été transportée au IXe s à Venise, dont il est devenu le saint patron.
– ***Marco Polo*** *(1254-1324)* **:** membre d'une riche famille de négociants, il part à 17 ans en Chine, où il sert pendant plus de 15 ans l'empereur mongol Kubilay. Fait prisonnier pendant 3 ans, lors de la guerre de Gênes, il rassemble ses souvenirs dans le *Livre des merveilles du monde* ou *Il Milione.* Le récit a été dicté en français à son compère de prison. Pas de maison, pas de tombe, presque rien de lui ne subsiste à Venise sauf la cour *(corte)* del Milione, ancien emplacement de sa demeure vénitienne.

– ***L'Arétin*** *(1492-1556)* **:** né en Toscane, cet écrivain turbulent (on l'a surnommé le « Fléau des princes ») se réfugie à Venise en 1527 ; la Sérénissime est bonne fille et le protège, même quand il continue à se déchaîner dans ses écrits ou à vivre en libertin : il n'aime que Venise. On lui doit des sonnets luxurieux, des pièces, des dialogues qualifiés de licencieux, mais aussi des hagiographies...

– ***Claudio Monteverdi*** *(1567-1643)* **:** ce musicien n'est pas vénitien d'origine, mais il fut le maître de la chapelle Saint-Marc à partir de 1613 et pendant 30 ans. Il composa pour les fêtes de la ville et finit par entrer dans les ordres. Il est enterré dans l'église des Frari.

MORT (DE RIRE) À VENISE !

Auteur libertin de la Renaissance italienne, Pietro Aretino dit L'Arétin a publié autant de livres de piété que d'ouvrages licencieux. Ses satires et ses éloges lui ayant attiré plus d'ennemis que d'amis, l'écrivain sulfureux se réfugia à Venise où sa sœur exerçait le métier de courtisane. Un jour, celle-ci lui raconta une entourloupe qu'elle avait jouée à un benêt. L'Arétin pris d'un fou rire tomba à la renverse de sa chaise et se fracassa le crâne. Il est des vies étonnantes qui finissent par des morts stupides !

– ***Elena Lucrezia Cornaro Piscopia*** *(1646-1684)* **:** née à Venise et morte à Padoue, sa vie fut aussi brève que brillante. La vingtaine tout juste sonnée, elle entre à l'académie de Padoue et sera reçue dans de brillantes académies à Rome, Sienne, Venise. Elle postule à un doctorat en théologie, mais se heurte au refus de principe du bien nommé cardinal Barbarigo qui redoutait que diplômer une femme ne le rendît « ridicule aux yeux du monde ». Bref, elle obtint un titre de docteur ès philosophie. Ce qui fit d'elle la 1re femme diplômée au monde. Un cratère porte son nom, sur Vénus.

– ***Casanova*** *(1725-1798)* **:** né à Venise, mort à Dux en Bohême (Duchkov, aujourd'hui), Casanova est avant tout célèbre pour ses nombreuses conquêtes féminines. Archétype du séducteur, il est l'incarnation vivante de don Juan (don Giovanni). Il commença sa carrière comme ecclésiastique puis agent secret. Diplomate, à une période de sa vie, il était plutôt escroc et imposteur. On l'a même accusé d'inceste envers sa fille. Sa réputation sympathique vient surtout du fait qu'il écrivit lui-même en français ses *Mémoires* à sa propre gloire.

– ***Antonio Vivaldi*** *(1678-1741)* **:** ce Vénitien, tout d'abord destiné à une carrière religieuse (il fut dispensé de ses obligations ecclésiastiques pour raisons de santé), fut professeur de violon à l'*ospedale della Pietà* (hôpital de la Pitié), puis violoniste à la basilique Saint-Marc. Il fixa la forme du concerto. *Les Quatre Saisons,* son œuvre la plus célèbre, ne représente qu'une infime partie de sa production musicale très abondante (par exemple, 456 *concerti* pour divers instruments, dont la moitié pour violon). On l'appelait « le Prêtre roux », et sa technique au violon faisait dire de lui qu'il avait passé un pacte avec le diable... Il quitte Venise pour Vienne en 1740 où l'empereur lui a proposé un poste. Arrivé à Vienne, il apprend la mort de son protecteur. Vivaldi sombre dans le désespoir et la solitude. Il meurt dans la pauvreté à Vienne un 28 juillet, comme Bach (un de ses admirateurs). Le cimetière du Burgerspital où il est enterré a disparu. Oubliée au XIXe s, son œuvre ne sera redécouverte qu'au début du XXe s.

– ***Hugo Pratt*** *(1927-1995)* **:** le « maestro » de la bande dessinée italienne a passé son enfance à Venise. Comme Corto Maltese, son héros de papier le plus célèbre, où il revint toujours, entre 2 voyages à travers le monde. De 1970 à 1994, il loua le dernier étage d'une maison située au Lido, au bout du village de Malamocco.

– ***Giuseppe Sinopoli*** *(1946-2001)* **:** chef d'orchestre mondialement réputé, il fut aussi un compositeur spécialiste de la musique contemporaine. Foudroyé sur scène par une crise cardiaque durant le 3e acte d'*Aïda,* l'auditorium *Parco della Musica* à Rome lui a dédié une salle.

– ***Guerrino Lovato :*** il est l'artiste vénitien par excellence quand il s'agit de masques. Inspiré par les masques traditionnels de la *commedia dell'arte,* il a aussi beaucoup créé pour le théâtre, l'opéra et le cinéma, et même pour les villes (il a participé à la réalisation de l'hôtel *Venetian* à Las Vegas). Contraint de fermer sa boutique, affaiblie pas la concurrence asiatique, il a transféré son atelier-musée à Malo, à 1h de Venise.

POPULATION

L'agglomération vénitienne englobe le centre historique, Murano, Burano, Torcello, le Lido ainsi que les faubourgs de Mestre et de Marghera. On compte environ 262 000 habitants au total : 52 000 pour Venise elle-même, 28 000 pour les îles et 177 000 pour la terre ferme. C'est beaucoup et peu à la fois. Il faut savoir, en effet, que ***Venise se dépeuple au profit de la terre ferme*** (facilités de transport, prix du logement, etc.) et que la tendance ne semble pas s'inverser. Dans les années 1950, on comptait plus du double d'habitants dans le centre ancien.
Aujourd'hui, la population de Venise est l'une des plus âgées d'Italie et compte en gros un tiers de plus de 65 ans, un tiers d'étudiants et un tiers d'actifs. Plusieurs raisons expliquent ce phénomène. Pollution, manque de structures, spéculation immobilière impliquant une flambée du prix des loyers et manque de travail dans les domaines autres que ceux liés au tourisme font que les jeunes et les familles désertent. Qui plus est, l'afflux massif de touristes contribue, peu à peu, à transformer Venise – non pas en une ville-musée comme le craignaient certains –, mais en une sorte de *Veniceland.* Les Vénitiens qui habitent encore dans le centre paient la moindre intervention sur leur logement un prix exorbitant, tandis que les autorisations de travaux sont délivrées au compte-gouttes...
Au final, la population est constituée essentiellement de saisonniers, d'étudiants ou de Vénitiens d'adoption qui vivent ici quelques mois dans l'année seulement. Environ 70 % des personnes qui travaillent à Venise n'y habitent pas, 20 000 viennent y travailler chaque jour. La transhumance quotidienne est telle que l'on déconseille de se trouver autour du piazzale Roma vers 8h30 ou vers 18h, et même d'emprunter les *vaporetti* pendant ces heures de pointe, à moins d'avoir la nostalgie du métro parisien.

SAVOIR-VIVRE

Pas question ici de jouer aux donneurs de leçons. Mais il est indispensable de prendre conscience que Venise n'est pas qu'un formidable musée à ciel ouvert ! Ses habitants y travaillent, déposent et récupèrent leurs enfants à l'école, font leurs courses, bref, vivent comme tout un chacun. Sauf qu'en saison touristique, les ruelles étroites et les petits ponts qui font le charme de la ville sont si souvent embouteillés... que se déplacer devient un véritable casse-tête pour tout le monde. Le mieux, c'est de faire comme les Vénitiens : on marche sur le côté droit histoire de fluidifier le trafic ! Par ailleurs, par mauvais temps, attention aux parapluies tenus trop bas. C'est tout bête mais ça facilite grandement le séjour.
Quelques conseils pêle-mêle :
– sachez qu'il est officiellement interdit de pique-niquer aux abords des monuments, et comme il y en a partout dans Venise, on ne vous fait pas de dessin...
– Évitez de vous asseoir sur les ponts ou de bloquer le trafic en vous arrêtant en plein milieu d'une rue le nez sur votre carte.
– Dans les *vaporetti,* essayez de ne pas bloquer la sortie, laissez descendre les passagers avant de monter à bord et respectez les zones destinées aux bagages.
– Ne jetez pas vos ordures par terre ou (pire encore !) dans l'eau, vous risqueriez une sévère contredanse.

– Si vous louez un appartement, vous devrez soit guetter le passage des éboueurs (qui tapent à chaque porte !), soit repérer une équipe qui tourne et lui apporter vos poubelles, en respectant le tri sélectif. Pas de dépôt sauvage dans les poubelles publiques, c'est interdit sous peine de grosse amende.

SITES INSCRITS AU PATRIMOINE MONDIAL DE L'UNESCO

Organisation des Nations Unies pour l'éducation, la science et la culture · En coopération avec le Centre du patrimoine mondial

Pour figurer sur la liste du Patrimoine mondial, les sites doivent avoir une valeur universelle exceptionnelle et satisfaire à au moins un des 10 critères de sélection. La protection, la gestion, l'authenticité et l'intégrité des biens sont également des considérations importantes.
Nos patrimoines culturel et naturel sont 2 sources irremplaçables de vie et d'inspiration. Ces sites appartiennent à tout le monde, sans distinction de territoire. Infos : • *whc.unesco.org* •

L'ITALIE, CHAMPIONNE DU MONDE !

Sur près de 1 000 sites répertoriés par l'Unesco au Patrimoine de l'humanité, l'Italie remporte la 1re place avec 55 monuments ou lieux culturels classés. La France n'est pas si mal placée avec 45 au compteur.

Extraordinaire chef-d'œuvre architectural dans son ensemble, ***Venise et sa lagune*** sont classées depuis 1987.

SPECTACLES (THÉÂTRE, MUSIQUE ET BIENNALE)

Venise possède une activité culturelle foisonnante, et un séjour dans la ville de Vivaldi peut être l'occasion d'assister à un concert, par exemple. Pour connaître le programme, nombreux sont les sites internet, comme • *events.veneziaunica.it* • ou bien • *unospitedivenezia.it* •

La musique classique

La musique occupe à Venise une place de choix. On a d'ailleurs l'habitude de dire qu'elle est ici chez elle.
Voici un petit rappel de quelques musiciens vénitiens célèbres : ***Giovanni Gabrielli*** (1557-1612), compositeur de musique Renaissance et baroque, ***Claudio Monteverdi*** (1567-1643), né à Crémone, mort à Venise après y avoir vécu et travaillé, et bien sûr le plus grand de tous, ***Antonio Vivaldi*** (1678-1741), né à Venise mais mort à Vienne. N'oublions pas non plus ***Lorenzo da Ponte*** (1749-1838), fils d'un cordonnier juif de Vénétie, devenu le librettiste de Mozart. Da Ponte le Vénitien a écrit les livrets des *Noces de Figaro,* de *Don Giovanni* et

IL GONDOLIERE È MOBILE

Verdi avait strictement interdit que soit chanté l'air du titre La donna è mobile *aux répétitions de* Rigoletto *(créé à La Fenice en 1851). Les gondoliers étaient coutumiers de traîner sur le canal attenant au théâtre, et de colporter partout en ville les airs qu'ils y entendaient... Verdi ne voulait pas se faire piquer cet air-là, qui fit effectivement sensation sur le public à la 1re représentation !*

de *Cosi fan tutte.* Anecdote misérable : les nazis voulaient réécrire les livrets de ces opéras parce que son auteur était juif...
Au XVIIIe s, il y avait 4 conservatoires annexés aux grands hospices de Venise, avec chacun sa spécialité. La Pietà était renommée pour la musique symphonique, les Mendicanti pour la qualité des voix. En dehors des salles publiques, la rue constituait une scène immense où s'installaient de nombreux orchestres improvisés. À Venise aujourd'hui, il y a presque tous les soirs un concert de musique classique dans les théâtres, dans les églises (*San Vidal* notamment), les Frari (belle acoustique, mais pas de concerts réguliers) ou encore dans les *scuole* ou à l'Ateneo. On peut y entendre de l'opéra, de la musique symphonique, de la musique de chambre (en particulier Vivaldi), du chant et même du jazz ou des comédies musicales.
Si on passe en général un moment plaisant, la qualité des prestations est évidemment variable, surtout dans les églises, allant des élèves de conservatoire arrondissant leurs fins de mois aux véritables professionnels. Essayez de vous renseigner avant, tout en comparant les tarifs. Pour vous aider dans votre choix, voici quelques salles de concert que nous recommandons plus particulièrement :

Teatro La Fenice *(zoom détachable C-D4) : campo San Fantin, San Marco, 1965. ☎ 041-78-65-11. • teatrolafenice.it • Ouv 45 mn avt chaque représentation. Résas directement sur place (tlj 10h-17h), ou bien : ☎ 041-24-24 (tlj 9h-18h, majoration de 10 %), et • ticketing@velaspa.com • ou encore • veneziaunica.it •* Pour les amateurs, assister à une représentation à La Fenice ajoute au bonheur du séjour. La Fenice fait partie des plus beaux opéras italiens avec le San Carlo à Naples et la Scala de Milan. C'est un lieu incontournable ! Réserver à l'avance permet d'augmenter les chances d'être bien placé (attention, les billets sur Internet sont plus chers qu'à la billetterie). On peut aussi tenter sa chance sur place, quelques jours avant pour certains concerts, mais sans garantie d'obtenir une place correcte. Juste avant le concert, en cas de places invendues, elles sont bradées (tentez votre chance !). Attention, les moins chères sont situées tout là-haut et sans vue sur la scène. Mais on régale quoi qu'il arrive ses oreilles de l'excellente acoustique et ses yeux de la magnifique salle ! Le public vénitien est réputé pour être expressif, n'hésitant pas à acclamer les artistes en pleine représentation. Les chanteurs et musiciens se prêtent de bonne grâce à ces fantaisies, n'hésitant pas à rejouer un air ou un morceau avant de poursuivre. Certes, la proportion de public étranger augmentant d'année en année, l'ambiance tendrait à être moins authentique. Voir aussi nos pages sur la visite de La Fenice au chapitre « San Marco ».

Interpreti Veneziani *(chiesa San Vidal ; zoom détachable C4) : San Marco, 2862 B. ☎ 041-277-05-61. • interpretiveneziani.com • Concert à 20h en hiver, 21h en été. Résa conseillée le w-e. Compter 29 €/pers ; réduc.* L'église San Vidal accueille 300 concerts par an. L'orchestre d'une petite dizaine d'instrumentistes utilise des instruments d'époque (XVIIe et XVIIIe s). Le concert, bien rodé et rondement mené, de très bon niveau, comprend toujours une partie Vivaldi ; le reste change, baroque ou non. *Les Quatre Saisons* sont programmées les mardi et samedi. Seul bémol : l'acoustique pas optimale car l'église est très haute de plafond.

Musica a palazzo *(palazzo Barbarigo-Minotto ; zoom détachable C5) : fondamenta Duodo o Barbarigo, San Marco, 2504. Vaporetto Santa Maria del Giglio. Infos et résas au 📱 340-971-72-72 ou • musicapalazzo@yahoo.com • musicapalazzo.com • Compter 85 € la place.* Le palais Barbarigo-Minotto, situé au bord du Grand Canal, ouvre ses portes le soir à des représentations d'opéras célèbres, dans son décor du XVIIIe s resté en l'état. Programme en alternance : *Le Barbier de Séville* de Rossini (mercredi et dimanche), *La Traviata* (lundi, mardi, jeudi et samedi) et *Rigoletto* de Verdi (vendredi). Il s'agit de versions arrangées : une poignée d'instrumentistes et solistes professionnels interprètent les airs les plus célèbres. Mais tout est dans l'ambiance, les représentations sont intimes, à la lumière des chandeliers. Une centaine de spectateurs seulement, assis parmi les artistes. On devient vite acteur de l'opéra (à défaut de chanteur !) et on change de pièce à chaque acte, passant du salon au bureau ou à la chambre à coucher. Peut-être la Traviata viendra-t-elle pleurer sur votre épaule, avant d'aller mourir dans la pénombre d'une alcôve... L'émotion à l'état pur ! Le tarif est certes élevé.

Palazzetto Bru Zane *(centre de musique romantique française ; zoom détachable B3) : San Polo, 2368. ☎ 041-30-376. • bru-zane.com • Billetterie lun-ven 14h30-17h30, et 1h avt le début des spectacles. À partir de 15 € la place ; réduc.* Ouvert en 2009, le palazzetto Bru Zane, d'une surface de 800 m², a été entièrement rénové dans l'esprit du XVIIe s, date de sa construction. Il est entièrement consacré à la musique romantique française du XIXe s. Il fallait oser en Italie ! Le palais possède désormais une élégante salle de concerts de 75 places et une unité de recherche en musicologie. Nombreux concert au cours de 2 festivals annuels à Venise : en février et à l'automne ; un 3e est organisé en partenariat avec des grandes villes d'Europe. Une programmation de qualité pour un public averti, mais ouverte à tous.

Le théâtre

On comptait, au XVIIIe s, 7 salles spacieuses et fréquentées, quand Paris n'en possédait que 3. 4 de ces théâtres étaient consacrés à l'opéra, les 3 autres à la comédie. Mais il fallait encore ajouter les salles privées et les théâtres ambulants. Venise a connu tout d'abord le triomphe de la *commedia dell'arte* jusqu'au XVIIIe s (voir plus haut la rubrique du même nom). Elle était créée à partir d'un canevas sommaire. Les interprètes recevaient de brèves instructions sur leur rôle, puis improvisaient. Les acteurs, le visage masqué, étaient à la fois mimes, acrobates, danseurs, musiciens, poètes et comédiens. Le peuple vénitien fuyait la tragédie et pouvait ainsi satisfaire son penchant naturel pour la drôlerie. Mais le genre s'essouffla. Les personnages devinrent trop artificiels, les situations usées et les acteurs médiocres. C'est alors qu'est apparu Goldoni, qui a momentanément réconcilié les Vénitiens avec le théâtre écrit (voir plus haut la rubrique « Littérature »).

Teatro Goldoni *(zoom détachable D4) : calle Goldoni, San Marco, 4650 B. ☎ 041-240-20-11. • teatrostabileveneto.it •* Répertoire vénitien classique et quelques créations.

Atelier Malibran *(zoom détachable D3) : campiello Malibran, 5873, Cannaregio, 30131. ☎ 041-78-65-11. • teatrolafenice.it • (même gestion que La Fenice). Pas très loin du Rialto.* Date du XVIIe s. Programme varié, y compris de musique classique, ballet et opéra.

La Biennale de Venise

– ***Renseignements et infos :*** *☎ 041-521-87-11. • labiennale.org •* Cet événement culturel international est consacré en alternance soit à l'architecture, soit à l'art visuel (en juin). Visites guidées (y compris de lieux habituellement fermés au public, comme le théâtre de l'Arsenal), spectacles, expos... Programme dans les offices de tourisme ou dans les bureaux de la Biennale, répartis dans la ville. Chaque biennale est également accompagnée d'un volet *DMT* (danse, musique, théâtre), de mi-juin à mi-juillet.

Cet événement contemporain rythme les rues de Venise ***tous les 2 ans*** pour le plus grand bonheur des amateurs d'art contemporain. Internationale et prestigieuse, la Biennale de Venise est un « laboratoire de recherche » où se côtoient les plus osées et extravagantes créations. Créée en 1893 pour célébrer les noces d'argent du roi Umberto Ier et de Marguerite de Savoie, c'est en fait en 1895 qu'a lieu la toute 1re édition, unique en son genre et déjà très en vue. Le « prix du public » fut décerné à Giacomo Grosso pour son *Ultimo Convergno,* la peinture d'un cadavre entouré de femmes nues. Le ton était donné !

SPORTS

Vouloir faire du sport à Venise est en soi un sacré sport !

– Dans le centre historique de Venise, vous pourrez faire votre ***jogging.*** Le plus agréable est de courir le long des *Zattere* (Dorsoduro), sur la Giudecca ou encore dans les *giardini pubblici* du Castello.

– Les amateurs d'***aviron*** seront comblés. C'est le sport le plus populaire. Toute l'année, les équipages s'entraînent pour la *Vogalonga,* la régate historique. Le club se situe sur les fondamenta Nove, près de la calle delle Cappuccine, au nº 6576 A, en face de l'île San Michele *(☎ 041-522-20-39 ; ● canottieriquerini.it ●).*

– Depuis 2014, le ***kayak*** est interdit sur les canaux par la mairie de Venise.

– Pour ***se baigner,*** la piscine *Sant'Alvise (Cannaregio, 3161)* propose un billet (très cher) pour la journée. Mieux vaut aller au ***Lido*** (ou encore sur l'île de Sacca Fisola, moche mais dotée d'une belle piscine). En été, difficile d'étendre sa serviette sur les plages publiques du Lido à moins d'aller aux extrémités de l'île, où il y a plus d'espace. Cependant, ***louer un vélo*** dès votre sortie du *vaporetto* vous permettra de faire le tour de l'île en découvrant des coins plus tranquilles. Il y a de plus un ***golf*** de 18 trous au sud de l'île, un club d'***équitation*** et des courts de ***tennis.*** Voir le chapitre « Les îles du Sud » pour plus de renseignements.

– ***Le marathon de Venise :*** *en oct. ● venicemarathon.it ●* Il part de Stra, sur la terre ferme, traverse le pont de la Liberté et mène les plus valeureux jusqu'à l'église de la Salute.

– ***Su e zo*** (*su e giu,* « haut et bas » en dialecte vénitien) ***:*** *à la mi-avr. ● suezoperiponti.it ●* Une course sans classement final, qui part de la place Saint-Marc et traverse la ville, les places, les ponts (d'où son nom !).

VENISE, VILLE ÉTUDIANTE

Foyer d'art et de culture, Venise doit aussi sa réputation à ses universités et instituts d'enseignement supérieur qui attirent, chaque année, beaucoup d'étudiants de partout en Italie et dans le monde.

– ***Université Ca' Foscari :*** l'Université de Venise prend son nom du palais où elle a ses locaux. La Ca' Foscari est un palais qui donne sur le Grand Canal, entre Rialto et San Marco. Fondée en 1866, elle fut la 1re école de commerce d'Italie. L'université actuelle offre des formations dans 7 domaines (économie, langues étrangères, littérature, philosophie, sciences mathématiques, physiques et naturelles) et compte plus de 19 000 étudiants (plus de 1 000 étudiants étrangers par an).

PAPIRO DI LAUREA

À Venise tout comme dans d'autres villes étudiantes du Nord-Est, on entend souvent des gens chanter Dottore, Dottore *et l'on voit dans les rues des affiches portant des noms et des caricatures très drôles : ce sont les* papiri di laurea. *En effet, la tradition vénitienne impose que les tout nouveaux diplômés soient « torturés » par leurs amis dès la sortie de la salle de soutenance. Couronnées de laurier sur la tête et déguisées, les pauvres victimes sont obligées de lire devant leurs invités – y compris leur famille – ces affiches, où les anecdotes les plus drôles (et même les plus secrètes !) de leur vie sont évoquées. Règle du jeu : lire le* papiro *en buvant de l'alcool mais sans se tromper ou bafouiller, faute de quoi... punition !*

– ***Université IUAV :*** fondée en 1926 comme Institut universitaire d'architecture de Venise (d'où son acronyme), elle est la seule université italienne se vouant entièrement à l'enseignement des projets de tout ce qui concerne les espaces et l'environnement habité par l'homme (architecture, design, urbanisme et aménagement du territoire, arts visuels et vivants, mode).
– ***Accademia di Belle Arti :*** l'Académie des beaux-arts de Venise a été fondée par Giambattista Pittoni et Giambattista Tiepolo en 1750. Située dans l'ancien Ospedale degli Incurabili, dans le *sestiere* de Dorsoduro, elle a été enrichie par ses *Gallerie,* qui abritent une collection issue des œuvres des grands peintres vénitiens, des objets religieux, des peintures restaurées ainsi que d'autres œuvres achetées et destinées, auparavant, à l'initiation artistique de ses élèves.
– ***Conservatoire Benedetto Marcello :*** école de musique installée dans la ville de Venise depuis 1876, elle porte le nom du compositeur et musicien baroque Benedetto Marcello (Venise 1686-Brescia 1739). Située dans le plus grand palais patricien de Venise, le Palazzo Pisani (Campo Santo Stefano), cette institution accueille aujourd'hui étudiants de partout en Italie et dans le monde, proposant une vaste offre de formation consacrée aux échanges internationaux.

Les établissements universitaires et supérieurs vénitiens organisent de nombreux événements culturels et proposent autant d'initiatives pour réunir étudiants, habitants et visiteurs dans une ville où on peut vivre l'art, l'architecture, le développement, la recherche, l'attention à l'environnement, en découvrant des traditions anciennes et différentes cultures. Voici une liste des événements les plus attendus :
– ***Art Night :*** *avant-dernier w-e de juin.* ● *artnightvenezia.it* ● Organisée par l'Université Ca' Foscari en collaboration avec la Mairie de Venise, *Art Night* est la soirée consacrée à l'art qui prévoit l'ouverture extraordinaire et l'accès gratuit à certains musées et centres culturels de la ville. De nombreux spectacles et concerts accompagnent les visiteurs pendant la soirée. À ne pas rater !
– ***Ca' Foscari Short Film Festival :*** *fin mars.* ● *cafoscarishort.unive.it* ● C'est le 1er festival de cinéma européen géré par des étudiants, en collaboration avec une commission de professeurs et de spécialistes du monde du spectacle. Le concours étant ouvert aux étudiants du monde entier, il est devenu un point de référence très important dans le domaine de la recherche multimédia.
– ***Incroci di Civilità :*** *1re sem d'avr.* Depuis plus de 10 ans, la municipalité de Venise promeut l'initiative née au sein de la faculté de Langues étrangères de l'Université Ca' Foscari d'inviter les auteurs, italiens et non, pour parler littérature et droits humains. Lors de ses éditions précédentes, ce festival international a eu comme invités de personnages illustres, parmi lesquels on peut compter Ian McEwan, Yasmina Reza, Toni Servillo, ou encore Charlotte Rampling. Pour en savoir plus : ● *unive.it* ●

les ROUTARDS sur la FRANCE 2021-2022

(dates de parution sur • *routard.com* •)

Découpage de la FRANCE par le ROUTARD

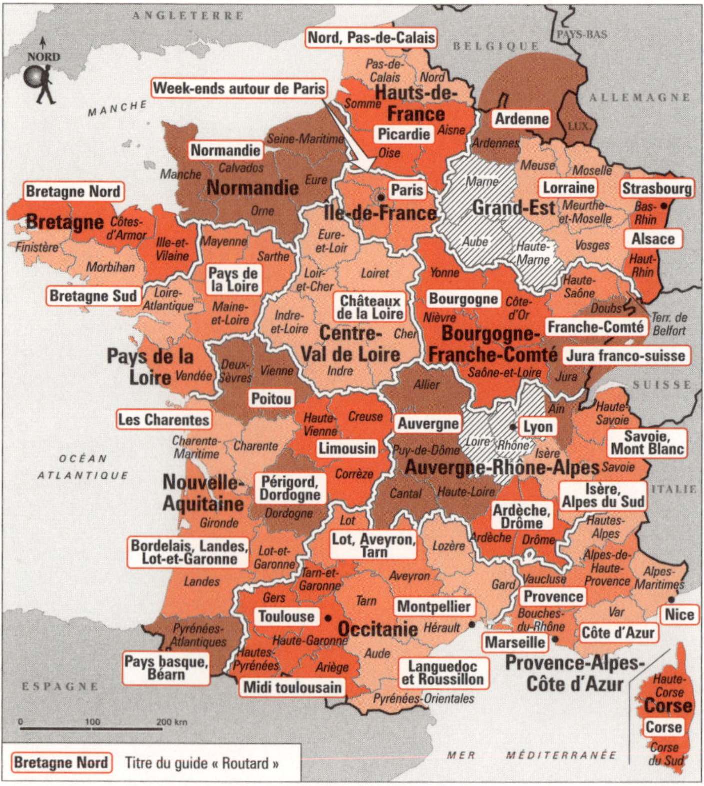

Autres guides sur la France

- Nos meilleurs campings en France
- Nos meilleures chambres d'hôtes en France

Autres guides sur Paris

- Paris
- Paris balades
- Restos et bistrots de Paris
- Le Routard des amoureux à Paris
- Week-ends autour de Paris

Le Routard à vélo

- EuroVelo6
- La Bourgogne du Sud à vélo
- La Flow Vélo
- La Loire à Vélo
- La Vélodyssée (Roscoff-Hendaye)
- Le Canal des 2 mers à vélo
- Paris Île-de-France à vélo
- ViaRhôna
- Les plus belles escapades à Vélo en France

les ROUTARDS sur l'ÉTRANGER 2021-2022

(dates de parution sur • **routard.com** •)

Découpage de l'ESPAGNE par le ROUTARD

Découpage de l'ITALIE par le ROUTARD

Autres pays européens

- Allemagne
- Angleterre, Pays de Galles
- Autriche
- Belgique
- Bulgarie
- Crète
- Croatie
- Danemark, Suède
- Écosse
- Finlande
- Grèce continentale
- Hongrie
- Îles grecques et Athènes
- Irlande
- Islande
- Madère
- Malte
- Norvège
- Pays baltes : Tallinn, Riga, Vilnius
- Pologne
- Portugal
- République tchèque, Slovaquie
- Roumanie
- Suisse

Villes européennes

- Amsterdam
- Berlin
- Bruxelles
- Budapest
- Copenhague
- Dublin
- Lisbonne
- Londres
- Moscou
- Naples
- Porto
- Prague
- Saint-Pétersbourg
- Stockholm
- Vienne

les ROUTARDS sur l'ÉTRANGER 2021-2022

(dates de parution sur • routard.com •)

Découpage des ÉTATS-UNIS par le ROUTARD

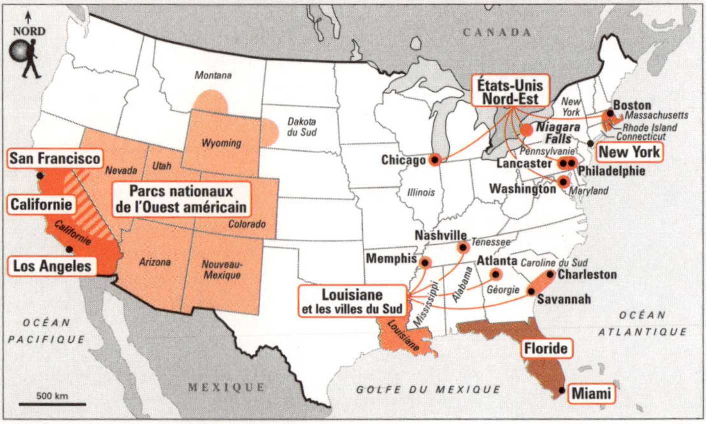

Autres pays d'Amérique

- Argentine
- Brésil
- Canada Ouest
- Chili et île de Pâques
- Colombie
- Costa Rica
- Équateur et les îles Galápagos
- Guatemala, Belize
- Mexique
- Montréal
- Pérou, Bolivie
- Québec et Ontario

Asie et Océanie

- Australie côtes est et nord + Red Centre
- Bali, Lombok
- Bangkok
- Birmanie (Myanmar)
- Cambodge, Laos
- Chine
- Hong Kong, Macao, Canton
- Inde du Nord
- Inde du Sud
- Israël et Palestine
- Istanbul
- Jordanie
- Malaisie, Singapour
- Népal
- Shanghai
- Sri Lanka (Ceylan)
- Thaïlande
- Tokyo, Kyoto et environs
- Turquie
- Vietnam

Afrique

- Afrique du Sud
- Égypte
- Kenya, Tanzanie et Zanzibar
- Maroc
- Marrakech
- Sénégal
- Tunisie

Îles Caraïbes et océan Indien

- Cuba
- Guadeloupe, Saint-Martin, Saint-Barth
- Île Maurice, Rodrigues
- Madagascar
- Martinique
- République dominicaine (Saint-Domingue)
- Réunion

Guides de conversation

- Allemand
- Anglais
- Arabe du Maghreb
- Arabe du Proche-Orient
- Chinois
- Croate
- Espagnol
- Grec
- Italien
- Japonais
- Portugais
- Russe
- G'palémo (conversation par l'image)

Livres-photos/Livres-cadeaux

- La France de Stéphane Bern **(nouveauté)**
- Voyages
- Voyages : États-Unis
- Voyages : France
- Voyages : Italie
- Road Trips Monde
- Road Trips en France **(nouveauté)**
- 120 coins secrets en Europe
- 50 voyages à faire dans sa vie
- 1 200 coups de cœur dans le monde
- 1 200 coups de cœur en France
- 52 week-ends dans les plus belles villes d'Europe
- 52 week-ends coups de cœur en France
- 52 week-ends Nature en France **(nouveauté)**
- Cahier de vacances du Routard

Nous tenons à remercier tout particulièrement Loup-Maëlle Besançon, Thierry Bessou, Gérard Bouchu, François Chauvin, Grégory Dalex, Fabrice Doumergue, Cédric Fischer, Carole Fouque, Nicolas George, Michelle Georget, David Giason, Claude Hervé-Bazin, Emmanuel Juste, Dimitri Lefèvre, Fabrice de Lestang, Romain Meynier, Éric Milet, Pierre Mitrano, Jean-Sébastien Petitdemange, Thomas Rivallain et Jean Tiffon pour leur collaboration régulière.

Brice Andlauer
Jean-Jacques Bordier-Chêne
Agnès Debiage
Coralie Delvigne
Jérôme Denoix
Tovi et Ahmet Diler
Clélie Dudon
Sophie Duval
Alain Fisch
Bérénice Glanger
Adrien et Clément Gloaguen
Sébastien Jauffret
Alexia Kaffès
Augustin Langlade
Jacques Lemoine
Aline Morand
Louis Nagot
Caroline Ollion
Martine Partrat
Odile Paugam et Didier Jehanno
Céline Ruaux
Prakit Saiporn
Nejma Tahri Hassani
Alice Tonasso
Caroline Vallano

Direction : Sidonie Chollet
Direction éditoriale : Élise Ernest
Édition : Matthieu Devaux, Olga Krokhina, Gia-Quy Tran, Julie Dupré, Emmanuelle Michon, Pauline Janssens, Amélie Ramond, Margaux Lefebvre, Julie Wood et Ionah Vasseur
Ont également collaboré : Moca Poposka
Cartographie : Frédéric Clémençon et Aurélie Huot
Contrôle de gestion : Jérôme Boulingre et Yannis Villeneuve
Secrétariat : Catherine Maîtrepierre
Fabrication : Nathalie Lautout et Audrey Detournay
Relations presse : COM'PROD, Fred Papet. ☎ 01-70-69-04-69.
• *info@comprod.fr* •, Martine Levens (Belgique) et Maureen Browne (Suisse)
Direction marketing : Stéphanie Parisot, Élodie Darty et Charlotte Brou
Couverture : le-bureau-des-affaires-graphiques.com
Silhouette du Routard : Clément Gloaguen (d'après Solé)
Maquette intérieure : le-bureau-des-affaires-graphiques.com, Thibault Reumaux et npeg.fr
Contact Partenariats : Jérôme Denoix • *jeromedenoix@gmail.com* •
Contact Partenariats et régie publicitaire : Florence Brunel-Jars
• *fbrunel@hachette-livre.fr* •

INDEX GÉNÉRAL

INDEX GÉNÉRAL

LISTE DES CARTES ET PLANS

UNE PANDÉMIE INOUÏE !

Depuis toujours, ***Le Routard* apporte son soutien aux hôteliers et restaurateurs** qui accueillent nos lecteurs avec sourire et professionnalisme. Inlassablement, nos enquêteurs sont à l'affût de ces établissements, pour le plus grand bonheur de nos lecteurs. Des adresses familiales et accueillantes que nous continuerons à soutenir et mettre en valeur. Malgré toute notre vigilance, certains d'entre eux auront fermé quand ce livre sortira. Cette terrible **pandémie de Coronavirus** a, on le sait, des conséquences importantes pour tous les professionnels du tourisme. **Nous sommes de tout cœur avec eux !**

Remarque importante aux hôteliers et restaurateurs

Les enquêteurs du *Routard* travaillent dans le plus strict anonymat. Aucune réduction, aucun avantage quelconque, aucune rétribution n'est jamais demandé en contrepartie. Face aux aigrefins, la loi autorise les hôteliers et restaurateurs à porter plainte.

Avis aux lecteurs

Le Routard, ce n'est pas comme le bon vin, il vieillit mal. On ne veut pas pousser à la consommation, mais évitez de partir avec une édition ancienne. Les modifications sont souvent importantes.

Les réductions accordées à nos lecteurs ne sont jamais demandées par nos rédacteurs afin de préserver leur indépendance. Les hôteliers et restaurateurs sont sollicités par une société de mailing, totalement indépendante de la rédaction, qui reste donc libre de ses choix. De même pour les autocollants et plaques émaillées.

Avec routard.com, choisissez, organisez, réservez et partagez vos voyages !

✓ Rejoignez la plus grande communauté francophone de voyageurs : **plusieurs millions d'internautes.**

✓ Échangez avec les routarnautes : forums, photos, avis d'hôtels.

✓ Retrouvez aussi toutes les informations actualisées pour choisir et préparer vos voyages : près de 300 guides destinations, une centaine de dossiers pratiques et un magazine en ligne pour découvrir tous les secrets de votre destination.

✓ Enfin, comparez les offres pour organiser et réserver votre voyage au meilleur prix.

Les **Routards** *parlent aux* **Routards**

Faites-nous part de vos expériences, de vos découvertes, de vos tuyaux et de vos coups de cœur. Aidez-nous à remettre l'ouvrage à jour. Indiquez-nous les renseignements périmés. Faites profiter les autres de vos adresses nouvelles, combines géniales... On adresse un exemplaire gratuit de la prochaine édition à ceux qui nous envoient les meilleurs courriers, pour la qualité et la pertinence des informations.

Quelques conseils cependant :

– Envoyez-nous votre courrier le plus tôt possible afin que l'on puisse insérer vos tuyaux sur la prochaine édition.

– N'oubliez pas de préciser l'ouvrage que vous désirez recevoir, ainsi que votre adresse postale.

– Vérifiez que vos remarques concernent l'édition en cours et notez les pages du guide concernées par vos observations.

– Quand vous indiquez des hôtels ou des restaurants, pensez à signaler leur adresse précise et, pour les grandes villes, les moyens de transport pour y aller. Si vous le pouvez, joignez la carte de visite de l'hôtel ou du resto décrit.

En tout état de cause, merci pour vos nombreux mails.

122, rue du Moulin-des-Prés, 75013 Paris

• *guide@routard.com* • *routard.com* •

Routard Assurance *2021*

Enrichie au fil des années par les retours des lecteurs, *Routard Assurance* est devenue une assurance voyage référence des globes-trotters. Tout est inclus : frais médicaux, assistance rapatriement, bagages, responsabilité civile... Avant votre départ, appelez *AVI* pour un conseil personnalisé. Besoin d'un médecin, d'un avis médical, d'une prise en charge dans un hôpital ? Téléchargez l'appli mobile *AVI international* pour garder le contact avec *AVI Assistance* et disposez de l'un des meilleurs réseaux médicaux à travers le monde. *AVI Assistance* est disponible 24h/24 pour une réponse en temps réel. De simples frais de santé en voyage ? Envoyez les factures à votre retour, *AVI* vous rembourse sous une semaine. *40, rue Washington, 75008 Paris. ☎ 01-44-63-51-00. • avi-international.com • Ⓜ George-V.*

Édité par Hachette Livre (58, rue Jean-Bleuzen, CS 70007, 92178 Vanves Cedex, France)
Photocomposé par Jouve (1, rue du Docteur Sauvé, 53100 Mayenne, France)
Imprimé par Jouve Print (Quai n°2, 733, rue Saint-Léonard, BP3, 53101 Mayenne Cedex, France)
Achevé d'imprimer le 07/01/2021
Collection n° 13 - Édition n° 01
46/8935/0
I.S.B.N. 978-2-01-787123-1
Dépôt légal : janvier 2021

PAPIER À BASE DE FIBRES CERTIFIÉES